平安京と
貴族の住まい

西山良平・藤田勝也編著

京都大学学術出版会

口絵 1　法勝寺塔跡全景（南から，京都市動物園内）
法勝寺は白河天皇の御願寺，寺地は藤原氏代々の白河殿で，左大臣藤原師実が献上する。京都市動物園は法勝寺の南半に相当する。「塔の壇」と呼ばれる地字名があり，戦前まで円形の土壇が残り，九重塔跡と推定された。塔は八角九重，金堂の南の池の中島に建てられ，高さは 80 m を超える。2010 年度の確認調査では，八角形の塔の掘り込み地業とさらに外側の掘り込み地業，塔の周囲の池などを検出する。地業の工法では，類例のない巨大な礫と粘土を用いる。

口絵 2　高陽院の第Ⅲ期（藤原頼通以降）— B 期全景（西から）

高陽院は左京二条二坊の東北四町（堀川・丸太町東入る一帯）にあり，遺構の残存が良好である。南西に池 A，北東に池 B があり，池 A の北西の調査では礎石建物の北西隅と東西廊が検出される。調査区の左奥（北東部）に礎石建物，右側に東西廊が見える。〈序章，第 3 章参照〉

口絵 3　平安京左京四条三坊四町の園池Ⅱ期の東肩（北西から）

左京四条三坊四町（四条北・町小路西）では，平安中期の園池の南東隅が確認される。四町の南東隅にギチギチで，二時期の変遷が認められる。四条三坊四町は四条宮の可能性が高い。〈序章，第 3 章参照〉

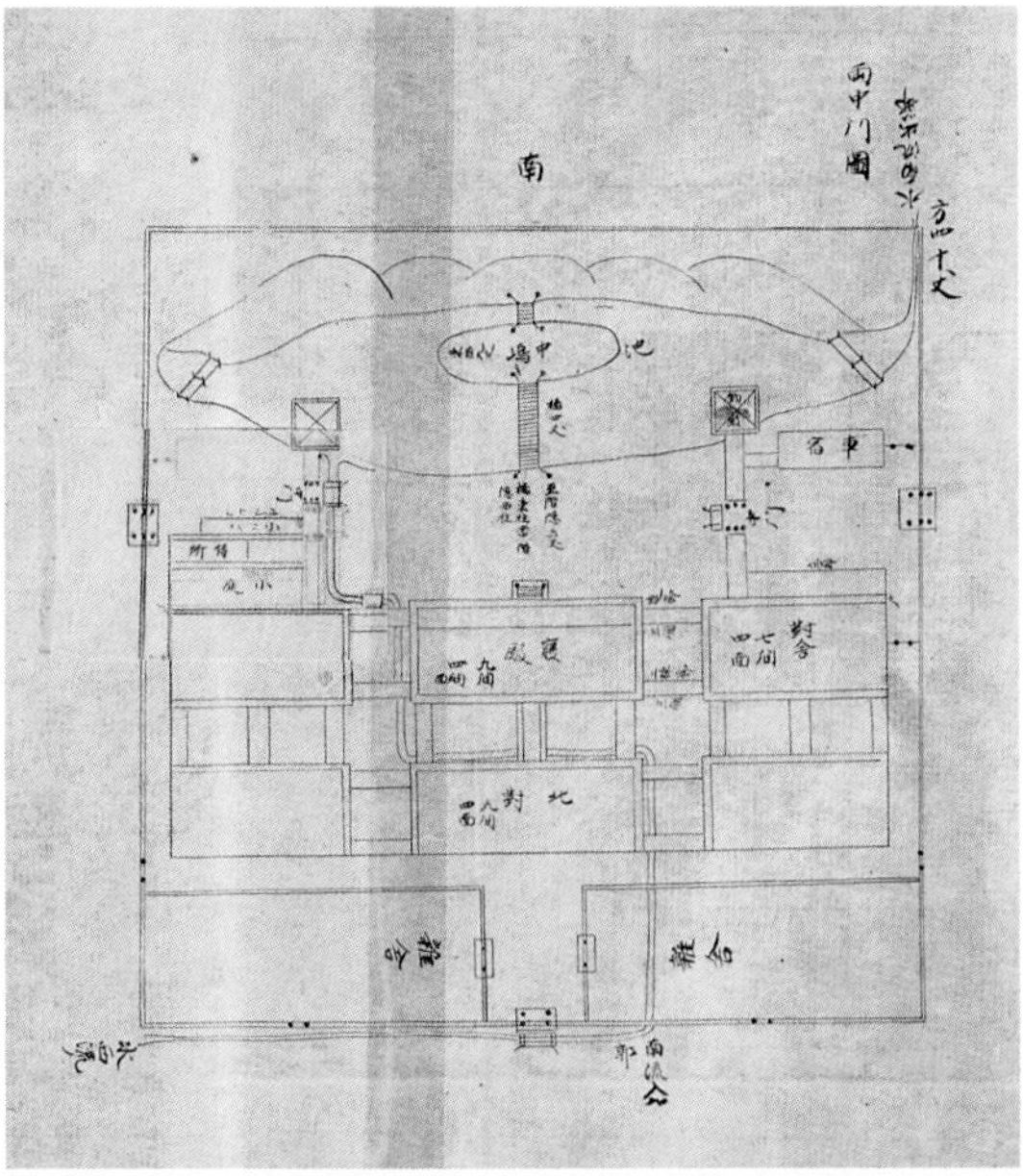

口絵 4　「両中門図」（裏松固禅『院宮及私第図』より）

作成時期は不明だが中世に遡る可能性がある。もう一点，よく似た「古図　両中門」（図 2–3）があり，それらと同様の図をもとに沢田名垂は著書『家屋雑考』で寝殿造の鳥瞰図を描いた。そしてこの鳥瞰図は寝殿造のイメージ形成に大きな影響をもつことになる。〈第 2 章参照〉

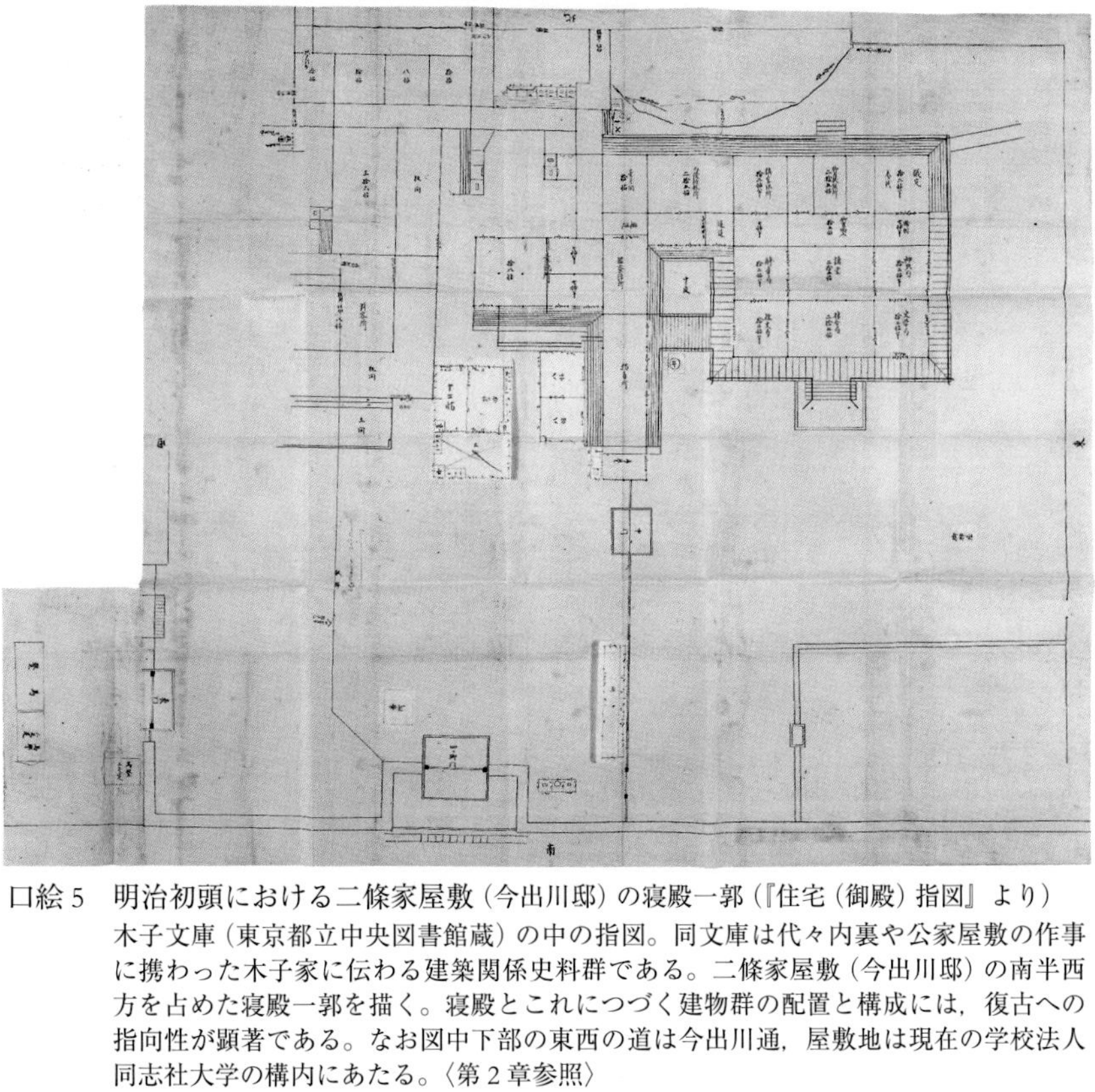

口絵 5　明治初頭における二條家屋敷（今出川邸）の寝殿一郭（『住宅（御殿）指図』より）

木子文庫（東京都立中央図書館蔵）の中の指図。同文庫は代々内裏や公家屋敷の作事に携わった木子家に伝わる建築関係史料群である。二條家屋敷（今出川邸）の南半西方を占めた寝殿一郭を描く。寝殿とこれにつづく建物群の配置と構成には，復古への指向性が顕著である。なお図中下部の東西の道は今出川通，屋敷地は現在の学校法人同志社大学の構内にあたる。〈第 2 章参照〉

口絵 6　平安宮内裏が罹災した際にしばしば臨時の内裏（里内裏）として使われた堀河院跡の二つの池（南東から）

手前の池 A は景石を並べた本格的な池で，先に造られた。〈序章，第 3 章参照〉

口絵 7　二条城の北東部で発見された冷泉院跡の景石群（北から）

城内の北東部で発見された，平安時代前期に属する荒磯風の石組。この石組は，同時期に据えられたものではなく時間差のあることが確認されている。〈序章，第 8 章参照〉

口絵 8　中尊寺一山絵図（中尊寺大長寿院蔵）

寛永 18 年（1641）に制作された中尊寺の寺領を示した絵図。中央右上に三段の池（三重池），左側にも池（大池）が描かれている。〈第 6 章参照〉

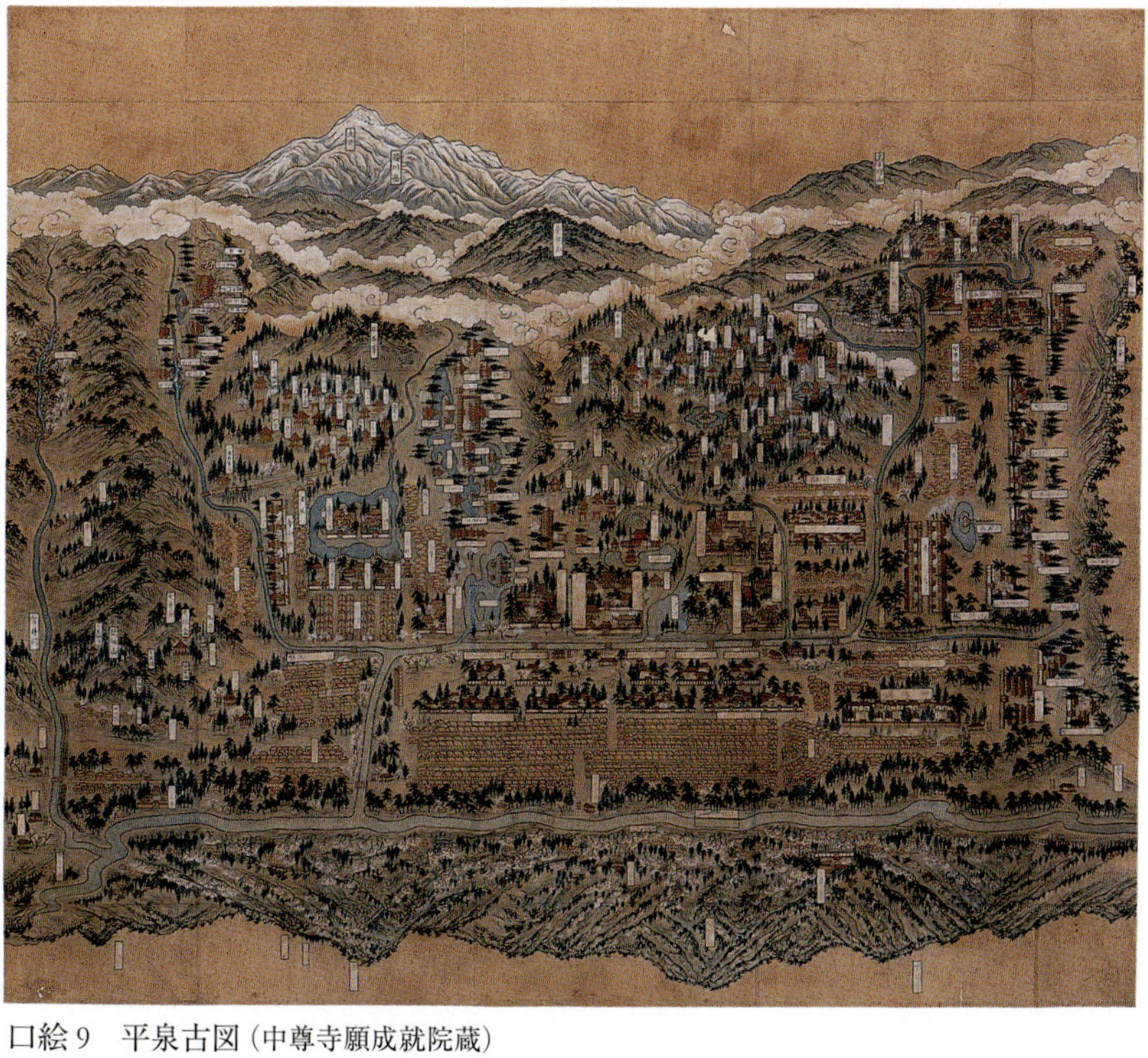

口絵 9　平泉古図（中尊寺願成就院蔵）

江戸時代に制作された古代の平泉を推定復元した絵図の一つ。中尊寺・毛越寺・観自在王院・無量光院などの建物と園池が描かれている。〈第 6 章参照〉

口絵 10　冷然院跡出土の緑釉陶器（京都市埋蔵文化財研究所蔵）

(a) 内面の底と四方に精微な陰刻花文が施された椀，(b) 方形の花弁をかたどった皿，(c) 冷然院の北築地内溝から多量の遺物とともに出土したもので，平安時代初期に東海地方で生産された製品と考えられる。(a) は (c) の左上，(b) は右上。図 9–13 に復元前の実測図も載せた。〈第 9 章参照〉

（a）　緑釉陶器（左端は平安京北郊産，他は尾張産）

（b）　緑釉陶器（平安京北郊産，内面に施釉時のハケ塗り痕跡）

（c）　灰釉陶器（尾張産）

（d）　装飾金具

口絵 11　冷然院跡出土の緑釉陶器・灰釉陶器と淳和院跡出土の金属製品〈第 9 章参照〉

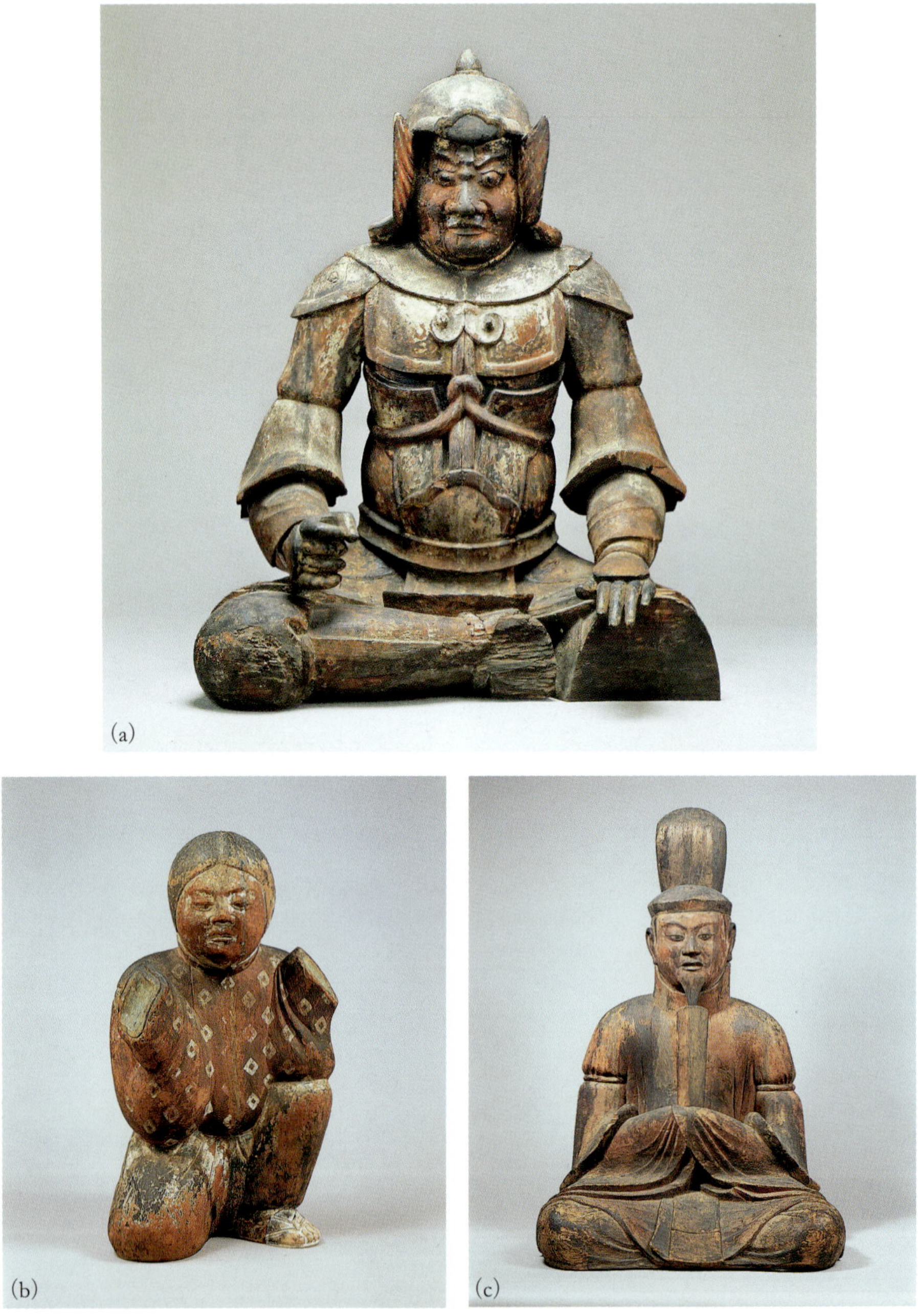

口絵 12　京都市上京区の大将軍八神社所蔵「大将軍神像群」（重要文化財）のうち，(a) 武装形神像（9 号像）と (b) 童子形神像（79 号像），(c) 束帯形神像（52 号像）。
同社には 12 世紀を中心にした武装形神像 50 体，男神像 29 体，童子像 1 体の計 80 体が伝存している。大将軍神は陰陽道の方忌の神として，また特に 12 世紀頃には祟り神としても畏れられた。〈第 10 章参照〉

まえがき

「都市の時代」といわれて久しい。

いわゆる首都圏の生活者は約三六〇〇万人で、日本の総人口の実に約三〇パーセントを占める。総人口は減少傾向にあるものの、都心部では人口の集中と過密が近年いっそう顕著であり、この傾向は今後も継続するものと推定されている。

人口の集中と過密は、建物の密集化と、近現代では高層化を導く。近畿圏では阪神淡路の大震災が一時期この流れに抗う契機になり得るかにみえた。はたしてしかしそんなことは遙かむかしのモノガタリで、とりわけ高層化は現在、日々、躍進中。偽りのないそれが日常の風景である。

善悪はともかく、ヒトとモノの大都市への集中と都市空間の肥大化・高密化は、もはや不可避的に進行し、すでに諸々の問題が生起している。三・一一の東日本大震災を都心部に「想定」し、数秒、数分後にも襲ってくる大地震が真剣に懸念され、国家的問題としてにわかに位置づけられてもいる。

ただ、しかしこれはいま現代にはじまった話なのではない。今日の首都圏にも比肩し得る大都市域が、ほかでもない、わが国土にかつてあった。地震や小火が大災害に、そこでは容易に転化、増幅されてもいた。住民は都市的文化を享受し、育み、また都市生活上の諸々の問題に直面していた。当時、世界的にも有数の都市平安京とその周辺である。

したがって平安京の解明は、現代において何よりも喫緊かつ最重要の課題である。現代の都市社会がそうであるように、平安京もまた論点は多岐にわたるが、最優先で取り組むべきは生活空間の様相、暮らしのあり方を具体的かつ正確、綿密に描き出すことである。

本書はこの平安京と、そこに生活の拠点をおく住人、貴族の住まいがテーマである。平安京の住まいは貴族と庶民で大きく異なる。前著『平安京の住まい』(京都大学学術出版会、二〇〇七年)では、それら両方を包括的に検証した。本書が対象とするのは貴族の住まいの方である。貴族の住まいは平安京という都市に生まれた、都市に特有の都市住宅である。都市のあらゆる側面をそれは内包し、都市の性格を如実に反映する。平安京の解明に貴族の住まいは不可欠である。

さて「住まい」は「住宅」ともいう。「住まい」はそこでの生活(ソフト)をより多く含意し、「住宅」には建物(ハード)という語感がより強いようにも思われる。ちなみに建築史、住宅史の世界では、庶民の住まいを「住居」(あるいは「民家」)ともいうのに対し、貴族や武家の場合は「住居」ではなく「住宅」である。古記録によると語としての「住宅」の早い事例は十二世紀初頭にみられる(『殿暦』康和四年九月十二日条の安芸守藤原経忠の「住宅」の焼亡記事)。ただし貴族の「住まい」の内実は現代とは異質であり、貴族の「住宅」は現代の住宅とは意味内容が大きく異なる。

前著『平安京の住まい』と同様、本書もまた日本史、建築史、考古学、庭園史の学際研究である。「住まい」にしろ「住宅」にしろ、平安京という対象は、これまでの豊富な研究の蓄積を超えて、複雑かつ重層的であり、その解明は難問であり、横断的、複眼的視角が必須である。学際研究はそこから導き出される必然に過ぎない。

本書では新出の資料として多くの発掘事例を取り上げている。京都市街地およびその周辺には世界的にも貴重な埋蔵文化財が広範かつ大量に存在するということである。一九九四年に十七の寺社・城館が「古都京都の文化財」としてユネスコから世界遺産に登録されているが、地中から姿をあらわしたそれら発掘遺構もまた、古都京都というこの場所にかつて成立、展開した世界的な大都市平安京に関わる、人類にとってかけがえのない貴重な文化財である。そのような評価と保護そして活用が切望される。本書が些かでもそのための一助となれれば幸いである。

二〇一二年五月　（西山良平・藤田勝也）

平安京と貴族の住まい◉目　次

口絵
まえがき　西山良平・藤田勝也　i
序章　平安京と貴族の住まいの論点　西山良平　1

第一部　平安貴族の住まい

第一章　平安京と町・戸主の編制　西山良平　45
第二章　「寝殿造」とはなにか　藤田勝也　81
第三章　里内裏の庭園遺構　丸川義広　111

第二部　貴族の住まいの移り変わり

第四章　平城京における宅地の構造・分布・変遷　家原圭太　157
第五章　鳥羽殿跡のふたつの貌　鋤柄俊夫　193
第六章　平泉と京都の庭園の類似性　飛田範夫　229
第七章　鎌倉の武家屋敷解明に向けて　福田　誠　261

第三部　平安貴族の暮らし

第八章　一九七三年発見の朱雀院跡掘立柱建物　鈴木久男　277
第九章　淳和院と陶磁器類　吉川義彦　295
第十章　古代の貴族住宅と宗教 ―― 居住空間における信仰と儀礼　上野勝之　327

あとがき　西山良平・藤田勝也　363
図版所蔵者・転載一覧　367
索引（事項／地名／人名）　380
著者紹介

序章　平安京と貴族の住まいの論点

西山良平

はじめに

本書では、平安京と貴族の住まいを根本的かつ多面的に解明する。また、平安貴族の住まいを歴史的に位置づけるため、前後の時期に視野を拡大する。

平安京の住まいは貴族住宅と庶民住宅に大別されるが、前著では、町屋や「斎宮」の邸宅跡（平安京右京三条二坊十六町）を題材に分析した[1]。すなわち、町屋の新出資料は発掘事例で、十世紀後半に右京七条二坊十二町では、独立家屋型の町屋が出現する。文献史料の小屋は町屋に相当し、一〇〇〇年前後以降に頻出する。「斎宮」の邸宅跡は九世紀第三・四半期末から第四・四半期初頭に造営され、最盛期は十世紀第二・四半期までである[2]。方一町規模宅地の新出事例であるが、寝殿造や従来の方一町規模宅地と異質である。「斎宮」の邸宅跡は寝殿造の実現・普及の渦中にある。内親王が「斎宮」の邸宅跡に居住すると推定されるが、皇后所生子は多く内裏で生活する。内裏内に斎王家を置けず、「人の家」を借用する。その園池では、桜が梅より多く、寝殿の南側に園池を造成しない。植栽の国風化は桜愛好が目安である。

庶民住宅の町屋の成立と構造を発掘資料と文献史料から考察した。貴族住宅は「斎宮」の邸宅跡など、九・十世紀を主要な対象としたが、寝殿造とその成立は今後の課題となった。そこで、本書では寝殿造とその成立などを主要な論点に、貴族の住まいを多面的に検討する。

寝殿造とその成立など、貴族の住まいの解明は難問であるが、日本史・建築史・考古学・庭園史の分野から横断的・学際的に取り組む。貴族の住まいの研究蓄積は、上層公家邸宅の建物配置や平面構成、寝殿造の成立・変遷、儀式と居住・伝領、平安中期以前の住宅遺構、邸第の分布など膨大であるが、(3) 新出資料に発掘事例がある。そこで、新旧の発掘事例を手掛かりに、平安京と貴族の住まいの論点を提示する。

第一節　寝殿造と園池遺構

発掘事例では、第一に建物遺構の検証が必要である。朱雀院・宇多院・高陽院など特定の邸第では、建物遺構の検出は希少である。右京四条一坊四町は朱雀院の南東隅部であるが、三棟の建築遺構を検出し、奈良末・平安初期を下らない。(4) 宇多院では平安時代初期から中期に、回廊と門の区画が作られるとされる。(5) 高陽院では藤原頼通時代の建物北西部と東西廊の一部が発見され、建物は「西対あるいはそれに準ずる性格の建物」とされる。(6)

しかし、調査時点で国土座標が導入されず、また、当時の研究水準に規定され、遺構の評価に検討の余地が発生する。宇多院（右京北辺三坊五・六・七・八町）では、七町と恵止利小路に回廊と門の区画が復原される。隣接の六町や八町が調査されるが、六町では恵止利小路東側溝が検出され、平安時代後期に廃絶する。(7) また、八町では南北溝を検出し、回廊の南北柱列と同一方向であるが、十二世紀後半に埋没すると推定される。(8) 宇多院では建物遺構の位置や復原に検討の余地が大きい。(9)

文献史料の観点では、宇多院の所在の認定が課題である。宇多院は右京北辺三坊五・六・七・八町とされるが、その根拠は(I)右京北辺三坊五・六・七・八町の「左大臣融領／宇多院」である（尊経閣文庫本『拾芥抄』中「京程部第廿二・西京図」。以下、『拾芥抄』「西京図」と略記。）。また、(II)宇多院は「已下西京」に「土御門北・木辻東、此小路当二東洞院一、法皇御所、刑部卿源湛宅云々、或抄云、西京宇多小路、但此小路当二町尻東行一、」とあり（京都大学附属図書館清家文庫本『拾芥抄』中「諸名所部第二十」。以下、『拾芥抄』「諸名所部」と略記。）、北辺三坊五・六・七・八町は「土御門北・木辻東」であるが、町数は不明である。また、「或抄」では「西京宇多小路」とあるが、宇多小路は北辺三坊の一・二町と三・四町の境界で、五・六・七・八町と適合しない。宇多院と宇多小路の不一致は不審である。さらに、それ以前は、「宇多院、法皇御所、」（『簾中抄』「京中付名所」）、「宇多院、西京、法皇御所、元刑部源湛宅、」・「巳下西京」に「宇多院、法皇御所、」（尊経閣文庫・古写本『二中歴』十「名家歴」。以下、『二中歴』「名家歴」と略記。）とあるが、宇多院の位置を明記しない。宇多院と宇多小路の合致が自然であり、(I)(II)の史料性の検証が必要である。(10)

宇多院の再検討は今後の課題であるが、本書では朱雀院の建築遺構を再検証する。

第二に、高陽院など特定の邸宅では、主要建物は充分に検出されず、建物全体の配置は不明である。一方、発掘事例では、園池の遺構が良好に保存され、邸宅での位置も明瞭である。建物全体の配置の解明には、園池遺構の収集・分析が必須である。「斎宮」の邸宅跡は一町規模の宅地であるが、北半に比較的大型の建物や園池が配置され、南半は雑舎群の空間である。冷泉院（一般的には冷泉院と書かれるが、本書では扱っている時代に合わせて冷然院を用いたところもある。冷泉院となるのは九五四年）・高陽院・堀河院など有数の邸宅では、園池の調査が進展する。高陽院などには平安中期以降の園池があり、寝殿造解明の手掛かりである。また、冷泉院・高陽院・堀河院などには(a)「第三期冷泉院（九五四頃―九七〇）推定復原図」（図序―1―1）、(b)「宇治関白藤原頼通の邸宅・高陽院推定復原図（万寿元年、駒競行幸当時の第一期高陽院）」「関白藤原頼通の第二期高陽院推定復原図」「第四期高陽院（里内裏時代）の推定復原図」（図序―2―1）、(c)「堀河殿全構復原図」（図序―3―1）がある。(11)

(a)で、は冷泉院（四町）の南半の中央に1／2町程度の南池が図解され、北半のさらに南半部から南半の北半部に寝殿などが復原される。南池は冷泉院の1／8であるが、この推定復原図は暗黙に邸第の心象を拘束する。(12)(b)では、高陽院（四町）の東西・南北の中心に南池の北東岸を、東西の南北中軸線の北半に寝殿の東側柱を配置する。高陽院

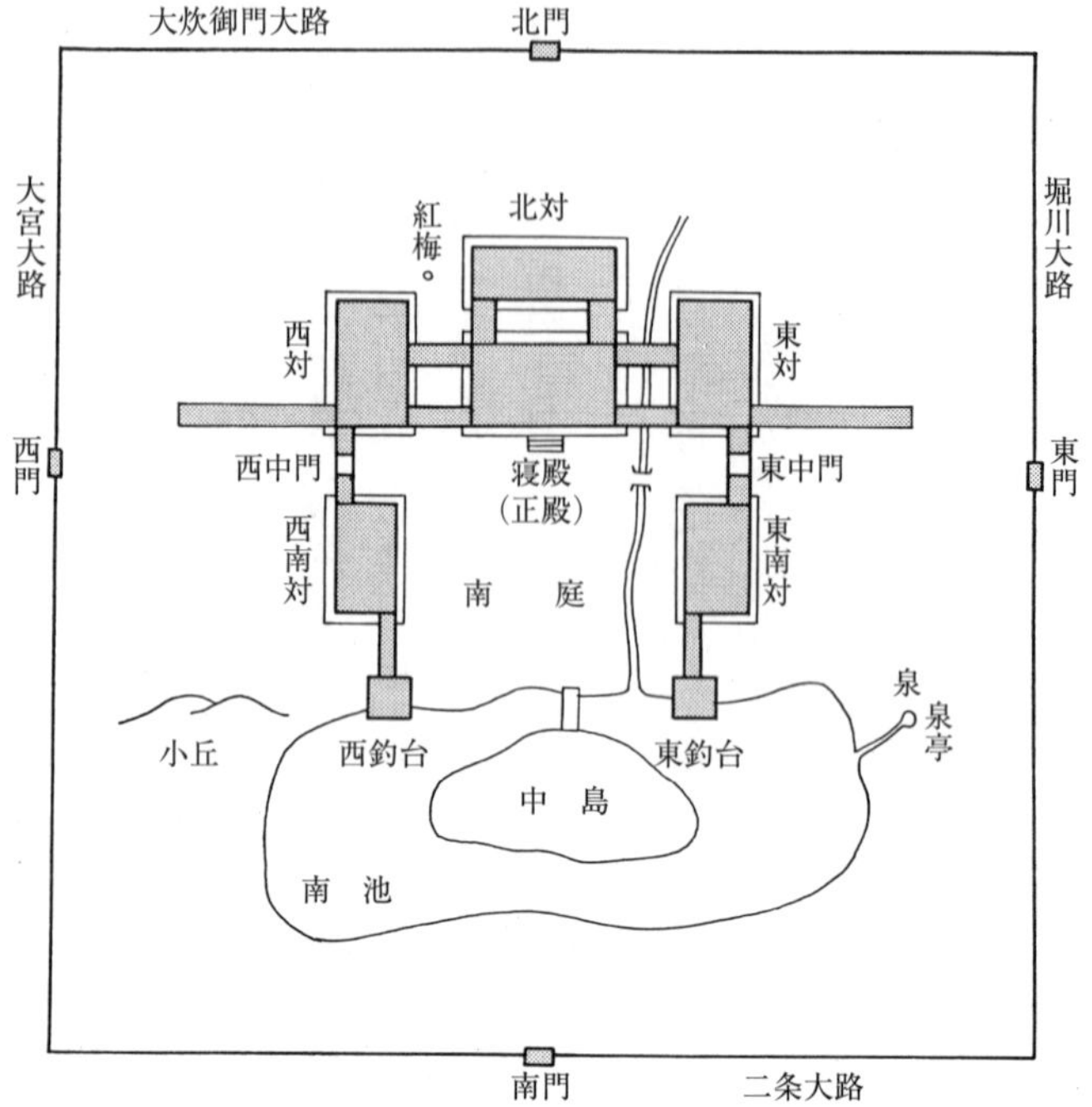

図序-1-1　第三期冷泉院（954 頃— 970）推定復原図
（太田静六『寝殿造の研究』(11) より）

は「例の人の家造りなどにも違ひたり。寝殿の北、南、西、東などにはみな池あり。中島に釣殿たてさせたまへり」（『栄花物語』巻二三「こまくらべの行幸」）。第一期（治安元年・一〇二一—長暦三年・一〇三九）の高陽院は「南池」（『左経記』万寿二年正月廿日条）、「後池」すなわち「北の池」（『長元八年五月十六日関白左大臣頼通歌合』「漢文日記」・「仮名日記」(13)）、「東池」（＝潺湲？）（『左経記』万寿二年正月廿日条、『小右記』〈逸文〉長元六年十一月廿八日条）が実在し、寝殿の四周を池や流れが取り巻くとされる。(14)（c）では、堀河院（南北二町とされる）の東西・南北の中心に南池・中島の中心を、北半一町の中心に寝殿の中心を一致させる。第一期（承暦元年頃・一〇七七—嘉保元年・一〇九四）・第二期（長治元年・一一〇四—保安元年・一一二〇）の堀河院には、西中門廊から東透廊まで「南池」が存在するとされる。(15)

発掘調査の結果、まず四町の冷泉院・高陽院。

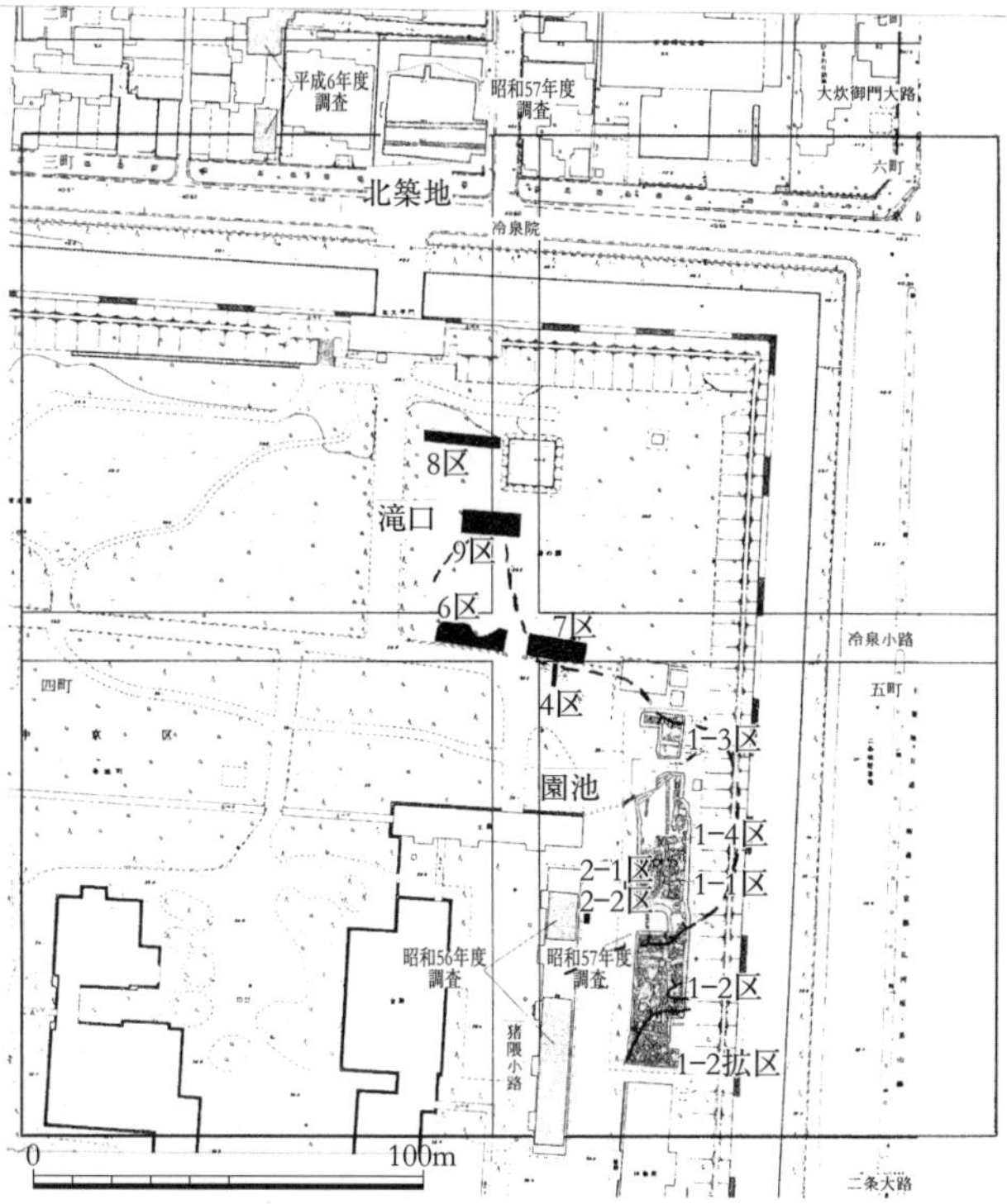

図序-1-2　冷泉院調査位置図　---は池
（文化財講演会「源氏物語の風景—寝殿造—」資料より）

冷泉院（累代の後院、弘仁七年・八一六初見、村上天皇・後冷泉天皇の里内裏）の池は二町四方の中央部北側から南側に広がる（図序-1-2）。二〇〇一年度9区東端から6区北東に至り、南西に広がる。東岸は7区南端から東伸し、1-3区北東から1-2区北東に達し、調査区を斜めに横切り南西伸する。さらに南下し南面築地の中央に近接し、大きくカーブして池南岸に接続すると推定される[16]。池の範囲は推定復原図より広く、西偏すると想定される。当面は、三町（北西の一町）の中央一帯に寝殿などが展開すると推測される[17]。冷泉院では、西門が正門である[18]。

高陽院（賀陽親王の第宅、藤原頼通の邸第、後冷泉天皇・鳥羽天皇などの里内裏）は左京の遺跡では特異的に地下遺構の残存が良好で、敷地の南西に広大な池（池A）と北東にそれと別の池（池B）がある（図序-2-2）。

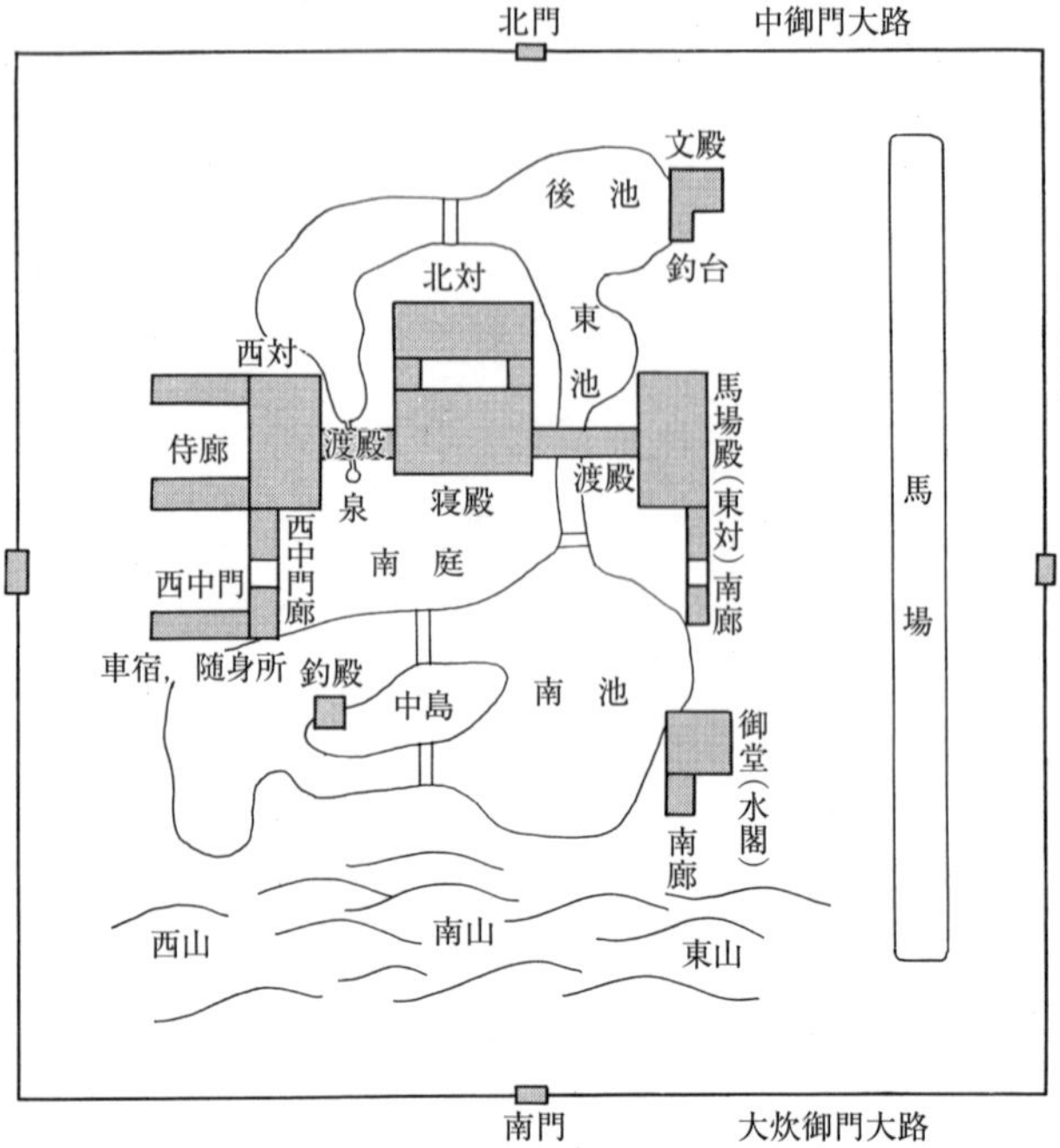

図序-2-1　宇治関白藤原頼通の邸宅・高陽院推定復原図（万寿元年，駒競行幸当時の第一期高陽院。太田『寝殿造の研究』[11]より）

西半部の池Aは南北規模が約一四〇メートルで、池の南岸と敷地南限の築地との間隔は一五メートル程度である。下層に縄文時代の川跡・弥生時代の湿地が検出され、高陽院の池はこの自然地形や地下水脈などを考慮し造営される。[19] また、7の調査では礎石建物の北西隅とそれに取り付く東西廊が検出され、「西対あるいはそれに準ずる性格の建物」、東西廊は侍廊とされる。寝殿は1の洲浜の北側に推定され、礎石建物の北側にさらに一棟の建物が想定される。[20] 高陽院では、池Aが西南の十町を占拠し、池Bが中心の東北側に存在し、寝殿などは池Aの北側・池Bの西北に展開すると推定される。また、池Aは自然地形に規制されるが、寝殿などの立地はその池に拘束されると想定される。高陽院は西礼の邸宅で、西門が正門である。東対を馬場殿にあて、その前に北南方向に馬場を造る（『栄花物語』巻二三「こまくらべの行幸」）。東門と東対の間

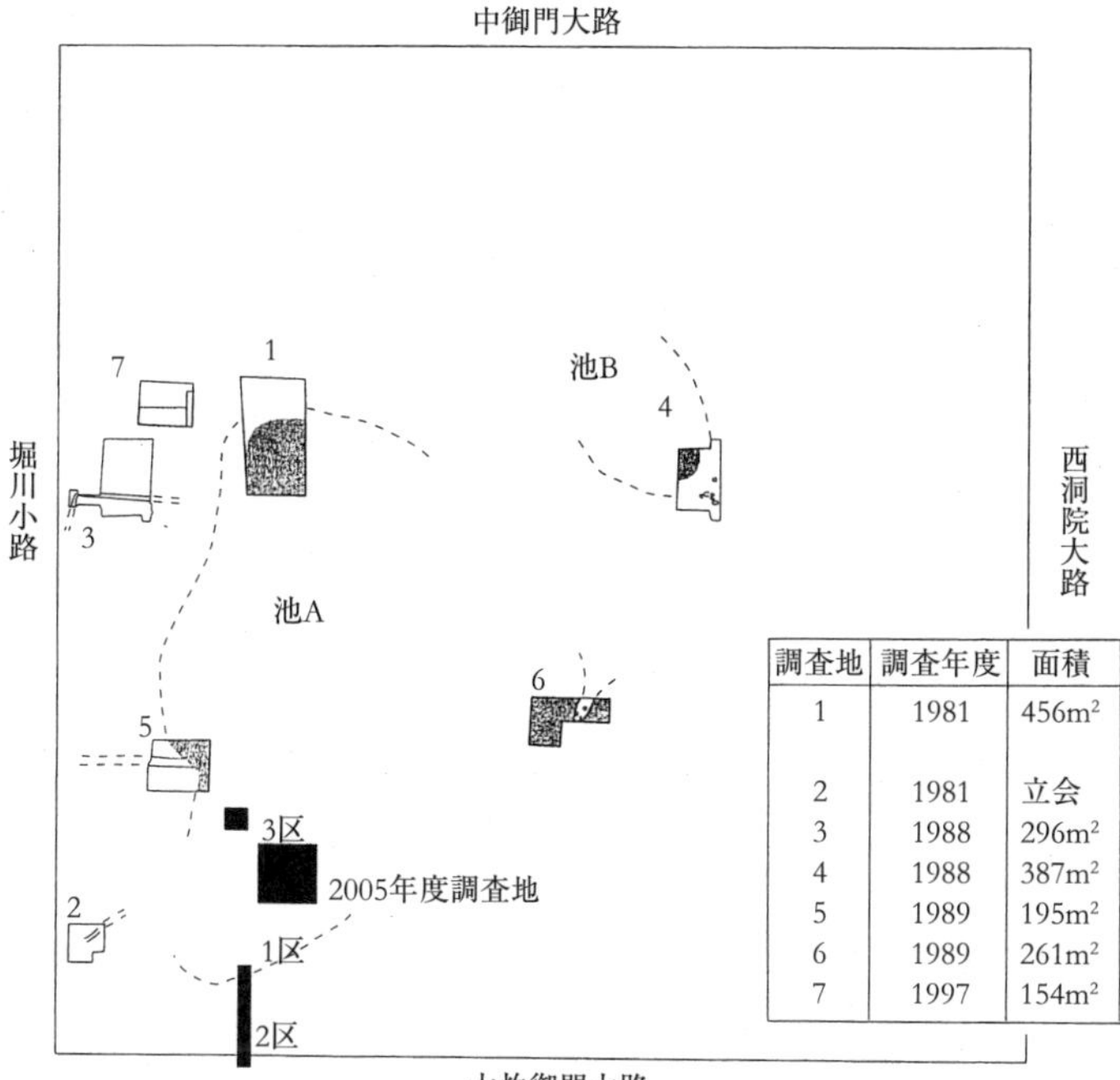

調査地	調査年度	面積	主な遺構
1	1981	456m²	池跡，庭石，柱穴列，洲浜
2	1981	立会	排水路?
3	1988	296m²	園池，景石
4	1988	387m²	池，洲浜，溝
5	1989	195m²	池，東西溝
6	1989	261m²	池，地業遺構
7	1997	154m²	建物，池

図序-2-2　高陽院調査位置図
（網伸也「賀陽親王邸宅・初期高陽院」[31]より）

に馬場があり、東門は正式訪問に用いられない。[21][補註2]

冷泉院や高陽院では、正門（西門）と池の西偏や寝殿などの立地が対応する。[22]

堀河院（藤原基経の邸第、円融天皇・堀河天皇の里内裏）は「南北二町」とされるが、北の九町と南の十町では別の池を設ける（図序－3－2）。九町では池4899の南東に景石配置の溝、築山あるいは建物の地業が存在し、池4899は幅が狭く遣水となり、南の池1570に流出する可能性がある。4区北西部のEでは柱穴が密集し、建物が存在する可能性が高い。十町では池1570と池1810があるが、埋没時期に差がある。堀河天皇（在位一〇八六―一一〇七）の前半以前は池1810が使用され、後半以降は池1570が存在し、保安元年の火災後に池1570は埋められると推定される。池1810の内部で建物の南西隅を検出し、覆屋的な性格と想定される。地山の西半分は砂

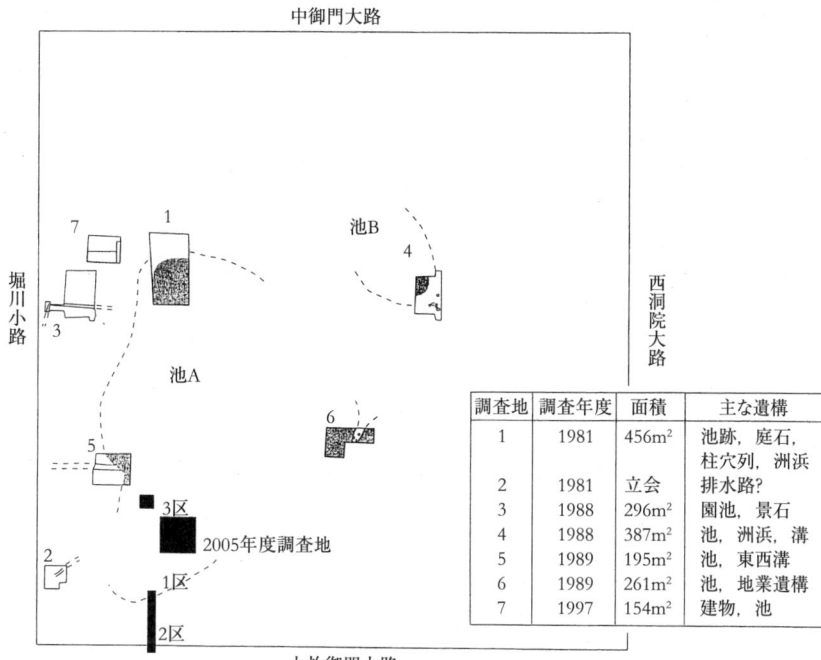

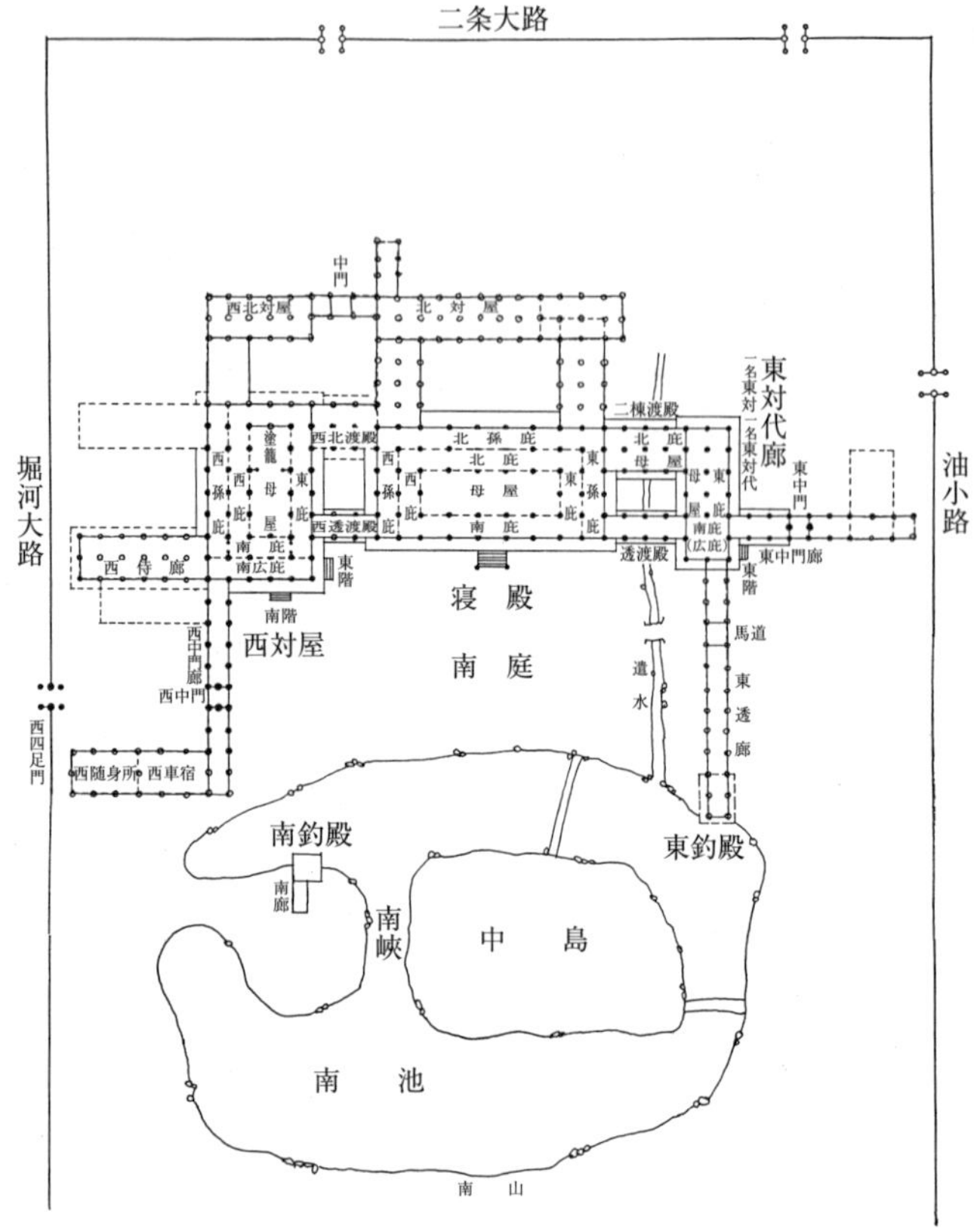

図序-3-1　堀河殿全構復原図（太田『寝殿造の研究』(11)より）

礫層で、この範囲は湧水が期待され、最も深く掘られると推測される。石敷370は池1810の整地の上に構築され、池1570を南から眺める建物の一部とされる。池1570は九町から導水されるが、南東では砂礫層がやや深く掘られ、湧水を期待すると見なされる。(23)

四条宮（藤原頼忠の第宅、後冷泉天皇の里内裏、後冷泉皇后藤原寛子の御所）は左京五条三坊一町とされるが、(24)すぐ北側の四条三坊四町が適切である。(25)四条三坊四町では、平安時代中期に園池の南東隅が確認される。二時期の変遷が認められ、約半世紀にわたり存続する（図3-15）。園池I期は町尻小路から西六メートル、四条大路から北約九メートルに位置し、宅地の

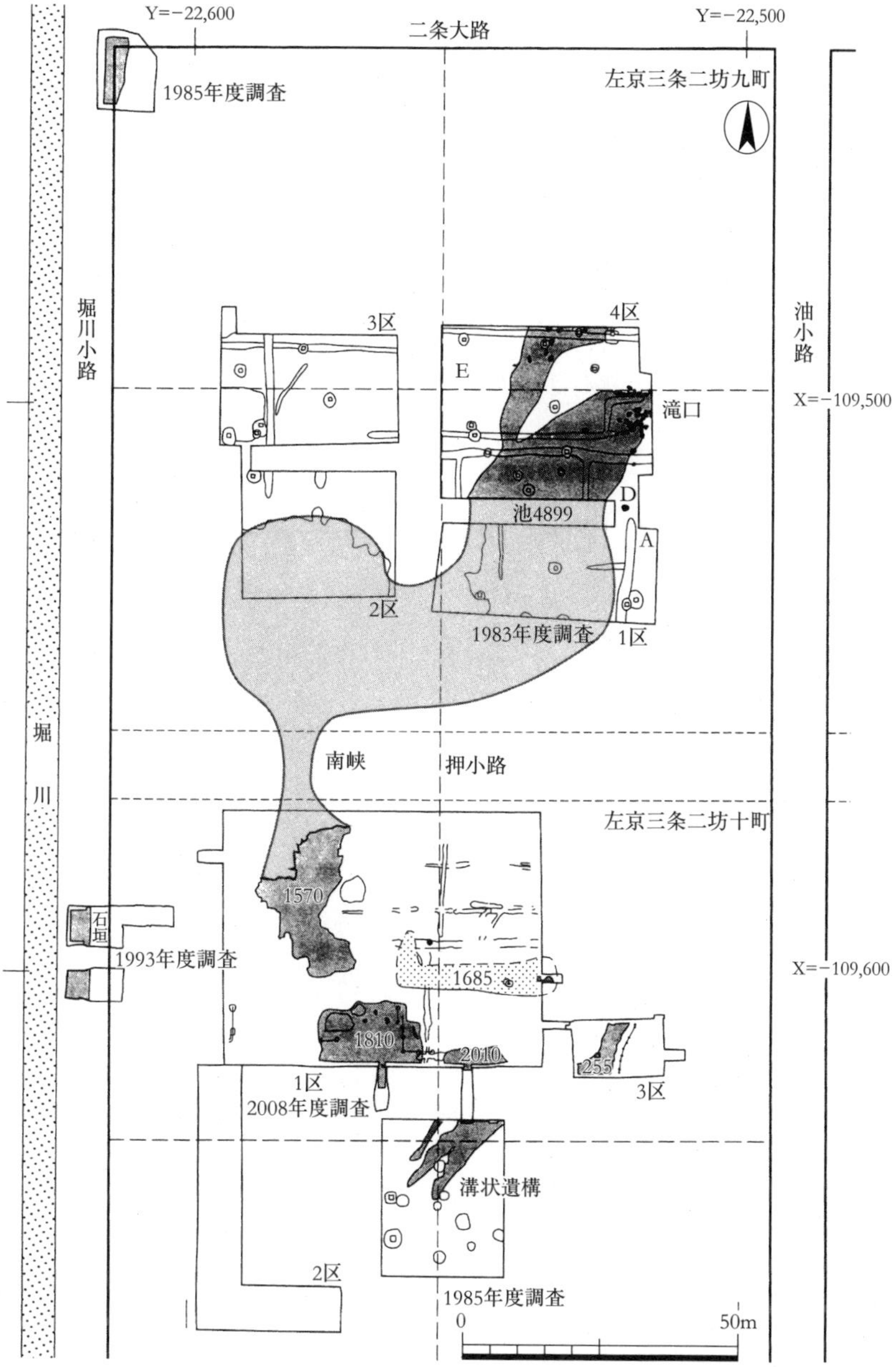

図序-3-2　堀河院の池復元案（鈴木久男「発掘遺構から見た平安時代庭園」[23]より）

南東隅である。Ⅱ期は東と南肩部で一―一・三メートルほど内側に造られる。[26] 四条三坊四町の池は北側・西側の広がりが不明であるが、南東隅は一町の南東隅にギチギチで、高陽院の池Aの南岸と南限築地の間隔を想起させる。四条宮の園池は南半や東南に位置すると推定される。

さて、高陽院など特定の邸宅の発掘事例では、園池が良好に保存され、邸宅での配置が明瞭である。しかし、宇多院や四条宮など、邸宅の所在の確定が必須である。また、高陽院や冷泉院・堀河院などでは、園池の配置や比率が判明し、建物の一部も検出される。高陽院などの園池は寝殿造解明の重要な手掛かりである。高陽院や堀河院では、園池の配置は一様ではない。高陽院や冷泉院では、既成の推定復原図と比較し、池は広大で、邸宅での比率は高い。また、高陽院や四条宮では、池は敷地ギリギリに造成される。さらに、高陽院では、池Aは自然地形に規制され、建物は池の立地に制約される。

園池の位置から、寝殿などの位置が推定可能である。冷泉院や高陽院は四町であるが、園池は西偏し、寝殿などは西北部に展開すると推定される。冷泉院・高陽院は西門が正門である。堀河院は南北二町とされるが、池4899と池1570は九町の南半から十町の北西部、主要殿舎は十町のEに存在する可能性がある。堀河院の主要部は十町を中心に存在すると想定される。寝殿を基軸に園池を南（前）、また東・西に配置するが、寝殿などの細部の立地は各々固有である。[27] しかし、寝殿・中門などの一角は厳格に定型を志向する。結局、寝殿・中門などの定型や邸宅の庭園遺構のあり方が喫緊の課題である。

第二節　九世紀の邸第と園池

1　高陽院・西三条第

九世紀の園池を高陽院や西三条第などを取り上げ検証する。これらは文献史料から邸第の本主を特定でき、かつ発掘調査で園池の実情が判明する。九世紀には、高陽院は二品賀陽親王の第宅と推定される。賀陽親王は桓武天皇の第七子で、貞観十三年（八七一）に逝去、年七八（『日本三代実録』貞観十三年十月八日庚戌条、『本朝皇胤紹運録』、『帝王編年記』巻十二）。「高陽院、中御門南・堀川東、二町、／賀陽院親王家、」（『二中歴』「名家歴」）、「《高陽院［イナシ］御子家》高陽院、中御門南・堀川東、南北二丁、／南一丁後入二賀陽親王家一、」（《　》は首書、『拾芥抄』「諸名所部」[28]）、賀陽親王の高陽院は中御門南・堀川東の南北二町、左京二条二坊九・十町とみられる[29]。十一世紀以降の高陽院の西半に相当する[30]。

発掘調査では、九町の南西隅（西一行北七・八門）で池の西岸と洲浜を確認し、洲浜は拳大の玉石を貼る。洲浜は平安京遷都前後に造営され、九世紀中頃まで機能し、賀陽親王邸宅の園池と推測される。下層に北東から南西の旧流路があり、園池は流路を利用し造営されると想定される。洲浜の検出位置から、園池は九町南の十町に広がり、当初から南北二町と推定される（図3-7、図5-3）[31]。

右京三条一坊六町は右大臣藤原良相の西三条第の可能性がある[32]。貞観九年、藤原良相は「里第」に逝去する。年五五（『日本三代実録』貞観九年十月十日乙亥条）。西三条第は、第一に「西三条、朱雀西・三条北、／良相公家、」「西三条、良相大臣之家、」（『二中歴』「名家歴」、後者は「已下西京」。）、「西三条、三条北・朱雀西、又号二百花亭一、／良相大臣旧跡、」「西三条、三

条北・朱雀西、／良相大臣家、俗云百［夜イ］衣公事、」（『拾芥抄』「諸名所部」、後者は「已下西京」[33]。）とあり、これらは三条北・朱雀西説である。第二に、右京三条一坊六町に「西三条」（『拾芥抄』「西京図」）と見え、姉小路北（三条坊門南）・西坊城西（皇嘉門大路東）説である。第三に、「（良相）大臣ノ家ノ西ノ大宮ヨリハ東、三条ヨリハ北、此レヲ西三条ト云フ」（『今昔物語集』巻十四―四十二）とあり、西大宮東・三条北説である。第一と第三説は三条北・朱雀西、西大宮東・三条北と、東・西と南を大路で限定する。この用法は西京の名家・名所に特徴的で、信頼性は低いと推定される。[34] 西三条は三条北・朱雀西や西大宮東・三条北でなく、三条一坊六町が有力と想定される。[35]

園池や建物の規模、出土土器の構成などから、六町の邸宅は一町全域を占める（図序―4）。園池が重視され、宅地の西半部から中央部に認められる。発掘調査では、8次調査地（一九九五年度調査）で平安前期から後期の園池の東岸汀線を確認する。17次調査地（二〇〇一年度調査）では、8次調査の洲浜の約四〇メートル西に対岸の洲浜と池跡を検出する。池は九世紀初頭と九世紀後半の新・旧の二時期あり、十世紀頃まで継続する。当初の池を改修し縮小する。池（旧）の西の洲浜の西側に西北から東南方向の流路状の堆積があり、西北から取水すると推定される。20次調査区（二〇〇六年度調査）の南西隅の土壙は流路状遺構の北東辺とみられる。大規模な建物が東半部に建設され、庇が掘立柱、母屋は二間四間の礎石建物と想定される。時期は九世紀前期、柱間は三メートル、庇は三・六メートル、柱間は桁外れに大きい。[36] 二〇〇八年度の調査では、北半部で東西方向の池跡が池上層（新）を切り込み、舟入状の落ち込みとみられる。また、北東部北壁沿いに池中の柱穴を検出し、釣殿の可能性がある。舟入あるいは池上層（新）に伴い、北・東に広がると推定される。[37]（補註1）（補註3）

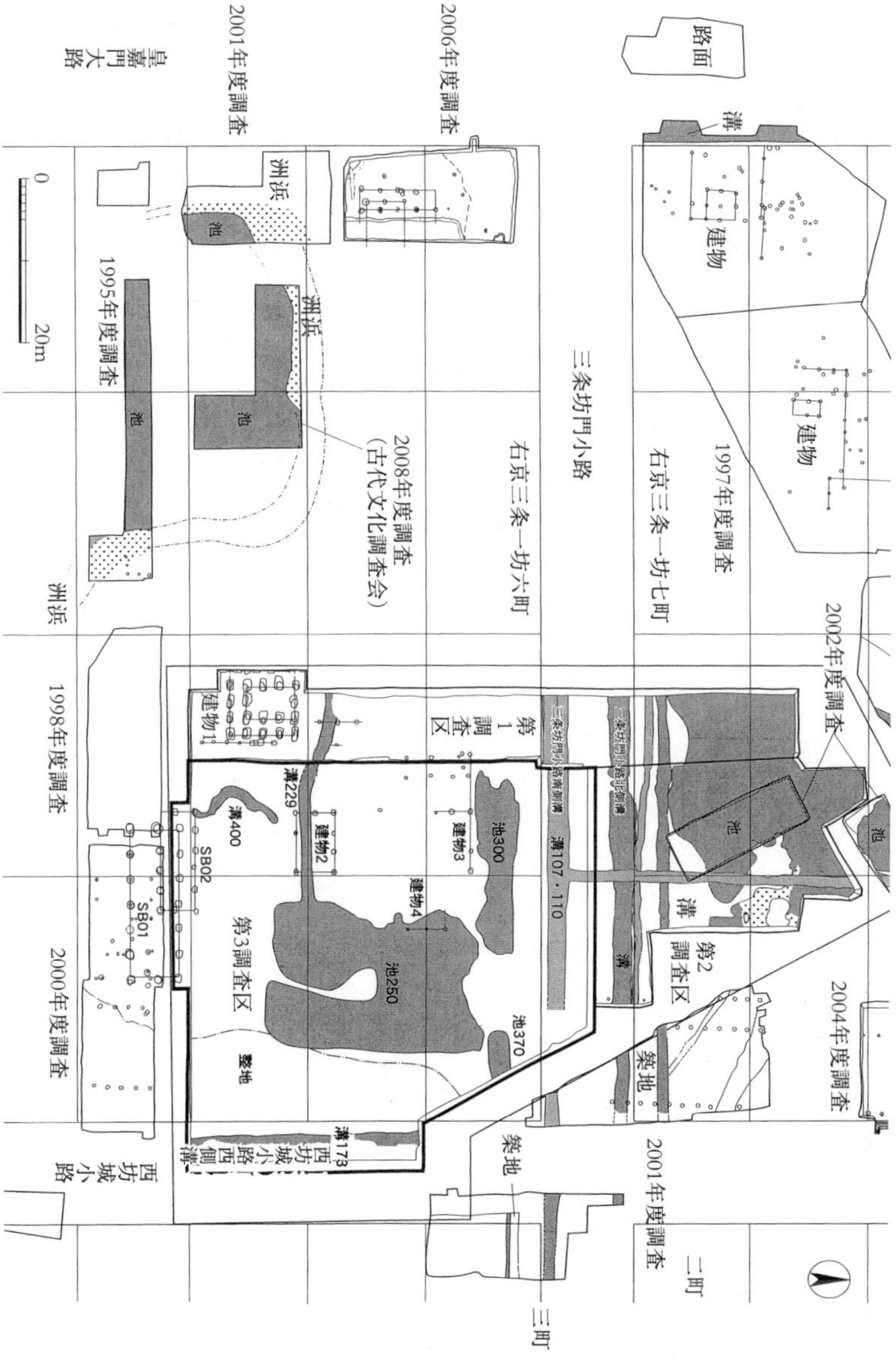

図序-4　平安京右京三条一坊六町跡周辺調査位置図（「現地説明会資料」より）

2 淳和院（南池院）・「斎宮」の邸宅跡など

淳和院（淳和天皇の後院、皇后正子内親王の御所）は右京四条二坊の十一―十四町の四町と推定される。西院村字淳和院（スナキ、西院東淳和院町・西淳和院町）は略々方形で、条坊の「方二町の丈尺」に近い。南は四条大路、東は西堀川小路、北は四条坊門、西は道祖大路に当る。優秀な古瓦や礎石など遺物・採取遺品から、「平安朝初期の大第館の遺跡地」と想定される。[38] 四条北・西大宮東（『二中歴』「名家歴」・『拾芥抄』「諸名所部」）は四町東にずれる。『拾芥抄』「西京図」では、四条二坊十一―十四町に朱方格あり。大正七年（一九一八）頃まで、この北辺に「飯の山と称する築山の如き」あり、その下に「池水を湛へ」る。地表に高低あり、「東北部及び北寄の地」に著しく低い部分が広くある。往時に「大池」が存在すると推測される。「東南部一帯」は土地がやや高く、「殿舎」はこの高地に建造されると推定される[39]（図序-5）。

南池院は皇太弟大伴親王（淳和天皇）の離宮で、淳和院と「地域の同一または接近する」。天長八年（八三一）から十年に淳和院に改称され、天長末年には西院と称されると推定される。[40]

南池院ト申ハ、四条ナハテノ北、西宮殿ノ森ノ西、四町バカリ、ナハテヨリ北へ一町余ノホドニ⑴島アリ、メグリハ池也、但当時ハ、東方ニハ田ヲ作レリ、西ノ方ハ猶池ニテ侍リ、⑵池ノ南ニモ殿ノアト、ヲボシキ処アリ、⑶ウルワシキ御所ハ定テ池ノ北ニ、南向ニコソハ侍リツラメ、ユ、シクヒロキ所アリ、⑷中嶋今ニミエ侍ルナリ、（『続教訓抄』〈日本古典全集〉第三冊「海青楽」[41]）

「西宮殿」は西宮。西田は、⑴は「東北部の低地の沼」、「島」は「『飯の山』と称する墳状の地」、⑵は「池南の殿

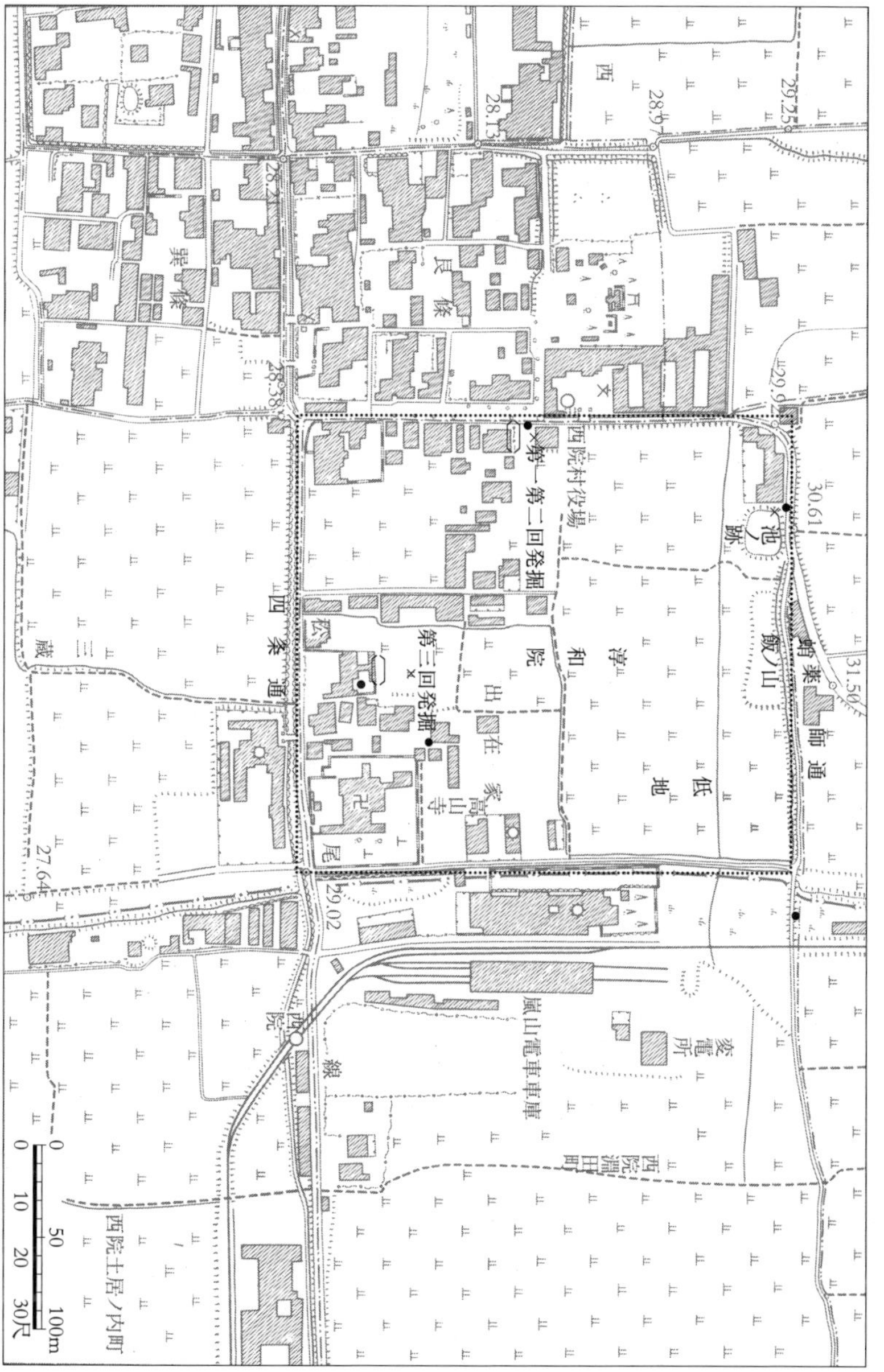

図序-5「淳和院遺蹟地現状図」（西田直二郎『京都史蹟の研究』より）
遺物出土及び発掘地点図（●礎石出土及び保存地　×古瓦など出土　⊂⊃発掘地点）

舎」で「南方の一段高きところ」、(3)は「北寄の蛸薬師通（四条坊門）による地帯」で、「殿堂の存在」を推定する。(1)(3)はともに北寄で、(1)は字淳和院三番・四番地、(3)は二番地などで、隣接する。(3)の殿堂は「池ノ北」ではなく「池ノ西」に相当する。素性法師カは「西院の后」（淳和皇后正子内親王）が出家し修行する時、「かの院の中島の松」を削り書き付ける（『後撰和歌集』巻十五―一〇九三）[42]。

南池院は四条大路北、西宮殿から四町西と明記される。西院（淳和院）は四条北・西大宮東とされるが（『二中歴』「名家歴」・『拾芥抄』「諸名所部」）、四条大路北・西宮殿四町西は正確に南池院（淳和院）の位置を特定する。「南池院ト申ハ」以下の記述は信憑性が高いと推定される。

右京四条二坊九町―十六町では、発掘・試掘・立会調査が多数実施される。九町南の六角小路では、「平安時代のいつごろか」に西堀川の水を道祖大路の流路に落とし込むため「川を掘った」と推定される。十世紀中葉頃までは「ゆるやかな川」であるが、それ以降は「流れの急な川」に変化する。九町南の西端で南に屈曲し、十町南半の西端の流路に連なると想定される。この流路は九世紀後半以降に成立する。また、十一町西端南の錦小路で土壙を検出し、九世紀後半の遺物が出土する。十四町南端中央で平安前期の井戸を検出する[43]。流路が九町・十六町南の六角小路、十町南半の西端を通過し、九・十・十五・十六町が淳和院の内部の可能性は低い。

十二町中央西北寄りでは柱穴三基を検出し、掘方は隅丸方形、一辺九〇―一二〇センチメートル、柱当たり径三五―四〇センチメートル。掘方の形状から平安前期、大きさから淳和院の建物と推定される。十二町の北東隅で南北溝を検出し、西堀川小路西築地の内溝と想定され、平安前期の土師器・瓦類が出土する。埋土に多量の焼土・炭が混ざり、貞観十六年（八七四）の淳和院火災に伴うと推測される。また、西堀川小路西築地（淳和院東築地）の関連遺構を南北三二メートル検出する。すなわち、西築地の基底部と内溝を十一町南東隅・錦小路・十二町北東隅で検出する。十一町南・十二町北の錦小路は築地で封鎖され、淳和院四町（八町）説を強く支持する。十二町北端中央で平安時代の土壙二基、十二町南西隅・十三町南東隅で湿地状堆積を検出する。さらに、十四町北西部の調査地では南西角から平安前期の東西溝、中央東寄りで平安前期の池の洲浜などを検出する。「飯の山」の下の「池水」は調査地の北側で、平安前期の池跡は「飯の山」の「池水」に続く可能性がある。[44] 十町南半の中央では平安時代の池状遺構が検出される。[45]

西南隅の十三町東四行五―八門。第1段階では築地の内溝からⅠ期中（七八〇―八一〇）の遺物が出土し、淳和院以前の南池院に関連する可能性がある。第2段階（第1期、九世紀前半）では道路で敷地を区画し、南側の区画に大型建物・銅の鋳造所を建設する。道路は道祖大路に突き当たり、門が建造される。第3段階（第2期、九世紀中頃―後半）では溝を掘り直し、敷地一杯に東西棟が南北に建設される。第4段階（第3期、九世紀後半）では北半に東西棟を建設し、南半に柱穴が多いが、建物と確定できない。柱穴に焼土を含み、第3段階の二棟は火事（貞観十六年の火事カ）で焼失する可能性がある。道路側溝は東西棟の廃絶と前後して埋没し、この段階から遺物が急速に減少する。[46]

南池院の「林泉の風景」は、「風来り前浦煙を収めて遠し、鳥散り後林暮れなむとして閑けし」（『凌雲集』御製廿二首「夏日皇太子南池」第五・六句）。「風が吹いて来て、前の池の入江は立ちこめてゐたもやを収めて遠くまで眺められ、鳥が立ち去つて、後の林は暮れようとして閑静である」。[47] 南池院に「前浦」（前の池）と「後林」（後の林）があり、「前浦」の「前」は南、「後林」の「後」は北と推定される。南池院には、「前（南）浦」と「後（北）林」が展開する。

承和元年（八三四）、仁明天皇は淳和上皇を淳和院に朝覲行幸する。淳和上皇は逢迎し、各々「中庭」に拝舞し、やっと共に「殿に昇る」。群臣に酒を賜い、兼ねて音楽を奏し、左右近衛府は交々舞を奏す。仁明天皇は還宮のため、「殿より降る」。淳和上皇は相送り、「南屏下」に到る（『続日本後紀』承和元年正月癸丑条）。淳和院改称の直後、「中庭」は「建物に囲まれる庭」（『日本後紀』大同三年八月乙丑条、『日本後紀』〈逸文〉天長九年五月庚戌条、『続日本後紀』承和元年正月甲寅・十年九月丙午条）、正殿（「殿」）などが中庭を囲繞する。「南屏下」は南側の「へい」（『続日本紀』天平神護

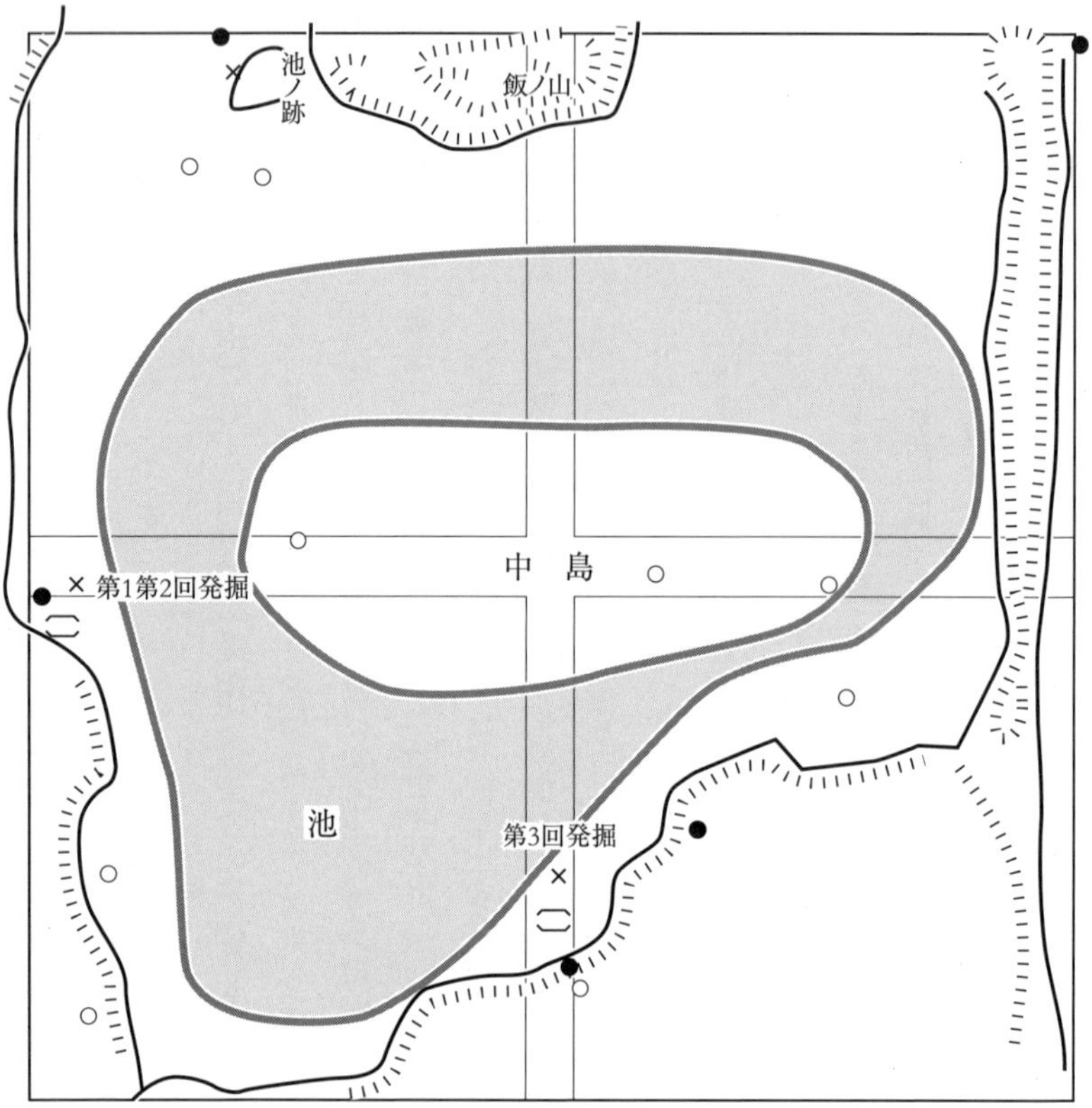

図序−6　淳和院（南池院）模式図

● 礎石出土及び保存地　　高地を示す（森蘊による）
× 古瓦など出土　　○ 遺構検出地点
発掘地点（以上は，西田直二郎・森蘊による）

元年八月庚申朔条）、淳和院の正門は南門で、淳和上皇が仁明天皇を鄭重に相送り、南側の境界施設に到ると推定される。

南池院の「前（南）浦」と「後（北）林」は、淳和院の正殿（「殿」）などと「中庭」から前（南）と後（北）に所在すると推定される。すなわち、南池院（淳和院）では、後（北）から前（南）に「後林」、正殿（「殿」）などと「中庭」、「前浦」、南門（正門）が分布すると想定される。この配置は『続教訓抄』の「南池院ト申ハ」以下、発掘の成果と齟齬せず、よく一致する。また、「飯の山」は「後林」に相当するとみられる。南池院（淳和院）は前池型（または前池・側池併用型）と推測される（図序ー6）。

「斎宮」の邸宅跡（図序ー7）。池1は十六町の東三行北二―四門にあり、東西約一五メートル、南北約四〇メートル。すなわち、池は十六町の北半の西寄りに位置する。池の水は、北側の泉と池底面の中央南寄りの泉から給水される。前者は作庭以前の湧き水の吹き出し口に手を加え泉とし、池の位置や規模はこの泉に決定されると推定される(48)。

「斎宮」は伊勢斎王の御殿を意味し、京中の斎王御殿は「斎王家」である。京中の斎王家（伊勢斎王・賀茂斎王）は「自邸」、また「人の家」を借用する。十世紀前半以前には斎王家は自邸と推定され、十世紀後半から十一世紀前半に「人の家」の借用が成立する。十世紀後半から十一世紀前半には自邸と「人の家」が交錯し、皇后・中宮所生の内親王が「人の家」を借用する。「人の家」はしばしば受領の家である(49)。山本一也氏は、仁明朝から宇多朝は皇后が立てられず、十世紀に皇后が復活し、皇后所生の斎王が再び現れると指摘する。皇后所生子は内裏で多く生活し、母方は上級貴族で、内裏や邸第に斎王家を敷設できない。贈皇太后や皇后を経ない皇太后などの所生の斎王は天皇の同母姉妹で、内裏と密接であり、「人の家」を借用する可能性がある。それに唯一該当する斎王は、宇多天皇と贈皇太后藤原胤子（内大臣藤原高藤の女）を父母とする柔子内親王である。柔子は醍醐天皇の同母妹で、寛平九年（八九七）に伊勢斎宮に卜定される。「斎宮」の邸宅跡は柔子内親王の「斎王家」で、「人の家」の可能性がある(50)。「斎宮」の邸宅跡は中級貴族以下の家とみられる。なお、「斎宮」の邸宅跡は「西暦九〇〇年前後」に「斎宮」となり、再整備されると推定される(51)。

さて、九世紀の高陽院・西三条第・淳和院（南池院）・「斎宮」の邸宅跡では、本主が特定でき、かつ園池の実状が判明する。その本主は、高陽院は賀陽親王、西三条第は右大臣藤原良相、淳和院（南池院）は淳和天皇（皇太弟大伴親王）である。「斎宮」の邸宅跡は、伊勢斎王が「人の家」を借用する可能性が高く、本主は中級貴族以下とみられる。「斎宮」の邸宅跡では、池の位置や規模は北側の泉に決定され、十六町の北半の西寄りにある。池の西側の建物が主殿ク

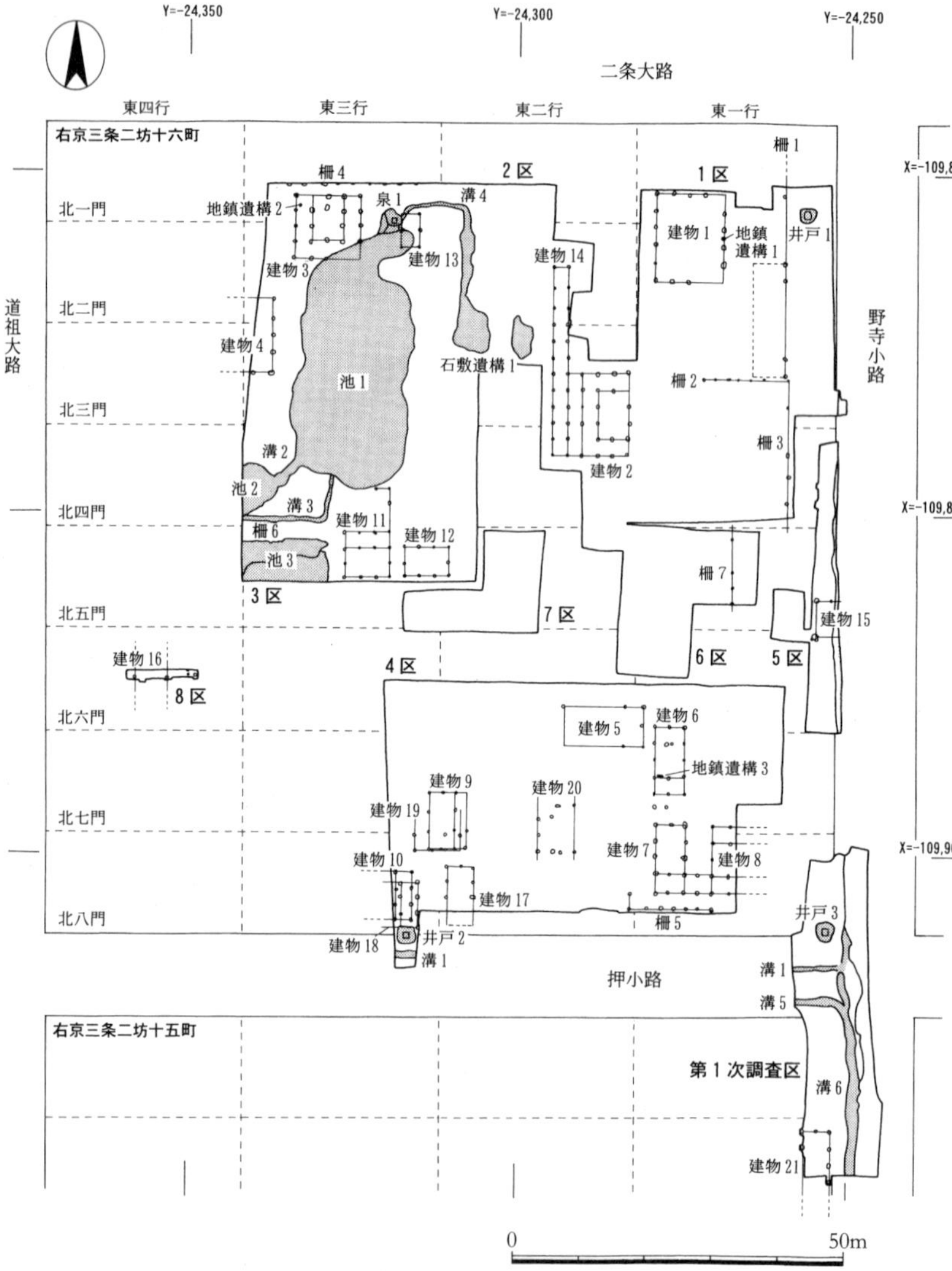

図序-7　「斎宮」の邸宅跡の遺構配置図(『平安京右京三条二坊十五・十六町』(48)より)

ラスの建物と推定される。「斎宮」の邸宅跡は本主が中級貴族以下で、その特徴は階層性と対応すると想定される。発掘調査では匿名の邸宅が数多く検出され、建物や園池の配置は多様である。

西三条第や淳和院（南池院）は前者が前池・側池併用型または側池中心の側池・前池併用型、後者は前池型または前池・側池併用型と推定される。本主は右大臣藤原良相や淳和天皇であるが、天皇・大臣クラスの邸第では前池が必須とみられる。一方、西三条第では側池が優勢であり、淳和院（南池院）では後林が重要な要素である。多様な構造が志向され、固有の要素が存在する。西三条第や淳和院（南池院）は右京三条一坊・四条二坊に所在する。

高陽院の本主は賀陽親王であるが、南北二町と推定される。北半一町の南西隅で池を検出し、南半の十町に広がり、中心建物は北半一町の北寄りに分布するとみられる。冷泉院では、平安前期（八世紀末から九世紀）から中期（十世紀から十一世紀中葉）の池堆積土層などが重複し[52]、九世紀にも池は中央部北側から南側に広がる。寝殿などは北西の一町の中央に展開するとみられる。高陽院や冷泉院では、九世紀の邸第構造は十・十一世紀に大略継承され、両者に大差ないと想定される。高陽院・冷泉院は左京二条二坊に位置する。

西三条第や淳和院（南池院）は十世紀に衰滅し、高陽院・冷泉院は十・十一世紀以降も繁栄する。高陽院や冷泉院の構造は安定的で、十・十一世紀以降を先導する。西三条第や淳和院（南池院）は側池や後林を固有に重視し、多様である。この多様性は一部ではその右京などの立地に規制され、匿名の邸宅ではより顕著と推定される。本宅では高陽院・冷泉院に近く、別宅などでは邸宅の構造はさらに多様と想定される。

第三節　本書の意図と内容

本書は平安京と貴族の住まいの解明を目指すが、新出の発掘事例を念頭に、斬新かつ多彩な視角から分析する。既往の研究は膠着状態の印象があり、日本史・建築史・考古学・庭園史の分野から横断的・多面的に検証する。全体は三部から構成され、第一部では平安京と貴族の住まいを総合的に取り上げる。第二部では前後の時期に対象を拡張し、第三部では平安貴族の住まいを暮らしの観点から検討する。

序章では、平安京と貴族の住まいの論点を提示する。第一部では、寝殿造や里内裏などの庭園遺構を取り上げるが、最初に平安京の町・戸主を検討する。貴族の住まいや住人の家地は条坊制の町・戸主に立地し、町・戸主の制度は邸宅・家地の基底である。初期の平安京は平城京の町制を基本的に継承し、十世紀に町と行門・戸主制が成立するが、戸主制は早期に変成する（第一章・西山良平）。寝殿造論では視点の転回が必要である。日本では様式は時代を越境し、寝殿造の本質は寝殿・中門・門の建物群や寝殿正面の広庭などの普遍的な「型」にある（第二章・藤田勝也）。里内裏の冷泉院・堀河院・高陽院では顕著な遺構を検出するが、検出遺構は庭園遺構に限定される。寝殿造の配置は判明せず、主要建物の出土は高陽院を除けばほとんどない。右京六条一坊五町のプレ寝殿造の建物配置は、京内では普遍的な配置であり、例外的ではない。右京六条一坊五町は建物が廊で連結されるが、廊の遺構は削平の可能性がもっとも高い（第三章・丸川義広）。

第二部では、平安京と貴族の住まいを歴史的に位置づけるため、前後の時期に視野を拡大し、平城京の宅地・院政期の鳥羽殿・院政期の平泉の庭園・鎌倉の武家屋敷を取り上げる。前後の時期との相互対照から、平安貴族の住まいの特色がより明瞭になる。平城京では、一町宅地は大路に面する坪が優先的に選地される。宅地割はⅢ期（七三〇―七五〇年）とⅣ期（七五〇―七六〇年）の間に画期があり、中規模宅地が減り、大規模・小規模宅地が増える。五条以北と六条以南、左京と右京、一・二坊と三・四坊では一町以上の宅地の分布に差が見られる（前者が多く、後者に少ない）（第四章・家原圭太）。院政期の京外拠点は先行する拠点と深い関係があり、白河上皇の鳥羽殿は藤原道長の宇治に対する。白河上皇の鳥羽殿は藤原師実の宇治の景観と共通要素が多い。師実と藤原忠実の宇治では、景観が大きく変化するが、鳥羽上皇の鳥羽殿の造営には、藤原忠実の宇治の整備が意識される。鳥羽上皇の鳥羽殿は街区を形成し、後の地域拠点の原型に繋がる（第五章・鋤柄俊夫）。平泉の寺院では、二代の藤原基衡から京都の法勝寺や平等院・法成寺を模倣する。手本以上の立派な寺院を造営し、東北の王者の実力を示す。院政は文化的に藤原氏の寺院建築や庭園の質の高さを超えられず、平泉の寺院は藤原道長や頼通の寺院を模倣する。邸宅の寝殿造庭園はまだ発見されず、寺院の庭園に勝らないとみられる（第六章・飛田範夫）。鎌倉の大倉幕府の東側には、有力御家人の居館が広がる。鎌倉時代前期には、大規模な建物遺構・区画溝（薬研堀）と大量の遺物が出土するが、後期には大規模な建物などは見られない。今小路西遺跡の北側と南側の武家屋敷は有力御家人の館と推測される（第七章・福田誠）。

第三部では、平安貴族の暮らしの観点から、建物遺構・陶磁器・宗教行為を取り上げ、邸宅・住まいを検討する。まず、貴族の住まい・暮らしの分析には建物遺構の正確な復原が必要である。宇多院の回廊・門は見直しが強く要請されるが、朱雀院を対象に具体的に再検証する。朱雀院の掘立柱建物は八世紀末から九世紀前半の成立、身舎（母屋）の梁間二間あるいは三間で北・南の二面庇、桁行七間の東西方向の建物である。平安京の掘立柱建物では最大規模で、嵯峨上皇造営の朱雀院の中心的な建物と推定される（第八章・鈴木久男）。土器・陶磁器や宗教行為は研究蓄積が多いが、貴族の住まいの視座は新鮮かつ有効である。京内の陶磁器を品質の差異に着目し、淳和院の調査資料を紹介する。九世紀前半の緑釉陶器は平安京に集中し、淳和院・冷然院・右京三条三坊五町と南郊外の樫原遺跡で多く出土する。

これらの遺跡は嵯峨天皇と近親者に関係が深い。冷然院の緑釉陶器は少量の高品質な尾張産と大量の高品質でない山城産が混在する。冷然院・淳和院は九世紀の緑釉陶器生産に関わり、新しい利権を獲得する（第九章・吉川義彦）。貴族の住まいと神祇信仰・陰陽道・仏教など諸宗教との関係を検証する。神祇信仰や陰陽道は住宅の居住者の身体安全、住宅の存在を護る性格が顕著である。平安時代には邸宅内の仏事や追善法会が増加し、貴族の仏教的所作が浸透する。かくて、宅内の仏教施設が増加し、邸宅が寺院化する。この傾向は時代が下ると著しくなり、死の意識の高まりが京内堂舎の増加や終焉地の寺院化を促進する。死者の生活空間が追善にふさわしいと考えられ、平安後期には往生祈願が日常化し、住宅と寺院が接近する（第十章・上野勝之）。

各章の内容は要約以上に豊富である。各章には若干の振幅があるが、全体の基調は斬新な視角の獲得である。平安貴族の住まい・邸宅の所在や家族・居住・伝領など今後の課題も多いが、読者諸賢のご批評を切望する次第である。

序章　註

（1）西山良平・藤田勝也編著『平安京の住まい』（京都大学学術出版会、二〇〇七年）。
（2）『平安京右京三条二坊十五・十六町』（京都市埋蔵文化財研究所調査報告二一、二〇〇二年）。
（3）藤田勝也「日本住宅史」（『建築史学』一八、一九九二年）、川本重雄「日本住宅史」（『建築史学』二一、一九九三年）、拙稿「平安京の住まいの論点」（『平安京の住まい』前掲）。
（4）永田信一「朱雀院跡発掘調査概要」、田辺昭三「朱雀院跡発掘調査の成果について」（『平安京研究』一、一九七四年）。
（5）「住宅公団花園鷹司団地建設敷地内埋蔵文化財発掘調査概報」（『埋蔵文化財発掘調査概報集１９７６』、鳥羽離宮跡調査研究所、一九七六年）。

（6）「平安京左京二条二坊・高陽院跡」（『平成9年度京都市埋蔵文化財調査概要』、一九九九年）、網伸也「発掘調査からみた頼通伝領前の高陽院」（『京都市埋蔵文化財研究所研究紀要』五、一九九八年）。

（7）「右京北辺三坊(2)」（『昭和56年度京都市埋蔵文化財調査概要（発掘調査編）』、一九八三年）。

（8）『平安京右京北辺三坊八町（宇多院）跡』（京都市埋蔵文化財研究所発掘調査報告二〇〇六―二、二〇〇六年）。

（9）前田義明「宇多院跡とその周辺の発掘調査」（平安京の〈居住と住宅〉研究会、二〇〇六年九月十日）。

（10）『簾中抄』は故実書・一種の百科事典で、少納言藤原資隆が嘉応元年（一一六九）から承安元年（一一七一）の間に撰述し、八条院暲子（一一三七―一二一一）に書き進める。『簾中抄』の原態は「仁平・久寿のころ」（一一五一―五六）に成立するとされる。時雨亭文庫本は文永年中（一二六四―七五）の書写で、現存最古の写本（熱田公「解題」、『簾中抄　中世事典・年代記』冷泉家時雨亭叢書四十八）。

「西京」に「宇多院、土御門北・木辻東、此小路当二東洞院一、法皇御所、刑部卿源湛家云々、」とある（『縮芥抄』「禁中名所少々」）。『縮芥抄』は『拾芥抄』を応安七年（一三七四）に抄出、大東急記念文庫本が唯一の伝本。応永十八年（一四一一）書写、東大史料編纂所本を除き、現存『拾芥抄』より古い（大東急記念文庫『善本叢刊』中古中世篇・第十三巻「類書Ⅱ」汲古書院、二〇〇四年）。

なお、宇多院の名称は「邸宅の北に宇多野が展開しているためであろうか」とされる（朧谷寿・角田文衛「平安京」、角川日本地名大辞典二六『京都府』下巻、角川書店、一九八二年）。

（11）太田静六「冷然院の考察」、「宇治関白藤原頼通の邸宅・高陽院の考察」・「平安末期における高陽院――里内裏時代の第三・四期高陽院――」、「堀河殿の考察」（『寝殿造の研究』吉川弘文館、一九八七年）。

（12）(a)は東南対・西南対を東対・西対と別の殿舎とし、東対・西対の南に復原するが、東南対と東対、西南対と西対はそれぞれ同じ建物の可能性がある（川本重雄「〈書評〉太田静六著『寝殿造の研究』を批判的に読む」、『建築史学』九、一九八七年）。

（13）『歌合集』（日本古典文学大系74、一九六五年）。

（14）太田静六「宇治関白藤原頼通の邸宅・高陽院の考察」前掲。

(b)の第三の推定復原図では、東小寝殿・西小寝殿を南北棟に復原するが、西小寝殿は東西棟と確認でき、小寝殿は東西棟と推定される（川本重雄「〈書評〉太田静六著『寝殿造の研究』を批判的に読む」前掲）。

高陽院の第二期（長久元年・一〇四〇―天喜二年・一〇五四）に「前池」あり（『春記』長久元年十月廿六日条）、第四期（寛治六年・一〇九二―天永三年・一一一二・五月）に「前池」（『中右記』嘉保元年八月十九日条）・「南池辺」がある（『中右記』天永三年正月十五日条）。第一期の「後池」はすなわち「北の池」で、前池は南池に相当する。

(15) 太田静六「堀河殿の考察」前掲。

(16)『史跡旧二条離宮（二条城）』（京都市埋蔵文化財研究所発掘調査概報二〇〇一―一五、二〇〇三年）、鈴木久男「平安京冷泉院跡の庭園遺構」（『平安時代庭園に関する研究2』平成19年度古代庭園研究会報告書、奈良文化財研究所、二〇〇八年）。

(17) 二〇〇一年度6区の西端に平安中期の列石があり、建物の雨落溝の可能性がある。また、二〇〇二年度A区は三町の北西部であるが、P（ピット）93は平安前期の礎石据付遺構と推定され、規模は五〇センチメートル×六〇センチメートルである（『史跡旧二条離宮（二条城）・平安宮神祇官・平安京冷然院跡』（京都市埋蔵文化財研究所発掘調査概報二〇〇二―一二、二〇〇二年）。また、二〇〇九年度の調査では、D区北部（左京二条二坊四町）で池107を検出し、堆積状況から南西に落ち込むと推定される。平安後期の遺物が出土するが、さらに時期が遡る可能性が高い。二〇〇一年度の池とは「別に、冷然院中央部南西寄りにも池があった」とされる（『史跡旧二条離宮（二条城）』京都市埋蔵文化財研究所発掘調査報告二〇〇九―一五、二〇一〇年）。

(18) 太田静六「冷然院の考察」前掲。

(19)『平安京左京二条二坊十町（高陽院）跡』（京都市埋蔵文化財研究所発掘調査報告二〇〇五―七、二〇〇五年）。

(20)「平安京左京二条二坊・高陽院跡」『平成9年度京都市埋蔵文化財調査概要』前掲、網伸也「発掘調査からみた頼通伝領前の高陽院」前掲。

長暦三年十一月、関白藤原頼通は年内に高陽院を造立するが、「北に逼り屋を立」てる（『春記』長暦三年十一月十九日条）。同年三月、高陽院は放火・焼亡する（『扶桑略記』三月十六日条、『百錬抄』三月十五日条）。また、「高陽院ノ本ノ作」は、「中嶋ニ寝殿ヲ立テテ、北対ヲ他所ニ立テヲリ。渡殿ヲツクリタリケルナリ（北対は池の対岸にあって、渡殿でつながっていた）」（『中外抄』仁平元年七月七日条）。

(21) 太田静六「宇治関白藤原頼通の邸宅・高陽院の考察」前掲・「平安末期における高陽院――里内裏時代の第三・四期高陽院――」前掲、朧谷寿「藤原頼通の高陽院」（『平安貴族と邸第』吉川弘文館、二〇〇〇年）、加藤静子「高陽院と『栄花物語』」（倉田実編『王

朝文学と建築・庭園』〈平安文学と隣接諸学一〉竹林舎、二〇〇七年)。

(22) 鈴木久男氏のご教示では、正門と池・寝殿などが近接すると、池の船楽の効果は劇的である。

万寿元年(一〇二四)、後一条天皇と東宮敦良親王が高陽院に行幸・行啓する。御輿を西中門に進め、天皇は西対・渡殿を経て寝殿に入御するが、この間に龍頭鷁首の船楽がある(『小右記』万寿元年九月十九日条、『栄花物語』巻二三「こまくらべの行幸」)。長元五年(一〇三二)、後一条天皇・東宮敦良親王は上東門院の御所高陽院に朝覲行幸・行啓する。女院は寝殿に御座、天皇は南門より入り、東山路を経、東対を御在所とする。東宮は西門より入御、西対を息所とし、天皇の入御・還御の間に船楽がある(『左経記』長元四年十二月廿九日、五年正月二日・三日条)。嘉保元年、前関白藤原師実高陽院歌合では、事が了り、管弦具を召し御遊あり。「前池」に船楽を儲け、楽人が合奏する(『中右記』嘉保元年八月十九日条、『八雲御抄』二「執柄家歌合」)。また、「高陽院ノ本ノ作」では、大饗の日、「船楽ヲ寝殿ノ後ヨリ東西へまはしたりけるなり」(『中外抄』前掲)。

(23) 『平安京左京三条二坊十町(堀河院)跡』(京都市埋蔵文化財研究所発掘調査報告二〇〇七―一七、二〇〇八年)。堀河院は「二条南・堀川東、南北二町」(『拾芥抄』「諸名所部」)。一方、左京三条二坊の九町と十町の北半を朱方格で囲み、「堀河院」とする(九条家本『延喜式』「左京図」)。九町と十町の北半を朱方格で囲み「堀川院」とし、また九町と十町の全体を朱方格で囲む(尊経閣文庫本『拾芥抄』中「京程部第廿二・東京図」。以下、『拾芥抄』「東京図」と略記。)。堀河院は当初から「二町に満たない不規則な領域」とされ(野口孝子「閑院内裏の空間構造 ―― 王家の内裏 ――」、高橋昌明編『院政期の内裏・大内裏と院御所』文理閣、二〇〇六年)、また本来は南北二町で、九町と十町北半説は閑院内裏の「押小路堀河陣口が開かれた後の状態」とされる。発掘調査の所見では、池1810が十町の南半に及ぶ可能性が高い(『平安京左京三条二坊十町(堀河院)跡』前掲)。

堀河院は西礼の家で、西門が正門である(太田静六「堀河殿の考察」前掲)。

鈴木久男氏は、九町の園池と十町の新期の園池(池1570)は「両町にまたがる一つの池」と指摘する。九町は寝殿を中心とし権力や富を象徴する庭園、十町は時期の移ろいなどを楽しむ庭園とする(鈴木久男「平安京の邸宅と庭園」、西山良平・鈴木久男編『恒久の都 平安京』古代の都3、吉川弘文館、二〇一〇年)。《追記》鈴木氏は九町の池4899と十町の池1570は九町の南西部・十町の北西部で繋がるとする。両者が接する部分は岸辺が両側から迫り水深も十分深く、「南峡口」(『師記』承暦四年四月廿八日条)と呼ばれると推定する(鈴木久男「発掘遺構から見た平安時代庭園」、『平安時代庭園の研究 ―― 古代庭園研究Ⅱ ――』奈良文化財研究所学報第八十六冊、二〇一一年）。鈴木氏の「堀河院の池復元案」（図序−3−2）では、池4899と池1570は九町の南半から十町の北西部に立地する。

（24）「四条宮」は「四条南・西洞院東、廉義公家ィ、公任大納言家、紫雲立所也、」で（『拾芥抄』「諸名所部」）、四条南・西洞院東は左京五条三坊一町。四条宮は「平安京左京五条三坊一町にあって方一町を占めた第宅」（『平安時代史事典』「四条宮」項、角川書店、一九九四年）、「ひとまず、『拾芥抄』本文の記載を採用」（『平安京提要』「左京と右京」、角川書店、一九九四年）。

（25）九条家本『延喜式』「左京図」、『拾芥抄』「東京図」。

但馬守橘俊綱亭は「四条宮北」であるが（『水左記』承暦四年五月十一日条）、俊綱亭は四条坊門・西洞院と推定され（『百錬抄』承暦四年四月廿八日条、『水左記』八月一日条）、四条宮は四条大路の北である（中町美香子「平安時代中後期の里内裏空間」、『史林』八八−四、二〇〇五年）。

（26）『平安京左京四条三坊四町・烏丸綾小路遺跡』（日開調査設計コンサルタント文化財調査報告書第2集、二〇〇七年）。

（27）森蘊は寝殿造建築と庭園の関係を前池型、前池・側池併用型、前池・後池併用型、前庭側池型、無前池型（水石庭）、自然風景地利用型に分類する。前池型は正規の配置・典型的配置で、実例は東三条殿など。寝殿の前面に池があり、遣水は寝殿の東北から引く。前池・側池併用型は特異な配置で、藤原実資の小野宮。前池と東または西または東西両側に側池がある。前池・後池併用型は前池と後池を併置する。高陽院は嶄新な工夫が試みられ、園池は寝殿の東・西・南・北にめぐる。前庭側池型は京内にはほとんどないが、寝殿が南面し、園池が東側または西側にある。無前池型は内裏の水石庭などで、前池や遣水を具備しないが、遣水だけの場合も多い。自然風景地利用型は自然風景地をそのまま利用し、厳島神社がその最高潮。寝殿の前庭と南池の一致は、代表例の東三条殿以外には類例は多くないとする（森蘊『寝殿造系庭園の立地的考察』三「平安時代に於ける寝殿造建築と庭園との関係」奈良国立文化財研究所十周年記念学報、一九六二年）。京中の寝殿造は前池型、前池・側池併用型、前池・後池併用型であるが、前池・側池併用型は小野宮、前池・後池併用型は高陽院に限定される。前池・後池併用型は、高陽院では「前池」（南池）と「後池」（北池）で、「前池」が基軸である。

小野宮は「前（南）池の外に東・西北にそれぞれ二つの側池をもつ」とされる。治安三年、小野宮第では「西池に蓮が生え出で」、「その後東池も亦生え出づ」。「面山の小堂の西并びに北方に池有り」、験徳あり、この瑞応がある（『小右記』治安三年八月二日条）。

吉田早苗氏は「小堂」は「南山のふもとに建てられた念誦堂」と指摘する。念誦堂は小野宮の東南に位置し、その北の池を東池、西の池を西池と呼び、両方とも南池に比較し「小さかった」と推定する（吉田早苗「小野宮第」、朧谷寿・加納重文・高橋康夫編『平安京の邸第』望稜舎、一九八七年）。吉田氏の見解では、小野宮第は基本的に前池型である。泉が「南池の北頭の紅桜樹の下」に沸き出し、「堂の前」に帰り泉を頗る掘り広める（『小右記』長和二年二月十二日・十三日条、寛仁四年十一月二日条）。念誦堂は泉や南池に近接する。治安三年、西池と東池に蓮が生え出で、小堂の西と北方に池があり、蓮の瑞応がある。すなわち、西池と東池が各々小堂の西と北方の池に相当すると想定される。念誦堂は南池に隣接し、西池と東池に直面する。南池と西池・東池は同一の園池で、西池と東池は南池の西部と東部の可能性がある。寝殿造と庭園の多数は前池型の各種変型に収束するとみられる。

(28)「南一丁後入二賀陽親王家一」から、当初は北の九町だけで、「後に」南の十町まで拡張する可能性がある。

(29) 承和五年（八三八）、左京二条二坊十六町の「二分之一」を掌侍大和館子に賜う（『続日本後紀』承和五年三月壬申条）。十六町は十一世紀の高陽院の東北一町に相当する。

嘉祥元年（八四八）、雷電が非常で、木工寮倉、東市司楼、賀陽親王・伊都内親王・源定・藤原春津・藤原岳守の家屋、弘文院屋など、東西二京の一一処に震す（『続日本後紀』嘉祥元年七月丙戌条）。東市司楼（左京七条二坊六町）・源定の家屋（右京四条一坊十一・十二町）は左京二条二坊から遠いが、木工寮倉（左京三条二坊八町また二町）・弘文院屋（左京三条一坊六町）は近い。

「高陽院、中のみか□・ほりかは、／かやのみこのいゐ、」（冷泉家時雨亭文庫蔵本『簾中抄』「京中　付名所」）。左京二条二坊九・十・十五・十六町に「高陽院殿／賀陽親王公家ィ」（九条家本『延喜式』「左京図」）、「高陽院殿／賀陽親王家」（『拾芥抄』「東京図」）。

(30) 寛治六年（一〇九二）、関白藤原師実は東三条殿から高陽院に移徙する。万寿元年（一〇二四）には「高」字と「賀」字を書くが、「賀字は賀〔陽脱〕親王の名」なので留め、定文に「高」字を載せる（『後二条師通記』『中右記』寛治六年六月十九日条）。高陽院の「賀陽」を「高陽」に改める。

(31)「平安京左京二条二坊・高陽院跡1」（『昭和63年度京都市埋蔵文化財調査概要』、一九九三年）、「平安京左京二条二坊・高陽院跡」（『平成9年度京都市埋蔵文化財調査概要』、一九九九年）、網伸也「発掘調査からみた頼通伝領前の高陽院」前掲、網伸也「賀陽親王邸宅・初期高陽院」（『平安時代庭園に関する研究2』前掲）。

十世紀には南北方向の洲浜と池を検出し、洲浜に玉石を貼る。その北隣では東西方向の汀を確認し、北に落ち、岬状に突き出る。

園池が宅地の大半を占め、中心建物は九町の北半に集中すると推定される。十世紀の園池は九世紀を踏襲するが、延喜五年（九〇五）、高陽院は失火し（『扶桑略記』延喜五年九月四日条、『日本紀略』九月五日条）、これ以降、造り替えられると推測される。藤原頼通の高陽院は東西二町に広がり、園池も東に寄ると想定される。

(32) 皇太后藤原順子が「右大臣（良相）西京三条第」に遷御（『日本三代実録』貞観元年四月十八日癸卯・二年四月廿五日乙巳・八年三月廿三日己亥条）。良相は「号㆓西三条大臣㆒」（『公卿補任』貞観九年条、『尊卑文脈』「摂家相続孫」、『大鏡』「一　右大臣良相」、『天台南山無動寺建立和尚伝』、『故僧正法印大和尚位真雅伝記』）。第一女の多可幾子は「西三条女御」・少女の多美子も「西三条女御」（『天台南山無動寺建立和尚伝』）、長子の常行は「号㆓西三条右大将㆒」（『公卿補任』貞観十七年条）。貞観元年（八五九）、良相は奏請し「東京六条宅」に崇親院を建てる（『日本三代実録』貞観元年二月十一日丁酉条・貞観九年十月十日乙亥条）。良相は東京六条宅と西三条第を所有するが、貞観元年以降、西三条第は本第の可能性がある。崇親院は東五条・京極、すなわち五条南（樋口北）・京極西隅（石井正敏「崇親院に関する二・三の問題点――昌泰四年四月五日官符の検討――」、『古代文化』三二―五、一九八〇年）。

(33) 貞観八年、清和天皇が右大臣良相の西京第に行幸し、桜花を観て、文人に「百花亭の詩」を賦させる（『日本三代実録』貞観八年三月廿三日己亥条）。

(34) 「西院、四条北・西大宮東、／橘太后宮、」「西宮、四条北・大宮東、高明公家、／一本云、錦小路南・朱雀西、」（『二中歴』「名家歴」）、「宇多院、土御門北・木辻東、〈此小路当㆓東洞院㆒、〉法皇御所、／刑部卿源堪宅〈云々、〉或抄云、西京宇／多小路、〈但此小路当㆓町尻東行㆒、〉」「西院、四条北・西大宮東、／橘大后家、」「西宮、四条北・朱雀西、／高明御子家、」「六宮、八条北・朱雀西、」（〈 〉は割注の割注、『拾芥抄』「諸名所部」）。

西院（淳和院）は右京四条二坊の十一―十四町の四町（本節2）〈以下、表序-1〉。西宮は四条一坊十一・十二町（朧谷寿・角田文衛「平安京」前掲）。『拾芥抄』「西京図」では、西宮は四条一坊十一・十二町、その周囲の十・十三―十五町に「西宮領」（大東急記念文庫本は九・十六町の「西宮領」を擦り消し。）。兵衛佐上倭主《あげお》は「西ノ四条ヨリハ北、皇賀門ヨリハ西」の「一町余許《ばかり》」に屋を造る。「其南ノ町」は大納言源定の家で、定は上倭主の家地を買い取り、「南北二町ニハ成タル也。今ノ西ノ宮ト云所、此也」（『今昔物語集』巻二十六―十三）。四条北・皇賀（嘉）門西の南北二町は四条一坊十一・十二町。四条北・大宮東（『二中歴』「名家歴」）は西宮領を合わせると一致する。四条北・朱雀西（『拾芥抄』「諸名所部」）や錦小路南・朱雀西（『二中歴』「名家歴」一本）は朱雀院に相当し、二町東にずれる。宇多院は第一節参照。西院・西宮・宇多院では『拾芥抄』「西京図」の信憑性が高い。『二中歴』「名家歴」・『拾芥抄』「諸名所部」は東・西と南をしばしば大路で限定する。

表序-1　西京の名所・名家

『簾中抄』	……にしの京にもさうさうハあり 宇多院、法皇／御所 西三条、良相大臣／家 西宮、たかあきらのミこのいゑ
『二中歴』	西三条、朱雀西・三条北、／良相公家 宇多院、西京、法皇御所、／元刑部源堪宅 西院、四条北・西大宮東、／橘太后宮 西宮、四条北・大宮東、高明公家、／一本云、錦小路南・朱雀西 淳和院、今西院、／天長上皇之離宮 (已下西京) 宇多院、法皇御所 西三条、良相大臣之家 西宮、高明御子之家
『拾芥抄』	淳和院、天長上皇離宮、今西院、或云、橘大后宮)(「諸院」) 西三条、三条北・朱雀西、又号二百花亭一、／良相大臣旧跡 (已下西京) 宇多院、土御門北・木辻東、〈此小路当二東洞院一、〉法皇御所、／刑部卿源堪宅〈云々、〉或抄云、西京宇／多小路、〈但此小路当二町尻東行一〉 西三条、三条北・朱雀西、／良相大臣家、俗云百［夜イ］衣公事 西院、四条北・西大宮東、／橘大后家 西宮、四条北・朱雀西、／高明御子家 六宮、八条北・朱雀西
『縮芥抄』	淳和院、天長上皇離宮、今西院、或云、大后宮 (西京) 宇多院、土御門北・木辻東、此小路当二東洞院一、法皇御所、刑部卿源堪家〈云々〉 西院、四条北・西大宮東、橘大后家

『拾芥抄』 「西京図」	左大臣融領／宇多院：一条三坊五—八町（『拾芥抄』「諸名所部」と一致。朱方格あり。） 西三条：三条一坊六町（朱方格あり） 西院：なし（四条二坊十一—十四町に朱方格あり） 西宮：四条一坊十一・十二町（朱方格あり。十・十三—十五町に西宮領。）（『二中歴』と一致？） 六宮：なし

『簾中抄』「名所」・『二中歴』「名家歴」・『拾芥抄』「諸名所部」と『縮芥抄』「禁中名所少々」から、西京の名所・名家を整理する。××は『簾中抄』と同文、××は『二中歴』と同文、以上の傍線なしは各々の新出である。記事の継承と増幅過程が判明する。××は『拾芥抄』と『縮芥抄』の同文。尊経閣文庫本『拾芥抄』「西京図」の条坊を付記する。割注の中にある〈 〉書きはその割注。

(35) 栗原弘氏は、『拾芥抄』「西京図」は「孤立して」姉小路北とするので、六町（姉小路北）説は「最も可能性が低い」と主張する。西三条第は「三条大路に接」するが、正確な位置は不明である（栗原弘「西三条第」、『高群逸枝の婚姻女性史像の研究』高科書店、一九九四年）。

(36) 『平安京右京三条一坊三・六・七町跡』（京都市埋蔵文化財研究所発掘調査概報二〇〇二—五、二〇〇二年）、『平安京右京三条一坊六町跡』（京都市埋蔵文化財研究所発掘調査報告二〇〇六—一三、二〇〇六年）、鈴木久男「平安京の邸宅と庭園」前掲。

(37) 古代文化調査会『平安京右京三条一坊六町・壬生遺跡 —— 西三条第（百花亭）跡 ——』（二〇〇九年）。15次調査の東半に湿地SX05があり、自然流路であるが、平安時代にも一部が湿地状に残る。上層から平安時代の土器が多数出土する。この湿地状の落ち込みが西半部から中央部の池と接続する可能性がある（平尾政幸「右京三条一坊六町の調査」、『リーフレット京都』No.175、京都市埋蔵文化財研究所・京都市考古資料館、二〇〇三年）。この復原では、大規模な建物と園池は前池・側池併用型、または側池中心の側池・前池併用型とみられる。

池（新）の埋土から題箋が出土する。「・斉衡四年三条 戊戌□ ・□正倉帳」（『木簡研究』二五）。斉衡四年（八五七）は二月二十一日に天安元年に改元。「三条」や「正倉帳」の読解が必要である。

(38) 西田直二郎「淳和院舊蹟」（『京都史蹟の研究』吉川弘文館、一九六一年）。

(39) 西田直二郎「淳和院舊蹟」前掲。

(40) 西田直二郎「淳和院舊蹟」前掲、太田静六「淳和天皇の諸院」（『寝殿造の研究』前掲）、山本崇「淳和院考――平安前期の院について」（『立命館史学』二〇、一九九九年）。

(41) 『続教訓抄』は著者狛朝葛（一二四七―一三三一）。文永七年（一二七〇）に起筆し、晩年まで書き続けるとみられる。

Ⓐ抑此曲、博雅三位譜ニ云ク、此曲南池院ノ行幸ニ、船楽ヲシテアリケルニ、退出セムトスル時、始タル楽ヲ作テ、奏シテ退出スヘキヨシ、宣下セラレタリケレハ、笛吹大戸清上是ヲ作テ、加二三度拍子一ヲ退出シケリト云々、Ⓐ´或云、清和天皇ノ御宇ノ時ニ、御歳ノ九歳、船楽ニ用レ之ヲ云々、（中略）

Ⓑ或《南宮》云、承和ノ御時、神泉苑ニシテ船楽アリ、嶋一反ヲ廻ル間ニ、始テ楽ヲ作テ、奏スヘキヨシ、仰下サル、ニヨリテ、笛師大戸清上、篳篥師 屎[尿イ]丸等相儀シテ、始テ是ヲ作テ奏レ之ヲ、

Ⓒ或云、村上ノ御時、南宮ノ御説 或又承和、南池院ノ行幸ニ、船楽ヲ奏ス、勅アリテ云ク、中嶋一匝ノ間、新キ楽ヲ作テ可レ奏ト宣下セラル、于レ時[笛師イアリ]○大戸清上、篳篥師屎丸、中嶋一匝ノ間ニ此曲ヲ作テ奏ス、勅アリテ禄ニ預カルト云々、

（中略）

Ⓓ江中納言記云、続吏部王年々記、九日宴奏二蘇合・央宮楽・万歳楽・催馬楽・玉樹等一、或加二海仙[山朱]楽一、件楽者、於二神泉苑一、繞レ嶋一匝之間所レ作也、九日宴事目録、加二此楽一云々、又件催馬楽、後冷泉院御時、九日宴無二知人一、遂不レ能レ奏云々、拾遺納言曰、古譜云、幸二神仙苑一作レ之、有レ勅重賜レ禄云々、（『続教訓抄』「海青楽」）

「南池院ト申ハ」はⒶⒸの「南池院」を註釈する。南池院は貞保親王の『新撰横笛譜』や源博雅の『新撰楽譜』以降、楽書に頻出するので、比較・対照する（表序-2）。なお、『和名類聚抄』元和古活字本（二十巻本、元和三年・一六一七刊行）に、「秋風楽、古老伝云、弘仁天皇幸二／南池院一之日、初奏二此曲一、」とあり（巻四「曲調類」）、天正本（大東急記念文庫蔵、二十巻本、室町中期写）に「秋風楽、古老伝云、弘仁天皇幸二南池院一／之日、初秦二（奏）此曲一、但作人未レ詳、」（巻四「曲調類」）とある。しかし、名古屋市博物館本（二十巻本、永禄九年・一五六六書写）は「秋風楽」だけで、以下の割注がない（巻四「曲調類」）。『和名類聚抄』は源順の撰、承平年間（九三一～三八）の成立。

表序-2　楽書と南池院

曲名	楽書
秋風楽	①『南宮横笛譜』逸文 ③『長秋卿横笛譜』逸文 ⑦『教訓抄』巻三 ⑪『続教訓抄』第五冊 ⑬『舞曲口伝』 ⑭『音律具類抄』
夜半楽	⑧『教訓抄』巻六
鳥向楽	⑨『教訓抄』巻六
海青楽	②『貞保親王御譜』逸文 ④『博雅三位譜』逸文 ⑤『龍鳴抄』下 ⑥『龍鳴抄中不審儀』 ⑩『教訓抄』巻六 『続教訓抄』第三冊Ⓐ～Ⓓ ⑫（菊亭家本『文机談』第一冊）

①『南宮横笛譜』逸文、③『長秋卿横笛譜』逸文
此曲、弘仁御時、行二幸南池院一所レ作也、（菊亭家本『仁智要録』巻十）

⑦『教訓抄』巻三
此曲、弘仁行二幸南池院一之時、常世乙魚依〔ノ宮アリ〕レ勅作二此曲一、舞作歟、楽者大戸清上制二作之一、大石峯良説、而在二唐譜一、如何、或人説云、自レ唐伝来也、誰人哉、〔真宮〕其時ハ無二喚頭一乎、件常世乙魚作二喚頭一云々、不レ恥二唐家詞一云々、就中至二第三帖喚頭一無双云々、（曼殊院本『教訓抄』・宮内庁書陵部本『教訓抄』、二松学舎大学21世紀COEプログラム中世日本漢文班編『雅楽・声明資料集』第二輯・二〇〇七年）

⑪『続教訓抄』第五冊
此曲、弘仁行二幸南池院一之時、常世乙魚依レ勅作二此曲一、舞作歟、楽者大戸清上制二作之一、大石峯良説、而在二唐譜一、如何、或人説云、自レ唐伝来也、誰人哉、其時ハ無二喚頭一乎、件常世乙魚作二喚頭一云々、不レ恥二唐家詞一云々、就中至二第三帖喚頭一無双云々、（『続教訓抄』日本古典全集第五冊「秋風楽」）

⑬『舞曲口伝』
此曲、弘仁行二幸南池院一之時、常世乙魚依レ勅作二此曲一、舞作、楽者大戸清上作レ之、而在二唐譜一之、是モ後ニ作改ト見タリ、

⑭『音律具類抄』
古老伝テ云、弘仁天皇幸二南池院一之日、初奏二此曲一、

⑧『教訓抄』巻六
又云、南池院行幸、及二深更一有二還御一、此楽名号依レ応レ時、奏二此夜半楽一、有レ興、仍玄〔公〕卿侍臣進出之時、猶吹二此楽一、垂〔乗〕レ興退出畢、（宮内庁書陵部本『教訓抄』、二松学舎大学21世紀COEプログラム中世日本漢文班編『雅楽資料集』第三輯・二〇〇八年）

⑨『教訓抄』巻六
此曲、弘仁御時、南池院　行幸、船楽ニ作レ之、鷁首ニ向故、名二鳥向楽一、船楽ニ作故、為二古楽一、于レ今参向行道ノ楽用レ之、此時新楽、有二忠[只]拍子一、別ノ習ヒアリ、加二三度拍子一、或人ノ説ニ云、以二白桂[柱]一為レ急〈ト云々、〉(宮内庁書陵部本『教訓抄』)

②『貞保親王御譜』逸文・⑥『龍鳴抄中不審儀』
海青楽、南池院に行幸といふ事はひかこと也、これ承わの御時、しむせんの行幸に、きよかみ、ひちりきゆはりまろつくるとこそは、ていほうのしむわうの御ふにはあめれ、南ちの院は、こうにんの御時の行幸に、秋風楽をこそつくられたれ、(『伏見宮旧蔵楽書集成』〈圖書寮叢刊〉三)

④『博雅三位譜』逸文(『続教訓抄』「海青楽」Ⓐ)・⑤『龍鳴抄』下

⑤『龍鳴抄』下
この楽は、南池院の行幸にふなかくをしてまいりたりけるに、退出音声にはしめて楽をつくりてかへるへしと、宣旨をくたされたりけるに、おほとのきよかみこれをつくりて、三度拍子にあけてまかりかへりけり、博雅三位と申人の御譜にかやうにそしるしたる、

⑩『教訓抄』巻六
承和御時、行二幸神泉苑一、而楽人乗レ船奏レ楽、此時ニ有レ勅云、池ノ上ヘ三匝間、一匝之後出二シテ中嶋一之程ニ、作二新楽一可レ奏者、愛[爰]笛師清上、篳篥師尿麿一匝之中、作二出曲一、奏二南池院一了、新古不二文明一、但シ始メハ船楽ツクリタリケレハ、古楽ニテソ侍ケム、又法用之時ハ、当時新楽ニ用レ之、加二三度拍子一、(宮内庁書陵部本『教訓抄』)

⑫菊亭家本『文机談』第一冊
清和天皇は文徳第四の御子、御母儀染殿后と申す。儲公の御時よりつねに貞敏をめしてこの道をさぐらせをはします。曲神妙にして、世間の絶倫にきをいがたし。御灌頂は南池院、いまの神泉苑とぞ申すめる。錦のあくをうちて東京のしとねを敷く、そのしつらひ、大饗の儀のごとし。件の賞に、貞敏は四品にのぼりて昇殿ゆり給ひぬ。(後略)(天皇御灌頂事)

秋風楽では弘仁の南池院行幸の所伝は共通し、『教訓抄』は『続教訓抄』に正確に継承される。また、『続教訓抄』に夜半楽・鳥向楽の項目はない。海青楽は所説が対立し、『貞保親王御譜』(『新撰横笛譜』)は承和の神泉苑行幸、大戸清上・尿麿作曲説、『博雅三位譜』(『新撰楽譜』)は南池院行幸・清上退出作曲説である。「日本の譜の証本」は貞保・博雅二代譜とされるが(『新夜鶴抄』、『伏見宮旧蔵楽書集成』三)、その両説が相違する。『龍鳴抄』は『博雅三位譜』を継承するが、『龍鳴抄中不審儀』は南池院行幸説を僻事とし、『貞保親王御譜』を忠実に引用する。『教訓抄』は承和神泉苑行幸、清上・尿麿作曲説である。『貞保親王御譜』に一致するが、中嶋一匝の所伝が記載され、後半に「南池院に奏す」と、神泉苑と南池院が混淆する。『続教訓抄』Ⓑは『教訓抄』と類似するが、「南池院に奏す」の箇所は記載されず、『貞保親王御譜』の所説と大略一致する。Ⓑは『教訓抄』から南池院を削除すると推定され、「或云」に「南宮」の傍書がある。『続教訓抄』Ⓒは「村上ノ御時」、南池院行幸、中嶋一匝、清上・尿麿作曲説である。『教訓抄』の「承和御時」・神泉苑行幸が、Ⓒでは「村上ノ御時」・南池院行幸に置換される。Ⓒ割注「或又承和」の傍書「南宮ノ御説」は『貞保親王御譜』の「承わの御時」を指し示すと想定される。

『文机談』は海青楽の事例ではないが、清和天皇・南池院説で、『続教訓抄』Ⓐの末尾Ⓐ「或云、清和天皇ノ御宇ノ時」以下と関連する可能性がある。また、「南池院、いまの神泉苑とぞ申すめる」は、南池院・神泉苑同体説である。

『続教訓抄』Ⓒ「村上ノ御時」はⒹと通底する可能性がある。Ⓓの「江中納言」は大江匡房、「(続)吏部王年々記」は『吏部王記』、「九日宴」は九月九日の重陽宴、「(続)吏部王年々記」は「加二此楽一云々」までと推定される。「拾遺納言」は藤原行成が著名であるが、横笛の名器「蝉丸」は「或記云ク、保延四年十一月廿四日夜半許、土御門内裏炎上ノトキ焼失」、「拾遺納言ノ云ク、蝉丸焼テ後ハ、近代御笛ノハコニハ、小水龍ヲ入レラレタルナリ」(『続教訓抄』第十二冊)とある。藤原成通は「笛の才」があり、保延三年(一一三七)、権中納言で侍従を兼ね、「拾遺納言」に適合する。「(続)吏部王年々記」は神泉苑・中嶋一匝説で、『教訓抄』前半や『続教訓抄』Ⓑ(『貞保親王御譜』)と一致する。重明親王の晩年は村上天皇の在位と重複する。

結局、『続教訓抄』は第一に『博雅三位譜』を掲載し、第二に「或云」(南宮)すなわち『貞保親王御譜』を匿名で引用し、第三に「村上ノ御時」・南池院行幸を記載し、南池院説を繰り返す。南池院と神泉苑を区別し、南池院説に傾斜すると推測される。この観点から、「南池院ト申ハ、四条ナハテノ北」以下が付記されると推定される。

南宮貞保親王(八七〇―九二四)は清和天皇の第四皇子。琵琶譜(『南宮琵琶譜』)は延喜二一年(九二一)撰、宇多法皇が勅し、貞保親王から敦実親王に伝授(『伏見宮本琵琶譜』宮内庁書陵部、一九六四年)。横笛譜(『新撰横笛譜』)は貞保親王に勅し、延喜二一年撰(本文散逸)。源博雅(九一八―九八〇)は醍醐天皇第一親王克明親王の一男。奉勅の笛譜(『新撰楽譜』『博雅笛譜』)は康保三年(九六六)撰、現存最古の笛譜(遠藤徹「平安朝に撰述された唐楽譜序説」、大山喬平教授退官記念会編『日本社会の史的構造 古代・中世』思文閣出版・一九九七年、遠藤徹『平安朝の雅楽 ―― 古楽譜による唐楽曲の楽理的研究』第二章「研究の対象と資料」東京堂出版・二〇〇五年)。『長秋卿竹譜』『長竹譜』『長秋卿笛譜』などの逸文には各楽曲に詳しい注記があるが、現存の『新撰楽譜』残巻にはそれがない。源博雅の笛譜は一本で、『新撰楽譜』が正称であり、現存の残巻は本来の詳しい注記が省略されると推定される(林謙三「博雅笛譜考」、『雅楽 ―― 古楽譜の解読 ――』音楽之友社、一九六九年)。

『教訓抄』は天福元年(一二三三)、狛近真(一一七七―一二四二)の撰。『文机談』は文永年中(一一年か)の五月三日に一旦成立、弘安六年(一二八三)ごろ補筆か、文机房隆円作。『龍鳴抄』は大神基政(一〇七九―一一三八)の著、長承二年(一一三三)成立(補註4)。『龍鳴抄中不審儀』は嘉禄三年(一二二七)、藤原孝道記。『舞曲口伝』は作者豊原統秋(一四五〇―一五二四)、永正六年(一五〇九)成立。『音律具類抄』は作者・成立不詳。

(42) 淳和院は「自然の水溜りを利用した園池」で、「大部分は池」と推定される。昭和五年(一九三〇)の実測図から旧規を想定すると、東西二町・南北四町、池中に二つの中島が存在する。正殿は北側の中島上に南面し、涼書殿・澗(洞)裏殿などは池の南岸(西南隅と東南隅)に北面すると推測される(図序―8)(森蘊「平安時代前期庭園に関する研究」・『建築学会論文集』一三・一九三九年、森『日本庭園史話』NHKブックス・一九八一年)。森は淳和院・朱雀院は大部分が池、嵯峨院・河原院などは大面積の池塘を取り込み、建築と庭園の関係が一定せず、庭園の形態は自由と主張する。その理由は天然の池塘林丘の場所を占定し、これに最小限度の人工を加えるためで、主要建築物の位置は地形に左右されるとする(森『平安時代庭園の研究』第二章第一節「平安時代前期の庭園」桑名文星堂、一九四五年)。

中世では、淳和院別当が「南池院」を代々進止すると主張する。「当寺は(源)義仲乱逆の時、顛倒し」、旧の如く「堂舎・僧坊」

を建立するが、その功を終えない。建暦三年（一二一三）、「本願御影」を具し譲渡し、「敷地一四町一段大」は相博する。本願は「淳和勅願」（暦応四年文殿注進案、南池院文書〈国立歴史民俗博物館所蔵〉）。この南池院は「山城国西七条」に所在する（観応二年足利義詮御判御教書、南池院文書）。中世の南池院は寺家であるが、九世紀の南池院の名跡を継承するとみられる。暦応年間（一三三八—四二）までに、南池院と清閑寺大勝院は大金剛院宮弘覚（大覚寺統の後胤）を本家とし、僧勝深（堀川家の出身？）を院主とする。

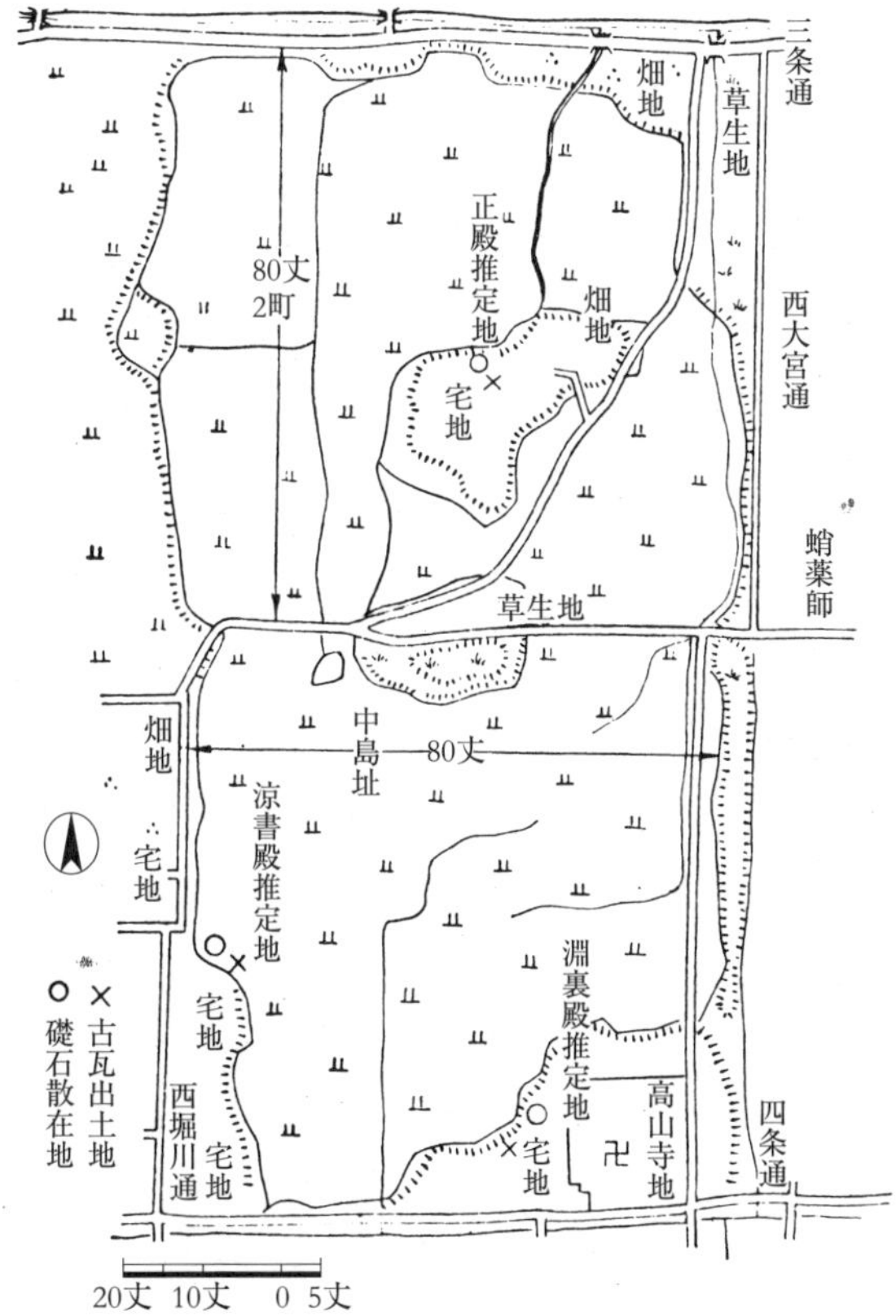

図序-8　淳和院跡実測図（昭和5年）
（森蘊『日本庭園史話』[42]より）

しかし、大勝院・南池院は追日荒廃し、文和三年（一三五四）、醍醐寺三宝院院主の賢俊に譲進される（金井静香「大覚寺統管領寺院の再編――南池院・清閑寺大勝院を中心に――」、上横手雅敬編『中世の寺社と信仰』吉川弘文館、二〇〇一年）。

(43)「右京四条二坊」（『昭和56年度京都市埋蔵文化財調査概要（試掘・立会調査編）』、一九八三年）、「右京四条二坊」（『昭和57年度京都市埋蔵文化財調査概要』第2章、一九八四年）。

(44)『京都市内遺跡試掘調査概報　平成18年度』Ⅳ-1（二〇〇七年）、『京都市内遺跡試掘調査概報　平成8年度』Ⅳ（一九九七年）、『京都市内遺跡立会調査概報　平成9年度』6（一九九八年）、『京都市内遺跡試掘調査概報　平成7年度』一覧表no45（一九九六年）、『京都市内遺跡試掘調査概報　平成17年度』一覧表no53（二〇〇六年）、『京都市内遺跡立会調査概報　平成16年度』3（二〇〇五年）。

(45)『京都市内遺跡試掘調査概報　平成6年度』一覧表no48（一九九五年）。以上、鈴木久男氏・辻純一氏・家原圭太氏のご教示による。立会調査の網羅は今後の課題である。

(46)『淳和院跡発掘調査報告　平安京右京四条二坊』（関西文化財調査会、一九九七年）、本書第三部第九章。（　）内は本書第九章による。

(47) 小島憲之『国風暗黒時代の文学』中（中）、塙書房、一九七九年。

(48)『平安京右京三条二坊十五・十六町――「齋宮」の邸宅跡――』（前掲）第五章第三節。池の西側の建物4は四面庇の東西棟で、主殿クラスの建物と想定される。建物群は南面を指向せず、園池を挟み東西に展開する（『平安京右京三条二坊十五・十六町――「齋宮」の邸宅跡――』（前掲）第五章第一節・第六章、網伸也「斎宮邸宅（平安京右京三条二坊十六町）の発掘調査」『平安時代庭園に関する研究2』前掲）。

(49) 拙稿「平安京の墨書「齋宮」と斎王家・斎王御所」（『平安京右京三条二坊十五・十六町――「齋宮」の邸宅跡――』前掲）。

(50) 山本一也「通過儀礼から見た親王・内親王の居住」（西山良平・藤田勝也編著『平安京の住まい』前掲）。

(51)『平安京右京三条二坊十五・十六町――「齋宮」の邸宅跡――』（前掲）第5章第1節。

(52)『史跡旧二条離宮（二条城）』（京都市埋蔵文化財研究所発掘調査概報二〇〇一―一五）前掲、鈴木久男「平安京冷泉院跡の庭園遺構」前掲。

《補註1（初校に際して）》

二〇一一年度の調査では、右京三条一坊六町の北東部を調査し、重大な事実が判明する。第1調査区の建物1は平安時代前期（九世紀）の掘立柱建物、南北三間・東西二間で、東・南・西に庇が付く。柱穴は東西方向に長く、底に石や木材が敷かれ、抜取穴の埋土に焼土や炭が含まれる（「平安京右京三条一坊六町・七町跡の調査現地説明会資料　第1調査区」二〇一一年五月二十八日、「平安京右京三条一坊六町・七町跡の調査現地公開資料　第2調査区」二〇一一年七月二十三日）。

第3調査区では、九世紀の池跡・建物跡が検出され、遺物も豊富に出土する。東半部の大規模建物の北側柱筋を検出し、南北二間・東西六間、柱間は南北一一尺・東西一〇尺。池250はほぼ長方形、南に中島があり、南岸から高まりが延び、中島と連接する。東西約一八メートル・南北約二八メートル、深さは〇・八メートル。西岸には礎石二基と抜取穴一基が南北に並び、池に張り出す建物が想定される。池の南西部に溝229が取り付き、上水を西方に排水する。溝400は幅約一メートルの範囲に小礫が認められ、遣水の底部の残存とみられる。九世紀初頭に、南東部は埋められ整地される。

池250の西岸から九世紀後半の土器・木製品・銭貨などが大量に出土する。高級陶磁器が多く、銭貨は長年大宝（八四八年初鋳）・饒益神宝（八五九年初鋳）・貞観永宝（八七〇年初鋳）。墨書土器が多く、土師器高坏に「三条院釣（カ）殿高坏」「政所」と記す。貞観元年（八五九）から二年に、姉の皇太后藤原順子が藤原良相邸に遷御し、「三条院」「政所」の墨書は「皇太后御所に関連する可能性が高い」とされる（「平安京右京三条一坊六町跡（第3調査区）現地説明会資料」二〇一一年十二月十日）。

墨書土器の解読など、詳細は今後の課題である。

《補註2（再校に際して）》

二〇一一年度の調査では、二条二坊十五町の南西付近で、池跡の南汀の洲浜を検出する。洲浜は北東方向にやや湾曲し、南汀から東汀に至る箇所の可能性がある（『京都市内遺跡詳細分布調査報告　平成23年度』Ⅱ—1、二〇一二年）。

《補註3（再校に際して）》

二〇一一年度の調査の中間報告では、検出遺構は「2時期に分かれ」、「1期（九世紀初頭）」はSB01、池300、池370、溝400など、「2期（九世紀第3四半期）」は建物1、SB02、建物2～4、池250、溝229など（近藤奈央「平安京右京三条一坊六町の調査」、「平安京の〈居住と住宅〉研究会」二〇一二年三月二十四日)。大規模建物ＳＢ01は九世紀初頭に分類され、藤原良相以前と見なされる。九世紀第三・四半期が良相の時代であるが、ＳＢ02は南北二間・東西五間、柱間は南北九尺・東西八尺で、やや貧弱である。

《補註4(再校に際して)》

大神基政など大神家の初期の笛譜、『懐中譜』『龍笛譜』(基政笛譜)『註大神龍笛要録譜』は現存最古の笛譜『博雅笛譜』について古く、全巻伝わる。『懐中譜』は大神惟季(一〇二六―一〇九四)の嘉保二年(一〇九五)撰と伝わるが、後人仮託の可能性が高く、鎌倉後期以降と推定される。『龍笛譜』は大筋晩年の基政撰と想定され、大神家の伝授譜として伝わる。『註大神龍笛要録譜』は大神景光(一二七三―一三五四)撰、成立年代は正和五年(一三一六)と伝える。大神流三譜は大神家の伝を伝え、楽人の手になる譜の先駆と評価される(遠藤徹「大神流笛譜考」、『日本音楽史研究』一、一九九六年)。大神流三譜の秋風楽・夜半楽・鳥向楽・海青楽などに、残念ながら南池院の記述は見出せない。大神流三譜の写本などの調査には、上野学園大学日本音楽史研究所の福島和夫先生を始め、スタッフの方々にお世話になりました。お礼申し上げる次第です。

第一部　平安貴族の住まい

第一章　平安京と町・戸主の編制

西山良平

はじめに

律令制都城では、邸宅・家地は条坊制に立地し規制される。条坊制は町に分割され、町は戸主に細分される。本章では、条坊制の町・戸主の制度的な変遷を検証し、平安京の邸宅・家地研究の基礎とする。最初に、条坊制や町・戸主の諸説を紹介する。

まず、条坊制。古代都城の地割には、初期都城（都宮）の分割地割方式と、後期都城（都宮）の集積地割方式があり、前者から後者に推移する。藤原京・平城京など初期都城では、全体から町（坪）の広さと道路幅などを機械的に均等に分割する。道路幅に大小があり、宅地の面積は道路の規模により広狭様々である。長岡京・平安京など後期都城では、京の全体は町や道路などの諸部分の集積の結果である。分割地割と集積地割には、正反対の原理上の差異が存在する。[1] また、「長岡京型」条坊制は、宮城南面街区と東・西面街区では、宮城の延長の宅地が狭く設計されるが、その宅地は同一面積である。左・右京街区は平安京の原形で、宅地が四〇丈四方である。全ての宅地が同一ではないが、条坊制全体は規格的な宅地の「集積型」である。[2]

一方、発掘調査の成果では、平安京は高い精度で造営され、全体の誤差は非常に小さい。したがって、平城京と同様に、造営基準線を設定できる。平安京の条坊では、均一な宅地面積と計画的な大路・小路を考慮し、基準線を緻密に計算する。この基準線から一定の法則で道路を割り付け、均一な宅地を確保する。この条坊は、形態的には一定の宅地を集積するかのようである。しかし、条坊計画線を設定し、そこから道路を割り振るので、平城京より発展的な分割原理である。[3] 結局、平城京では町（坪）は不均等で、平安京では均一である。

本章では、舘野和己氏の条坊（町）制論を継承するので、その内容を紹介する。舘野氏は、平城京では土地の所在は坊までの記載しかないと指摘する。最末端の行政機構は坊で、坪付を表示する必要はなく、順番を付けて呼ぶ数詞呼称はないと推定される。平安時代初めに、数詞による坪付表示がようやく始まる。延暦二十三年（八〇四）、東大寺は山城国の地と従三位紀勝長の家を相換するが、その家は「平城左京二条五坊七町」にある（東大寺家地相換券文、『平安遺文』一二五）。平城京はすでに京ではなくなり、坊令・坊長の廃止と呼応すると想定される。

長岡京では、平安遷都直後に坪記載が成立する。延暦七年、六条令が家地の売買を勘覆するが、「在《ありどころ》三坊」とし か記さない。右京職の判があり、右京六条三坊であるが、坪記載はない（六条令解、『平安遺文』四）。延暦十四年、長岡左京三条一坊八町などを園池とし（『類聚三代格』延暦十四年正月廿九日官符）、坪は「数詞＋町」で呼ばれる。平安京では、土地の所在の表示は条―坊―町が用いられ、当初から「町」を用いる坪付呼称が行われると想定される。その初見では、承和五年（八三八）、左京二条二坊十六町二分之一を掌侍大和館子に賜う（『続日本後紀』承和五年三月壬申条）。町の坪付呼称が平城・長岡旧京の坪付に影響を与える可能性がある。(4)

小規模宅地について。宝亀三年（七七二）・四年の造東大寺司・月借銭解から、宝亀年間を遡るある時期に1／16町宅地が出現し、宝亀年間には基準の一つに認められる。さらに細分化が進行し、下級官人の宅地に1／32町や1／64町が標準化し、1／32町が新たな基準の一つに認められる。(5) また、奈良時代後半には、下級官人の宅地は1／32町ないし1／64町など多くは小規模で、その中に二棟前後の板屋を設ける。大半は1／16町を面積表示の単位とし、奈良時代前半には1／16町を単位とする区画が行われると推定される。実際には1／16町を細分する宅地が多く、奈良時代後半には歴史的役割を終えつつある。1／32町区画は奈良時代後半に出現し、東西1／4町・南北1／8町で、平安京の四行八門制の端緒である。(6)

平安京では、家地は条坊・町と行門で表示されるが、十二世紀には行門制の宅地割が終焉し、街路表示に転換する。平安京の一般庶民には、方四〇丈の町を四行八門の三二区に地割し、その南北五丈・東西一〇丈の一戸主の区画が宅地配分の標準的単位で、一戸に一戸主宛公給される（図1-1）。庶民的住宅は東向・西向に口を開き、南北街路では出入口を作るが、東西街路は垣で閉ざされる。方四〇丈の町は東西両面だけ開口部分をもち、閉鎖的な一区画である。街路は住民の生活組織を支える血管とはならず、行政上の境界線の意味がより強く意識される。町内の宅地の地点は街路で示す方法はとられず、条坊制・四行八門制で表示される。街路の生産的機能は十全に活用されず、古代の非生産的な消費都市の域を脱しない。

九世紀前半までは条坊制の地点表示が一般であるが、十世紀から十一世紀には、条坊・町・行門で表示する方法と、縦横の街路の交叉点で表示する方法がある。十一世紀末期には、東西は短く南北に長い地割が現れ、各町の北辺・南辺で東西街路に面する家地が再分割される。一町内の家地は街路のいずれかを口とし、奥行の長い地割が現れる。町は周囲の四面の街路に口を開き、開放的な生活区域に再編成される。その結果、条坊制の表示は形骸化し、家地の所在を街路との関係で表示する。街路は本来的機能を発揮し、住民は街路を媒介に経済活動を展開する。十二世紀には行門制の宅地割は使命を終え、新しい地割に脱皮し、町の地域構造も変容する。(7)

平安京では戸主制が基本的な土地区画で、十世紀初頭までは存在を確認でき、平安遷都時点には実現すると推

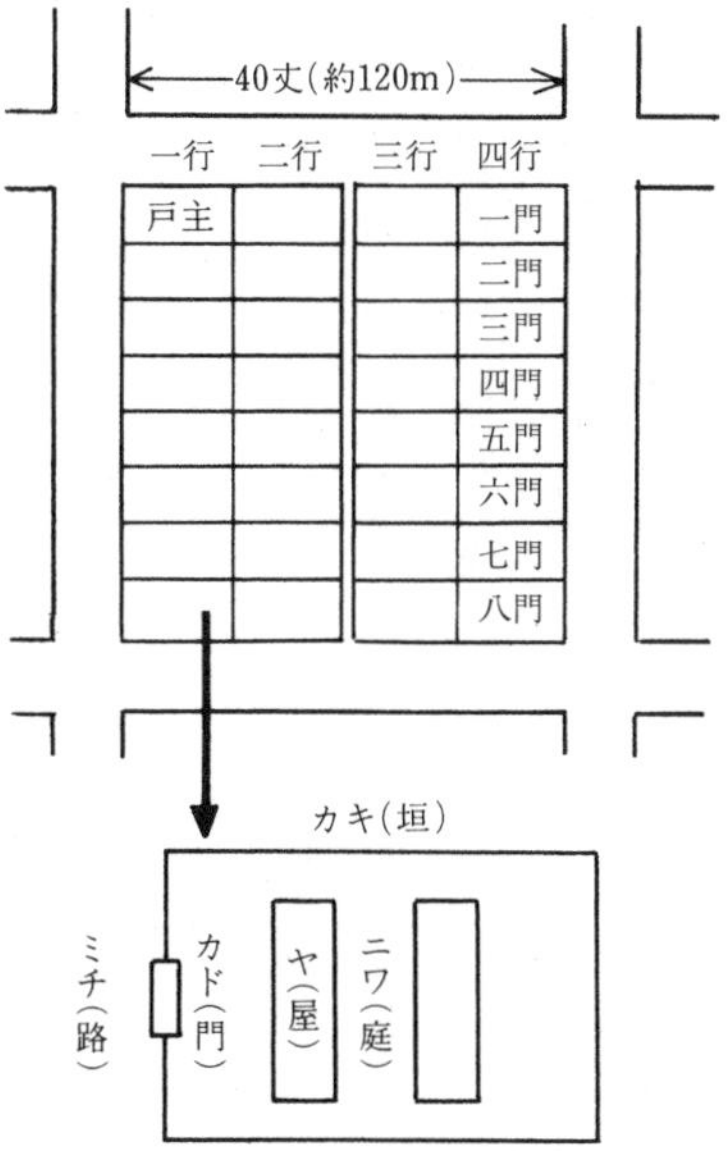

図 1-1　平安京の行門・戸主制（左京）

測される。四行八門制は長安に見出せず、日本で独自に形成される制度・方式で、原型は平城京の時代に形成される。平城京では坊や坪の面積は必ずしも一致せず、一町の何分の一の面積表現は厳密さに欠けるが、現実的に有効な方法である。長岡京では地積が実長で表示され、四行八門制の実質が成立する。平城京以降、南北路を東西路に優先し、東西に細長い地割が作られる。十一世紀の日記では、東西路と南北路の優先関係は曖昧さを残し、一方に固定しない。平安京の売券の記載では、東西路を優先する街路表示の慣行は、十二世紀前半に徐々に形成され、十二世紀後半に完全に定着する。南北路の優先性の消滅と平行し、四行八門制も急速に実態を失う(8)。

条坊制や町・行門の諸説は多様な論点を提示するが、本章では町・行門制を制度的に解明する。平城京では町（坪）は実在するが、坪付は表示しない。この実在の町（坪）と表示の坪付は分別する必要があり、本章では町・戸主の表示の変遷を考証する。町・戸主の制度的な変化に律令制都城の推移が反映すると推定される。町や戸主は貴族の邸宅や住人の家地を規制し、そのあり方を拘束する。まず、町・行門制の内容を検討する。つぎに、平城京・長岡京の町制と小規模宅地を制度的に再検証する。さらに、平安京の町・行門制の変遷を考察し、平安京の邸宅・家地研究の基礎とする。

第一節　町と行門・戸主制

条坊・町と行門・戸主の雛型は『口遊』など百科全書風の類書に明示される。

①凡（ア）計レ坊者、左京起レ西下レ東、右京起レ東下レ西、（イ）計レ町者、左京起二西北一下レ南環、右京起二東北一下レ

南環也、（ウ）計レ行者、左京西上東下、右京東上西下、（エ）計レ門、毎行左京起二西北一南下、右京起二東北一並南下行也、

②凡一条之内有二四坊一、一坊之内有二十六町一、十六町之内有二四保一、一町之内有二四行一、一行之内有二八門一、謂二之計一京条坊一、（『口遊』「宮城門[9]」）

①は（ア）で坊の順序、（イ）で坊の内部の町の順序、（ウ）で町の行の順序、（エ）で行の門の順序を説明する。②は条・坊・町・保・行・門の相互関係を記載する。①と②の組み合わせで、条坊・町と行門の制度が理解される。

①②は『掌中歴』など中世の類書に繰り返し継承される。

③凡（ア）計レ坊者、左京起レ西下レ東、右京起レ東下レ西、（イ）計レ町者、左京起二西北一下レ南、右京起二東北一南環也、（ウ）計レ行者、左京西上東下、右京東上西下、（エ）計レ門者、左京起二西北一南下、右京東北下行、

④凡一条之内有二四坊一、一坊之内有二十六町一、十六町[々々々之イ]内有二四保一、一保[町イ]之内有二四行一、一行之内有二八門一、一戸至[主イ]長十丈、弘五丈、又五家為レ比、（下略）（『掌中歴』上「京兆歴・京中指図[10]」）

⑤一条有二四坊一、一坊十六町、四町為二一保一、一保分二四行一、一行立二八門一、左京西北行、右京東北下、（『掌中歴』上「京兆歴・条里町門」）

『掌中歴』「京兆歴」には指図があるが、③は「坊保図」（『拾芥抄』中「宮城部」）を、④は「四行八門図」（『拾芥抄』中「宮城部」）を説明する（図１-２）。⑤は『掌中歴』に新規に記載される。④では、末尾の「一戸主、長十丈、弘五丈」に注意され、この箇所は②『口遊』にはない。『口遊』は抄略本説が「定説化」するが、現存本は「原形態に意外にも近い[11]」、現存『口遊』は「ほぼ原本の面影を今に伝える」と推定される。[12]非抄略本説では、②の後半で四行八門は

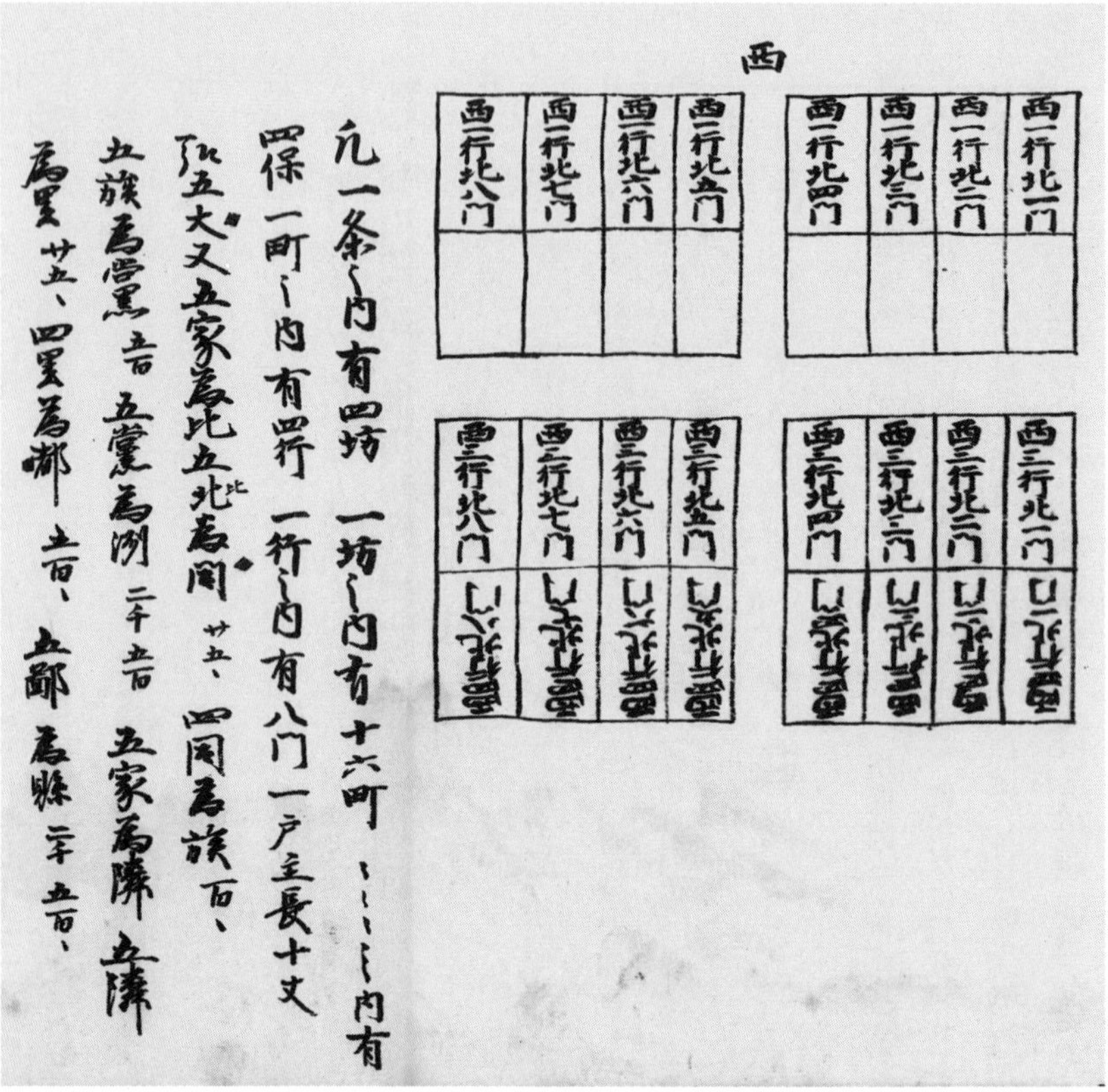

図 1-2　『掌中歴』の四行八門図と行門・戸主制
（宮内庁書陵部所蔵『続群書類従』所収写本）

説明されるが、一戸主の長短・広狭は記載されない。長短などは一町四〇丈四方から自明であるが、②『口遊』は戸主に留意しない可能性がある。なお、『掌中歴』末尾の「一戸主、長十丈、弘五丈」は、町の東西・南北が各四〇丈、四行・八門から、「長十丈」が東西の長短、「弘五丈」は南北の広狭である。

　『二中歴』は④相当個所の直後に「已上、[懐]心歴裏書」があり、さらに「懐中京兆歴或本裏書、如レ本注レ之、／当歴自レ始至レ此、先写二[掌]手歴分一、以写二‐加心歴裏書一」とある。『二中歴』「京兆歴」は『掌中歴』「京兆歴」を踏襲し、『懐中歴』「京兆歴」或本裏書を写し加える。これは『二中歴』「京兆歴」全体に妥当し、指図を部分的に削除するが、③も同文である。

そこで、④相当個所だけを掲載する。

⑥凡一条之内有㆓四坊㆒、一坊之内有㆓十六町㆒、々々々之内有㆓四保㆒、一町之内有㆓四行㆒、一行之内有㆓八門㆒、一戸主長十丈、弘五丈、又五家為㆑比、（下略）（『二中歴』十「京兆歴・四行八門図」(13)）

⑦凡一条之内有㆓四坊㆒、一坊之内有㆓十六町㆒、々々々之内有㆓四保㆒、一町之内有㆓四行㆒、一行之内有㆓八門㆒、一戸主長十丈、弘五丈、又五家為㆑比、（下略）（東京大学史料編纂所本『拾芥抄』「京図左京(14)」）

⑧凡（ア）計㆑坊者、左京起㆑西下㆑東、右京起㆑東下㆑西、（イ）計㆑町者、左京起㆓西北㆒下㆑南、右京起㆓東北㆒南環、（ウ）計㆑行者、左京西上東下、右京東上西下、（エ）計㆑門者、左京起㆓西北㆒南下、右京起㆓東北㆒下行、

⑨凡一条之内有㆓四坊㆒、一坊之内有㆓十六町㆒、十六町之内有㆓四保㆒、一町之内有㆓四行㆒、一行之内有㆓八門㆒、一戸主長十丈、弘五丈、又五家為㆑比、（下略）（『拾芥抄』中「宮城部・四行八門図」〈京都大学附属図書館清家文庫本(15)〉）

⑧は①③と同文、⑨は②④⑥⑦と同文である。(16)

中世の類書には、条坊・町と行門・戸主が執拗に記載される。

『口遊』以前では、『延喜式』に「南北一千七百五十三丈、（中略）、町卅八、各卅丈」「東西一千五百八丈、通㆓計東西両京㆒、（中略）、町十六、各卅丈、右京准㆑此」とあり（『延喜式』「左右京職」京程条）、これで町が決定される。また、「凡町内開㆓小径㆒者、大路辺町二、広一丈五尺、市人町三、広一丈、自余町、広一丈五尺、」とあり（「左右京職」町内小径条）、小径は町内に均等に配置されると推定されるので、四行制が想定される。

延暦十三年（七九四）、「使」が「造京式」を作成し貢奏するが（『掌中歴』「京兆歴・条里町門」）、この「使」は平安京造京使である。その内容は「京中大小路并築垣・堀溝・条坊」で、『延喜式』京程条と合致し、京程条は延暦十三年造京式を「基に成立」すると推定される。(17) 造京式と『延喜式』町内小径条の関係は不明であるが、平安京右京八条二

坊二町（西市外町に南接）の調査が注意される。東三・四行、北五・六門では平安前期の池状遺構を検出するが、その中に南北方向の土堤があり、東三・四行界に相当する。東四行、北三・四・五・六門では、西面築地想定箇所や門界想定位置を積土で造成し、門界の積土で三・四・五・六門を区画する。戸主の内部は窪むが、築地想定箇所や門界の積土上半は同一の土層で、造成開発は戸主単位の私的契機ではない。北五門南半出土木簡の「延暦廿四年」から、条坊敷設や二町西半の宅地造成は延暦二十四年以前と判明する。(18) 右京八条二坊二町西半の造成と造京使の関係は判然としないが、遷都直後に行門制の前身が施工されると想定される。

第二節　平城京・長岡京の小規模宅地

平城京では、土地の所在は坊までの記載しかなく、小規模宅地も同様である。(19)

宝亀四年（七七三）、写経生山部針間麻呂は六〇〇文の月借銭を申請するが、その質物は「家一区、地卅二分之一、板屋二間在り、在《ありどころ》左京八条四坊」である（山部針間麻呂月借銭解、『大日本古文書』編年之六509頁、以下六509と略記）。土地の所在は坊までで、坪（町）付は記載されず、行門は限定されない。家地は特定できず、「地卅二分之一」としか表記されない。「地X分之Y」の表記は家地の大小だけを明示し、坪（町）付・行門の不在に照応する可能性がある（表1−1）。

念のためであるが、これらの家地に「本券」があり、その「本券」に坪（町）付・行門が記載される可能性がある。平城京では個人宅地の売買実例は知られないが、「宅地の不動産・動産の売買が行なわれていたことは確実」とされる。(20) しかし、写経生の小規模宅地に例外なく売買の本券があり、売買を経過するとは想定できない。また、後述する

表1-1　月借銭質物の小規模宅地

年月日	写経生	質物	地	在物	在《ありどころ》	出典
宝亀3・2・25	丈部浜足	家一区	地十六分之半	板屋二間	右京三条三坊	六273
宝亀3・11・27	丈部浜足	一区	地十六分之半	板屋三間	右京三条三坊	十九297
宝亀3・12・28	田部国守	家一区	地十六分之四一	板屋二間	左京九条三坊	六425
	占部忍男	家一区	地十六分之四一	板屋二間	左京九条三坊	同上
宝亀3・12・29	他田舎人建足	家一区	地十六分之一	板屋一間	左京八条四坊	六426
	桑内連真公		四分之一			
宝亀4・4・5	山部針間麻呂	家一区	地卅二分之一	板屋二間	左京八条四坊	六509
宝亀5・2・10	大宅首童子	家一区	地十六分一	板屋五間	(左京八条三坊)*	六567

*家一区の「在」ではなく，大宅童子が「在京八条三坊即戸主」。

ように、長岡京では、家地売買の本券に坪（町）付を記載しないと推定される。長岡京では、延暦十四年（七九五）、平安遷都直後に坪記載が成立するが、延暦七年には坪記載はない。(21)

⑩六条令解　申売二買家地一立二券文一事
合家地壱処長十五丈／広十丈在三坊　長岡京
（中略）
延暦七年十一月十四日
右京職判券弐通、一通職案、／一通給二買人一、依二本券一行、
（後略）（六条令解、『平安遺文』四）

⑪謹解　申東大寺三綱務所（朱書）「地一段卌一歩」□
合家壱区長十五丈／広十丈在板屋二間一□〔間カ〕□
在長岡右京六条三坊副職本券一枚
（後略）（某解案、奈良国立文化財研究所『東大寺文書目録』第二巻「第一部　第二十五（雑）672」、『長岡京市史』資料編二「古代編年史料」27頁）

⑪には「長岡右京六条三坊」と明記し、平安京遷都後に東大寺に売却される。⑩⑪はともに案文で、⑪は⑩の右側に貼り継がれる。(22)長岡京右京六条三坊の家地、「長さ南北一五丈、広さ東西一〇丈」が売買されるが、これは「四行八門制の正

確に三戸主分に相当する」とされる。[23] この家地は「長十五丈／広十丈」と記載され、「地X分之Y」でもY戸主でもない。しかし、「長十五丈／広十丈」は「長さ南北一五丈、広さ東西一〇丈」ではないと推測される。④では、「一戸主長十丈、弘五丈」と説明され、これは中世の類書に執拗に継承される。「一戸主長十丈、弘五丈」は「一戸主は東西長さ一〇丈、南北弘さ五丈」である。②では、「一町之内有二四行一、一行之内有二八門一」とあり、行が優先され門は後回しである。長岡京の「長十五丈／広十丈」は、正しく「東西長さ一五丈、南北広さ一〇丈」である。

この家地は「東西長さ一五丈、南北広さ一〇丈」で、地積は「地卅二分之三」に相当するが、そう記載されない。行制は一〇丈単位であるが、「東西一五丈」はその等分や倍数ではなく、行制を逸脱する。そこで、「長十五丈／広十丈」と記載する可能性がある。[24]

平安京では、家地などの計測は「長・広」と「X分之Y」の両様があるが、「長・広」の事例を検討する。「長・広」は宮中官衙・宮外官衙・京中官衙町・市の「地」に限定される。まず、宮中官衙。天長十年（八三三）、主計寮に散位寮東面地「広七丈・長十丈」を賜い、厨を置く処とする（『続日本後紀』天長十年五月戊申条）。宮外官衙。天長十年、穀倉院の西南角地、「東西各廿丈・南北各卌丈」を内蔵寮の染作の処とする（『続日本後紀』天長十年八月丙戌条）。また、承和元年（八三四）、穀倉院預人らを院の西南区の地「長廿丈・広十二丈之内」に寓棲させる（『続日本後紀』承和元年七月戊午条）。

都城では、家地などの計測は「長・広」の順序が通例で（承和元年の穀倉院西南区）、「長」はしばしば東西の長短である。天平勝宝八歳（七五六）、東西市庄は庄地を勘定するが、北面では堀河から「東向きに行く長さ」六丈、堀河から「西向きに行く長さ」三二丈などである（東西市庄解、四109）。天長十年の散位寮東面地「広七丈・長十丈」では、「広・長」の順位が異例である。また、東西・南北では、東西が優先される（天長十年の穀倉院西南角地）。応徳元年（一〇八四）、左大弁家は地二戸主を沽与するが、「東西拾弐丈伍尺・南北捌丈」で（左大弁家家地売買券、『朝野群載』巻二十一「雑文上・家地売買券」)、応徳二年、周防守後家尼は領地一戸主を沽却するが、「東西伍丈柒尺伍寸・南北捌丈柒尺」である(周防守某後家家地売券案、『平安遺文』一二四五)。南北・東西の序列は希少と推定される(表1-2)。

京中官衙町・市の事例。承和五年、仕丁町の地「長廿四丈・広四丈」を陰陽寮守辰丁二二人の廬居(舎)とする。承和八年、西市の東北角の空閑地「方十五丈」を右坊城出挙銭所とする(『続日本後紀』承和五年七月戊辰条、承和八年二月丙寅条)。

穀倉院は平安京右京三条一坊一・二・七・八町の四町と推定される[25]。天長元年の「西南角地、東西各廿丈・南北各卌丈」は七町の西半分と想定され、「二分之一」「半町」に相当する。承和元年の「西南区地長廿丈・広十二丈之内」は西南区七町の東半分と推測され、「廿分之三」である。しかし、「広さ南北一二丈」は門制の五丈の倍数ではなく、「廿分之三」と記載するのは不都合である。承和五年の仕丁町の地「長廿四丈・広四丈」は「X分之Y」と明記しにくい。承和八年の西市東北角の空閑地「方十五丈」では、「長さ東西一五丈」が行制の一〇丈の倍数ではない。

天長十年、散位寮東面地「広七丈・長十丈」を主計寮厨とする。寛平八年(八九六)、散位寮は式部省に併省されるが、「南都所伝宮城図残欠」では郁芳門の左手(宮城東南隅の北側)にある。「南都所伝宮城図残欠」は、大同二年(八〇七、左・右近衛府設置)以前の状況を伝えると推定される[26]。「東面地」は散位寮のうち「東面地」と想定される[27]。後世、主計寮厨は美福門の左手・朱雀門の右手の一区画で、西半が式部省、東半に諸厨がある。東半の南半が式部省厨(式町)、北半は西側から主税寮厨・民部省厨・主計寮厨である。主計寮厨は東西短辺・南北長辺の長方形(九条家本『延喜式』「宮城図」、陽明文庫本「宮城図」)。一区画全体は東西六五丈・南北三五丈[28]、また東西六六丈・南北二九丈に復元される[29]。天長十年の散位寮は美福門の近傍の可能性が高く、「広」が東西・「長」が南北と推測される。「長・広」が逆転するが、東西を優先し南北は後回しである。当然、「広七丈・長十丈」は「X分之Y」で表記できない。

宮内・京内ともに、「長A丈・広B丈」表記はしばしば「X分之Y」記載不能である。天長十年、宮城内の御井町内の「南方半町」を中務省厨地に給う(『日本後紀』逸文・天長七年十月乙丑条)。御井町は談天門左手の左馬寮の東側にあり、四〇丈四方で、その「南方半町」が中務省厨地と推定される。[30] 御井町は四〇丈四方、すなわち一町、中務省厨地はその「南方半町」で、「半町」表記が可能である。承和九年、左京采女町の「西北地四分之一」を右衛門権佐橘海雄に賜う(『続日本後紀』承和九年六月丁卯条)。采女町は承和五年の仕丁町と同様に官衙町で、土御門北・東洞院西である(『拾芥抄』中「宮城部・諸司厨町」)。左京北辺三坊七町の西北地を「四分之一」と明記する。

平安宮の内部では、散位寮東面地「広七丈・長十丈」と御井町内「南方半町」があり、官衙町では、仕丁町地「長廿四丈・広四丈」と采女町「西北地四分之一」がある。穀倉院西南角地「東西各廿丈・南北各卌丈」(「二分之一」)は検討の余地があるが、「半町」「四分之一」など「X分之Y」記載を優先し、それが困難な場合は「長A丈・広B丈」と表記すると推定される。

さて、延暦七年の「家地壱処」は「在三坊」とあり、坪記載はない。右京職判では「本券に依り行う」が、念のため、「本券」の坪記載を検討する。さて、売買の本券は「すぐ前回の立券文」で、それ以前の立券文は証拠文書と認定されないと推定される。平安京左京七条一坊の四戸主の連券では、買得立券に引用される本券は「一回前の売買を承認した立券文」で、前々回の立券文は取り上げられない。[31]

延喜十二年(九一二)、山背大海当氏は左京七条一坊十五町西一行北四五六七門の四戸主を源理に売与するが、左京職判では「延喜二年五月十七日本券并びに同八年九月十九日白紙券などに依り、判じ行う」(a)(七条令解、『平安遺文』二〇七、『大日本古文書』東寺文書之二640頁、以下東寺二640と略記)。延喜十九年、源理は男市童子と母橘美子に私宅を「券文を副え」充て行うが、「条坊は券文に在り」(b)(源理私宅充文、『平安遺文』二一六、東寺二642)[32]。延長七年(九二九)、源市童子は安倍良子に売与するが、左京職判では「延喜十二年七月十七日本券并びに同十九年四月廿一日処分帳に依り、判じ行う」(c)(七条令解、『平安遺文』二三二、東寺二637)。(c)の「延喜十二年七月十七日本券」は

（a）、「同十九年四月廿一日処分帳」は（b）で、（a）（b）に「毀」字が書き加えられる。また、天暦三年（九四九）、安倍良子は檜前阿公子に売与するが、左京職判では「延長七年六月廿九日本券文に依り、判じ行う」（d）（七条令解、『平安遺文』二五六、東寺二635）。（d）の「延長七年六月廿九日本券文」は（c）で、（c）に「毀」字が注記される。本券は（d）では（c）、（c）では（a）で、「職判をもつ立券文」である。また、無事に立券されると、以前の証文は反古とされ、立券機関が「毀」字を注記する[33]。

売買の本券は「すぐ前回の立券文」で、前々回の立券文は取り上げられず、一回限りである。⑪の「職本券一枚」は⑩に該当し、「一枚」であるから、⑩以外に存在しないと推定される。⑩自体が本券であるが、町・行門は明記されない。また、⑩には本券があるが、やはり「在三坊」と記載されると想定される。長岡京では、家地は条坊だけ明記し、坪付は記載しない。

第三節　平安京の町・戸主制

1　平安京の町制

平城京では、土地の所在は坊までの記載しかないが、平安京では〈条―坊―町〉が用いられる[34]。そこで、平安京の町を補足的に検証する。

〈条―坊―町〉の初見は、承和五年（八三八）、「左京二条二坊十六町二分之一」を掌侍大和館子に賜う（『続日本後紀』承和五年三月壬申条）。また、歌女の居地一町は「右京三条四坊八町に在り」（『延喜式』「雅楽寮」田地条[35]）。

平安京では〈条―坊―町〉が使用されるが、それ以上にしばしば〈条―坊〉と表記される。縫殿寮では、四町を内侍司・東豎子・女孺・膂力婦に賜い、二町を寮女孺已下に賜う。その「地六町」は「左京北辺三坊一町、右京北辺二坊三町、一条二坊二町」（『延喜式』「縫殿寮」女官地条）。「左京北辺三坊一町」以下は一見〈条―坊―町〉である。しかし、「左京北辺三坊一町」の一町、「右京北辺二坊三町」の三町、「（右京）一条二坊二町」の二町の合計は「地六町」で、一町・三町・二町は条坊内部の地積である。条・坊・町の表記は〈条―坊―町〉と、条坊内部の地積の両様の可能性がある。

貞観二年（八六〇）、「右京一条三坊地壱町」を従五位上小野千株・従五位下藤原良尚に賜う。同十七年、庶人伴善男の没官地一町が「右京二条四坊に在り」、天安寺に勅施する（『日本三代実録』貞観二年三月廿九日己卯条、貞観十七年十一月十五日甲午条）。正親司では、女王地一町が「左京北辺三坊に在り」（『延喜式』「正親司」）[36]。〈条―坊〉表記が多数である。

町の分割は「X分之Y」と表記する。承和五年の「左京二条二坊十六町二分之一」や承和九年の「左京采女町西北地四分之一」などである。小規模宅地では、貞観十三年、唐人崔勝を「右京五条一坊の庶人伴中庸の宅地卅二分之八」に寄住させ、元慶元年（八七七）、永くこの宅を給う（『日本三代実録』元慶元年六月九日戊寅条）。元慶七年、崔勝に「居宅地卅二分之二」を加賜する。以前これは庶人伴中庸の「没官の宅地卅二分之十」であるが、元慶元年に「卅二分之八」を勅賜する。「その遺り二分」が四至の内にあり、故に賜う（『日本三代実録』元慶七年十月廿七日庚申条）。伴中庸の没官の宅地は「卅二分之十」で、唐人崔勝を宅地の「卅二分之八」に寄住させ、勅賜する。居宅地の「卅二分之二」「その遺り二分」を加賜する。「卅二分之十」と「卅二分之二」は「十六分之五」と「十六分之一」であるが、「卅二分之Y」と表記され、「卅二分之八」は「四分之一」であるが、「卅二分之Y」と記載される[37]。

平城京の前半には1／16町を単位とする区画が行われ、後半には1／32町区画が出現し、平安京の四行八門制の端緒である。(38) 平安京では小規模宅地の実例は多くないが、「卅二分之二」が基準で、平城京の後半を継承すると想定される。

承和五年の「左京二条二坊十六町二分之二」は〈条―坊―町〉と記載されるが、〈条―坊―町〉は少数と推定される。

「卅二分之Y」などの表記は〈条―坊〉に直接し、しばしば町を介在しないと推測される。伴中庸や崔勝の宅地の「卅

二分之十」「卅二分之八」「卅二分之二」は、右京五条一坊以上に表記されない。また、「左京二条二坊十六町二分之二」

は十六町の北半・南半、東半・西半と明記されない。京中の町では、小区画をしばしば特定しない。承和元年の穀倉

院の「西南区地、長廿丈・広十二丈之内」、承和五年の「仕丁町地、長廿四丈・広四丈」は、町の内部で特定されない。

京中では、町内部の小区画の不特定が目立つ。

一方、宮中では、天長七年（八三〇）の「御井町内南方半町」・天長十年の「散位寮東面地、広七丈・長十丈」は、

小区画が特定される。京中では、天長十年の「穀倉院西南角地、東西各廿丈・南北各卅丈」、承和八年の西市の「東

北角空閑地、方十五丈」、承和九年の左京采女町の「西北地四分之一」は町の小区画が指定される。京中の宮外官衙

や官衙町では、町の小区画を半ば特定する。一般の町では〈条―坊〉が通例で、〈条―坊―町〉が少数成立する。しかし、

〈条―坊〉は勿論、〈条―坊―町〉の小区画はしばしば限定されないと推定される。町内部の特定には「X分之Y」の

面積と、「御井町内南方半町」・左京采女町の「西北地四分之一」の「南方」「西北地」など方位の指定が必要である。

「X分之Y」だけでは町内部の限定は不能である。平安京では、町や町の小区画は一般に特定されず、「X分之Y」「卅

二分之Y」表記はこの不特定に対応する。

2　行門・戸主制

十世紀には、町の内部に行門・戸主が成立する。延喜十二年（九一二）、正六位上山背大海当氏は家を正六位上源理に売与し、七条令は券文を立てる。その家は「合壱区、地肆戸主在《ありどころ》一坊十五町西一行北四五六七門」。左京職の判では、「延喜二年五月十七日本券并びに同八年九月十九日白紙券などに依り、判行すること件の如し」（「七条令解」、『平安遺文』二〇七、東寺二640）。山背大海当氏の家は「地肆戸主在一坊十五町西一行北四五六七門」で、戸主・行門が明記される。この売与には「延喜二年五月十七日本券」があり、戸主・行門の表記は延喜二年に遡及すると推定される（以下、適宜、表1-2参照）。

九世紀には小規模宅地は〈卅二分之Y〉と記載されるが、十世紀には〈Y戸主〉と明記される。〈卅二分之Y〉＝〈Y戸主〉であるが、〈卅二分之Y〉は町を基準とする。一方、〈Y戸主〉は「卅二分之一」を単位とし、地積は同じであるが、基準・単位は反転する。面積では〈卅二分之Y〉＝〈Y戸主〉であるが、原理のレベルでは「卅二分之一」と戸主は同じではない。戸主の成立は小規模宅地の自立・定着を反映すると想定される。また、戸主と行門は相即的に成立すると推定される。戸主が基準に確立し、小区画の持定は必須である。〈卅二分之Y〉と〈Y戸主・α行β門〉には懸隔があり、前者から後者に転換する。〈卅二分之Y〉表記は町や町内部の小区画の不限定と対応する。

十世紀には、平安京の各地で戸主・行門が所見する。応和元年（九六一）、故太政大臣家家従海延根の後家海恵奴子は家地を売与するが、これは天慶八年（九四五）、前上野介藤原尚範の女子皁子から買得する。その家地は「合地捌戸主　在左京三条四坊四町西一行」（『朝野群載』巻二十一「雑文上・家地売買券」）。家地は八戸主であるから、西一行で十分である。

某寺は東大寺僧朝南大法師の建立で、甥の印聖法師が伝領する。印聖は寺家を修治せず、悉く寺物を紛失する。そこで、仁延大和尚が寺家の北方にあり檀（壇）徳寺で常住・修験するので、延長六年（九二八）、寺家を附属する。さらに別当・三綱は仁延の弟子を相伝・補任するとし、忠印大法師を撰定し附属する。天元三年（九八〇）、寺領に山城国の「木辻畠十戸主七戸主故住持御忌日料、三戸主壇徳寺、」（「某寺伽藍縁起資財帳」、『平安遺文』三一五、『大日本史料』第一編之十八216頁）。木辻は右京の木辻大路（西三坊大路）であるが、十世紀後半には畠で、家地ではない。七戸主が故住持仁延大和尚の忌日料、三戸主が壇徳寺料で、戸主・行門が戸主単位で実施されると推定される。(39) 平安時代を通し、右京の道祖大路（西二坊大路）以西・八条大路以南では遺構を認めない。平安前期（九世紀）より、右京の南部から北方・東方に向け、側溝が徐々に埋没し、街路の機能が低下・停止する。(40) したがって、「木辻畠十戸主」は八条大路以北で、九世紀に宅地に造営され、九世紀から十世紀に畠に転換すると推定される。

長保三年（一〇〇一）、中納言平惟仲は白川寺の喜多院に、「右京玖条家地壱処捌戸主故大威儀師実算／同玖条畠弐町」など家地・庄牧を施入し、佛性院に庄々を施入する（「平惟仲施入状案」、『平安遺文』四〇九・四一〇、『大日本古文書』高野山文書之八446頁）。右京九条に家地八戸主と畠二町があり、家地と畠が区別される。長久三年（一〇四二）、白河寂楽寺の宝蔵が焼失し、「右京九条家地捌戸主／同条野畠弐町」など、寺領田薗の官省符・本公験が悉く焼亡され、併せて盗み取られる（「寂楽寺宝蔵物紛失状案」、『平安遺文』補一六六、『和歌山県史』古代史料一532頁）。右京九条の家地八戸主などの記載は長保三年と長久三年で共通し、その由来・条坊・町・行門は本公験などに遡及すると推定される。右京九条は道祖大路以西では遺構を認めず、また、平安前期には朱雀大路と西寺の間には朱雀大路大垣だけと推測される。(41) 右京九条の家地八戸主は九条二坊にあり、十世紀には家地の状態を喪失するとみられる。(42)

大蔵の最下の史生・宗岡高助は下衆《げす》とは云いながら、身の持成し・有様などまったく賤しげである。家は西京に住み、「堀河ヨリハ西、近衛ノ御門ヨリハ北」で、「八戸主ノ家」である。南に唐門屋を立て、敷地内に綾檜垣を差し廻らし、その内に小さな五間四面の寝殿を造り、娘二人を住ませ傅《かしず》く。高助は心ばせがあり、量りしれない「徳人」（財産家）である（『今昔物語集』巻三十一―五[43]）。

十世紀には、戸主・行門は左京三条四坊四町八戸主、七条一坊十五町四戸主、右京の堀河西・近衛御門北すなわち一条二坊十町の八戸主、木辻畠七戸主・三戸主と九条八戸主が存在する。右京の木辻や九条は平安京の周縁であり、戸主・行門が左京・右京に広く施行されると推定される。平惟仲の右京九条の家地八戸主には本公験などがあり、それに条坊・町・行門が記載されると想定される。右京の木辻畠七戸主・三戸主は畠で、九世紀に宅地に造営され、九世紀から十世紀に畠に変化すると推測される。右京九条の家地八戸主は本公験の記載の踏襲で、十世紀には家地の実態はないとみられる。また、九世紀には小規模宅地は〈卅二分之Y〉と表記されるが、右京では九世紀より南部から北方・東方に側溝が埋没し、街路が停止する。九世紀後半から十世紀前半には〈Y戸主〉と認知され、行門と組み合わせ、町内部の位置が特定されると推定される。

十一世紀では、長元八年（一〇三五）八月、陰陽頭大中臣実光が卒去し、継母（実光の若妻）が「所一戸主半・屋三宇并びに遺財物など」を任意に進退する。十月、嫡子為政は理に任せて実光の遺財物を進退などするため、検非違使庁裁を申請する（「大中臣為政解」、九条家本『延喜式』巻三十・巻四裏文書、『平安遺文』五四五[44]）。継母が「所一戸主半・屋三宇」を進退し、一戸主半に屋三宇が立地すると推定される。

故三河守源経相は算生為堅から「高倉地二戸主」を買得する。高倉は高倉小路。しかし、人々が相論するので、経相は沙汰を致さず、本主為堅に返し与えようとする。蔵人頭藤原資房はその券文を請け取り、為堅を召し上げ、左京職の判を請け沙汰する。そこで、経相が存生の時、資房がその券文を入手する。長久元年（一〇四〇）、資房は要用あり、源行任[45]に売り与える。その新券には玄蕃属伴雅兼の名を加えるだけである。その文書などは雅兼に行任宅に送り入れさせる（『春記』長久元年四月廿日条[46]）。

長元八年の「所一戸主半」は陰陽頭大中臣実光の所領であるが、「一戸主半」は異例の表記である。[47] この「所一戸主半」は故親父の所領で、異例の「一戸主半」は十一世紀第一・四半期に遡及すると推定される。長久元年の「高倉地二戸主」は算生為堅から三河守源経相、蔵人頭藤原資房から源行任に売与される。受領などが小規模な宅地を集積する。高倉地は経相と人々が相論し、「所一戸主半」は親父の嫡子と継母（若妻）が係争する。十一世紀前半には、京内で零細な宅地が流動し、紛争が多発すると推定される。

3　戸主制の変形

十一世紀前半から中葉には戸主の事例は少数で、第四・四半期以降に頻出する[48]（表1-2）。承暦四年（一〇八〇）、検非違使は左京四条三坊の刀祢に僧頼命に「地壱処」を領掌させるが、その地は「在　左京四条三坊二町西四行北二門内」。始めは故宗岡武蔵女の私領で、「券契」を作り外孫頼命に充て給う。武蔵女が死去し、夫僧良算が「本券」を偸み取るが、頼命は「券文」を返し取る。今、良算後妻の六人部小犬女が拠る所なく相妨げるので、その妨げを停止する（「検非違使庁下文」、『平安遺文』一一七九）。僧頼命と僧良算・六人部小犬女が相論し、検非違使は頼命に「地壱処」「在左京四条三坊二町西四行北二門内」を領掌させる。「地壱処」は地積が記載されないが、「本券」（券契・券文）があり、それに明記されると推定される。また、「在左京四条三坊二町西四行北二門内」は、本券を踏襲すると想定される。本券は十数年以前に作成されると想像される。

この「地壱処」は、「面積を示していないが、西四行北二門とあるから六角を南に入った西側、一戸主の地であった」とされる。[49] しかし、正確には「西四行北二門内」で、その「内」に固有の意味があり、「西四行北二門」の「内」の小区画と推定される。応徳二年（一〇八五）、周防守藤原公基後家尼妙智は領地を太皇太后宮権大進・伊賀守藤原清家

表 1-2　売券などの戸主一覧（12 世紀第 1・四半期以前）

文書名	所収史料（平安遺文）	年次	西暦	条坊・町・行門など	地積	売主	買主	本券記載など
七条令解	東寺百合へ（207）	延喜 12 年	912	（左京 7 条）1 坊 15 町西 1 行北 4567 門	4 戸主	山背大海当氏	源理	（左京職判）本券・白紙券に依り判じ行う
源理私宅充文	東寺百合へ（216）	延喜 19 年	919	東七条宅		源理	源市童子・橘美子	券文を副う
七条令解	東寺百合へ（232）	延長 7 年	929	左京7条1坊15町西1行北4567門	4 戸主	源市童子	安倍良子	（左京職判）本券・白紙券に依り判じ行う
七条令解	東寺百合へ（256）	天暦 3 年	949	左京7条1坊15町西1行北4567門	4 戸主	安倍良子	檜前阿公子	（左京職判）本券文に依り判じ行う
三条令解	朝野群載 21	応和元年	961	左京3条4坊4町西1行	8 戸主	海恵奴子	藤原貴子	
七条令解	東寺百合へ（314）	天元 2 年	979	左京 7 条 1 坊 15 町西 1 行北 4567 門	4 戸主	穴太（草名）	吉志安国	（左京 7 条 1 坊 3 保刀祢）公験明らかに依り署を加う
七条令解	東寺百合へ（356）	正暦 4 年	993	左京 7 条 1 坊 15 町西 1 行北 4567 門	4 戸主	吉志忠兼	紀滋忠	（左京 7 条 1 坊 3 保刀祢）公験明らかに依り署を加う
検非違使庁下文	八坂神社文書（1179）	承暦 4 年	1080	左京 4 条 3 坊 2 町西 4 行北 2 門内			僧頼命	（検非違使）僧頼命に地 1 処を領掌せしむ
四条令解	朝野群載 21	（去承暦）		左京 4 条 3 坊 9 町西 34 行北 78 内	4 戸主		藤原氏家	職判を給わり公験となす
左京五条令解	朝野群載 21	永保 3 年	1083	左京 5 条 4 坊 2 町西 234 行北 678 内	7 戸主 7 丈 1 尺 4 寸	文章生藤原	丹波守	本券などを相副う
左大弁家家地売買券	朝野群載 21	応徳元年	1084	左京 5 条 3 坊 4 町内	2 戸主　東西 12 丈 5 尺南北 8 丈	左大弁家	秦末武	本券を相副う
周防守藤原公基後家家地売券案	東寺百合よ（1245）	応徳 2 年	1085	左京 4 条 2 坊 9 町西 34 行北 78 門内	1 戸主　東西 5 丈 7 尺 5 寸南北 8 丈 7 尺	周防守後家尼妙智	太皇太后宮権大進藤原清家	類地有るに依り本券を副えず
太皇太后宮権大進藤原清家家地売券	東寺百合カ（1294）	寛治 5 年	1091	左京 4 条 2 坊 9 町西 34 行北 78 門内	1 戸主　東西 5 丈 7 尺 5 寸南北 8 丈 7 尺	太皇太后宮権大進藤原清家	僧頼禅	本券を相副う
大江公仲処分状案	大江仲子解文（1338）	嘉保 2 年	1095	左京 4 条 1 坊 2 町西 34 行北 1234 門	8 戸主	大江在判（公仲）	室家大江氏	地の本公験に至りては、なお類地有り、副え渡す能わず
				左京 4 条 1 坊 2 町西 34 行北 5678 門	8 戸主	大江在判（公仲）	男以実	
				左京 4 条 1 坊 2 町西 12 行北 5678 門	8 戸主	大江在判（公仲）	堂敷地	
				左京 4 条 1 坊 2 町西 12 行北 1234 門	8 戸主	大江在判（公仲）	女子	
平某家地直請取状案	東寺百合よ（1343）	嘉保 2 年	1095	六角油小路	東西 5 丈 7 尺 5 寸南北 2 丈 8 尺 9 寸	平在判		

平某家地売券案	東寺百合よ(1344)	嘉保2年	1095	左京4条2坊9町西4行北7門内	16丈6尺6寸　東西5丈7尺5寸南北2丈8尺9寸	平在判	典薬参軍清原宣清	本公験に於いては、類地有るに依り、渡し与えざるところ也
僧某領地売券案	鹿王院文書(補289)	嘉保3年	1096	四条室町	2戸主　東西25丈5尺南北3丈9尺2寸2分	僧在判	前淡路守殿	本券文を相副う
僧頼禅家地売券	東寺百合カ(1392)	承徳2年	1098	左京4条2坊9町西4行北7門内	16丈6尺6寸　東西5丈7尺5寸南北2丈8尺9寸	僧頼禅	典薬吏［史］生清原市清	本公験に至りては、類地有るに依り、副え渡す能わず
栄山寺別当実経置文	栄山寺文書(1397)	承徳2年	1098	左京地	1戸主	実経(寛治5年以前)		
左京職定文	東寺百合へ(1440)	康和3年	1101	左京7条1坊15町西1行北8門	1戸主　東西10丈南北5丈			東西不足の訴有るに依り、公験の理に任せ、東3尺破り入れ畢んぬ
橘広房処分状	金比羅宮所蔵文書(1761)	(天永2年)	1111	左京4条1坊2町西34行北1234門	8戸主	橘広房		
				左京4条1坊2町西34行北5678門	8戸主	橘広房		
				左京4条1坊2町西12行北5678門	8戸主	橘広房		
				左京4条1坊2町西12行北1234門	8戸主	橘広房		
平資孝文書紛失状	九条家文書(1823)	永久3年	1115	左京7条2坊1町内西3行北78門内	1戸主19丈4尺3寸　東西6丈5尺5寸南北10丈6尺		散位平資孝	(在地随近)公験焼失の由、見聞を成すこと明白也
下総権守平某家地売券	東寺百合へ(1832)	永久3年	1115	左京7条1坊15町西1行北8門	1戸主　東西10丈南北5丈	下総権守平(花押)	散位大江国兼	
(裏)		元永元年	1118	左京7条1坊15町西1行北8門	1戸主内東西5丈南北5丈	散位大江(花押)(国兼)	源友方	樋口猪隈地1戸主の替わり
源頼子家地相博券	尊経閣藤井貞幹影写文書(補42)	永久3年	1115	7条坊門より南室町より東戌亥角	4戸主余24丈1尺6寸	源頼子	散位源伊俊	本券を相副う
常陸介源某家地売券	島田文書(1886)	元永元年	1118	左京7条3坊8町西34行北5678門の内	4戸主30丈　東西11丈2尺5寸南北20丈　東副地東西1丈南北5丈	常陸介源(花押)	越後守藤原	本公験に於いては在国、然らば後日を以て渡し奉るべき也
散位源某家地去状	東寺百合ツ(2049)	天治2年	1125	左京8条1坊16町西12行北5678門内	1戸主　東西2丈5尺1寸南北19丈8尺	散位源(花押)	伊豆講師円賢	本公験に於いては、類地有るに依り、副え渡す能わず

に沽却する。その領地は「合壱戸主　東西伍丈柒尺伍寸／南北捌丈柒尺」で、「在左京四条二坊玖町西参肆行北柒捌門内」（「周防守藤原公基後家家地売券案」、『平安遺文』一二四五、東寺十一50）。この領地「合壱戸主」は西三・四行に五・七五丈、北七・八門に八・七丈である。すなわち、この「合壱戸主」は長さ（東西）一〇丈・弘さ（南北）五丈ではなく、東西五・七五丈×南北八・七丈＝五〇・〇二五丈^{2}で、「合壱戸主」は「一戸主分の地積」である。

また、西三・四行、北七・八門の四戸主の中で「四行八門制の地割にこだわら」ず、地割も東西に短く南北に長く、「破格的な宅地割」である。「そのために売券上の記載も「西参肆行北柒捌門内」とわざわざ「内」の字を記して」いる[50]。応徳二年の「内」字と承暦四年の「内」字は同様の意味である。承暦四年の「西四行北二門内」は、西四行北二門の内部の「四行八門制の地割にこだわらない地積」で、その数値は一戸主以下と考定される。十一世紀第四・四半期以降、戸主は続出するが、その始発から「四行八門制の地割にこだわらない地積」が発現する。さらに、宅地が細分化されるが、「こだわらない地積」・細分化は十数年以前に遡及すると推定される。

周防守後家尼妙智の領地は親父摂津守藤原範永から伝領するが、「類地有るに依り本券を副えず、仍りて新券を立て沽却する」。応徳二年、「合壱戸主　東西伍丈柒尺伍寸／南北捌丈柒尺」が分割・創出されると推定される。寛治五年（一〇九一）、太皇太后宮権大進藤原清家はこの領地を僧頼禅に沽却するが、「本券を相副え」「仍りて新券を立て」る（「太皇太后宮権大進藤原清家家地売券」、『平安遺文』一二九四、東寺十一49）。寛治五年の「本券」は応徳二年の「新券」に相当する。

嘉保二年（一〇九五）、平某は「所領地」「合拾陸丈陸尺陸寸東西五丈七尺五寸／南北二丈八尺九寸」を典薬参軍清原宣〔壹カ〕清に売り渡す。所領地は「在左京四条二坊九町西四行北七門内」、「本公験に於いては、類地有るに依り渡し与え」ず、「仍りて後日のため、券文を立」てる（「平某家地売券案」、『平安遺文』一三四四、東寺十一52）。東西五丈七尺五寸・南北二丈八尺九寸、面積一六丈六尺六寸（正確には一六丈六一七五丈^2）は「一戸主の約三分の一」で、「西四行北七門内」に包含まれる。「内」字の表記は同様である。嘉保二年の所領地は応徳二年・寛治五年の領地（壱戸主　東西伍丈柒尺伍寸／南北捌丈柒尺、左京四条二坊玖町西参肆行北柒捌門内）の北側三分の一に該当し、この時点で再分割されると推定される。(51)十一世紀第四・四半期に、後家尼妙智の領地は分割を繰り返す。嘉保三年、「領地」「合弐戸主在四条室町／東西弐拾伍丈伍尺／南北参丈玖尺弐寸弐分」が沽却される。「本券文を相副え」、「新券を立」てる（「僧某領地売券案」、『平安遺文』補二八九）。二五・五丈×三・九二二丈＝一〇〇・〇一一丈^{2}で、「合弐戸主」に適合する。

十一世紀第四・四半期以降、「四行八門制の地割にこだわらない地積」・「一戸主分の地積」・「内」字・「宅地の細分化」は定着する。(52)ところが、十一世紀第四・四半期早々の三件は、以上の原則と少々齟齬する。永保三年（一〇八三）、文章生藤原某は家地「合地柒戸主柒丈壱尺肆寸」を丹波守（藤原顕季）に沽却するが、「在左京五条四坊二町西二三四行北六七八内」。「本券などを相副え、新券文を立」てる（左京五条四坊売買家地券文、『朝野群載』巻二十一「雑文上・家地売買券」）。この家地は「合地柒戸主柒丈壱尺肆寸」で、「四行八門制の地割にこだわらない地積」「一戸主分の地積」に該当する。しかし、その条坊・行門は「在左京五条四坊二町西二三四行北六七八内」で、「門」字がない。東西・南北の丈尺も記載されない。また、応徳元年（一〇八四）、左大弁家（藤原実政）は「地弐戸主」を秦末武に沽与するが、「在左京五条三坊四町内東西拾弐丈伍尺／南北捌丈」。「本券を相副え」、「新券文を立」てる（左大弁家家地売買券、『朝野群載』巻二十一「雑文上・家地売買券」）。「四行八門制の地割にこだわらない地積」「一戸主分の地積」であるが、行門が明記されない。永保三年・応徳元年ともに「本券」があり、家地・地の形態は以前に遡及する。

承暦某年、私領地四戸主の公験が焼け、某年、藤原氏家は左京職判を給わり、末代の公験としようとする。私領地は「在左京四条三坊九町西三四行北七八内」（左京四条三坊家地券紛失状、『朝野群載』巻二十一「雑文上・紛失状」）。私領地四戸主、西三四行・北七八門では東西一〇丈・南北五丈の四戸主である。「在左京四条三坊九町西三四行北七八門」が適切であるが、「門」字ではなく「内」字である。「西三四行北七八内」の「内」字は、「内」と「門」では崩しが

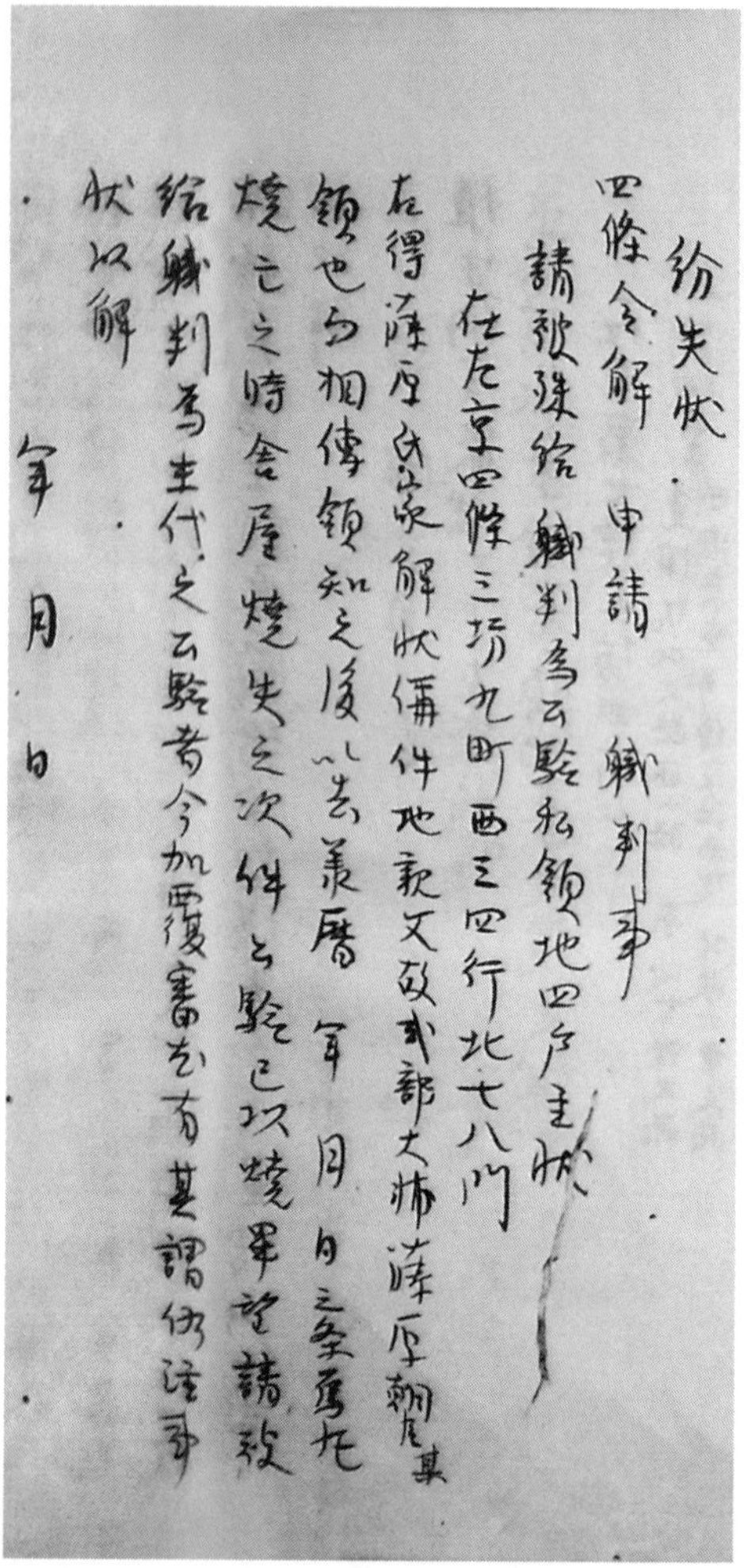

図1–3　左京四条三坊家地券紛失状（『朝野群載』巻21，人間文化研究機構　国文学研究資料館所蔵三条西家本）

類似し、「門」字と校訂される[53]（図1–3）。永保三年の「在左京五条四坊二町西二三四行北六七八内」は「門」字が脱落する可能性がある。この三件には脱落・省略・誤写が想定され、「四行八門制の地割にこだわらない地積」「一戸主分の地積」・「内」字は逸脱しないと推定される。

十一世紀第四・四半期には、その当初から「四行八門制の地割にこだわらない地積」「一戸主分の地積」や「内」字・「宅地の細分化」が定着し、一戸主以下の「地」が存在する。また、これらにはしばしば「本券」「本公験」が存在し、一〇年から二〇年以前に遡及する。十一世紀半ばに、行門・戸主が転換する可能性がある。そこで、長元八年（一〇三五）の「所一戸主半・屋三宇」、長久元年（一〇四〇）の「高倉地二戸主」に留意される。「所一戸主半」はきわめて異例の表記であり、行門・戸主制の重大な変化を示唆する。「所一戸主半」は一戸主と二戸主の丁度真中ではなく、一戸主と二戸主の中間の半端な概数を意味する可能性がある。戸主制が変質するが、依然行門・戸主の枠組みが残存し、半端な概数を「半」字で表記するとみられる。また、「所一戸主半」は嫡子大中臣為政と継母が係争し、「高倉地二戸主」は三河守源経相と人々が相論する。零細な家地で紛争が続出し、その背後に家地の変形・流動が想定される。

おわりに

本章の分析の結果と今後の課題は、以下の通りである。

中世の類書には、条坊・町と行門・戸主の雛型が執拗に記載されるが、『口遊』は戸主に留意しない可能性がある。「二戸主、長十丈、弘五丈」は、「長十丈」が東西の長短、「弘五丈」は南北の広狭である。

平城京では、土地の所在は坊までの記載しかなく、小規模宅地も同様である。家地は特定できず、「地X分之Y」としか表記されない。長岡京では、家地は条坊だけ明記し、坪付は記載しない。延暦七年（七八八）の「長十五丈／広十丈」は、「東西長さ一五丈、南北広さ一〇丈」である。行制は一〇丈単位であるが、「東西一五丈」はその等分や倍数ではなく、行制を逸脱する。そこで、「長十五丈／広十丈」と記載する可能性がある。長岡京でも、小規模宅地は町の「十六分之Y」「卌二分之Y」と記載されると推定される。

平安京では、九世紀には〈条―坊―町〉が使用されるが、それ以上にしばしば〈条―坊〉と表記される。町の分割は「X分之Y」と表記し、小規模宅地では「卌二分之一」が分割の基準と想定される。町制や小規模宅地は平城京を継承する。町や町の小区画は一般に特定されず、「X分之Y」表記はこの不特定に対応する。なお、平安京では、家地などの計測は「長・広」と「X分之Y」の両様がある。「X分之Y」記載を優先し、それが困難な場合は「長A丈・広B丈」と表記すると推測される。

十世紀には、町の内部に行門・戸主が成立する。〈卅二分之Y〉＝〈Y戸主〉であるが、〈卅二分之Y〉は町を基準とする。一方、〈Y戸主〉は「卅二分之一」を単位とし、地積は同じであるが、基準・単位は反転する。戸主の成立は小規模宅地の自立・定着を反映すると推定される。戸主は行門と対応し、町の小区画を特定すると想定される。条坊・町・行門・戸主の各々が連関し確立する。戸主・行門は左京・右京に広く施行される。九世紀後半から十世紀前半には、戸主は行門と組み合わせ、町内部の位置が特定されると推測される。町や町内部の小区画の特定は、売買などの移動と対応すると推定される。十一世紀前半では、長元八年（一〇三五）の「所一戸主半」は異例の表記で、十一世紀第一・四半期に遡及するとみられる。受領などが小規模な宅地を集積し、紛争が多発すると推定される。

十一世紀第四・四半期以降に、戸主の事例は頻出する。その当初から「四行八門制の地割にこだわらない地積」「一戸主分の地積」や「内」字・「宅地の細分化」が定着し、一戸主以下の「地」が存在する。小規模宅地では、東西・南北の丈量表記が開始される。これらにはしばしば「本券」「本公験」が存在し、一〇から二〇年以前に遡及する。十一世紀半ばに、行門・戸主が転換する可能性がある。そこで、長元八年の「所一戸主半・屋三宇」などに留意される。「所一戸主半」は一戸主と二戸主の丁度真中ではなく、一戸主と二戸主の中間の半端な概数を意味する可能性がある。零細な家地で紛争が続出し、その背後に家地の変形・流動が想定される。十一世紀前半から中葉に戸主の事例が希少なのは、転換・変質の渦中のためとみられる。

律令制都城は藤原京・平城京から長岡京・平安京に推移するが、平安京では町の地積は均一である。一方、町制は平城京と初期の平安京では、町（坪）記載の有無や小規模宅地の「X分之Y」表記など、基本的に共通する。九世紀後半から十世紀前半には行門・戸主制が成立し、条坊・町・行門制が確立する。十世紀に律令制都城は微細に整備される。十一世紀には、行門・戸主制は変成し始めると推定される。町制は永続し、行門・戸主制は変質する。行門・戸主制が変成し、律令制都城は大きく変質する。町制は貴族の邸宅を拘束し、行門・戸主制は住人の小規模宅地を規制する。条坊・町（坪）制から町・行門制への変遷は邸宅・家地の存立に影響すると推測されるが、その内容や背景は今後の課題である。

第一章　註

（1）稲田孝司「古代都宮における地割の性格」（『考古学研究』一九―四、一九七三年）、稲田「古代都城の性格と都城制研究」（『日本史研究』一三六、一九七三年）。

（2）山中章「条坊制の変遷」、山中「都城の展開」（『日本古代都城の研究』柏書房、一九九七年）、山中「条坊制の再編」（『長岡京研究序説』塙書房、二〇〇一年）。

（3）網伸也「平安京の造営計画とその実態」（『考古学雑誌』八四―三、一九九九年）、網「平安京の造営――古代都城の完成」（『都城　古代日本のシンボリズム』青木書店、二〇〇七年）。以上、網伸也『平安京造営と古代律令国家』（塙書房、二〇一一年）第一部第二章・終論に改稿収録。

（4）舘野和己「平城京その後」（門脇禎二編『日本古代国家の展開』上巻、思文閣出版、一九九五年）。

（5）橋本義則「小規模宅地の建物構成――月借銭解の再検討を通じて――」（『平安宮成立史の研究』塙書房、一九九五年）。

（6）舘野和己「小規模宅地の出現」（『平城京右京八条一坊十三・十四坪発掘調査報告』奈良国立文化財研究所学報46冊、一九八九年）。

（7）秋山國三「条坊制の「町」の変容過程」（秋山國三・仲村研『京都「町」の研究』法政大学出版局、一九七五年）。

（8）北村優季「都城における街路と宅地――古代都市変容の一面――」（『東西都市の歴史的諸相』青山学院大学総合研究所・人文科学研究部・研究成果報告論集、二〇〇六年）。南北路・東西路と地割、両者の優先関係は重要な論点であるが、本稿では地割すなわち町・行門に論点を特定する。

（9）『口遊』は、天禄元年（九七〇）、源為憲が七歳の松雄君（藤原誠信）のために撰した暗誦用幼学。真福寺文庫本が唯一の伝本で、弘長三年（一二六三）の書写。「五家為レ比、五比為レ閭、廿五家、（下略）」（『口遊』「居処門」）。

（10）『掌中歴』は三善為康の撰、保安四年（一一二三）もしくは天治元年（一一二四）頃の成立、また保安三年に撰述（橋本義彦「『二中歴』（附）『掌中歴』」、『日本古代の儀礼と典籍』青史出版、一九九九年）。巻頭の自序では、源為憲の『口遊』は流俗の諺文（教科書）であるが、自分の用や心に足らず叶わない。備忘を事とし、華を捨て実を取り、近俗を宗となす。続群書類従本を宮内庁書陵部所蔵『続群書類従』所収写本・尊経閣文庫本で対校。

（11）山崎誠「口遊の原初形態に関する一考察」（『国文学研究資料館紀要』二一、一九九五年）。「宮城門」の差図などの存否は検討課題とする。

（12）黒田彰「口遊攷――「口遊は抄略本か」続貂――」（幼学の会編『口遊注解』勉誠社、一九九七年）。

（13）『二中歴』は先行の『掌中歴』『懐中歴』を基に編輯され、『二中歴』と名付けられる。鎌倉時代初期に編纂され、室町時代に数次に書き継がれる（橋本義彦「『二中歴』（附）『掌中歴』」前掲）。

（14）当巻には原書名の明示がないが、南北朝時代前後の書写で、『拾芥抄』と密接な関係をもつ（橋本義彦「『拾芥抄』――尊経閣文庫本と古写諸本――」、『日本古代の儀礼と典籍』前掲）。

「京図左京」は三図を掲載する。「条保図」の左側に③相当個所があり、「四行八門図」が後続する（四紙）。四紙と五紙は連続せず、脱簡があり、五紙は「京師条坊図」の後半から開始する。脱簡は「京図の一部」と推定され（橋本義彦「『拾芥抄』――尊経閣文庫本と古写諸本――」前掲）、「京師条坊図」の左側に⑦が後続する。後半だけの「京師条坊図」は『掌中歴』「京中指図、左京修[條]里躰也」に近似し、「条保図」・「四行八門図」は『掌中歴』に酷似する。『掌中歴』の順序は、「京中指図、左京修[條]里躰也」・「条保図」・③相当個所・「四行八門図」・⑦である。東大史料本『拾芥抄』「京図左京」は「京師条坊図」・「条保図」・③相当個所・「四行八門図」・⑦の順序が妥当であるが、「京師条坊図」が⑦の右側に混入すると想像される。

（15）『拾芥抄』は洞院公賢撰とする説が有力。鎌倉時代末期に前身が存在し、後人が漸次追加・増補する。清家文庫本第二冊（『拾芥抄』中）は清原業賢の永正七年（一五一〇）の書写（橋本義彦「『拾芥抄』――尊経閣文庫本と古写諸本――」前掲）。

(16)　⑧は「四行八門図」の下部、⑨はその左側にあり、「坊保図」が後続する。「四行八門図」と「坊保図」が『掌中歴』と逆転し、⑧と「坊保図」が切り離され、⑧の位置が不自然である。

(17)　今泉隆雄「平安京の造京式」(『古代宮都の研究』吉川弘文館、一九九三年)。今泉氏は、造京式は京程条の記載に「条坊図」を加えると想定する。

(18)　「平安京右京八条二坊」(『平成5年度京都市埋蔵文化財調査概要』、一九九六年)。

(19)　舘野和己「平城京その後」前掲。

(20)　山下信一郎「宅地の班給と売買」(『古代都市の構造と展開』古代都城制研究集会第3回報告集、奈良国立文化財研究所、一九九八年)。

(21)　舘野和己「平城京その後」前掲。

「平安遷都の翌」延暦十四年、長岡左京三条一坊八町・九町・十五町・十六町、二坊三町・四町・六町の七町を勅旨藍圃に、三条一坊十町の一町を近衛蓮池に充てる(『類聚三代格』延暦十四年正月廿九日官符)。勅旨省の藍圃と近衛府の蓮池を特定する。

平城京では間々条・坊と四至(東限・南限・西限・北限)を併記する。天平神護元年(七六五)、称徳天皇は金銅四天像を敬造し、兼ねて西大寺を建てる。その居地三一町は右京一条三・四坊に在り、「東限佐貴路、除東北角／喪儀寮、南限一条南路、西限京極路、除山陵／八町、北限京極路」(「西大寺資財帳」)。佐貴路(西二坊大路)・一条南路(一条南大路)・北限の京極路は見解の相違があるが、北限の京極路は「北辺坊南二行目の北縁線」と推定される(井上和人「平城京右京北辺坊考」、『古代都城制条里制の実証的研究』学生社、二〇〇四年)。宝亀元年、普光寺と東大寺は、左京二条七坊の「地壱区二分之一」と同条六坊の「地壱区四分之三」を相換する。左京二条七坊の一区は「東小道　南広上王地／西大道　北大道」、六坊の一区は「東北大道　東南日置広庭畠／南小道　西此寺地北大道」(「普光寺牒」、六1)。四至の大道から、二条七坊の一区は「一坪」、六坊の一区は「十六坪」である(福山敏男「普光寺(広岡寺)の位置」、『日本建築史研究』続編、墨水書房、一九七一年)。

天平勝宝八歳(七五六)、孝謙天皇は東大寺に左京五条六坊の園・地四坊(坪)を入れるが、それは葛木寺以東で、四至は「東少道　南大道　西少道并葛木寺／北少道并大安寺園」。天平宝字元年(七五七)、左京職は図を作り、「上件の二所」(五条六坊と七坊)を勘じる(「平城京葛木寺東所地四坊図」(孝謙天皇東大寺宮宅田園施入勅)、四118、『日本荘園絵図聚影』三近畿二)。その図では、地四坊は五条六坊十一坪・十二坪・十三坪と五条七坊四坪である。四至の南大道は五条大路（福山敏男『奈良朝寺院の研究』増訂版「葛木寺と佐伯院（香積寺）」、綜芸舎、一九七八年）。

東大寺や西大寺などでは、条・坊と四至を組み合わせ、条坊内部の坪・町を大略特定する。

(22) 三上喜孝「平安遺文第四号「六条令解」の復元的検討」（『日本歴史』五八九、一九九七年）。
(23) 山中章「条坊制の変遷」前掲。
(24) 長岡京左京六条三坊四町の南西部は京域の南東端で、宅地は溝で区画される。その範囲は東西一五丈・南北一〇丈と推定され、「一町の32等分の約3区画分」に相当する（『水垂遺跡　長岡京左京六・七条三坊』京都市埋蔵文化財研究所調査報告第17冊、一九九八年）。

平城京左京八条四坊・九条三坊では、家一区が地十六分之四一・地十六分之一四分之一である（表1-1）。すなわち、地卅二分之一が東西または南北に二分される。平城京右京二条三坊二坪では、坪内を東西南北に四分割し（1／16宅地）、南端四宅地はさらに東西二等分する（1／32宅地）。この1／32宅地は「南北に長い敷地」で、一行を二分するとされる（原田憲二郎「平城京の小規模宅地」、『都城制研究』五〈都城における坪・町と小規模宅地の検証〉、奈良女子大学古代学学術研究センター、二〇一一年）。また、平安京右京八条二坊二町の東四行・北五門では、一戸主を北半・南半に「二分」する（『平安京右京八条二坊』前掲）。

(25) 朧谷寿・角田文衞「平安京」（『角川日本地名大辞典26　京都府』下巻、角川書店、一九八二年）。
(26) 東野治之「南都所伝宮城図残欠について」（『古文書研究』二〇、一九八三年）。
(27) 延暦十一年、山背国深草山の「西面」は京城（長岡京）に近く葬埋を禁じる（『日本後紀』逸文・延暦十一年八月丙戌条）。この「西面」は深草山のうち「西面」である。
(28) 裏松固禪『大内裏圖考證』巻二三「式部省」「式部省厨」・巻二五「民部省厨」「主計寮厨」「主税寮厨」。一区画全体の南北三五丈とするが、式部省厨南北一〇丈・路三丈・主税寮厨など南北一七丈の合計は三〇丈。また、主計寮厨の東西「十丈」南北「十七丈」とする（裏松固禪『大内裏圖考證』巻二五「主計寮厨」）。その根拠は「散位寮東面地広十丈、長十七丈」で、「今按、広十丈、長十七丈、印本、作広七丈、長十丈、蓋誤写」とする。東西一〇丈・南北一七丈の数値は再考の必要がある。
(29) 寺升初代「平安宮の復元」（『平安京提要』、角川書店、一九九四年）。

(30) 裏松固禪『大内裏圖考證』巻二六「御井町」。
(31) 山田渉「中世的土地所有と中世的所有権」(『東アジア世界の再編と民衆意識』一九八三年度歴史学研究会大会報告、一九八三年)。
(32) (b)は条坊・町・行門を明記しないが、それは「券文」((a)など)に記載される。
(33) 山本行彦「日本古代における国家的土地支配の特質──土地売券の判と「毀」をめぐって──」(田名網宏編『古代国家の支配と構造』東京堂出版、一九八六年)、菅野文夫「手継証文の成立」(『歴史』七一、一九八八年)、菅野「中世的文書主義試論──中世土地証文の成立に関する一考察──」(『岩手大学教育学部研究年報』五〇─一、一九九〇年)。
(a)は本巻と白紙券、(c)は本巻と処分帳(b)に依拠するが、白紙券・処分帳は補助的・副次的と推定される(加藤友康「八・九世紀における売券について」〈土田直鎮先生還暦記念会編『奈良平安時代史論集』上巻、吉川弘文館、一九八四年〉、菅野「手継証文の成立」前掲)。
(34) 舘野和己「平城京その後」前掲。
(35) 右京三条四坊八町は雅楽町(『拾芥抄』「西京図」)。
(36) 左京北辺三坊一町が正親町(九条家本『延喜式』「左京図」、『拾芥抄』中「宮城部・諸司厨町」)。
天長五年(八二八)、「左京三条一坊・山城国愛宕郡白田段(段、此上恐脱字)充院(院、此上或脱冷然二字)」(『日本紀略』天長五年二月庚子条)。( )内は国史大系本「頭書」。難解であるが、「左京三条一坊」は「左京三条一坊の土地の意」とされる(黒板伸夫・森田悌編『日本後紀』「補注」〈訳注日本史料〉、集英社、二〇〇三年)。
(37) 秋山國三「条坊制の「町」の変容過程」前掲。
(38) 舘野和己「小規模宅地の出現」前掲。
平城京の調査事例では宅地割計画に一定の基準があり、坪内を東西四等分・南北四等分し、正方形の1/16区画を基準とする。天平十七年(七四五)の平城還都後に1/16町宅地が一般化し、奈良時代後半に1/24・1/32町宅地が出現すると推定される(原田憲二郎「平城京の小規模宅地」前掲)。
(39) 住持は「造立住持」(朝南大法師)と「故住持」があり、「故住持の弟子」を寺家長吏とするのがよい。故住持は仁延大和尚である。某寺の檜皮葺礼堂に壇徳寺の諸佛が「その数在り」。

(40) 山本雅和「平安京の街路と宅地」（西山良平・藤田勝也編著『平安京の住まい』京都大学学術出版会、二〇〇七年）。

(41) 網伸也「平安京の造営 ── 古代都城の完成」前掲。

(42) 寂楽寺は初め白川寺、経蔵と喜多院・仏性院が知られる（『平安時代史事典』「寂楽寺」〈今江廣道執筆〉、角川書店、一九九四年）。

(43) 高助は娘に池上の寛忠僧都（九〇七―九七七）の堂供養を物見させる。寛忠は宇多天皇孫、敦固親王の第三子、安和二年（九六九）権少僧都。

(44) e国宝（国立博物館所蔵 国宝・重要文化財、www.emuseum.jp/）「延喜式」・京都大学日本史研究室架蔵影写本『延喜式裏文書』で対校。

継母は任意に「件の所の地并びに屋」を進退し、遺財物を運領する。長元六年八月、為政の母が死去し、その後、継母を「洗濯料」に故実光の宅守に語らい置く。若妻（継母）は二箇年を経て「子無し」。

(45) 源行任は皇后宮（藤原彰子）大進・上東門院別当・春宮（後朱雀）亮、近江守・丹波守・播磨守（『平安時代史事典』「源行任」〈槇野廣造執筆〉前掲）。

(46) 源経相は資房の妻の父で、長暦三年（一〇三九）に逝去。伴雅兼は資房の家司・家人と推定される（拙稿「平安京の社会＝空間構造と社会集団」、『年報都市史研究』一三、二〇〇五年）。資房の住居は「妻の家の或部分」で、南北の通りの富小路にあり、二条南・富小路西と推定される（拙稿「平安京の小屋と小宅」、『平安京の住まい』前掲）。高倉地は源経相や資房の住居の近辺の可能性がある。

(47) 十二世紀半ば以降、「戸主半」（戸主の半分）が散見する。仁平元年（一一五一）、七条南・油小路西の一戸主一丈二尺五寸（口南北五丈・奥東西一〇丈二尺五寸）を錦小路・烏丸の「地戸主半」（口二丈五尺・奥一〇丈）と残直を加え相博する。のち、七条南・油小路西の一戸主余のうち「戸主半」を売る（「紀某家地相博券」・『平安遺文』二七三八、「藤原則光所領売券案」・補三四〇）。仁安元年（一一六六）、出挙米を借り請け、明年を過ぎると七条南・櫛笥東の角地「戸主半」（口二丈五尺・奥一〇丈）を質券に差し置く（「僧永祐出挙米借用状」、三三九六）。嘉応二年（一一七〇）、左京八条一坊十六町の三〇丈（口東西三丈・奥南北一〇丈）を七条南・猪熊西の「戸主半地」・絹などと相博する（「紀季正家地相博状」、三五四〇）。安元二年（一一七六）、四条坊門南・高倉西の一戸主（口東西五丈一尺・奥南北一〇丈、積五一丈）のうち、「戸主半」は嫡女に処分し、「今戸主半」は直を限り、「壱戸主乍ら」譲与する（「比丘尼法妙屋地譲状」、補三八〇）など。「戸主半」が単独で使用され、「口二丈伍尺奥拾丈」、明確に戸主の半分である。「一戸主半」

は「戸主半」の前身の可能性はあるが（山口大学学生岩谷翠氏の教示）、きわめて異例で、「所一戸主半」は一戸主と戸主半と推定される。

(48) 十一世紀に京内の売券は極端に少なく、十一世紀末以前は「まったくといっていいほどに史料がない」。十二世紀から十三世紀に、土地売買は急激に盛んになる（寺升初代「平安京の土地売券」『古代学研究所研究紀要』五、一九九五年）。

(49) 秋山國三「条坊制の「町」の変容過程」前掲。

(50) 秋山國三「条坊制の「町」の変容過程」前掲。

(51) 承徳二年（一〇九八）、僧頼禅はこの「領地」を典薬吏〔史〕生清原市清に売り与えるが、「本公験に至りては、類地有るに依りて、副え渡す能わず、この新券文を以て、累代の公験とな」す。左京四条二坊九町西四行北七門内は油小路西・六角小路北で、この領地は「六角面、北に五丈八尺壱寸」（「僧頼禅家地売券」、『平安遺文』一三九二、東寺十一48）。六角面は「六角通り」を指し、六角から北に五丈八尺一寸以北、油小路の西側に所在する（秋山國三「条坊制の「町」の変容過程」前掲）。応徳二年などの領地と行門・東西が一致し、応徳二年などの南北八丈七尺から承徳二年の五丈八尺一寸を差し引くと、嘉保二年などの南北二丈八尺九寸と合致する。すなわち、応徳二年などの領地の北側三分の一を再分割し、売り渡す。

(52) 永久三年（一一一五）の「合壱戸主拾玖丈肆尺参寸／在／左京七条二防〔坊〕一町内　西三行　北七八門内／東西六丈五尺五寸　南北十丈六尺」（「平資孝文書紛失状」、『平安遺文』一八二三、『九条家文書』三）、永久三年の「合肆戸主余弐拾肆丈壱尺陸寸者／在七条防門より南・室町より東戌亥角」（「源頼子家地相博券」、補四二）、元永元年（一一一八）の「合肆戸主参拾丈者／在左京七条三防八町西三四行北五六七八門の内／東西拾壱丈弐尺伍寸　南北弐拾丈／東の副地　東西壱丈　南北伍丈」（「常陸介源某家地売券」、一八八六）など。一方、定型の戸主（東西一〇丈・南北五丈）は少数で、康和三年（一一〇一）、「合壱戸主東西十丈／南北五丈／在左京七条一坊十五町西二行／北八門」の東西不足の訴えがあり、左京職が東三尺を破り入れる（「左京職定文」、一四四〇）。永久三年、康和三年の地一処（合一戸主）を沽却し、元永元年、「壱戸主内東西伍丈南北伍丈」を樋口・猪隈地一戸主の替わりに分け宛てる（「下総権守平某家地売券」、一八三二）。東西の不足があり、等分される。

(53) 新訂増補国史大系本を三条西家本・葉室家本などで対校する。三条西家本・葉室家本・東山御文庫本は「内」を「門」とする。『朝野群載』の写本には後陽成天皇所持本系統と三条西古本系統が存在する。新訂増補国史大系本の底本・旧林崎文庫本は後陽成天皇所持本系統で、三条西古本系統の情報があまり反映されない。三条西古本を親本に三条西家本・葉室家本が書写される。三条西古本は、享禄二年（一五二九）から四年に三条西公条らが共通の祖本（後陽成天皇所持本、金沢文庫本か）を書写し、慶長写本（紅葉山文庫本）は慶長二十年（元和元年、一六一五）に後陽成天皇所持本を親本に書写される。三条西古本は早く書写され、三条西家本・葉室家本には欠損が少ない。東山御文庫本の親本は後陽成天皇所持本であるが、巻二十一などは三条西古本系統の影響を受ける（高田義人「『朝野群載』写本系統についての試論 ―― 慶長写本・東山御文庫本・三条西本・葉室本を中心として ――」、『書陵部紀要』五四、二〇〇三年）。

第二章　「寝殿造」とはなにか

藤田勝也

はじめに

寝殿造は平安時代の平安京で成立した貴族の住宅様式である。摂関期の藤原道長や頼通の住んだ平安京の邸宅、文学では源氏物語に描かれる光源氏や姫君達の住まいが寝殿造ということもあり、住宅史の世界だけでなく、日本の歴史・文化において広く知られている。平安建都一二〇〇年、源氏物語千年紀など、京都を舞台に開かれたいわゆる記念事業でも寝殿造は欠かせない存在であった。寝殿造への関心は一〇〇〇年の時を経てなお色褪せず、根強い。

しかしそうした知名度、関心の高さとは裏腹に、あるいはそれ故か、寝殿造の概念は実のところある時は拡散し、またある時は収縮し、いっこうに定まる気配がない。平安京跡に、また長岡京跡でも、方一町におよぶような大規模遺跡が発掘されると、寝殿造の大発見ではないかと、そのたびに騒がれてきた。左右対称的な建物配置を示している、広大な池がある、礎石建てのこの建物は寝殿ではないのか、建物が廊で結ばれているのはまさに寝殿造の特徴を示すもの、廊ではなく柵列だから、寝殿造成立の前段階をそれは示すもの……云々と。

寝殿造と対照される書院造なら、現存する遺構がある。対するに寝殿造を今日、実見することはできない。定まらない要因の一つではあろう。しかしより大きな要因は以下の如き事情に潜む。

寝殿造の成立時期は十世紀と考えられる。とはいえこれを直接・間接に示す現存遺構は遺らない。また以後の時期に比べ、この時期は関連する文献史料が圧倒的に希薄である。いっぽう大きな支えとなるのは発掘の方だが、確証となる直接的な成果が挙げられているとは言い難い(1)。要するに成立の時期はおさえられても、成立に至る具体的な過程の実証が現時点では困難なこと。「寝殿造」に曖昧さが生起する大きな要因はここにある。成立時期以前に遡って、

図 2–1　東三条殿復元模型（京都府京都文化博物館蔵）

あるいはその近辺に焦点を絞った検討・考察を継続・進展・深化させる必要はむろんある。今後の発掘の成果にも目が離せない。が、しかし、それにも以上の如き限界がある。

寝殿造とはなにか。その本質はどこにあるのか。というのは、したがって必ずしも容易ではない課題である。これに迫るためには視点の転回こそが必要である。小稿はそのような意図にもとづく、ささやかな試論の一つである。

第一節　「寝殿造」の特徴――問題の所在

十一世紀後半から約一〇〇年以上にわたって存続した東三条殿（図2–1）は、寝殿造の代表的な住宅の一つとされる。この点におそらく異論はあるまい。藤原北家の氏長者の本邸としてもっとも重要な邸宅が東三条殿であり、関連する史料は相対的に多いし、古くから注目されてきた。復元図が考証、作成され、模型も複数ある。また『年中行事絵巻』には、とくに敷地南半の寝殿南面の情景が描かれる。それらをもとに寝殿造の建築的特徴は次のように列記される。[2]

まず、（Ⅰ）配置構成について、

①寝殿を中心に、廊・渡殿が建物間を結合する。

東西棟の寝殿、南北棟の東・西対、東西棟の北対があり（ただし東三条殿に西対は不在）、寝殿と対は廊、渡殿で結ばれ、さらに建物に付属する廊がある。

②中門廊・中門によって南庭を囲繞する。

南方にのびる中門廊が寝殿の南庭を囲み、廊の中ほどに中門を開く。中門は築地塀に開く門に相対する。この門が主要な門（正門）であり、したがって邸の正門は東または西に設けられる。これは通例であって、希少だが正門を南面に設ける邸もある。この場合、内裏からの影響も推定される。ともかく正門を入ると、まず築地塀の内側で中門廊の外側という領域があり、さらに中門を入ると中門廊の内側、寝殿南庭の領域に至る、という二重構造をとる。

③建物と庭が一体的に利用される。

とくに敷地南方を占める寝殿とその南庭、さらに園池は一体の空間として用いられる。なお敷地南方の園池の存在は、②の正門位置とも関連する。園池が南方を占めるから正門は必然的に東・西面に開くのか、あるいは正門が東・西面ゆえに南方に園池が可能だったのか、両者の因果関係が問題となる。

右記①〜③が示すのは、寝殿造が定型化した建物の構成と配置をもち、強い〈規範性〉がみられることである。

つぎに（Ⅱ）内部空間の特徴として、

④生活空間は板床上を主とする。

板床張りは都市化の指標である。もう一つの都市住宅、町屋では床と土間が併存するが、いわゆる民家の土間とは役割・性格が異なる。

⑤開放的空間と閉鎖的空間が併存する。

寝殿あるいは対の母屋には塗籠という閉鎖的な空間があり、一方、庇、孫庇は建具の開閉によって開放的な空間となる。とくに孫庇は柱間装置を備えず吹き放ちの弘庇があり、外部空間との一層の一体化がはかられる。

これは奈良時代からの継承と考えられる。

⑥母屋と庇・孫庇（弘庇）という空間の序列を重視する。

母屋、庇、さらに孫庇（弘庇）からなる空間のあり方は、いわゆる古代的な建築の特徴であり、上部構造と密接に関連する。母屋・庇の間に床段差はなく、孫庇は庇より低くする。三者は本来、上部構造に規定されたものであるが、上部構造の制約から解放され平面の自由度が増す、つまり母屋・庇・孫庇という呼称をもって内部空間を区別する必要がなくなった後も、三者を厳密にわける意識は継続する。母屋・庇・孫庇という序列へのこだわりは、留意されるべき事柄である。(3)

さらに（Ⅲ）構造・手法についてみると、

⑦礎石建ての建物である。

藤原道長の日記『御堂関白記』には、道長が自邸土御門殿を再建する際、礎石を据えたことが記される。『年中行事絵巻』の貴族邸では、主要な建物の縁束が礎石上に据えられており、主柱の基礎も同様に推定される。同絵巻では後白河院の法住寺殿の寝殿で、亀腹基壇らしき描写があるのも傍証となる。発掘成果を通覧すると、掘立柱から礎石建てへの移行は平城京の時代にあり、平安遷都後、九～十世紀を通じて進行、定着したものと推察される。

⑧屋根は檜皮葺とする。

『年中行事絵巻』をみてわかるように主要な建物は檜皮葺である。内裏罹災の後、一条院の皇居化にあたって、一条天皇は修理用に檜皮を諸国に召さしめている（『御堂関白記』）。同じころ藤原実資は自邸小野宮を新造する際、寝殿の檜皮葺工事の経過を日録『小右記』に詳記する。檜皮葺は五位以上に許され、六位以下は禁止である（『日本紀略』）。中級以下の貴族住宅は板葺が主流と考えられる。庶民の住宅、町屋も板葺が基本である。地方では板葺とともに草葺が一般的であるが、貴族住宅も、おそらく町屋でも、通常は草葺を採用しない。逆に貴族住宅での草葺（萱葺）には特別な意味がある。

以上、①〜⑧を列記した。その他にもたとえば主要部の柱は丸柱とすることや、建具に関して、開口部に蔀を装置し、出入口に妻戸を設け、内部の間仕切りに障子を用いる、といったことも挙げられよう。ともあれ平安時代の上級貴族邸では、①〜⑧の特徴が指摘できる。方一町の敷地内に①〜⑧の特徴をもつ住宅の様式。これが寝殿造の定義である。

しかしこの定義は少なくとも二つの深刻で重要な問題をかかえている。第一に、①〜⑧のうちから何を最重視し選択するのかという点である。

①〜⑧は、東三条殿ではむろんあてはまる。しかしたとえば十二世紀前半の土御門烏丸殿など、敷地南に園池をもたない邸宅もある。そこでは③は、厳密にはあてはまらないことになる。すべて該当してこそ寝殿造なら、同邸は寝殿造ではないということにもなる。あるいはいずれか一部に該当するものがあれば寝殿造といえるのか。その場合①〜⑧をどの程度満たせば寝殿造なのか。さらに寝殿造として①〜⑧のどれをどのように選択すればいいのか。結局①〜⑧の選択の幅、選択の仕方によって、寝殿造はいかようにも定義し得るという問題が生じる。

しかも「寝殿造」の概念がかように一定していないにもかかわらず、「寝殿造は変容する」などと言われる。「寝殿造＝平安京の貴族住宅」という意味でなら疑問の余地はない。筆者もそのような意味で間々記してきた。しかしたとえば寝殿造は変容して書院造に至る、のように、「寝殿造」を様式概念として捉え用いる時には、「寝殿造」を構成する何かが変化するという意味が含意されている。具体的には①〜⑧の各々に変化が起こる、あるいは①〜⑧が該当しなくなるという意味とも把握されるが、ここでも①〜⑧の優先順位が問題となる。しかし「寝殿造」が一定しないゆえ、変容のあり方、捉え方も一定しないという問題が新たに生じてしまう。寝殿造か否かの線引きは流動的であり、書院造との間に複数の線を引けば、その間に新たな様式が設定できるということに過ぎないのである。

さらに上記の「寝殿造は変容する」、「寝殿造は変容して書院造に至る」といった見方には、様式は必ず変化し、変化の結果として次の様式（書院造）が生まれることが前提されている。しかし様式が変化するのは必然なのか。また次の様式は、先行する様式が変化した同一線上に必ずあるのか。そうした前提自体、自明ではない。

結局のところ、特徴を列記するという定義の仕方では、実体は把握できない。ここに欠落し、検討・再考すべき課題とは、寝殿造の本質がどこにあるのか、それは変化するものなのか、という本質論である。

第二節　左右対称・非対称は重要か

「寝殿造」の定義についてのもう一つの問題点は、配置構成における「左右対称性への指向」である。これは配置構成に関する①～③とくに①②に関わる。前節では配置構成に強い規範性を指摘したが、左右対称性という語句を用いなかった真意は後述するとして、実際には配置構成における「左右対称性への指向」は寝殿造のきわだった特色とされている。

はたして『国史大辞典』（吉川弘文館、一九八六年）の「寝殿造」の項（稲垣栄三執筆）によると、寝殿造の主要な特色の冒頭に挙げられるのが、「建物群を左右対称形に配置しようとする意図が顕著なこと」である。同書に限らず何でもよい。建築史、住宅史の概説書を一瞥すれば、寝殿造は左右対称を指向したというのが通説であることはすぐにわかる。一般に通行する寝殿造のそれが理解であり、疑問を差し挟む余地などない定説である。そしてこのことは当該分野の近年の研究とも密接に関連する。

とくに一九八〇年代以降に初発する、空間のあり方を機能・用途に注目して捉えようとする試みがあり、中でも様式としての寝殿造を対象とした研究では、「如法一町家《にょほういっちょうや》」をめぐって、その典型像は何か、という論点において展開された議論の本論ではなくその前提に、寝殿造の様式の定義に関わる問題がある。(4)

寝殿造の典型像、完成型の評価にとって東・西対の存在、規模が重視され、主たる要因、背景は儀式なのか、居住のあり方なのかが論じられた。留意したいのはその正否ではない。寝殿造という様式の根幹には左右対称性が不可避的に存在する、したがって東・西対の有無やそれらの規模（とくに東西方向、梁間方向の規模）のあり方こそが究明されるべき重要な課題であるとの認識が、上記議論の視角、その基底に存することである。

論者の間には見解の相違がむろんあるが、第一に、寝殿造の歴史には左右対称の時期があったという見方をする点、第二に、「如法一町家」は配置構成の左右対称性・非対称性に関わる言葉である、と解する点では共通している。いずれも配置構成の左右対称・非対称に拘り、それが大きな論点とされる。

しかしながら第一の点に関して、文献からもこれまでの発掘事例からも確証はなく、根拠は脆弱である。にもかかわらずそのように評価した背景には『家屋雑考』の「寝殿造鳥瞰図」（図2-2）の影響が考えられる。これについては次節以降で検証する。第二の点について、まず『中右記』の記主中御門宗忠が記したのはたとえば「東西対東西中門如法一町家之作也」「如法一町家左右対中門等相備也(5)」である。寝殿の東西（左右）に対、中門等が備わっていることであると確かに記してはいる。しかし左右対称とは記していないし、非対称性をことさら強調しているわけでもむろんない。

留意されるのは、「如法家」の記述に「寝殿」がみえないことである。これは視点を寝殿内部におくことによるからではないか。当然のことながら視点＝寝殿は記されない。つまり「如法家」として彼らがまず重視したのは、南庭から寝殿方向ではなく、寝殿から南方の外部空間を眺めたときの、寝殿の前方左右（東西）が、対や中門等の建物に

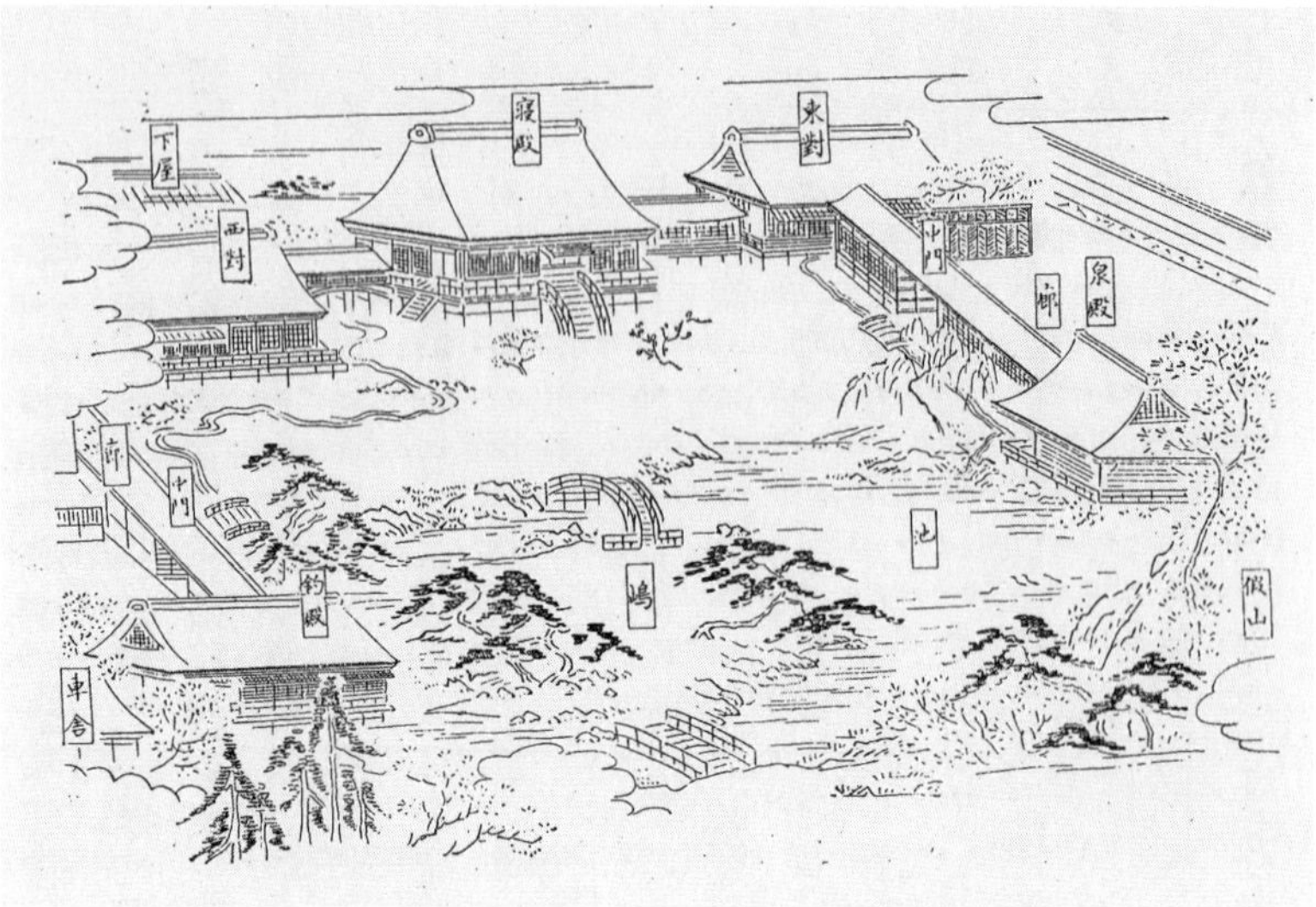

図 2–2　寝殿造鳥瞰図（沢田名垂『家屋雑考』より）

よって囲繞されるという視覚的印象と考えられる[6]。これが第一義であって、囲繞していれば対代でも対代廊でも構わない。東・西対の規模などは二義的である。

また「如法一町家」という言葉は、今日伝来する多くの諸記録の中でも『中右記』に確認できるに過ぎない。宗忠のそれが住宅観であることに疑いはないにせよ、どの程度の普遍性をもつのか定かではないということがある。『中右記』がいう、そのような建物配置のあり方に、内裏からの影響が想定されること。それを首肯したうえでである。

確かに後述するように、中世の公家が思い描いた祖先の住宅は、左右対称に建物を配置し、明確な中軸線が設定できる。そこで「如法一町家」の住宅観の中に左右対称性への指向を想定するなら、それが後世に影響力を有したことも推察される。むしろ左右対称性という面がとくに増幅して継承されたとさえ考えられる。しかしそれは後世の思い（誤解？）にすぎない。

そもそも東・西両方に対を備えるのが「如法一町家」の条件なら、東三条殿は西対を欠き「左右対」を「相備」しないから「如法一町家」ではない（それ以前に敷地規模が南北二町だが）。東三条殿は寝殿造の代表例、しかし「如法一町家」が典型像ということになり、代表例であるが典型像ではない、というなんとも奇妙な結論に至る。あるいは典型像、完成型から変形した姿を東三条殿は示すもの、という解釈も可能ではある。それもまた寝殿造であり、かつ代表例なら、結局、前記した寝殿造の定義の仕方、解釈の幅に帰結し、寝殿造は一定しない、という問題がここでも生起する。

しかしそうではなくこの囲繞性こそが「如法一町家」が意味する要点であるなら、東三条殿もまたそのような典型像の一つとして位置づけられる。実はここに寝殿造の本質に迫るための手がかりがある。東対があるのに西対がないから、寝殿を中心にした配置構成の左右対称性という点では、著しくバランスを欠く。しかしそれは問題ではないのである。

先の『国史大辞典』の「寝殿造」の項には、東三条殿の復元模型の写真も掲載される。寝殿造の特色の第一が左右対称形に配置しようとする意図が顕著なことと解説される一方で、そのようには見えないし、実際そうはなっていない東三条殿復元模型の写真。解説と掲載写真は齟齬を来している。しかし一方、この邸が西対を欠きつつも「儀式遂行上の諸施設と南庭囲繞の形式は完備して」いたとも記される。そこに寝殿造の本質があることの言及はないものの、東三条殿が「南庭囲繞の形式」をもつことを稲垣氏も見逃してはいなかった。

以上要するに、東・西対の併存、両者の正面規模の差異といった、左右対称性に拘る必要はないということである。[7]

さて、筆者はかつて、平安から鎌倉時代の院政期という時代の転換期に注目し、貴族住宅の多様な変化の実態を分析・検討することによって、内向きの領域あるいは、寝殿や東・西対といった建物以外の周辺の建物にこそ、変化の主要な舞台があり、空間としての重要性が増すという事実を、歴史的特質として指摘した。[8]

「寝殿造」はその呼称が示すように、とくに寝殿を中心とする一郭において特徴付けられる様式概念である。とすると平安貴族住宅の当該期における変容と展開は、「寝殿造」以外の場所で生起していたことになる。変容は主として「寝殿造」ではないというこの検討・分析結果は、前記したように、「寝殿造は変容する」という見方が必ずしも自明ではないことを示唆する。[9] 寝殿造の特徴として定義付けられる要素に個別の変化は認められるにしても、本質は変化しないのではないか、ということである。

第三節　「寝殿造鳥瞰図」の検証

寝殿造をめぐって、左右対称性を指向したことは実証されておらず、それが第一の特色という通説は妥当性を欠く。寝殿造の特徴を論じるにあたって、左右対称性を論点とする根拠もまた薄弱である。にもかかわらず寝殿造は左右対称を指向した、あるいはそのような時期が確実にあったものとされた。

そのような見方の背景に、内裏からの影響が想定されたことはある。しかしそれ以上に、これを誘導するのに大きな役割を果たしたのは、沢田名垂（一七七五—一八四五）の『家屋雑考』（天保十三年　一八四二）に掲載される「寝殿造鳥瞰図」であった。

周知の通り、「寝殿造」という名称は『家屋雑考』を嚆矢とする。同書で名垂は「寝殿造鳥瞰図」を描くとともに、その根拠となった二枚の指図「古図」「図」を掲載する。さらにそれら二枚の指図はともに松岡辰方（一七六四—一八四〇）から贈られたものであることを明記する。いっぽう裏松固禅（一七三六—一八〇四）の『院宮及私第図《いんぐうおよびしていのず》』にも同様の図二点、「古図　両中門」（図2-3）「両中門図」（口絵4）が掲載されている。[10] しかも辰方は『院宮及私第図』を所持していた。指図二点の「固禅→辰方→名垂」という経緯が想定される。その詳細については検証が必要だが、それらは固禅の創作ではない。『院宮及私第図』の「両中門図」と同様の図は住吉如慶（一五九九—一六七〇）の『屋躰抜写《やたいぬきうつし》』にも「両中門図」という同じ題で見えるから、『院宮及私第図』の「両中門図」は十七世紀後半より以前、

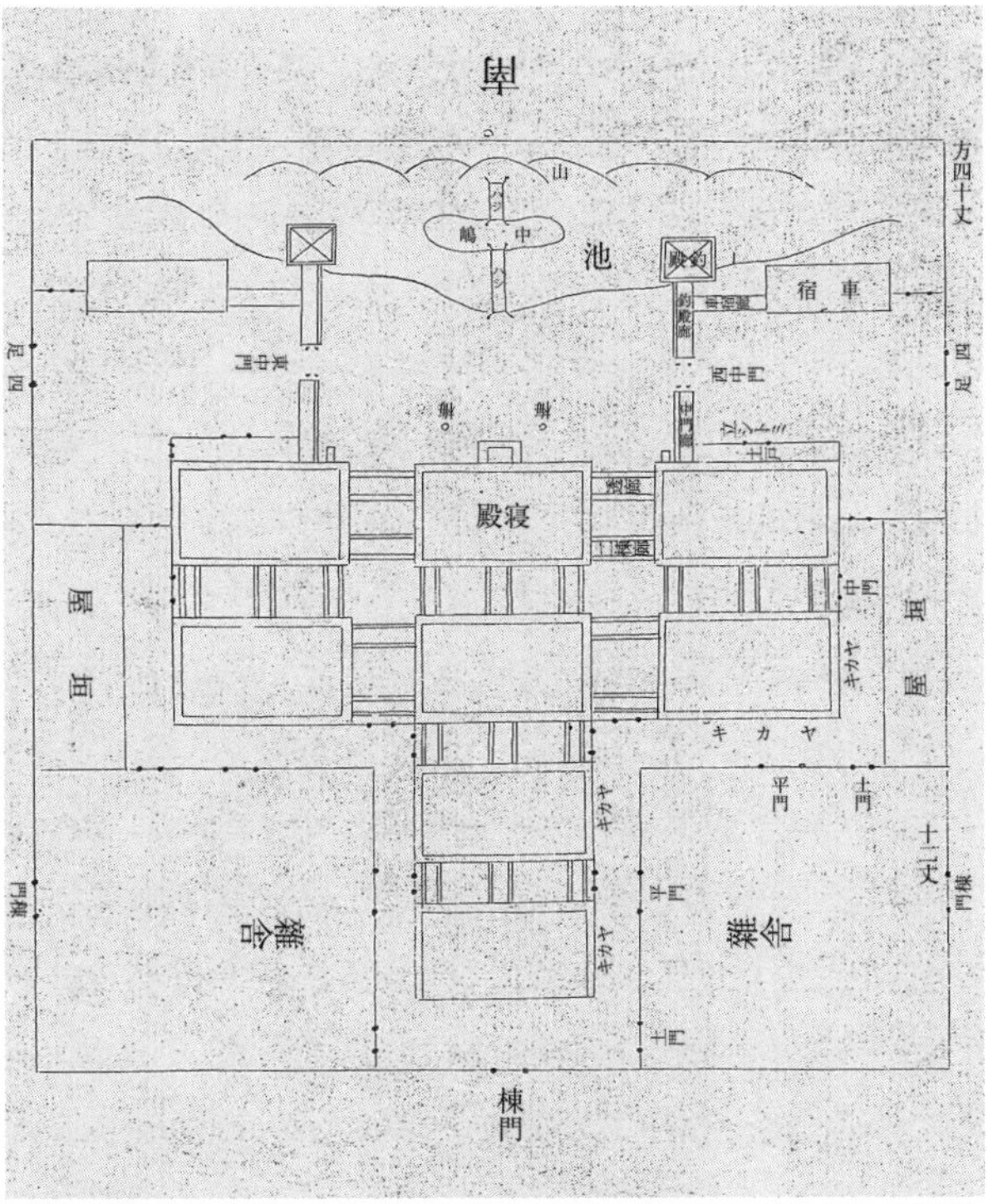

図 2-3「古図　両中門」翻刻図
（『裏松固禅「院宮及私第図」の研究』より）

あるいは室町時代に遡る可能性がある。また「古図　両中門」の方も固禅以前に遡る。名垂以前、すでに固禅はそれらの図に注目し、『院宮及私第図』に掲載したということである。

また近世の故実家・学者が注目した同様の図に「本槐門新槐門図」があり、『院宮及私第図』にも、上記二点の図の前に引用・掲載されている。それらは九條尚経（一四六八―一五三〇）が大永四年（一五二四）頃に描いたもので、本槐門と新槐門の二点の図からなる。前者の「本槐門図」（図2-4）は平安時代の九條家の本宅といい、後者は時代がさがって室町時代の同じ九條家の屋敷の図であって、いずれも九條家の特定の邸を想定して描いたものである。とくに「本槐門図」は、寝殿を中心に東・西ならびに北・北東・北西に「対屋」と呼称する脇殿をもち、各々を廊で連絡し、東西

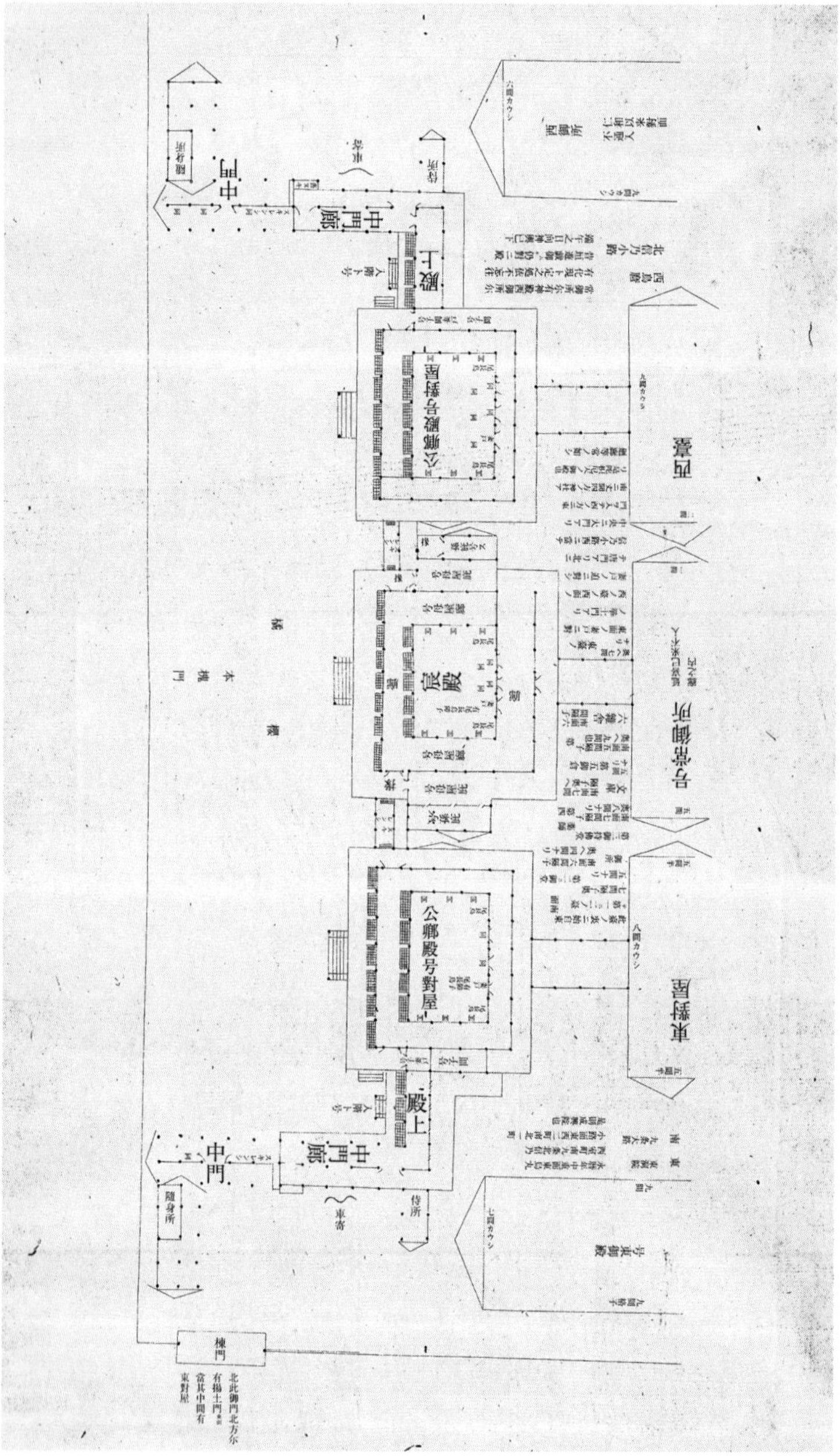

図 2-4 「本槐門図」翻刻図（『裏松固禅「院宮及私第図」の研究』より）

の「対屋」から殿上・中門廊・中門がコの字型に付属して寝殿前庭を囲むというもので、全体の配置構成に左右対称への強い指向性がうかがえる。さらに『院宮及私第図』では、「本槐門新槐門図」につづいて掲載される「古図」もまた、「本槐門図」と同様に左右対称の配置構成をもち、固禅は「古代大臣家図」と記している。

以上、中世の公家が想定した彼らの祖先の住宅には、左右対称の配置構成への指向が明確である。なぜそのように想定したのか、どのようにそれらは作成されたのか。典拠は明らかでなく、作成のプロセスも明確でなく、そして史実と整合的でもない。中世公家の住宅研究の水準とはその程度であった。さらにそれを検証なく採用したともとれる近世の故実家・学者の姿勢も、固禅も例外ではないようだが、所詮その程度であったのか、と思わせるところがある。(11)

しかし、かかる評価は一面的であり、実態に即さない。関係資料の豊富な東三条殿について復元研究が試みられ、後述するように固禅は注目すべき復元考証を行っている。十二世紀の閑院についても、光格天皇の時代、摂政・関白をつとめた九條尚実（一七一七—一七八七）の作成という復元図は、実証的な手法にもとづく。固禅による『大内裏図考証』がもつ内容の豊かさと、それが果たした意義の大きさについて、ここで再論するまでもないだろう。その研究手法が実証研究の先鞭をつけるものであったことは、すでに指摘されるところである。『院宮及私第図』や『宮室図』をはじめ、固禅には優れた研究成果がある。固禅のみならず近世の故実家・学者の研究領域は、平安京、大内裏、内裏そして院宮、私第に至るまで広範囲に及び、高度な内容をもつものも中には存在した。彼らが達成した研究成果の水準には個別に大きな格差があったというのが、実態に即した評価であろう。

翻って先の「両中門図」や「本槐門図」などは、中世の研究あるいはその成果を近世までそのまま引き継いだもので、相対的に水準の高くない部類に入る。そして名垂の「寝殿造鳥瞰図」はそのような信憑性に疑問のある史料を無批判にほぼそのまま用いて絵画化したものであった。この図は近世故実家・学者がなした研究全体の中で、良質な面を反映するものでは決してない。

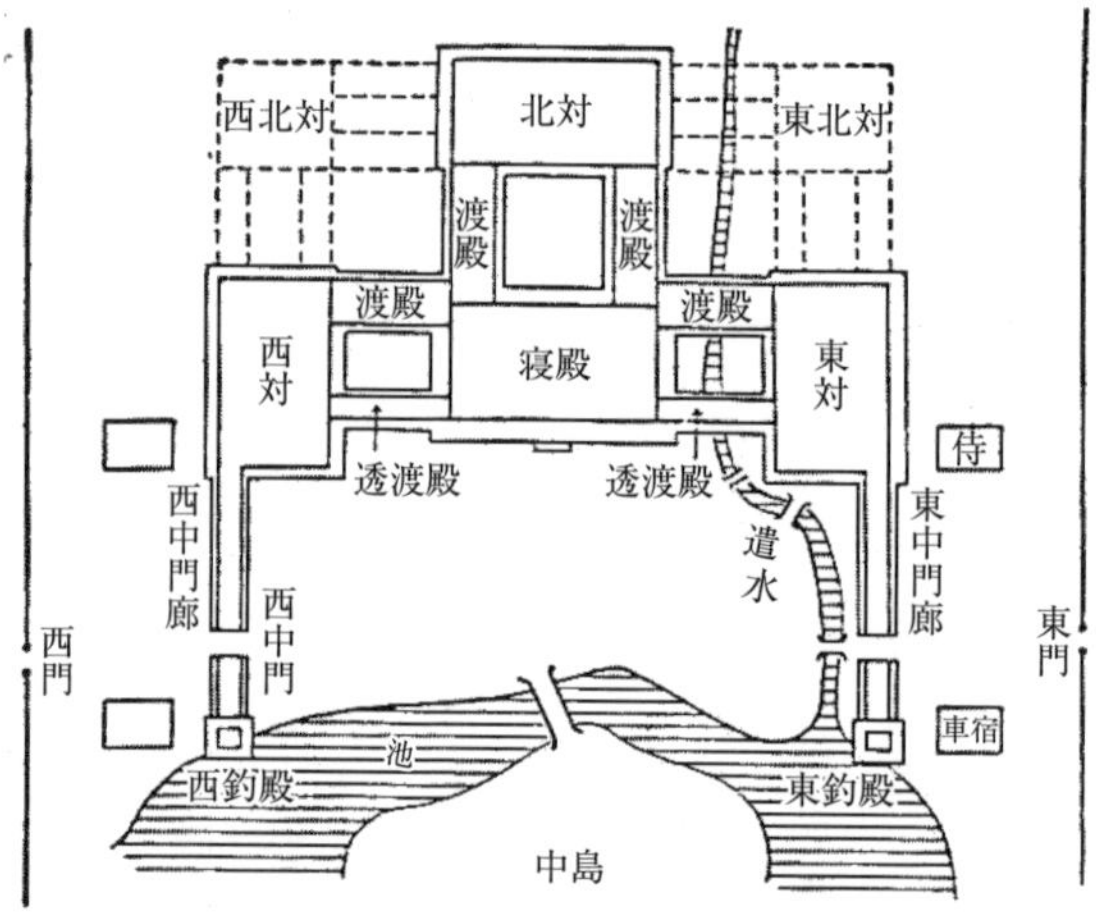

図 2–5　高校日本史教科書の寝殿造
（『詳説日本史』山川出版社，1960 年より）

にもかかわらず、ごく近年まで大きな影響力をもってきてしまった。寝殿造を説明する図として、たとえば高校日本史の教科書に継続的に掲載されるほど認知され普及していた。復元研究の成果が世に出た後の一九五〇年代でもそうであり、一九六〇年代に入ると独自の想定図が登場し（図2–5）、東・西対を南北棟の殿舎とするところに「新知見」が反映されるものの、全体の構成は「寝殿造鳥瞰図」に依拠したものであった。[12] 海外に目を転じると、一九四〇年代に出版された日本建築史の概説書には、「寝殿造鳥瞰図」が『家屋雑考』掲載の配置図二点とともに紹介され、また現在も欧米で広く流布している日本文化史関連書には、先の教科書と同様、「寝殿造鳥瞰図」に依拠したらしき図が掲載されている[13]（図2–6）。

第四節　復元研究の陥穽

「寝殿造鳥瞰図」は少なくとも住宅史研究の最前線では否定されてきた、ことになっている。しかし否定の基礎的根拠であるはずの復元研究においてさえ、同図の影響力は垣間見える。

図 2-6　平安時代の寝殿造の住まい
Shinden-style mansion of the Heian period (drawing by Arthur Fleisher)
（Paul Varley, *Japanese Culture*, *4th edition*, 2000 年より）

住宅の平面・配置構成に関する精緻な復元研究は、当該住宅史研究の基盤である。その一翼を担ってきたのは太田静六による研究で、先駆的・基礎的成果として研究史に小さくない位置を占める。それらが一書にまとめられた『寝殿造の研究』（一九八七年）は、その書名もあるいは手伝って、寝殿造の基本文献として幅広い分野で活用、引用されている。しかしだからこそ看過できない陥穽がそこにある。

本書の内容、とくに掲載される復元図の内容について検証・批判がある。(14)存在する建物が描写されない、あるいはその逆の場合がある、といった邸ごとの個別の問題点が指摘できるが、柱位置を示さず敷地内の建物構成を簡略に示す、いわゆる想定図にとくにそれは顕著である。しかもこのこと自体が示唆的である。そうした図が描く寝殿・対の一郭はほぼパターン化していて、しかも敷地のほぼ中央を占めて左右対称的に描かれるのが通例である（図序1-1、図序2-1参照）。背後に固定化したイメージ、「寝殿造鳥瞰図」がここでも垣間見えるのである。名垂の同図を乗り越えるべく研究に着手し、多くの復元図が精緻な考証のもとに作成された。その太田でさえ同図の呪縛から解放されることはなかった。太田だけでなく他の復元研究にもかかる傾向は看取される。(15)

さらに、既往研究が正しく批判・継承されていないということもある。太田の東三条殿復元に関する研究は一九四一年に公表された。同じ年、関野克によって東三条殿の東対が南北棟の殿舎であることが指摘される[16]。戦前に開始された当該期住宅の研究を主導した太田は、他邸での復元を積み重ねることで、東・西対の棟方向が南北にあることを立証したと主張する[17]。名垂が『家屋雑考』で東西棟に描写したのは間違いで、南北棟が正しいというこの「重大な」事実はしかし、東三条殿については固禅が早くに指摘し、前田松韻がこれをもとにすでに示していた[18]。また東三条殿に関する近世の既往研究にも、太田は触れるところがほとんどない。さらに『家屋雑考』への疑義という研究の方向性自体、同時期の国文学者によってもなされている[19]。しかし太田はそれに言及しない。

東三条殿のような妥当性のきわめて高い復元研究が太田に代表される建築史学の先学によって、あるいはさらに近世に遡ってなされてきた。東三条殿の復元に大要で疑義はなく、存在は否定されないはずである。東三条殿は寝殿造の代表的な邸。このことも疑いないであろう。そうした研究の蓄積を踏まえ、「寝殿造鳥瞰図」の描写内容が「寝殿造」の実体でないことは、すでに了解事項のはずである。

ところがその太田に代表される平安貴族住宅の復元研究においても、「寝殿造鳥瞰図」の呪縛から解放されなかった。あるいはそれが要因なのか、さらに第二節でも触れた通り、近年の研究でも同図のイメージが纏わり付いていた節がある。近世における優れた研究成果が正しく継承されなかったこととも相俟って、このことは、「寝殿造鳥瞰図」の如き「寝殿造」の存在を、住宅史研究では今なおまるで容認しているかのような憶測・誤解を生む可能性を孕む[20]。

第五節　「寝殿造」の本質——試論

寝殿造の定義をめぐる第一の問題点から必要としたのはその本質論であった（第一節）。またもう一つの問題点であり、寝殿造の通説に関わる左右対称・非対称性にその本質が見出せるものではないことを論じた（第二〜四節）。それでは寝殿造の本質とはいったい何なのか。

西欧の建築史は様式の歴史であるという。[21] この様式は時代に従う。寝殿造の時代、彼の地ではロマネスクからゴシックに変移する。これは時代の変化によるものであって、建築の用途・機能によるのではない。キリスト教の大聖堂・教会堂という用途・機能は不変である。しかし日本では、様式は時代に従属しないという。[22] つまり様式は時代を越境するということ。「様式」の語意には日欧間で微妙なズレがあることを踏まえても、この言説は刺激的である。住宅史でも様式は時代を越えるのではないか。ある様式が成立するまでには準備段階があり試行錯誤があり紆余曲折があろう。さらに加えて何か大きな契機が必要かもしれない。しかしいったん成立すれば、これを支える社会が存続し用途・機能が継続的に求められる限り、様式は時代を容易に越境する。そのように時代を超えて変化しないものこそが様式であり、様式の本質は変化しないところにこそある。

「寝殿造」の場合も成立以前には前段階が当然あった。しかし徐々に形成されたものではなく、十世紀のある邸で実現し、その後一気に普及したものと推定される。[23] そうしていったん成立した寝殿造は、それが様式である限り、本質は不変である。

成立までの実態を実証的に論じるには史料が不足している。視点の転回が必要であると、冒頭で記した。いっぽう成立以後はどうか。飛躍的に関係史料は増える。先の建築的特徴において指摘した①〜③における〈規範性〉を手がかりに、成立以後、消滅するまで変化しない普遍的な「型」を追跡すること。これこそが寝殿造の本質を見いだすための有効な視角になり得るものと筆者は考える。

十三世紀末の近衛殿の寝殿一郭は『勘仲記』に見ることができる[24]（図2-7）。鎌倉時代の正応元年（一二八八）近衛家の邸で、鷹司兼忠の任大臣大饗が開催された時の指図である。そして、図2-8の「永享四年七月二十五日室町殿

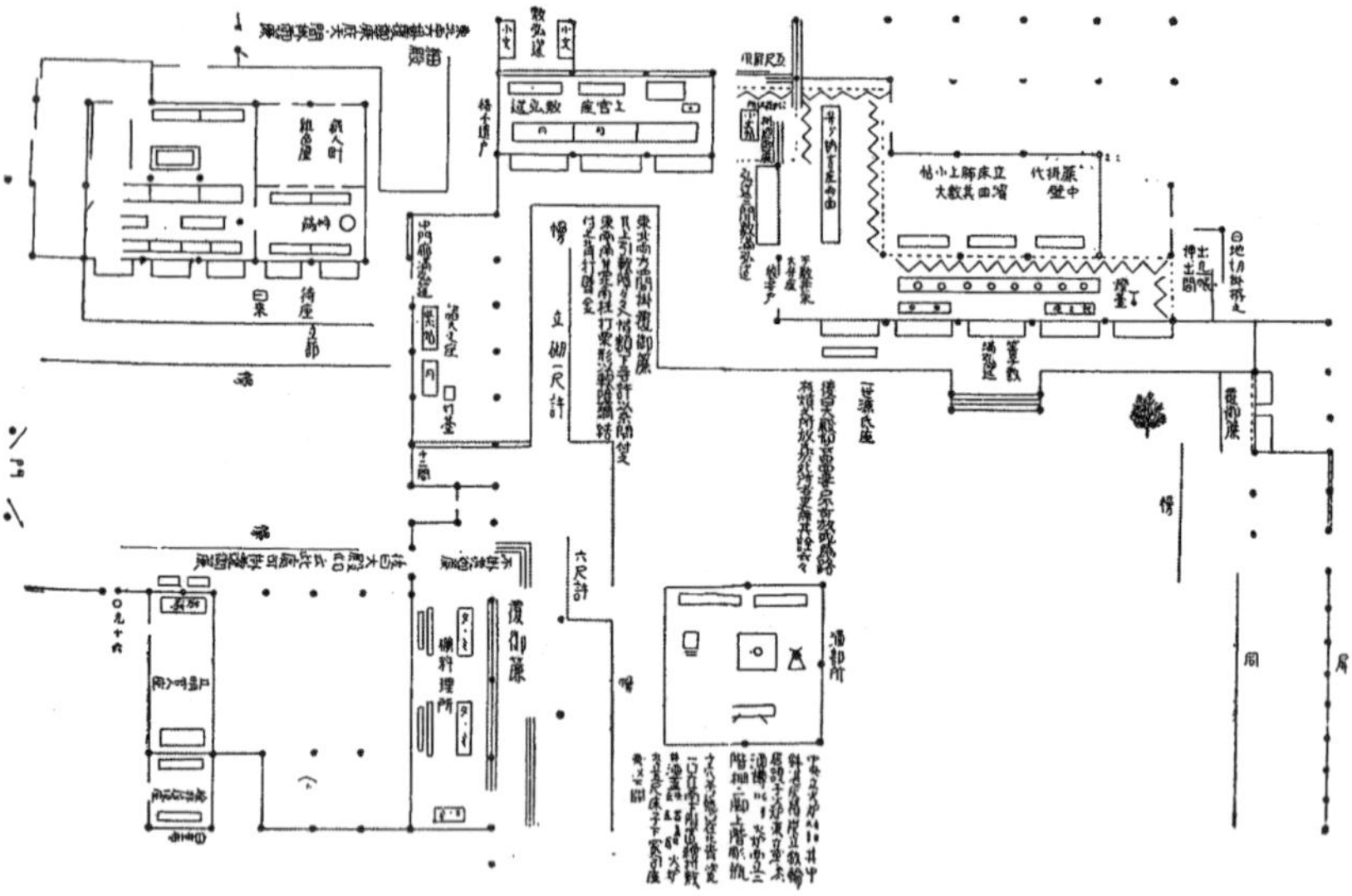

図 2–7　近衛殿（『勘仲記』正応元年 10 月 27 日条所収指図，増補史料大成より）

御亭大饗指図」は、永享四年（一四三二）、足利将軍義教の室町殿で、内大臣に任命された義教が大饗を開催した際に作成されたものである。鎌倉時代から室町時代へと時代は大きく変遷し、約一四〇年間という年月の隔たりがある。にもかかわらず、川上貢がすでに指摘するように[25]、両者は著しく近似する。建物規模には相違があるものの、建物の配列と構成はまったく同一といってよい。

寝殿が中心的な建物である。寝殿の片側面に接続するのは二棟廊で、公卿座にあてられる。寝殿前を囲む形で直交して中門廊が伸び、先端に中門を開く。中門は敷地を画する築地塀に開く門と相対する。中門のさらに先には中門廊に直交して車宿、随身所の建物がある。いっぽう二棟廊から同じ棟方向の侍廊がつづく。寝殿からみて中門廊と反対側にも塀が伸び、中門廊とともに寝殿前を囲繞して前庭を形成する。また門から中門まで、侍廊、車宿・随身所に挟まれた領域が寝殿前庭とは別に形成されている。

室町時代の足利将軍御所において、公家住宅の形式がこのように継承されたことについては、宮廷上位に位置する大臣家の格式・体面を彼らが保持する必要があったことがそ

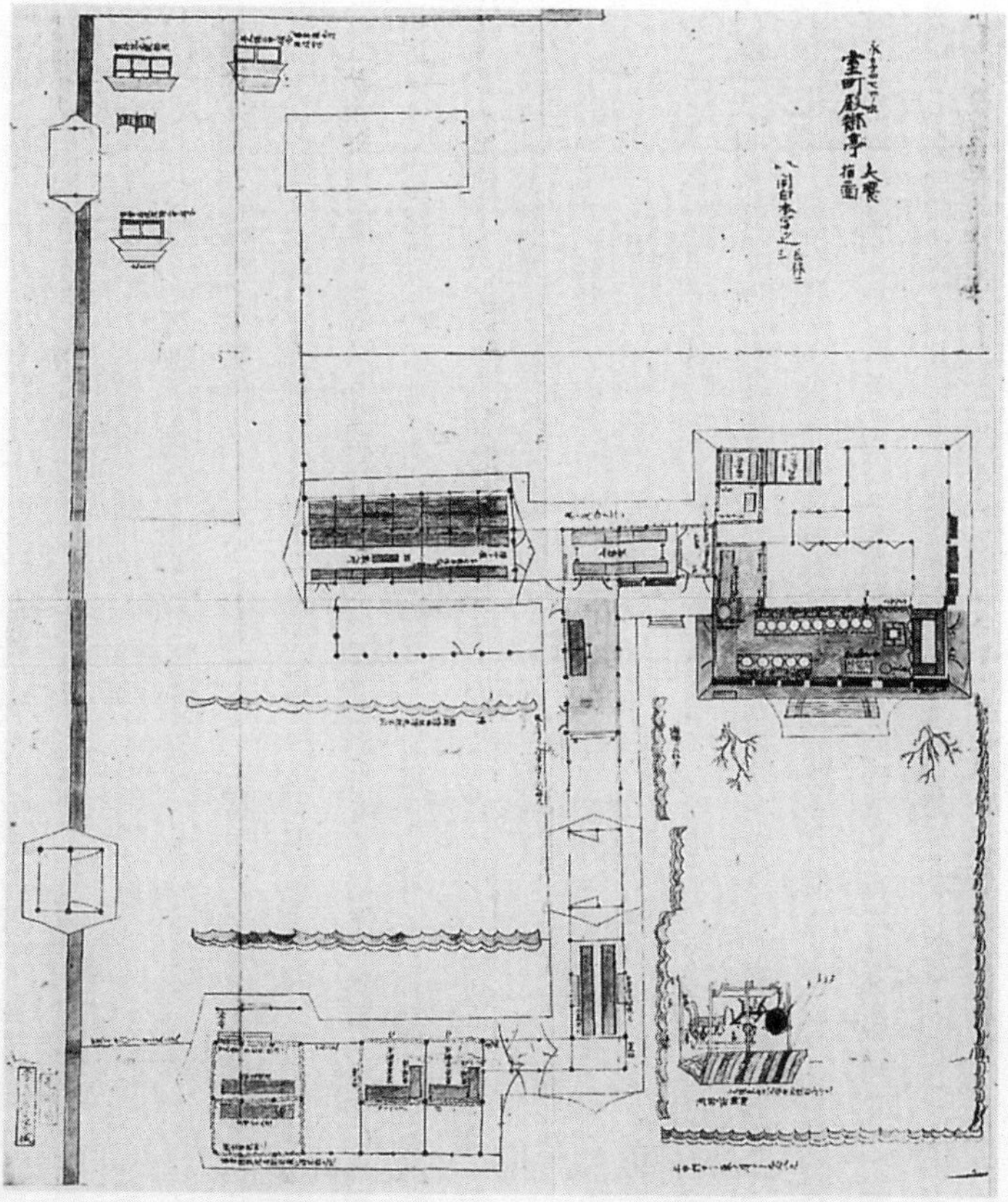

図 2-8　足利義教の室町殿（「永享４年７月25日室町殿御亭大饗指図」，国立国会図書館蔵より）

の背景とされる。将軍家当主の公家化は三代義満に著しいというが、公家的な生活空間の具体化とは、上記した如き寝殿一郭の建物とその配置構成にあった。この事実はあらためて確認しておく必要があろう。公家大臣家の家作《かさく》故実《こじつ》に則るというのは、このような建物を備え配置構成をとるということなのである。[26]

しかし公家社会において、十四世紀、南北朝時代には、そのような体裁を完備する洛中の邸は、唯一残る一条経邸の焼失によって失われてしまったという。[27] ここに見出せる「型」はそれ以後もう確認できないのか。

時代は下がって十八世紀後半、寛政度の内裏造営に際し、当時の復古意識の高まりを反映して、平安復古の様式が採用されたことは周知の通りである。そして公家の最上位に位置する摂家でも、寝殿の一郭が復古的に造営されているという。[28] 同じ摂家の鷹司家でも、復古的な寝殿が造営されている。中でも九條家ではその傾向が著しいという。しかも固禅がこれに関わっていて、寝殿造営にあたって固禅が基礎にしたのは、『勘仲記』所収の鎌倉時代の猪隈殿の指図であって、当時の鷹司家当主輔平の所持本を借り出し書写している。[29]

注目されるのは、かかる寝殿の造営が、近世のこの時だけの特異な様態ではないという事実である。復古の風潮を背景にその傾向が強まったということはあろう。しかしいわゆる復古的にみえる寝殿の造営は、実は近世を通じて一貫してなされている。九條家では十八世紀後半の復古の風潮を待たずして、それ以前から復古的な寝殿が近世初期に遡ってみられる。[30] 九條家だけではない。二條家でも近世初頭からそうした寝殿を造営していて、[31] 幕末から明治の二條家屋敷の状況を示す配置図、さらに寝殿とその周辺をとくに詳細に描いた平面図（口絵5）を見ると、十三世紀末の近衛殿と変わらない建物群が敷地内の一郭に確認できるのである。

十三世紀から十九世紀まで一貫して看取されるのは、一定の建物群とその構成、さらに内部空間のあり方である。まず寝殿を中心的な存在として、寝殿から公卿座、侍廊、中門廊、中門、門という建物群は定式化した組み立てをもちつつ、路から寝殿に至るアプローチの空間を形成していること。[32] つぎに、それらと反対側に塀、柵列等をめぐらせて寝殿正面を囲繞し、広庭を形成すること。中門から内側、寝殿正面（すでに南面とは限らない）に展開する外部空間は、寝殿内部の空間と連続的な領域を形成し、ここで内外一体となった空間には伝統的な諸儀式の展開が想定されている。そしていまひとつに、内部空間における母屋・庇からなる空間的序列へのこだわりが指摘できる。口絵5では一見したところ縦横の間仕切りによって各室を羅列したに過ぎないようにもみえるが、儀式時には、母屋・庇の区別が明確に意識されている。

時代を超えて存在する「型」、一貫して変化しない「型」。それが様式というなら、寝殿造という様式は上記の三点をその本質とするものと考えられるのである。

この三点のうち前の二点は建築的特徴として挙げた配置構成の①〜③の〈規範性〉に通じ、また三点目は内部空間の特徴⑥にあたる。こうした規範性や建物内部のあり方は、寝殿造の邸が彼らが墨守した儀礼遂行のための舞台であり、社会秩序を可視化するための装置として機能したからに他ならない。寝殿が公家的儀礼の主会場であるとともに、これに連なる公卿座、侍廊、そして中門、門に至る建物構成は、アプローチのための空間として欠くべからざる存在であった。その証左に、南北朝・室町時代における三条流の故実書、家訓・家例書では、出入口や控室といったアプローチに関する身分差による慣例が記される。(33) また室町時代、応永二十七年（一四二〇）成立の有職故実に関する随録『海人藻芥《あまのもくず》』では、「大臣家」がそなえるべき建物として、四足門・上中門《あげちゅうもん》・殿上・公卿座・障子上・蔵人所、さらに車宿・随身所が挙げられている。儀礼遂行は公家社会のアイデンティティであり、その内実がたとえ形骸化していたとしても、継承されるべき伝統であった。儀礼に則した用途・機能が求められる限り、具体化・可視化のための装置、舞台が存続するのは必然であったろう。母屋・庇という序列へのこだわりも、その内部空間的な反映とみなせる。

このように記すと、次のような批判があるかもしれない。東三条殿では東対に加え、後方に北対も想定される。十二世紀までの貴族邸には、寝殿の東・西脇あるいは後方に対が存在した。しかし十三世紀以降の事例では、東・西対はなく、北対も対屋へとその性格を変えている。(34) 対の有無という点で両者の建物構成は大きく異なる。王朝時代の貴族邸こそ寝殿造であり、寝殿造には寝殿とともに対が不可欠な存在ではなかったのか。東・西対の消滅は、貴族社会の衰退、経済的困窮あるいは居住形態の変化と軌を一にする現象であり、十三世紀以降は貴族邸が規模を縮小し、簡略化した姿に他ならない。これまでそのような理解が確かに一般的であった。あるいはまた、東・西対の有無という点を重視して、十二世紀以前と十三世紀以後で、寝殿造を二類型に分けて把握するという見方も可能ではないのかと。

そうではない。後世まで存続する寝殿とは対照的に、東・西対は消滅する。対は寝殿の脇殿であり、結局のところ寝殿に対して副次的、二義的な存在でしかなかったということを、史実は明確に物語る。いっぽう東・西対の有無にかかわらず[35]、上記の特徴は一貫して保持し続ける。東・西対の存在は寝殿造の本質に直接関与しないのである。

公家社会が少なくとも表向きは完全に崩壊、消滅する十九世紀後半、明治まで、伝統は継承され、とりわけ摂家において寝殿造はその最も本質的な部分を顕在化させつつ存続した。十世紀の成立から実におよそ九〇〇年間である。かくも長期間にわたって継承された寝殿造は、歴史時代以降におけるその期間の長さからして、日本の住宅史上、もっとも代表的な住宅様式であるばかりでなく、世界史的に見ても、住宅様式として類い希な存在であったといえるだろう。

おわりに

近世摂家の屋敷全体を俯瞰すると、寝殿を中心とする一郭は寝殿造の領域、それ以外の建物群の基本は書院造である。前者は伝統的な公家の儀礼空間であり、後者は近世の諸儀礼そして生活のための空間であって、両者の様式は見事に併存している。古い寝殿造が完全に消滅してしまい、新しい書院造がこれにとって代わるということなのではない。ここに様式の本質は変化せず存続するという事実が明確に示される。

さて注目されるのは、後者の領域が邸全体の中で中心的な位置を占め、また建物群の大半を占めることである。寝殿造の屋敷の中で、新たな様式（書院造）への胎動は周辺部の領域に生起する。やがて成立した新しい様式の一郭は、旧来の様式（寝殿造）による領域も温存しつつ、代わって中心的な位置を占めるに至る。かかる図式がここに看取で

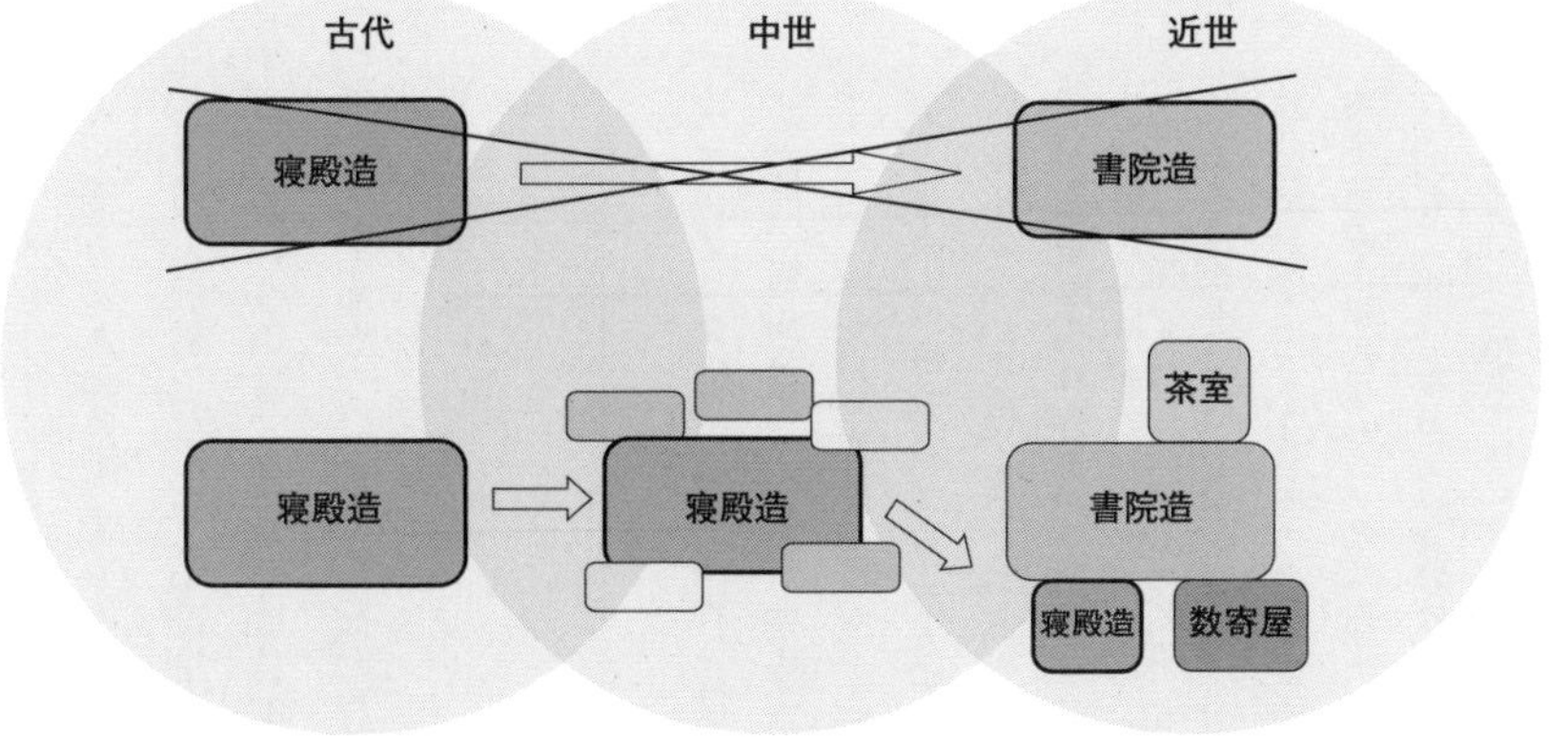

図2-9　日本住宅史模式図

きる。

寝殿造の本質は変化しない。すなわち書院造は寝殿造の本質の改編によって生まれたものではない。書院造は寝殿造の住宅の中心部ではなく周辺部に起源する。その詳細については別途、分析・検証が必要だが、書院造が成立した後も寝殿造は存続する。ただし寝殿造は屋敷の一部に留まり、大半は書院造が占めるに至る。

様式の本質、そのような様式の時代的変遷に着目して日本住宅の流れを模式的に示したのが、図2-9（下）である。寝殿造が変化した結果として書院造が生まれた、あるいは後者が前者にとって代わってしまったかのようにみなすのがこれまでの通説である（図2-9上）。しかしこれは寝殿造という様式の本質を踏まえない見方であり、寝殿造を保持しなくなった武家の邸のみに矮小化して住宅史を表層的に捉えた見解である。

画期となる空間の変容、新しい様式の萌芽は、中心ではなく周辺部にある。このことについて、たとえば中世の住宅を代表する足利将軍御所において、新たな施設である会所の建築は、寝殿一郭とは異なる領域から発生している。[36] しかも会所内部をみると、主室ではなく周りの諸室に飾り付けのための装置が整備され、それらが時代を経て主室に揃うことによって書院造の座敷飾りが成立する、という指摘がある。[37] 遡って院政期の貴族住宅では、中心部ではなく周辺部にこそ次代へ繋がる多様な空間の変容があった。[38] また中世の禅宗寺院において、伽藍中枢部を占める仏殿・法堂など禅宗様の建築は存続しつつ固定化し形骸化する一方、後方にあった方丈や周囲の塔頭群が和様の建築群として新たに形成・発展し、境内は拡充・整備される。[39]
このように胚胎し成長する空間的変容は中心ではなく周辺にあり、そこから新たな空間が生まれ、新たな様式が成立する。というのは、あるいは日本の住空間に広く見られる普遍的な歴史の原理ではないのだろうか。筆者はそのように考えているが、詳細は今後の課題である。

第二章　註

(1) そのような中で、斎王邸跡は寝殿造の成立当時の実情を示唆、推察させる発掘成果として貴重な事例である(拙稿「寝殿造と斎王邸跡」、西山良平・藤田編『平安京の住まい』京都大学学術出版会、二〇〇七年の第二章)。

(2) 拙稿「平安京の変容と寝殿造・町屋の成立」(鈴木博之・石山修武・山岸常人編『シリーズ都市・建築・歴史二　古代社会の崩壊』、東京大学出版会、二〇〇五年の第一章)。

(3) 稲垣栄三「生活空間としての寝殿造」(『住宅・都市史研究　稲垣栄三著作集三』、中央公論美術出版、二〇〇七年)。

(4) 川本重雄「寝殿造の典型像とその成立をめぐって(上)(下)」『日本建築学会論文報告集』三一六号(一九八二年)、三二三号(一九八三年)、同「対屋考」、『日本建築学会論文報告集』三八四号(一九八八年)、飯淵康一・川本重雄「『対屋考』に対する討論」、『日本建築学会計画系論文報告集』三九二号(一九八八年)、飯淵康一「対屋の規模からみた寝殿造の変遷について」、『日本建築学会論文報告集』三三九号(一九八四年)、川本重雄・飯淵康一「『対屋の規模からみた寝殿造の変遷について』に対する討論」、『日本建築学会論文報告集』(一九八四年)など。これらの論点の詳細については、拙稿「学界展望　日本住宅史」、『建築史学』一八号(一九九二年)。なお川本論考は後に『寝殿造の空間と儀式』(中央公論美術出版、二〇〇五年)に収載。

(5) 『中右記』元永二年(一一一九)三月二十一日条、天仁元年(一一〇八)七月二十六日条。

（6）稲垣栄三註3前掲論文は、「家の主のもっとも日常的な位置が寝殿の中央にあって、そこから庭を見下すというのが寝殿造において意識的に設定された視線だった」とし、また左右対称性についても、「庭の左右に廊を延ばして視線を遮り、完結した空間を造ることこそが必要だったので、東西対を完備するという形で厳密な対称形を維持しなければならない理由はなかった」と記される。

（7）筆者は、「Rethinking the history of housing in Japan, researching historical architecture; in English/tbc」(Seminar, Japan Research Centre Seminars for Term 3, 19 May 2010, Brunei Gallery, Russell Square Campus, SOAS, Univ. of London) において、寝殿造の大きな特徴の一つが左右対称性（symmetry）をもつことであると考えられてきたことを解説したところ、symmetry という語は、より厳密な意味で使われるものであるとの指摘を Prof. Timon Screech より受けた。

（8）拙書『日本古代中世住宅史論』、中央公論美術出版、二〇〇二年。

（9）変化の様態を用途・機能に注目して実証的に論じることは実態把握には有効であって、その際、「寝殿造」という様式概念を特段に意識する必要はない。そうした研究視角における方法論的な有効性が確認された点も指摘しておきたい。住宅史における様式研究においては、機能論的検討には限界があるとし、建築の細部や空間の特徴から、寝殿造・書院造を読み解く試みがなされているのも、これに通底する見方かもしれない（川本重雄「寝殿造と書院造」前掲註2『シリーズ都市・建築・歴史二　古代社会の崩壊』所収）。ただし、筆者による当該研究について、「寝殿造を機能から検討する研究」の一つとして位置づけられているのは（二〇一頁）、「寝殿造」を様式概念として用いられる限りにおいて、正確ではない。蛇足ながら、『日本古代中世住宅史論』（前掲註8）という書名、その基礎となった学位請求論文の表題には、「寝殿造」から距離を置く立場が含意されている。

（10）拙編『裏松固禅「院宮及私第図」の研究』、中央公論美術出版、二〇〇七年。

（11）京樂真帆子「「寝殿造」はなかった」（『朝日百科日本の歴史　歴史を読みなおす12　洛中洛外』、朝日新聞社、一九九四年）。

（12）管見によると、史学会編『日本史』（山川出版社）では、一九五四年以降一九六〇年まで「寝殿造鳥瞰図」であり、一九六〇年は、史学会・宝月圭吾編『新修日本史』でも「寝殿造鳥瞰図」であるが、宝月圭吾・藤木邦彦『詳説日本史』（山川出版社）に独自の寝殿造の配置図（図2-5）があらわれ、「寝殿造をわかりやすく復原したもの」と解説する。同図は翌年の『新修日本史』にも掲載される。一九六〇年代後半でも、たとえば『詳説日本史』では、図2-5を鳥瞰図にあらわし、「寝殿造（推定図）」として掲載する。

（13）A. L. Sadler, *A Short History of Japanese Architecture* (Angus and Robertson Limited, 1941) および、Paul Varley, *Japanese Culture*, fourth edition

(University of Hawai'i Press, 2000).
(14) 川本重雄「書評　太田静六著『寝殿造の研究』を批判的に読む」、『建築史学』第九号(一九八八年)。
(15) たとえば池浩三による源氏物語の六条院想定平面図、同二条院想定平面図(『源氏物語――その住まいの世界』、中央公論美術出版、一九八九年)。
(16) 関野克「京極土御門殿の東対に就いて」「東三条殿の東対について」、『建築史』三―三、三―四、一九四一年)。
(17) 太田静六『寝殿造の研究』(吉川弘文館、一九八七年)、一四一頁。
(18) 註10前掲拙書『裏松固禅「院宮及私第図」の研究』。
(19) 伊藤慎吾「寝殿造殿舎考――家屋雑考巻一及び巻二の所説の検討」(『安藤教授還暦祝賀記念論文集』、三省堂、一九四〇年)。
(20) 実は〈「寝殿造」はなかった?〉といった言説がすでに生まれ(京楽真帆子註11前掲論文)、しかもそうした「寝殿造」は未だ発掘されないという現実がこれを補強する。
(21) 吉田鋼市『西洋建築史』(森北出版、二〇〇七年)。
(22) 藤森照信『建築史的モンダイ』(筑摩書房、二〇〇八年)。
(23) 註1前掲拙稿。
(24)『勘仲記』正応元年(一二八八)十月二十七日条。
(25) 川上貢『日本中世住宅の研究[新訂]』(中央公論美術出版、二〇〇二年)。なお藤田・古賀秀策編『日本建築史』(昭和堂、一九九九年)の第五章において、「寝殿造の故実化」ととらえ、しかしそれは「寝殿造からの視点にもとづく」ものと評した。ただし、こうした一定の形式が定着した時期をもって「寝殿造の形骸化」としたことには、なお再考の余地がある。
(26) 川上貢「寝殿造小考」(『日本建築史論考』、中央公論美術出版、一九九八年)。
(27)『園太暦』文和四年(一三五五)二月十三日条。
(28)『新訂建築学大系4―I　日本建築史』(彰国社、一九六八年)、二七五―二七六頁(藤岡通夫執筆)。
(29) 註10前掲拙書『裏松固禅「院宮及私第図」の研究』、「新造鷹司輔平第指図等」(『裏松家史料』、東京大学史料編纂所蔵「袋」外題)。
(30) 註10前掲拙書『裏松固禅「院宮及私第図」の研究』。

（31）拙論「近世二条家の屋敷について――近世公家住宅の復古に関する研究　1」（『日本建築学会計画系論文集』、六三六号、二〇〇九年二月）。
（32）足利将軍御所では、寝殿をはじめ中門、中門廊、公卿座、殿上からなる寝殿一郭は、出入口や待合場所というアプローチの機能が重要であったという（川本重雄註4前掲書『寝殿造の空間と儀式』）。
（33）『後押小路内府抄』（転法輪三条公忠、一三二五―一三八三）、『後三条相国抄』（転法輪三条実冬、一三五四―一四一一）。
（34）註8前掲拙書『日本古代中世住宅史論』。
（35）近世摂家では、九条家や鷹司家に対がみられる。これらは十八世紀後半以降の復古の風潮の建物構成における先鋭化とも評価されるが、ただし幕末の九条家において、寝殿東方にたつ対に相当する建物は「東対」ではなく、北面する寝殿の正面向かって左手に位置することからか、「西廊代」と呼称されている（『幸経朝臣御元服次第』の付図、内閣文庫蔵）。また鷹司家では寝殿東方に「東対」がたつが、西面する寝殿の背後にあって、寝殿脇にたつ東対とは性格が異なる。しかも寝殿と同時期ではなく、後の増築である（『鷹司政通記』文化八年（一八一一）二月四日条、宮内庁書陵部蔵）。寝殿が近世初期に遡って確認できる二条家や近衛家では、寝殿の脇殿としての対は、一貫して不在である。
（36）川上貢註25前掲書『日本中世住宅の研究〔新訂〕』。
（37）伊藤毅「会所と草庵」（『都市の空間史』、吉川弘文館、二〇〇三年）。
（38）註8前掲拙書『日本古代中世住宅史論』。
（39）永井規男「禅宗建築の再考」（『日本美術全集11　禅宗寺院と庭園　南北朝・室町の建築・彫刻・工芸』、講談社、一九九三年）。

第三章　里内裏の庭園遺構

丸川義広

はじめに

里内裏は平安宮内裏が罹災した際の避難先として使用された臨時の内裏である。天徳四年（九六〇）九月二十三日に起こった最初の内裏火災では、天皇（村上）はいったん他所（この場合は冷泉院）に避難し、内裏が新造されると速やかに還御することとなった。その後も内裏火災が起きる度に里内裏に避難する事態が繰り返された。したがって、それ以後の平安京内には「平安宮内裏」と「里内裏」の二つの内裏が存在することになった。平安宮内裏には庭園は造られなかったが、里内裏は高級貴族（藤原氏）の邸宅が一時的に使用されたため、当初より庭園が付属した。平安京跡の発掘調査では庭園跡が出土する場合が多いが、その場所が里内裏に使用された時期と合致する場合は「里内裏の庭園」が出土したといってよい。本稿では、まず里内裏がどのように変遷したかを整理する。次いで該当する町域の調査事例から園池の出土例を検索する。さらに、代表的な調査例である高陽院、堀河院、冷泉院などの調査事例を検討する。合わせて、近年の調査では池下部で地業跡が出土する場合があるので、これらを検討する。最後に、寝殿造建物配置を理解する上で重要となる平安時代前期・中期の建物配置を再点検し、寝殿造のモデルとなった建物配置について若干の私見を述べる。

第一節　里内裏の変遷（表3-1・表3-2）

内裏の変遷する様相を表3-1・表3-2に整理した。[1]この表によって、平安宮内裏と里内裏の実際の使用期間が判明する。以下、平安宮内裏と里内裏の相互関係を列記する。

①西暦七九四年の平安京遷都から九六〇年九月までは全て平安宮内裏が使用されたが、途中の九四一年には冷泉院に移御する期間があった。
②西暦九六〇年九月の最初の内裏火災では冷泉院が避難先に選ばれた。
③西暦九七六年五月の二度目の内裏火災では、臣下（藤原兼通）の邸宅（堀河院）が初の里内裏となった。
④西暦九六〇年（→冷泉院へ）、九七六年（→堀河院へ）、九八〇年（→四条後院へ）、九八二年（→堀河院へ）、九九九年（→一条院へ）、一〇〇一年（→一条院へ）の内裏火災で避難先となった里内裏はほぼ一―二年間使用され、内裏が新造されると天皇は速やかに還御した。里内裏の使用期間が長くなるのは、それ以後である。
⑤西暦一〇〇五年の内裏火災後、避難先の里内裏（一条院）が火災に遭うと、次も里内裏（枇杷殿）に移動した。里内裏間の移動はこれが最初である。
⑥西暦一〇一四年の内裏火災後は一〇一八年まで里内裏（枇杷殿、一条院）と平安宮内裏が使用された。
⑦西暦一〇一八年から一〇三九年六月の内裏火災までは、平安宮内裏が比較的長期に使用された。
⑧西暦一〇三九年の内裏火災から一〇四八年十一月の内裏火災までは、平安宮内裏より里内裏の方が頻繁に使用さ

れた。

⑨西暦一〇四八年の内裏火災後は一〇七一年まで里内裏が主に使用され、平安宮内裏は使用されなかった。
⑩西暦一〇七一年から一〇八二年七月の内裏火災までは、平安宮内裏が主に使用された。白河天皇の時代に当たる。
⑪西暦一〇七三年の高倉殿への移御は、平安宮内裏が火災でないのに実施され、その先がけとなった。
⑫西暦一〇八二年の内裏火災以後、一一〇〇年まで平安宮内裏は使用されなかった。
⑬西暦一一〇〇年から一一一一年までは、平安宮内裏と里内裏が交互に使用された。
⑭西暦一一一一年から一一五七年までは、平安宮内裏はまったく使用されなかった。
⑮西暦一一五七年から一一五九年にかけては、後白河院政期で平安宮内裏が復古的に使用された。
⑯西暦一一六六年から平安宮内裏は「大内」と表記される。
⑰西暦一一六八年からは閑院が主に使用され、閑院から「内裏へ行幸」する、逆の事態が生じた。

この他として、使用した里内裏と天皇の諡が一致するものは、意外に少ない事に気づく。一致するものを揚げると、一条院と一条天皇、堀河院と堀河天皇、近衛殿と近衛天皇、二条押小路殿と二条天皇、程度である。

第二節　里内裏の調査（図3-1・表3-3）

平安京図に里内裏の位置を示した（図3-1）。その場所の調査事例を調べることで、里内裏の調査がどの程度進捗しているかを知ることができる。こうした作業については、すでに山田邦和氏が『平安京提要』内で整理されている

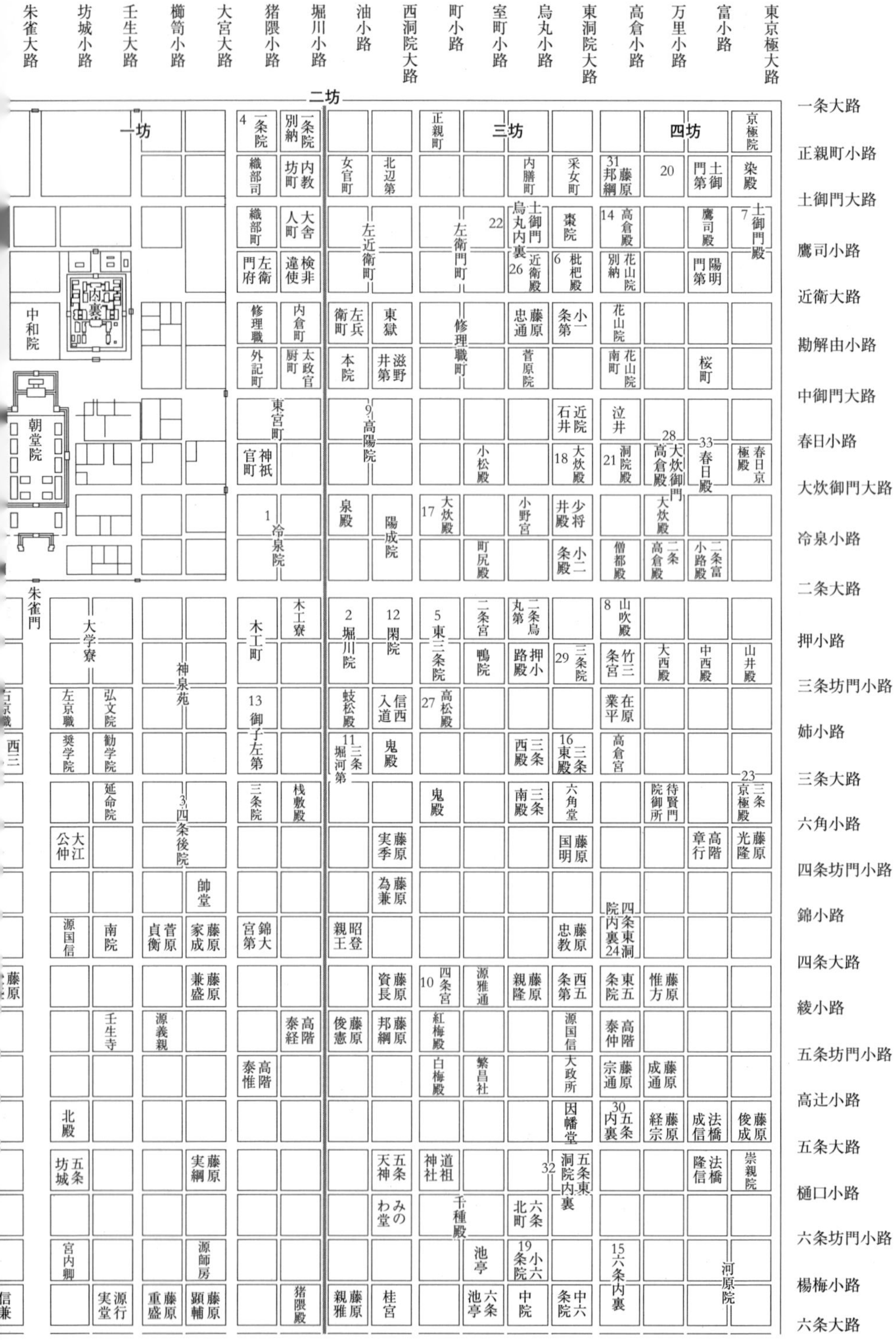

図 3-1　平安京条坊図と里内裏の配置（『京都発掘三十年 ── 京都の遺跡』巻末図より作成）

表 3-1　内裏変遷表（801〜1000）

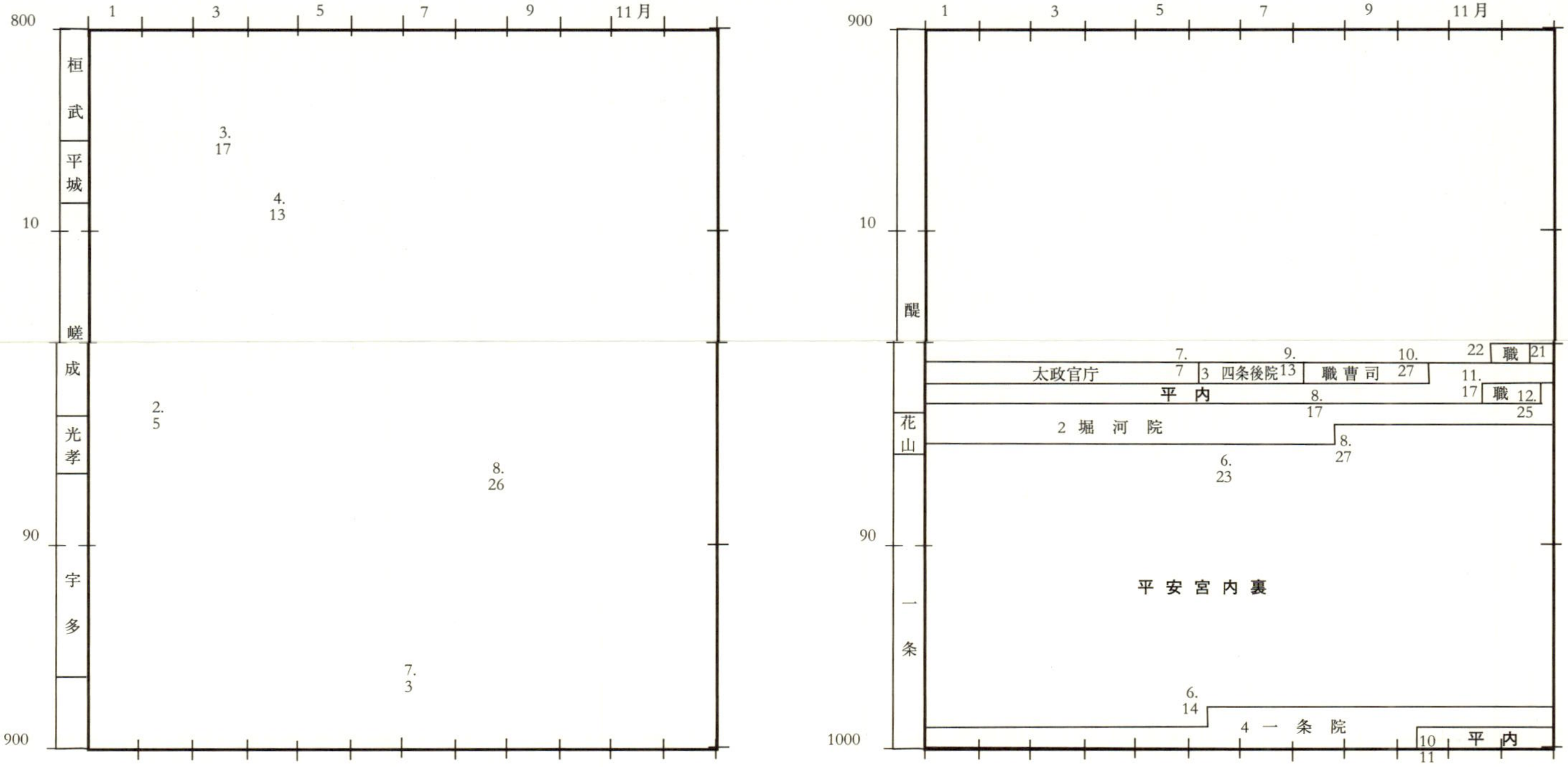

※「皇居年表」『京都の歴史 10』（1976 年）・橋本義彦『平安貴族』（1986 年）　などから作成　※平内=平安宮内裏

表 3-2　内裏変遷表（1001～1200）

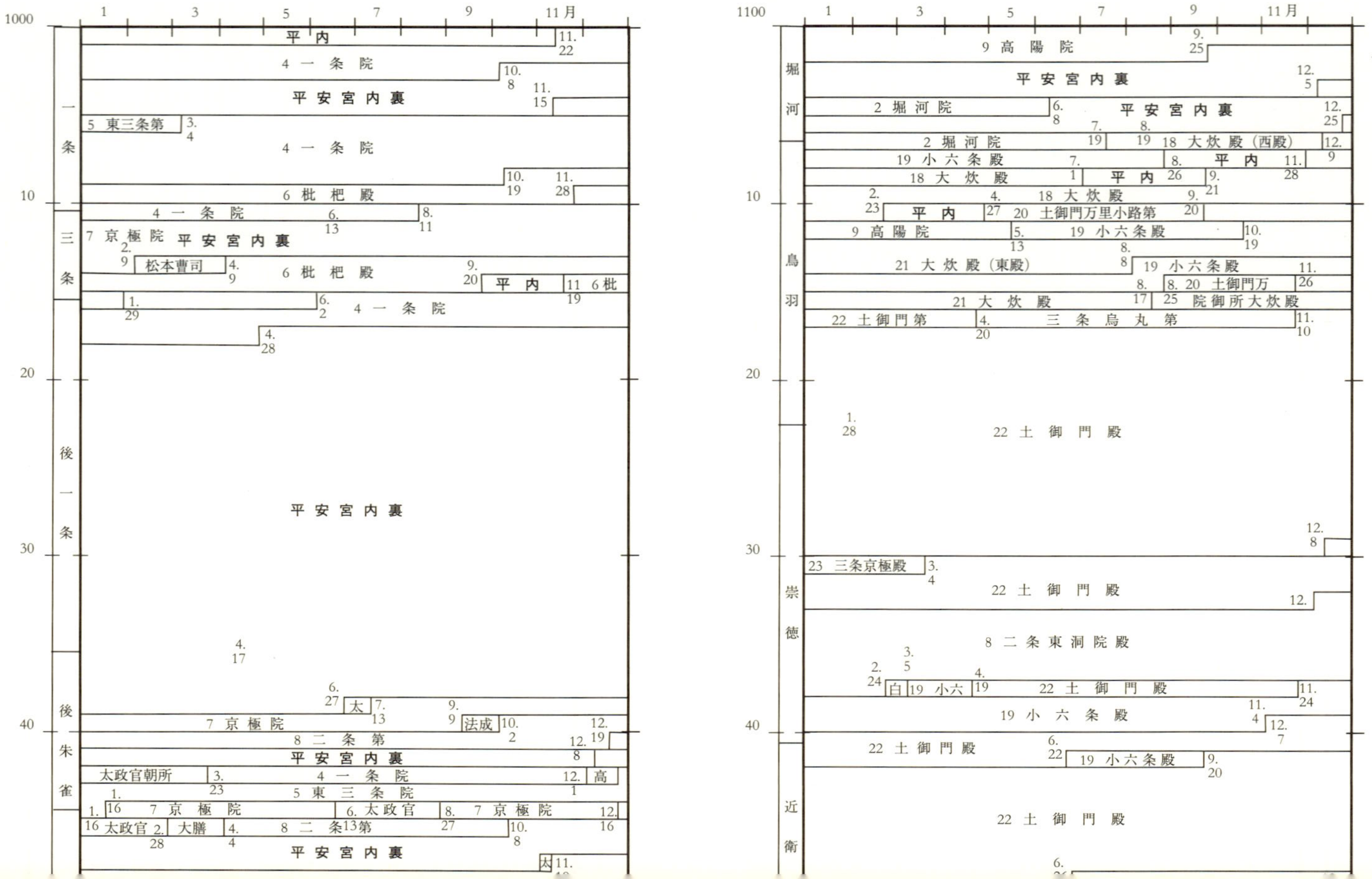

表3-1　内裏変遷表（801～1000）

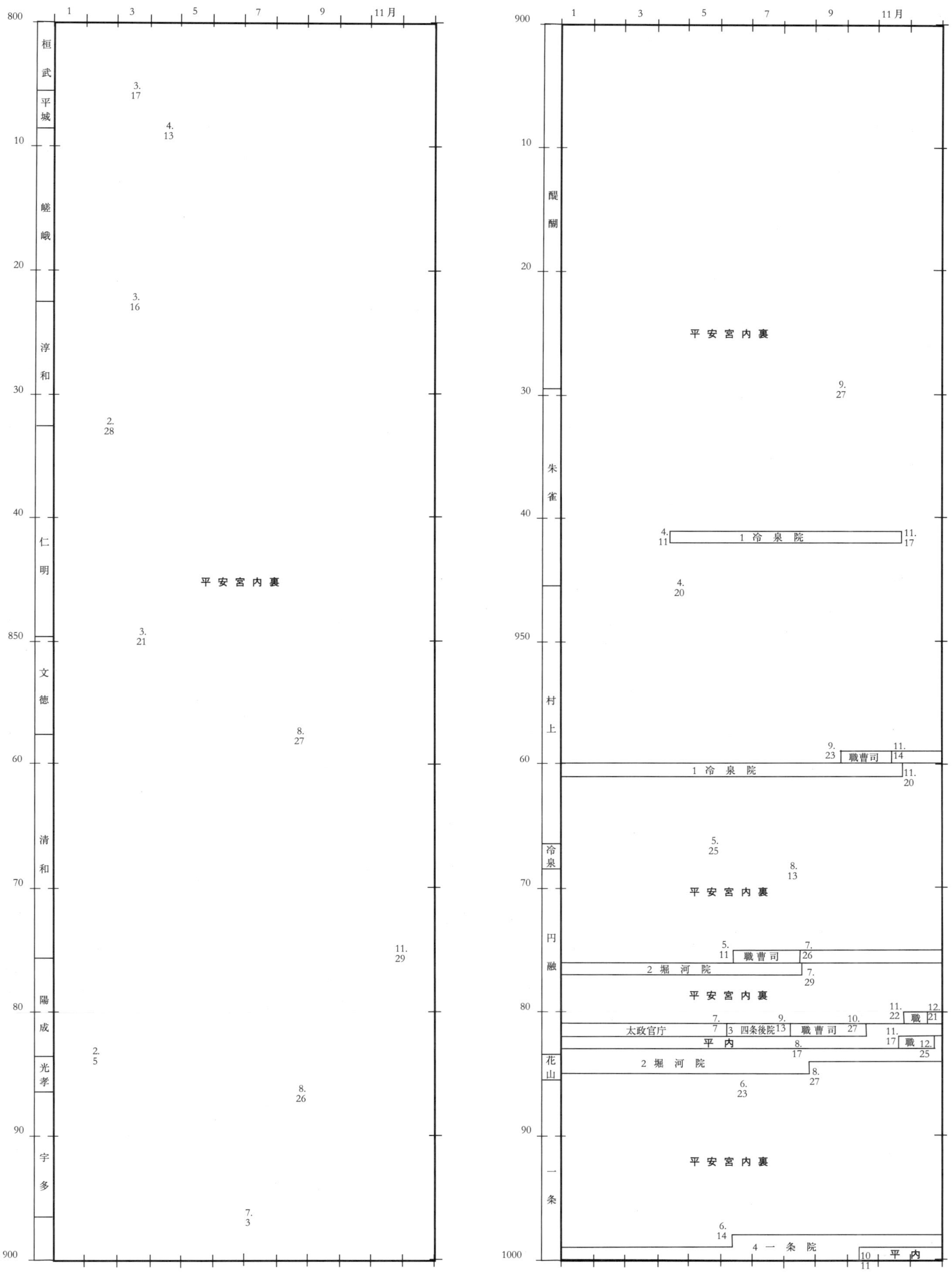

※「皇居年表」『京都の歴史 10』（1976年）・橋本義彦『平安貴族』（1986年）　などから作成　※平内=平安宮内裏

表 3-2　内裏変遷表（1001〜1200）

※平内=平安宮内裏

が、[2]その後十数年が経過し資料も増加している。改めてそれらを整理してみた（表3-3）。里内裏の頭の数字は、表3-1—表3-3の番号を用いている。

①顕著な遺構が検出された里内裏としては、〈1 冷泉院〉、〈2 堀河院〉、〈9 高陽院〉がある。
②該当期の遺構を検出した事例として、〈3 四条後院〉、〈7 土御門殿〉、〈10 四条第〉、〈13 三条第〉、〈16 三条烏丸殿〉、〈19 小六条殿〉、〈29 押小路殿〉がある。
③関連性のある遺構を検出した事例として、〈5 東三条第〉、〈15 六条院〉、〈27 高松殿〉、〈32 五条殿〉、〈33 大炊御門第〉がある。
④この他、〈19 小六条殿〉では、北町内部で東西道路の存在が判明し、六条坊門小路を北に迂回させていたことが判明した。[3]

1　里内裏の庭園遺構

ここでは、代表的な里内裏である〈2 堀河院〉、〈9 高陽院〉、〈1 冷泉院〉と、成果が得られた里内裏のうち〈15 六条院（殿）〉、〈10 四条第〉、〈29 押小路殿〉について解説する。

事例1　〈2 堀河院〉左京三条二坊九・十町（図3-2・図3-3）

北半の九町では一九八三年にホテル建設に伴う調査が実施され、調査区の北東部で池の遺水・滝石組・景石と建物の存在を示す多数の柱穴などが検出されている。[4]検出された園池は北東から南西方向を示し、幅約二〇メートル、深さ〇・五メートルほどである。池の北東隅には石材が「コ」形に配置され、その奥には滝があると想定される。池底

表 3-3　里内裏の変遷と調査の状況

里内裏名	使用順	初回年	使用期間	左京. 条. 坊. 町・町交差点	調査所見
冷泉院	1	(842.4.11) 960.11.4	840/940.60/1050 代	L.2.2.03・04・05・06	5 町を中心に前・中・後期の池，景石，洲浜，汀線。研概報 2001-15
堀河院（藤原兼通第　藤原師実第　中宮篤子御所）	2	976.7.26	970/1080.90/1100 代	L.3.2.09・10　二条南　堀河東	9 町では池，景石，滝組，洲浜。S58 研概要 P17。10 町でも 2 つの池と遣水
四条後院（藤原頼忠の四条坊門大宮第　四条院）	3	981.7.7	980 代	L.4.1.09・10・15・16　四条坊門北　大宮西	15 町の立会調査で後期の湿地状。提要 P247
一条院	4	999.6.16	1000.10.40.50 代	L.N.2.01　一条南　大宮東	顕著な所見なし
東三条第（藤原道長第　東三条院御所）	5	1005.11.27	1000.40/1150.60 代	L.3.3.01・02　二条南　西洞院東	2 町で平安後期の土壙。提要 P232
枇杷殿（藤原道長第）	6	1009.10.19	1000 代	L.1.3.15　近衛北　東洞院西	顕著な所見なし
土御門殿（藤原道長第　上東門第　京極院　京極殿）	7	1016.1.29	1010.40 代	L.1.4.15・16　土御門南　京極西	16 町で 11C の池。研和風 1 の P72
二条第（藤原教通第　山吹殿　二条東洞院殿　鳥羽上皇御所）	8	1040.10.2 (10.22)	1040.90 代	L.3.4.01　二条南　東洞院東	顕著な所見なし
高陽院（藤原頼通第　賀陽院）	9	1043.12.1	1040～1110 代	L.2.2.09・10・15・16　中御門南　堀河東	9.10.15.16 町で池，景石，洲浜，建物などを検出。本章事例 2
四条第（藤原頼通第）	10	1054.2.16	1050.70 代	L.5.3.01　四条南　西洞院東	立会調査で包含層や土壙が出土。提要 P261。L.4.3.04 なら池を検出
三条堀河殿（藤原頼通第　三条第）	11	1054.12.8	1050 代	L.3.2.12　三条北　堀河東	顕著な所見なし
閑院（もと東宮御所　白河上皇御所）	12	1068.4.19	1060.90/1160.70.80.90 代	L.3.2.15・16　二条南　西洞院西	立会調査はあるが顕著な所見なし。提要 P230

（Lは左京，Nは北辺の意）

里内裏名	使用順	初回年	使用期間	左京. 条. 坊. 町・町交差点	調査所見
三条第（三条大宮　故藤原長家第　御子左第）	13	1068.12.28	1060 代	L.3.2.03・04　三条坊門南　大宮東	平安後期の湿地。提要 P228
高倉殿（藤原頼通第　土御門高倉殿　藤原基実第）	14	1073.9.16	1070/1160代	L.1.4.01　土御門南　高倉西	顕著な所見なし
六条院（六条内裏　六条殿）	15	1076.12.21	1070 代	L.6.4.03・04　六条坊門南　高倉西	3 町の調査では当該期の遺構なく鎌倉？の地業と室町の万寿禅寺の池を検出。研報告 2006-29
三条烏丸殿（三条殿　三条内裏　三条東殿）	16	1084.2.1 (2.11)	1080 代	L.3.3.13　三条北　烏丸東	1965 年調査では −2.6m で池？　H3 調査では当該期の遺構なし。H3 研概要 P27
大炊殿（藤原師実新造　南殿　太皇太后藤原寛子御所）	17	1094	1090 代	L.2.3.03　大炊御門南　西洞院東	顕著な所見なし
大炊殿（西殿　白河上皇御所）	18	1107.7.19	1100 代	L.2.3.15　大炊御門北　東洞院西	顕著な所見なし
小六条殿（西六条殿　小六条院　六条殿）	19	1107.12.9	1100.10.30. 40.50 代	L.6.3.10・11　六条坊門南　烏丸西	10 町南半で町内道路，北に拡幅された。H2 研概要 P36。11 町では所見なし。
土御門殿（源雅実の土御門高倉第）	20	1111.4.27	1110 代	L.N.4.03　土御門北　万里小路西	顕著な所見なし
大炊殿（洞院殿　東殿）	21	1112.10.19	1110 代	L.2.4.02　大炊御門北　東洞院東	顕著な所見なし
三条烏丸第（藤原基隆）		1117.4.20	1110 代	※	
土御門烏丸殿（旧源師時宅　土御門殿　土御門烏丸内裏　土御門室町殿）	22	1117.11.10	1110.20.30. 40 代	L.1.3.09　土御門南　烏丸西	後期の瓦。S61 研概要 P9。瓦溜。H5 研概要 P7。後期の瓦。平安京報告 10
三条京極殿（院御所　鳥羽上皇御所）	23	1129.12.8	1130 代	L.4.4.16　三条南　京極西	鎌倉後期の土壙。提要 P256

里内裏名	使用順	初回年	使用期間	左京.条.坊.町・町交差点	調査所見
四条殿（四条東洞院）	24	1148.6.26	1140.50代	L.4.4.04　四条北　東洞院東	該当期の遺構・遺物なし。文博報告9
八条殿（美福門院第　八条院）	25	1151.6.6	1150.70代	L.8.3.13　八条北　東洞院西	JR京都駅構内に重複し所見なし
六条烏丸殿		1151.10.18	1150代	※	
六条東洞院殿		1151.	1150代	※	
近衛殿（藤原忠通第）	26	1151.11.13	1150代	L.1.3.10　近衛北　烏丸西	顕著な所見なし
高松殿（美福門院御所）	27	1155.7.24	1150代	L.3.3.03　姉小路北　西洞院東	立会調査で遺物出土。提要P232
八条殿（八条坊門第　美福門院第）		1159.12.29	1150代	25と同一？	
大炊御門殿（大炊御門高倉殿）	28	1160.11.27	1160代	L.2.4.07　大炊御門北　高倉東	顕著な所見なし
押小路殿（押小路東洞院新造内裏　三条院　二条東洞院殿　東洞院殿）	29	1162.3.28	1160代	L.3.3.15　押小路南　東洞院西	13C後半に埋没した池が出土。古代報告2004のP3
六条殿（六条烏丸第）		1165.8.28	1160代	1151.10.18と同一？	
五条殿（五条里内裏　五条東洞院　五条内裏）	30	1167.1.22	1160代	L.5.4.04　五条北　東洞院東	顕著な所見なし
土御門東洞院殿（藤原邦綱第　土御門殿　正親町殿）	31	1167.5.19	1160代	L.N.4.02　土御門北　東洞院東	顕著な所見なし
三条殿		1172.8.20	1170代	※	
五条殿（五条東洞院第　藤原邦綱第）	32	1180.2.21	1180代	L.6.3.16　五条南　東洞院西	地下鉄烏丸線の調査で後期の遺構・遺物が出土。提要P278
大炊御門第（大炊御門富小路第　藤原経宗第）	33	1185.7.22	1180代	L.2.4.10　大炊御門北　富小路西	柱穴，土壙，埋納，祭祀，軒瓦，鋳造遺物。研究所報告19のP52

凡例：研概要＝京都市埋蔵文化財調査概要，研概報＝京都市埋蔵文化財研究所発掘調査概報，研報告＝京都市埋蔵文化財研究所発掘調査報告，研究所報告＝京都市埋蔵文化財研究所調査報告，研和風＝平安京左京北辺四坊第1分冊，平安京報告＝平安京跡研究調査報告，文博報告＝京都文化博物館調査研究報告，提要＝平安京提要，古代報告＝古代文化調査会

※：特定できず。そのため使用順も空欄とした。

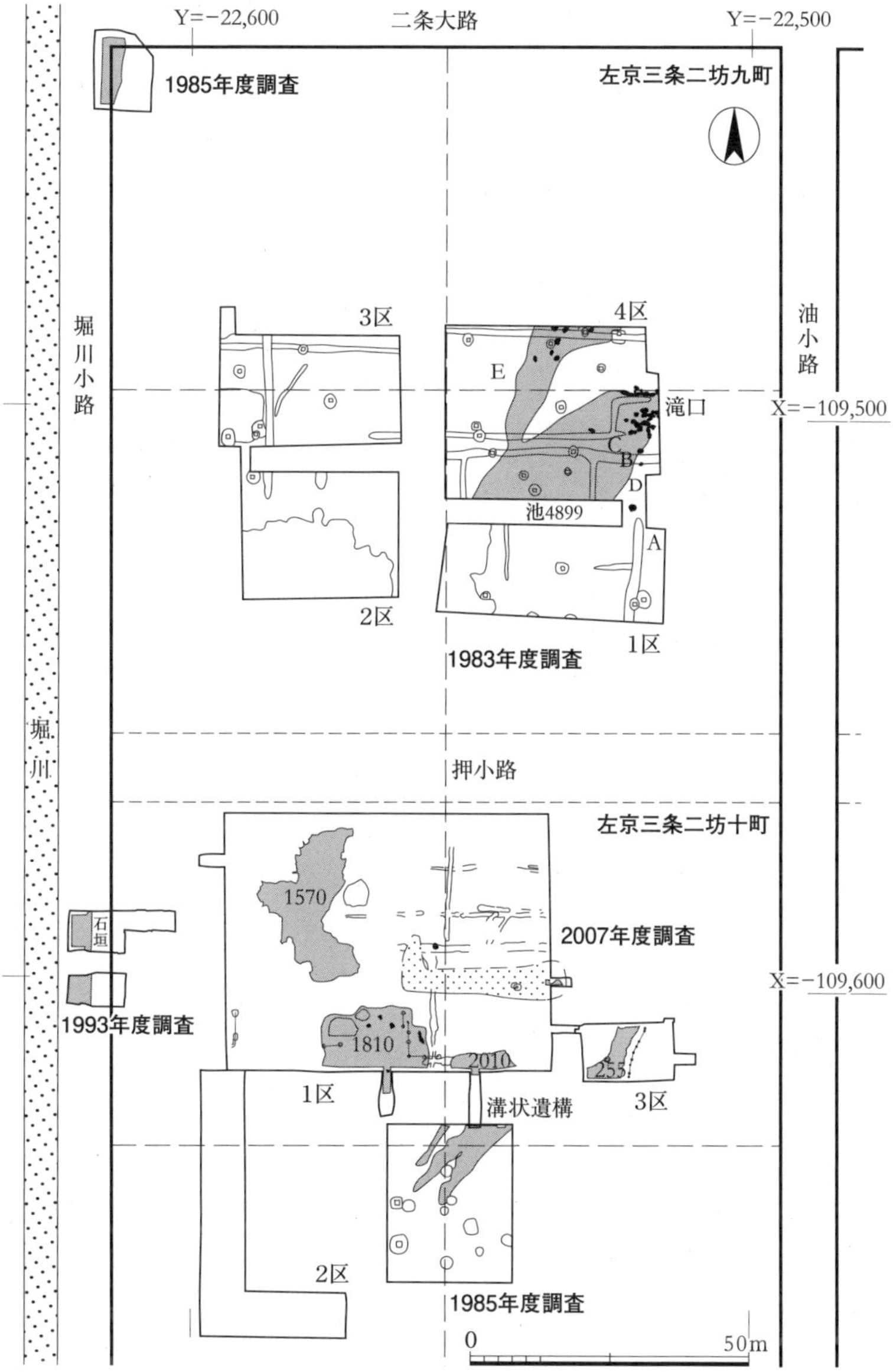

図 3-2　堀河院遺構配置図
（『平安京左京三条二坊十町（堀河院）跡』より調製）

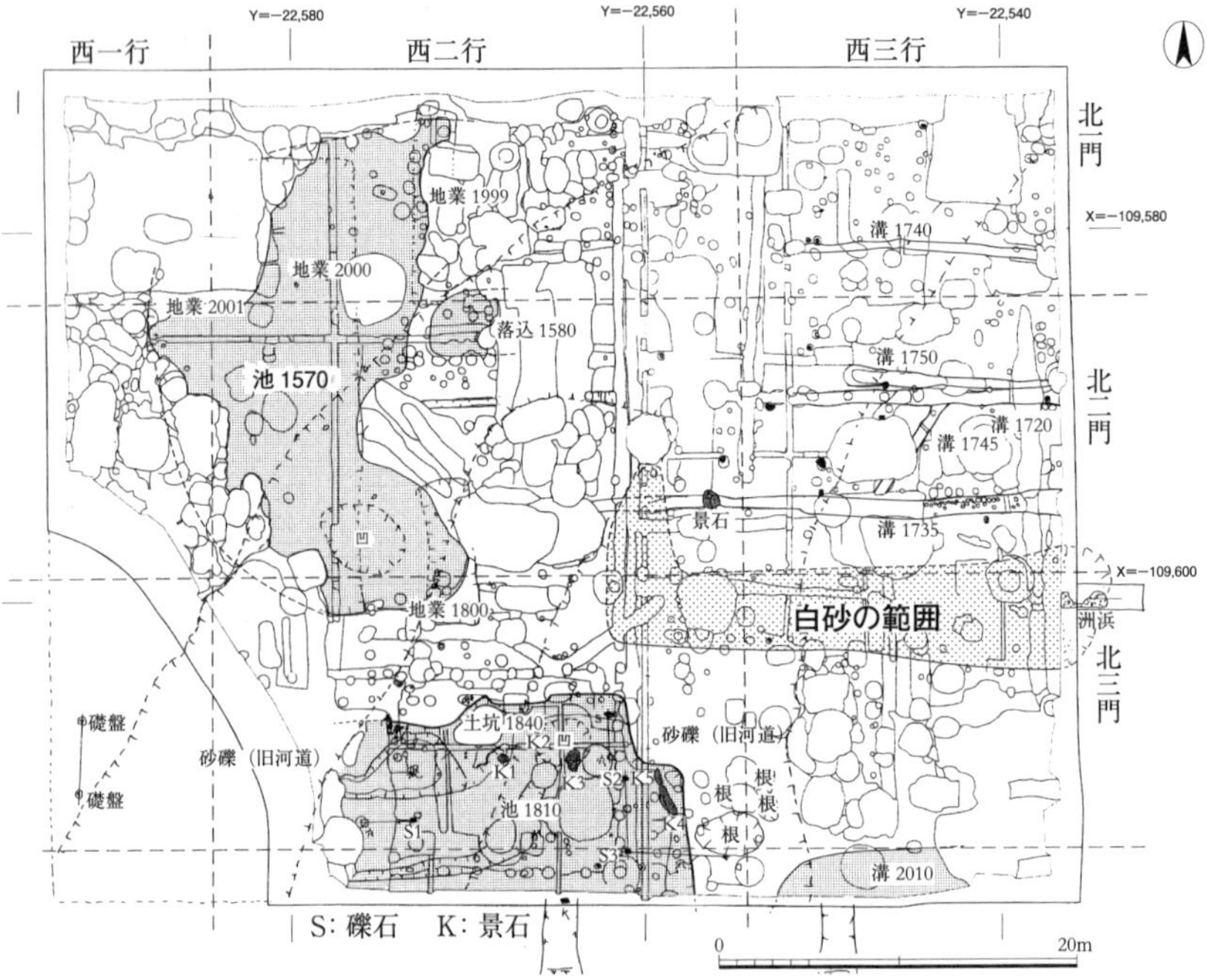

図 3–3　堀河院 2007 年調査地遺構配置図
（「現地説明会資料」2007 年 11 月 21 日を調製）

は標高三七・五メートル付近にある。池の底は砂礫質であることから、滝口からの給水とは別に池自体も湧水があったことが想定されている。[5]

南半の十町では二〇〇七―二〇〇八年に元城巽中学校内で調査が実施され、中央の調査区（1区）では池 1570・池 1810 の二つの池が検出されている[6]（口絵6）。北西側で検出された池 1570 は池底標高三六・三メートルで内部にはシルトが厚く堆積する。この池で注目されることは、下部に「地業」と評価できる掘り込みが存在すること、地業内から木簡が出土したことである。また南東側に掘られた池 1810 は景石を配置する本格的な池である。池底には礎石と柱穴があり、建物が池内に及んでいたことが確認できた。池底の標高は三六・六メートルである。景石を配置する様相は鳥羽離宮跡の調査で解明されてきた池に共通する。この他、東端の調査区（3区）では遣水とみられる水路を検出しており、池への給水を考える上での重要な知見が

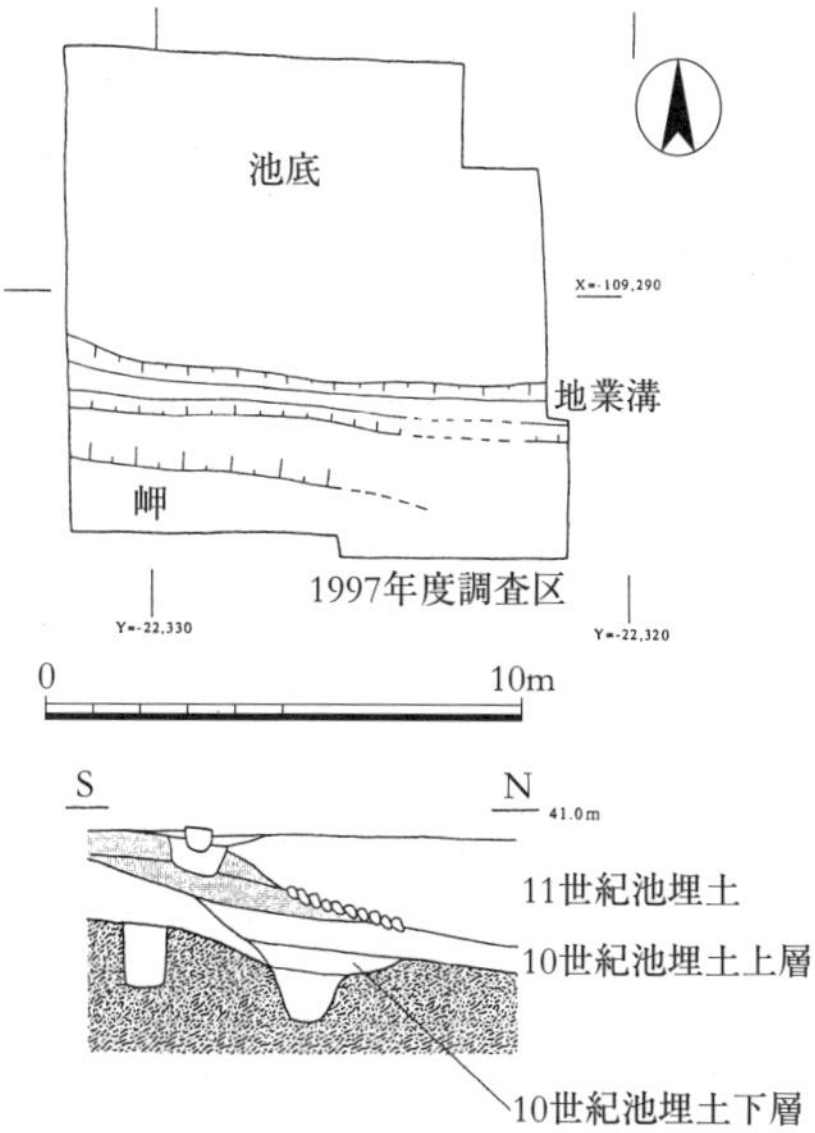

図3-4　高陽院1997年調査地と地業溝断面図（網前掲論文[7]を調製）

得られた。九町と十町で検出した池底の標高差は〇・九―一・二メートルある。また池底の地盤は砂礫と泥土の両方があるが、砂礫の範囲がより深く掘り込まれており、湧水を期待する意図があったものとみられる。図3-3で「白砂の範囲」とした部分は、砂の堆積した形跡であり、東への水の流れ（遣水か）があったと考えられる。堀河院全般に関していえば、広域を調査しているにもかかわらず寝殿に相当する規模の建物跡は検出できていない。この点が大きな課題となっているのであるが、二〇〇七年に調査された1区の北東部分では、東西溝が等間隔に掘られており、周囲では小規模な柱穴・礎石がみつかっているので、あるいはこの範囲には建物が展開していた可能性も想定すべきといえる。

事例2　〈9 高陽院〉左京二条二坊九・十・十五・十六町

（図序2-2、図3-4―図3-6）

平安前期は賀陽親王の邸宅で九・十町を占める。中期以降は藤原頼通の邸宅であり、十五・十六町を加え広大な敷地を有し、里内裏としてもよく利用された。調査は八回ほど実施され、池跡や建物の一部が確認されている[7]。図序

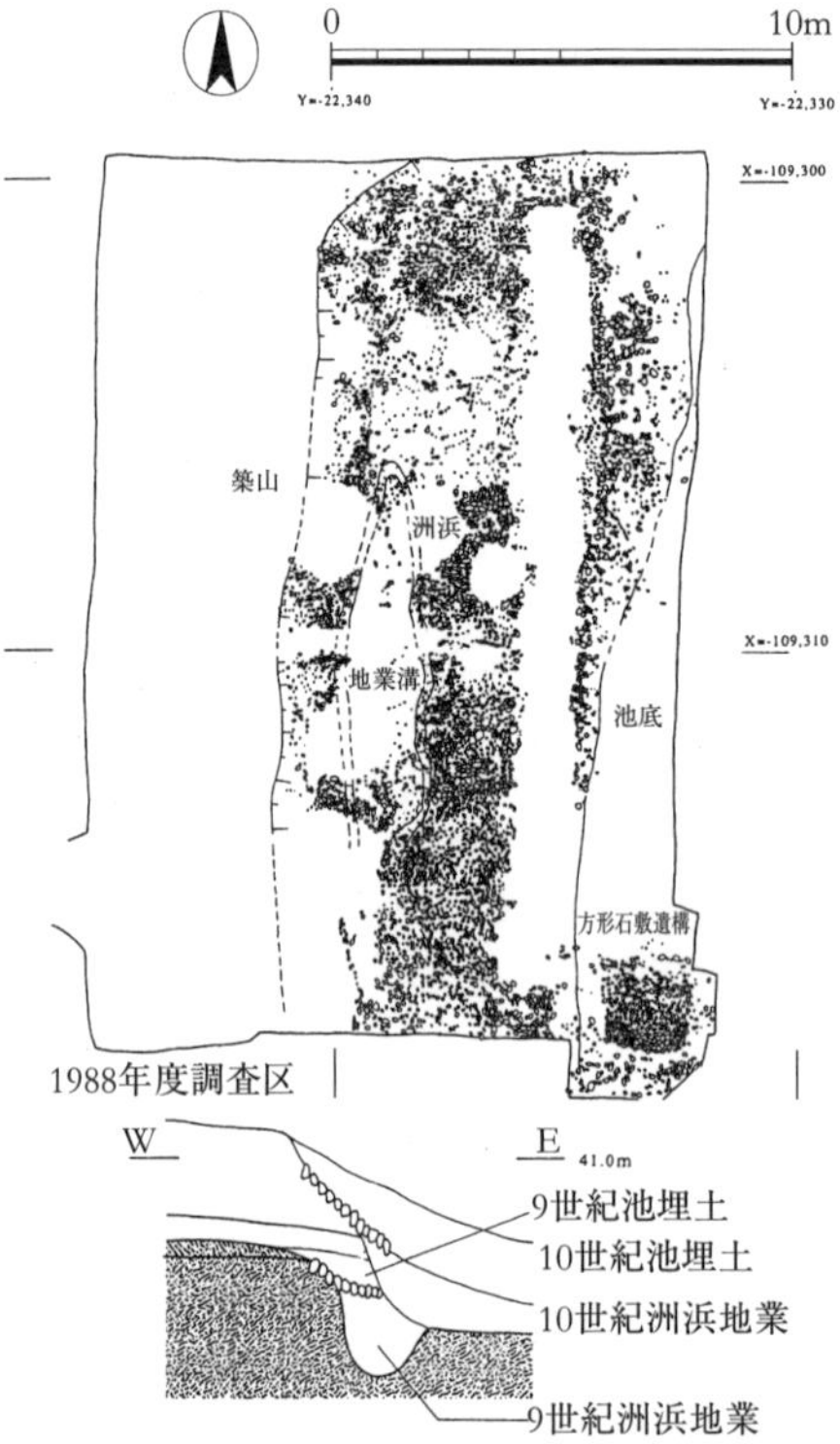

図 3-5　高陽院 1988 年調査地と地業溝断面図（網前掲論文(7)を調製）

2-2の中で池Aとしたものは四町四方の中では南西寄りに掘られたもので、調査1では池の北岸、調査5では池の西岸、調査8（二〇〇五年度調査地）では池の南岸を検出している。池底の標高が同じであることから同一池を検出したと考えられている。池Bとしたものは四町四方の中の北東寄りに掘られたもので、調査4で南東岸を検出し、さらに北西方向に展開していたと推定される。池Aより一メートルほど底が高いため別の池と想定される。(8) 池A・池Bは洲浜に河原石を敷き、粘土で固める。瓦を入れて整地する箇所もある。池の岸には景石を配置し、築山も造られる。池底の地質は砂礫層で、湧水があったと推定される。九世紀から十世紀へと変遷する様子や池岸の下部に地業の溝が掘られることも報告されている。

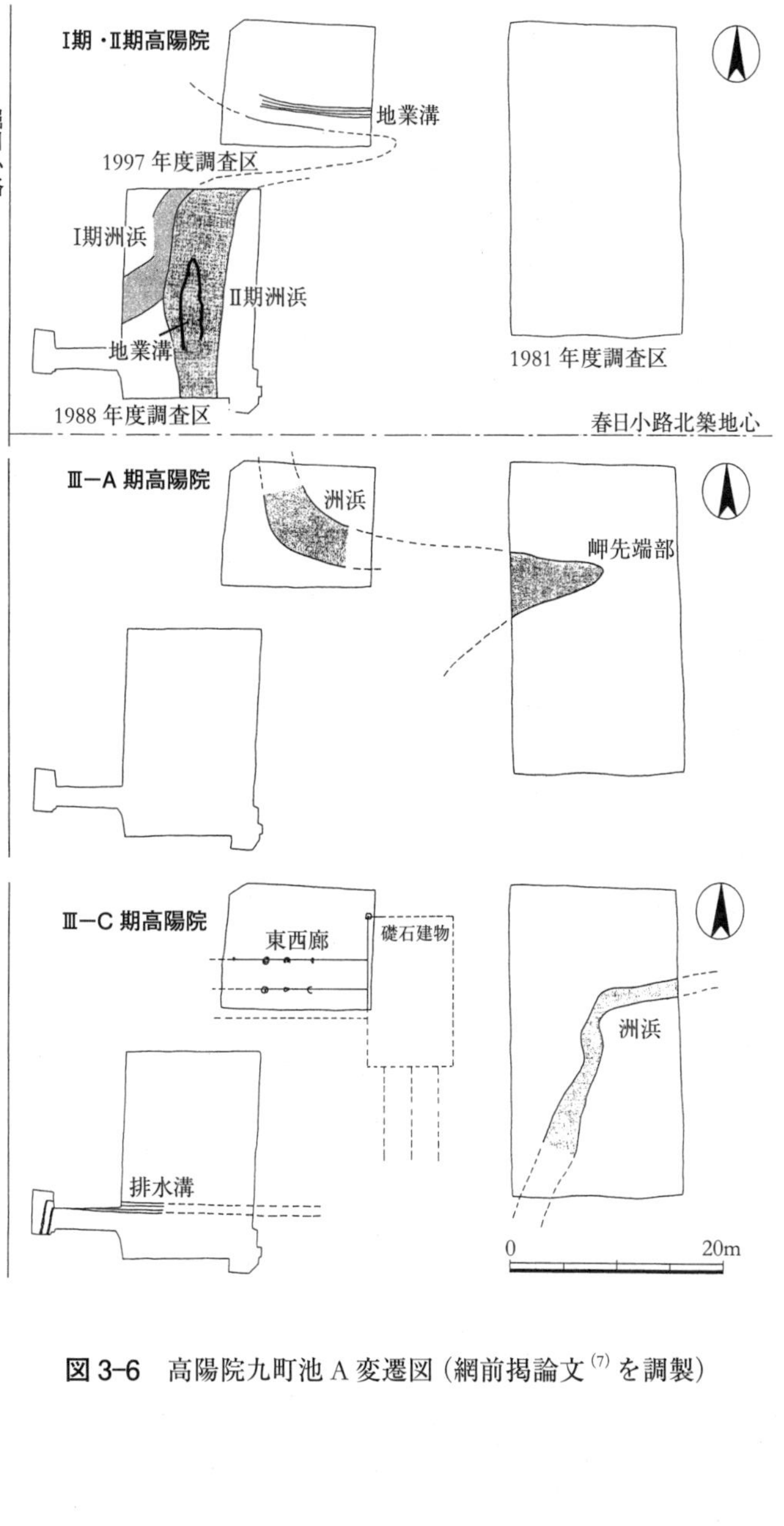

図 3-6　高陽院九町池 A 変遷図（網前掲論文[7]を調製）

表3-4　冷泉院遺構の概要表（『史跡旧二条離宮（二条城）』より）

時代	遺構				
	1区	6区	7区	8区	9区
縄文時代前期	遺物包含層				
平安時代前期	洲浜，池堆積土層，汀線，流路		池庭陸地，洲浜上部，汀線		汀線，池堆積土層，景石
平安時代中期	洲浜，池堆積土層，汀線，流路	池堆積土層，池盛土層，景石，列石	池庭陸地，洲浜上部，汀線		汀線，池堆積土層，景石
平安時代後期	洲浜，池堆積土層，汀線，池盛土層，景石，SD233，SX275，SE226・227，SD83・217，SD10・110・153下層	池堆積土層			池堆積土層
鎌倉時代	池堆積土層	池堆積土層			池堆積土層
室町時代前期	池堆積土層	池堆積土層			

事例3〈1 冷泉院〉左京二条二坊三・四・五・六町（図3-7―図3-10、表3-4）

昭和五十六年（一九八一）・昭和五十七年（一九八二）、平成六年（一九九四）、平成十二年（二〇〇〇）・平成十三年（二〇〇一）に調査が実施されている。特に平成十二・十三年に五・六町で実施された調査では、大規模な庭園遺構が検出されている。[9] 池、遣水、汀、景石、落口、石列、瓦敷き、池内の堆積層、下層流路の存在などで知見が得られている。池は平安時代前期・中期・後期に属する。景石の配置には粗密があるが、集中する箇所では大小のチャート・砂岩が配置される（口絵7）。十一世紀には大規模な改修を実施している。[10] また昭和五十七年と平成六年に北端で実施された調査では、大炊御門大路の路面と北・南側溝、冷泉院側の内溝を検出し、優良な緑釉陶器が出土している。[11]

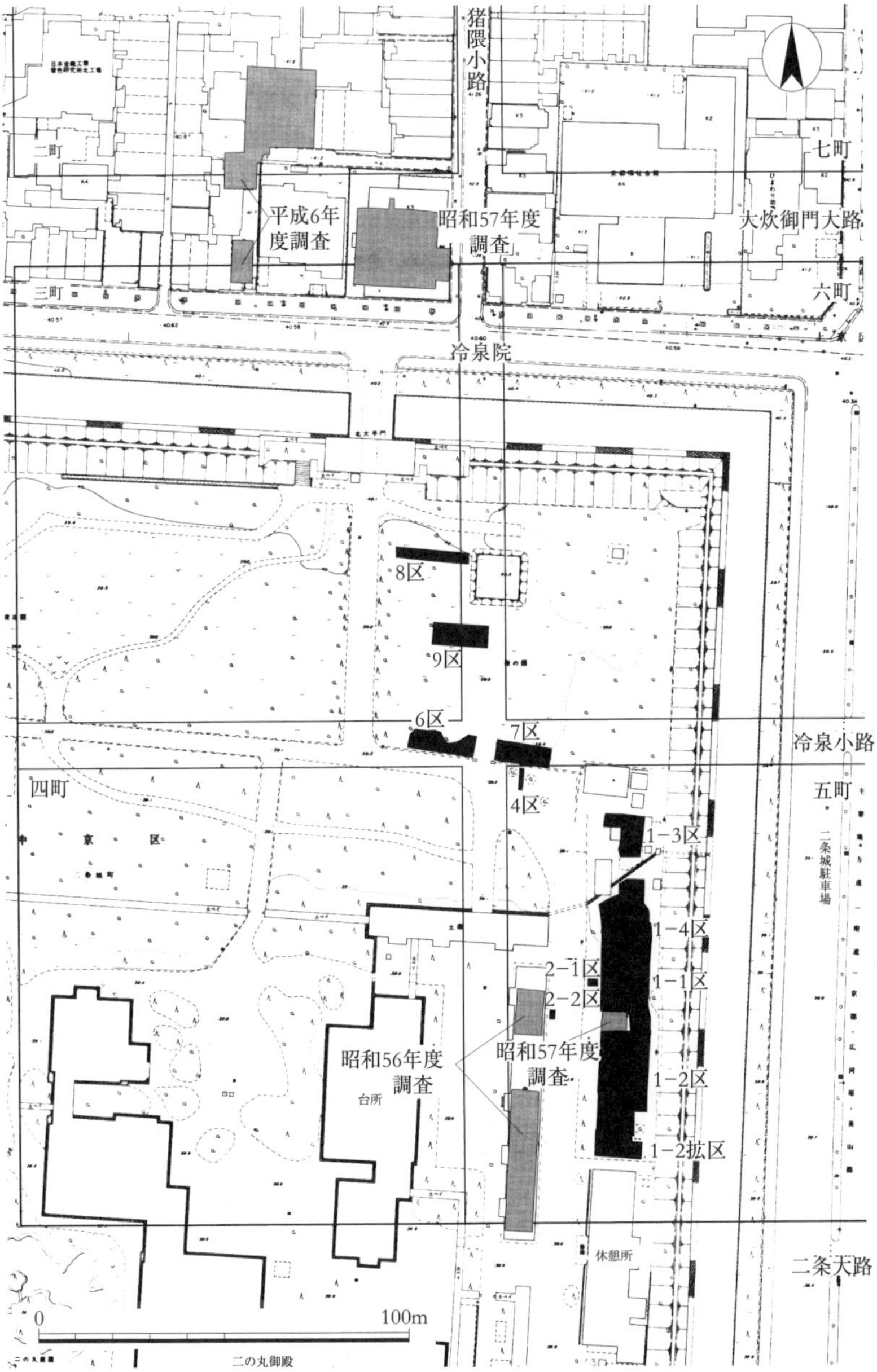

図 3-7　冷泉院平成 13 年度調査区配置図（『史跡旧二条離宮（二条城）』より）

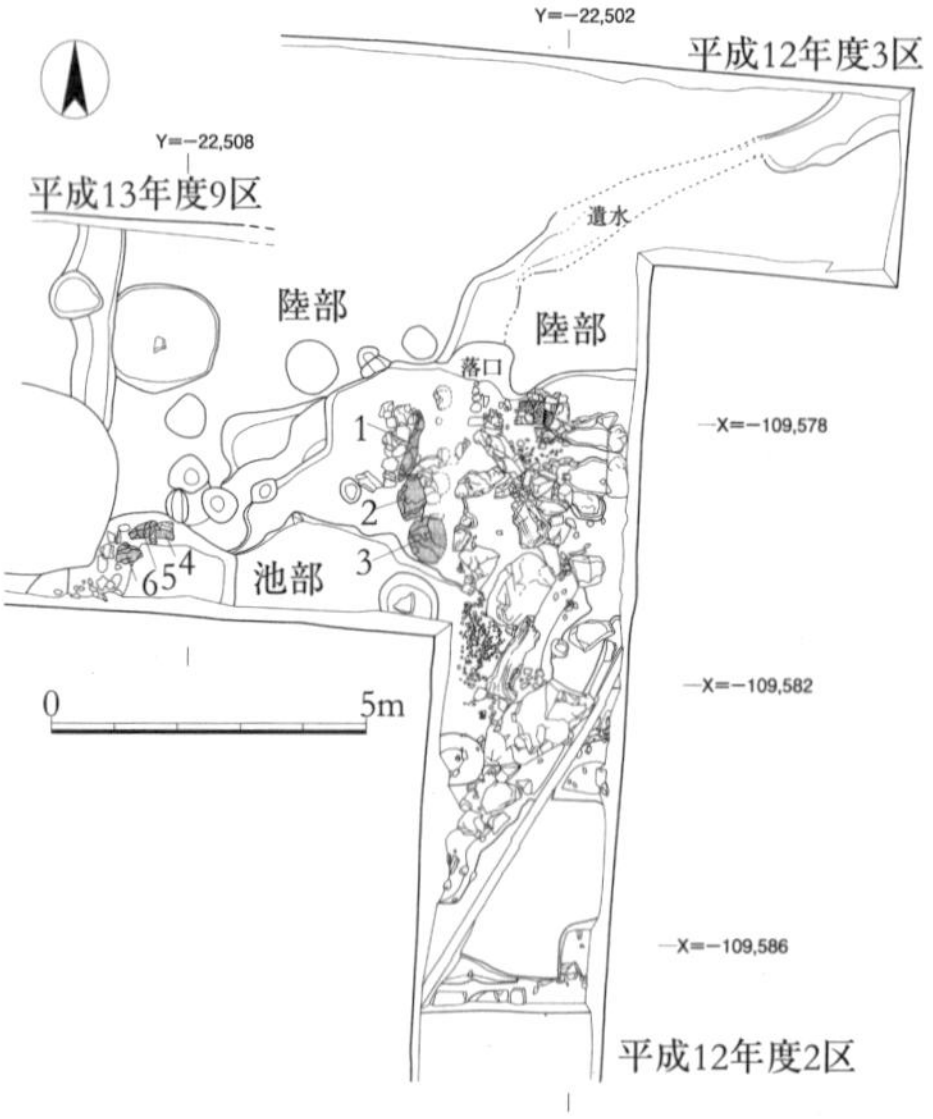

図 3–9　冷泉院平成 13 年度 9 区東半遺構配置図（『史跡旧二条離宮（二条城）』より）

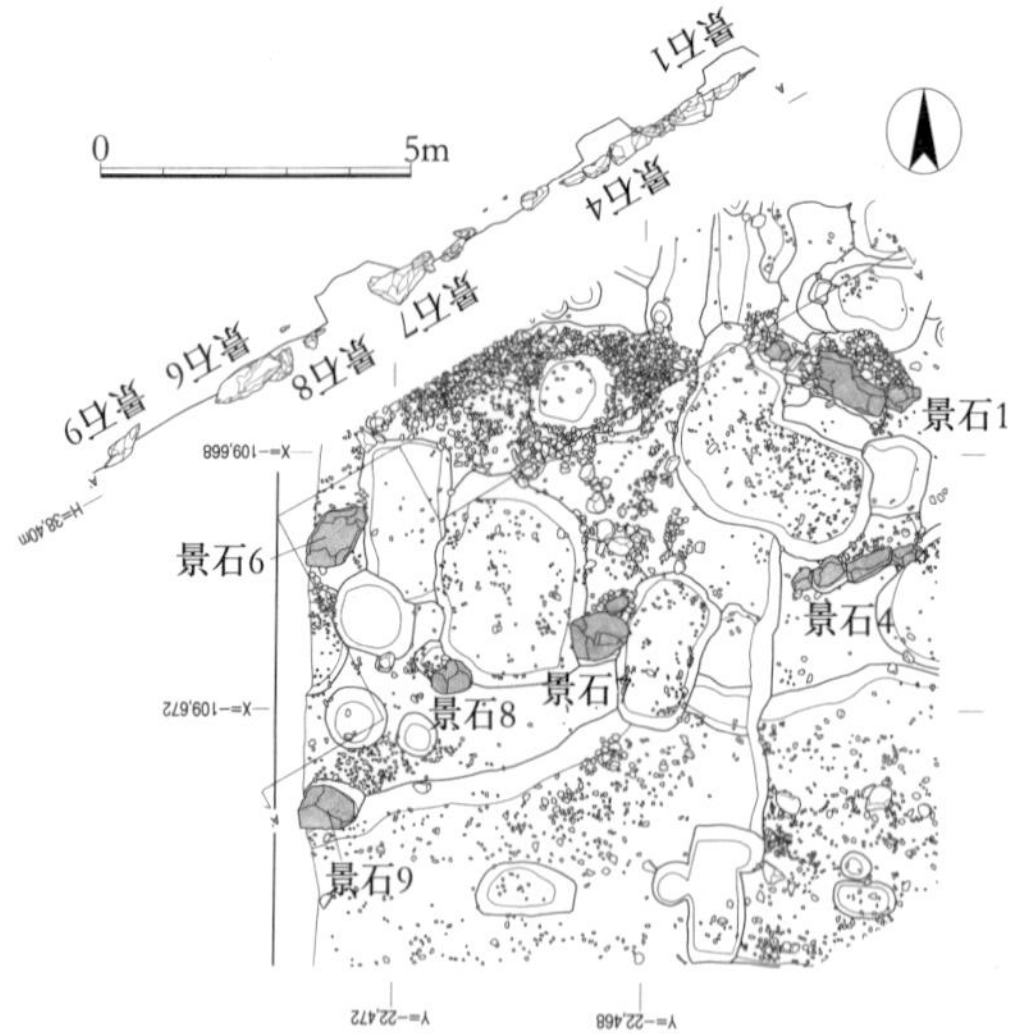

図 3–10　冷泉院平成 13 年度 1–1 区の景石実測図（同上書より）

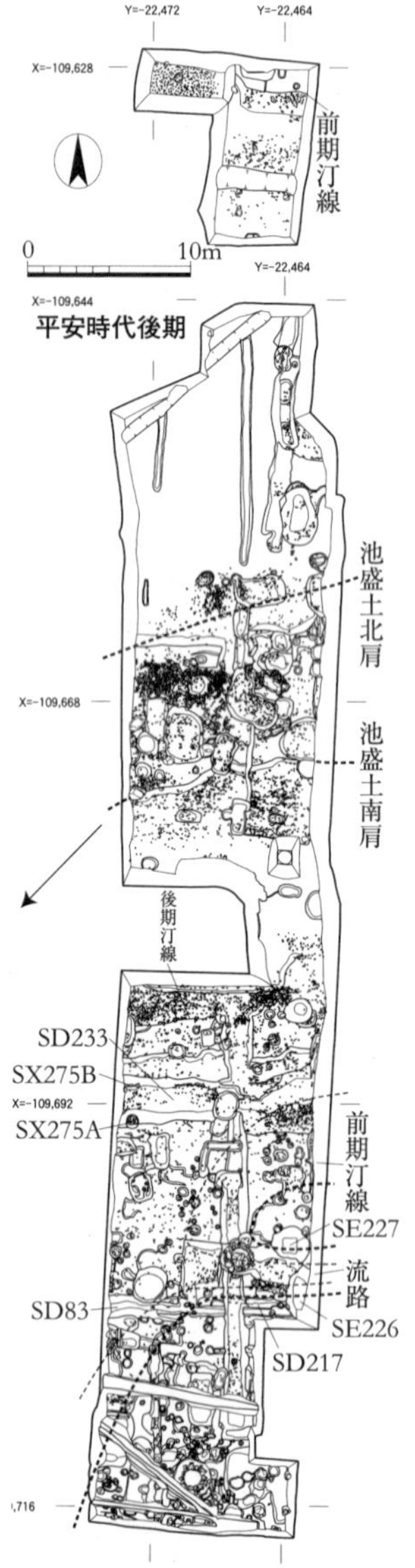

図 3–8　冷泉院平成 13 年度 1 区の遺構配置図（『史跡旧二条離宮（二条城）』より）

事例4　〈15　六条院（殿）〉左京六条四坊三・四町（図3-11—図3-13）

二〇〇六年に実施した三町中央部（下京消防署、図3-12の17地点）の調査では、里内裏に使用された時期の遺構は検出できなかったが、鎌倉時代とみられる地業を検出している。[12] この地業は、建物か池の下部に掘り込まれた遺構と考えられる。また調査区の中央で室町時代の万寿禅寺に伴う池を検出している（図3-13）。池は4期の変遷が認められたが、所属時期は十五世紀代から十六世紀代に収まる。史料によれば、永長元年（一〇九六）に白河上皇の皇女媞子内親王がここで薨去したため、上皇は追善のため内裏を仏寺とし「六条御堂」と呼ばれた。これが正嘉年中（一二五七—五九）に浄土宗から禅宗に転じ「万寿禅寺」になったとされる。池の下部では里内裏の時期に遡る遺構は検出できなかった。このことは、里内裏の池は別地点に造られていたことを想定させる。なお、調査地の東二町、河原院推定地においても池状遺構が検出されている（図3-11）。

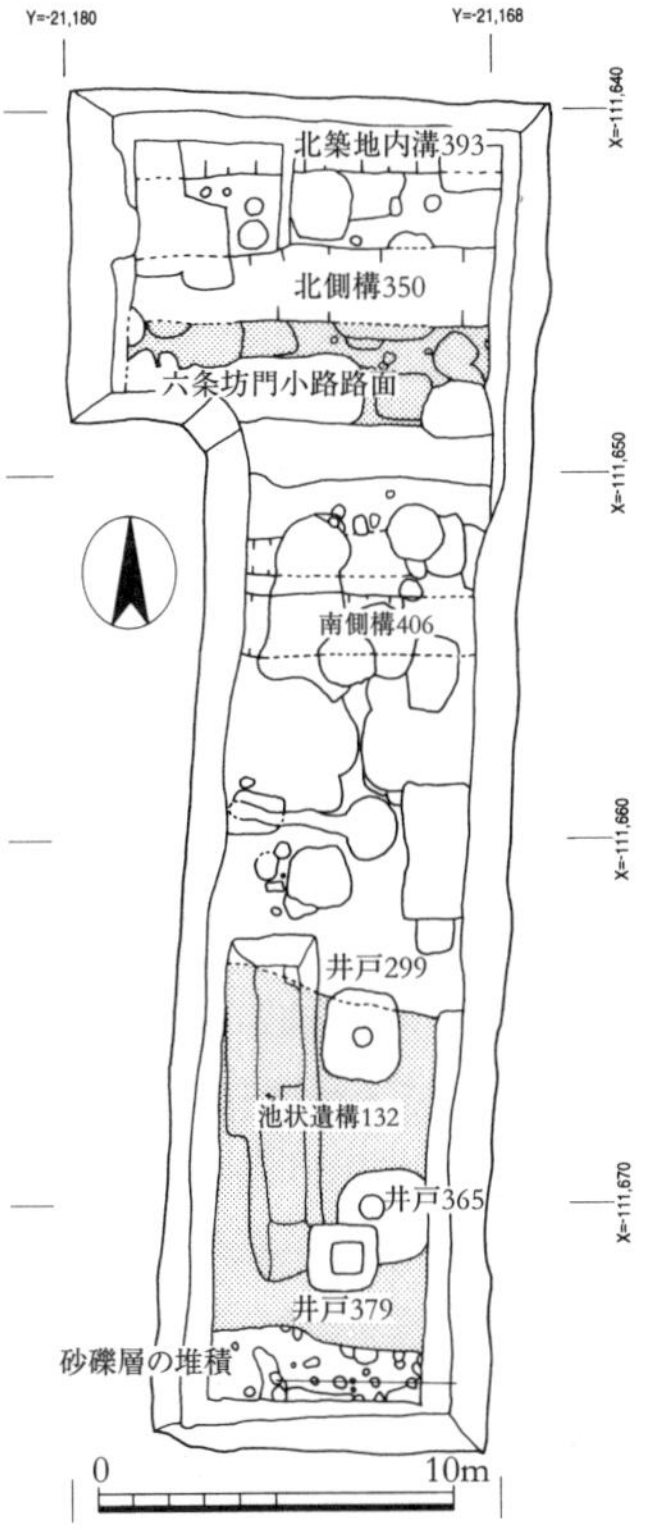

図3-11　河原院（図3-12のC地点）遺構配置図『平成6年度京都市埋蔵文化財調査概要』より）

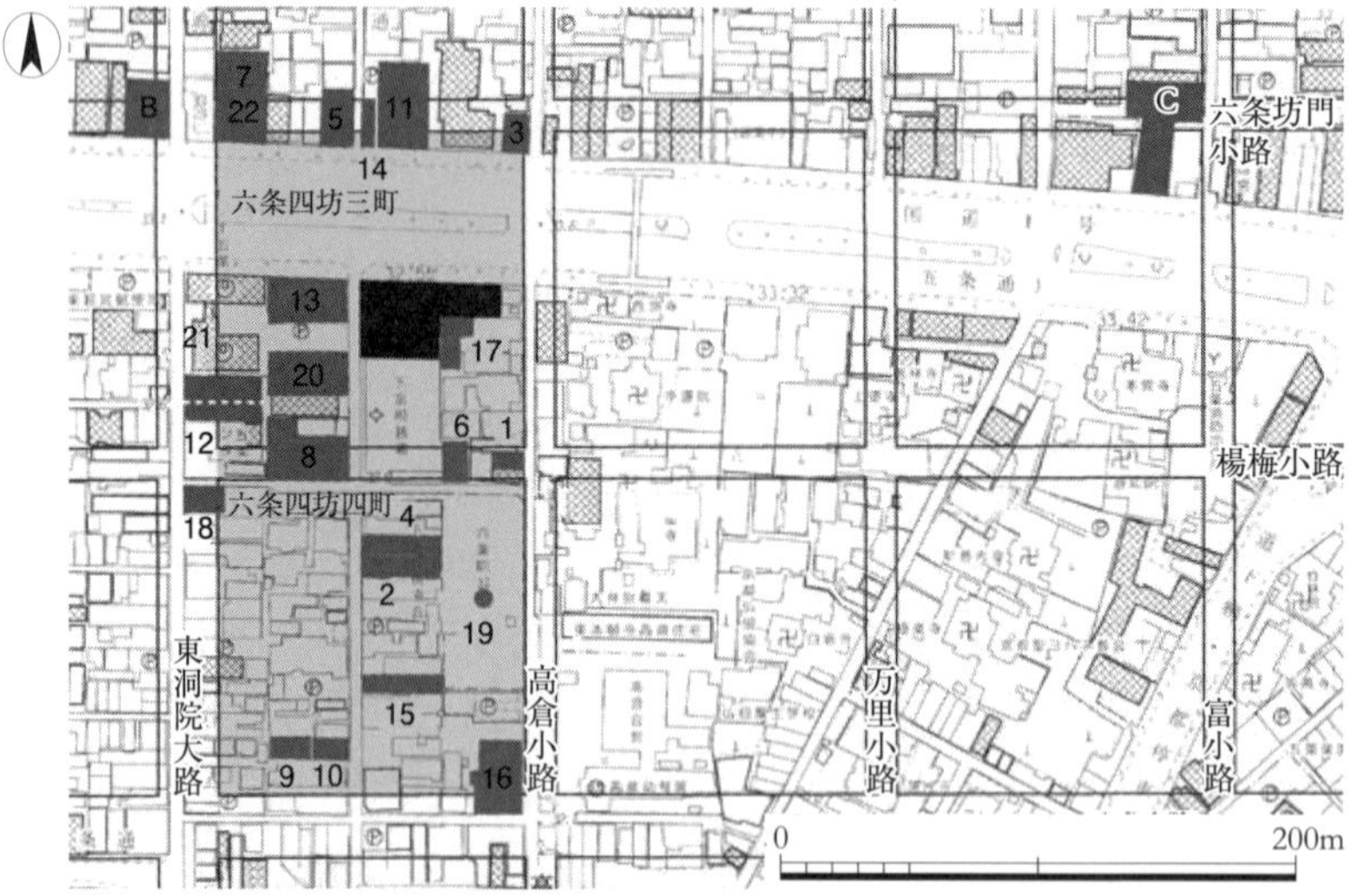

図 3-12　六条院周辺の調査位置図。2006 年調査区は黒塗り 17 の部分，三町・四町は六条院，右上の C 地点は河原院推定地である。(『平安京左京六条四坊三町跡』より調製)

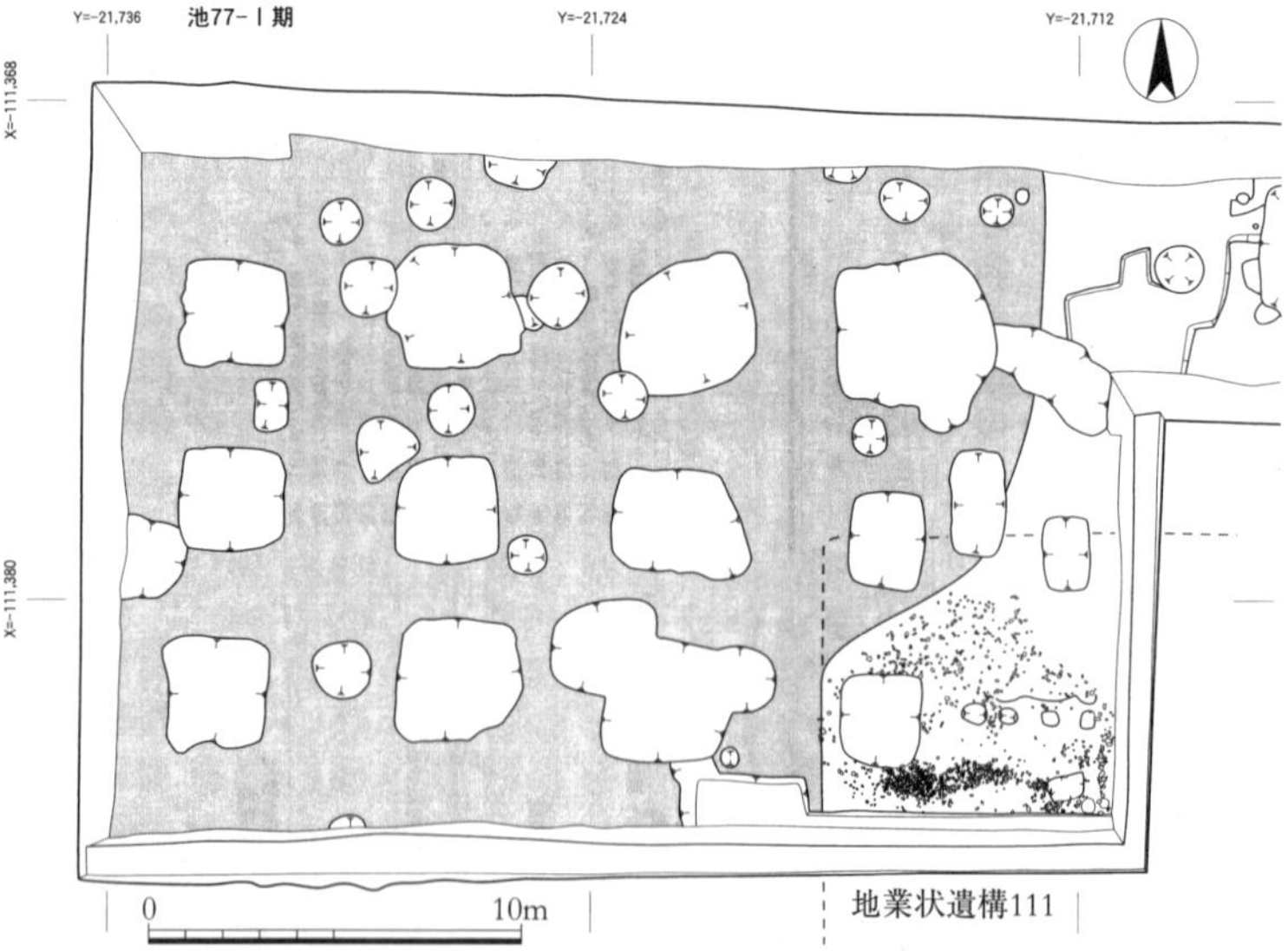

図 3-13　六条院 2006 年調査区で検出された池（網の範囲、室町時代）と地業平面図（同上書より）

事例５　〈10　四条第〉左京四条三坊四町（図３-14―図３-16）

藤原頼通邸である四条第（宮）は『拾芥抄』では左京五条三坊一町とされるが、正しくは左京四条三坊四町であったとされる。[13]その四町の南東隅で実施された調査では中期以前の池を検出し（口絵３）、敷地の南東隅に池が及んでいたことが判明した。[14]また池の下部には「逆Ｌ形」に折れる溝（溝１とする）も掘り込まれており、池下部に地業が施されていたことも判明した。

事例６　〈29　押小路殿〉左京三条三坊十五町（図３-17―図３-19）

二〇〇四年に実施された古代文化調査会による調査では、平安時代末期から鎌倉時代の庭園と堰が検出されている。[15]池403・306とされたものは、幅四―五メートルで深さ一メートルある川状の遺構である。南流していた流れは二つに分流し、三条坊門小路下は暗渠となっていたとみている。堰は石組で北側が古く南側は遅れて造られ、水流を調整していたとする。西側の池306は熱で赤変した多量の瓦で埋められ、池底には泥土が堆積し、大量の土器が廃棄されていた。埋没は十三世紀中頃から後半とされる。この十五町は、十一世紀代は「三条院」、鎌倉時代からは「三条坊門押小路殿」となり、建治三年（一二七七）に焼亡する。池306から出土した二次焼成瓦は、この時の火災に該当する可能性が高いとみている。

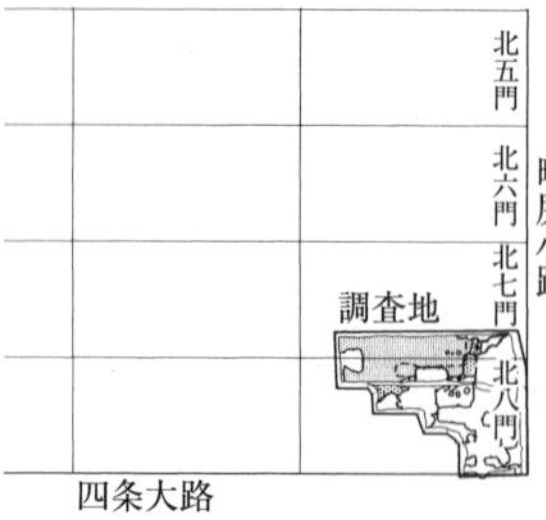

図 3–14　四条第（宮）左京四条三坊四町調査地と四行八門の位置（『平安京左京四条三坊四町・烏丸綾小路遺跡』より）

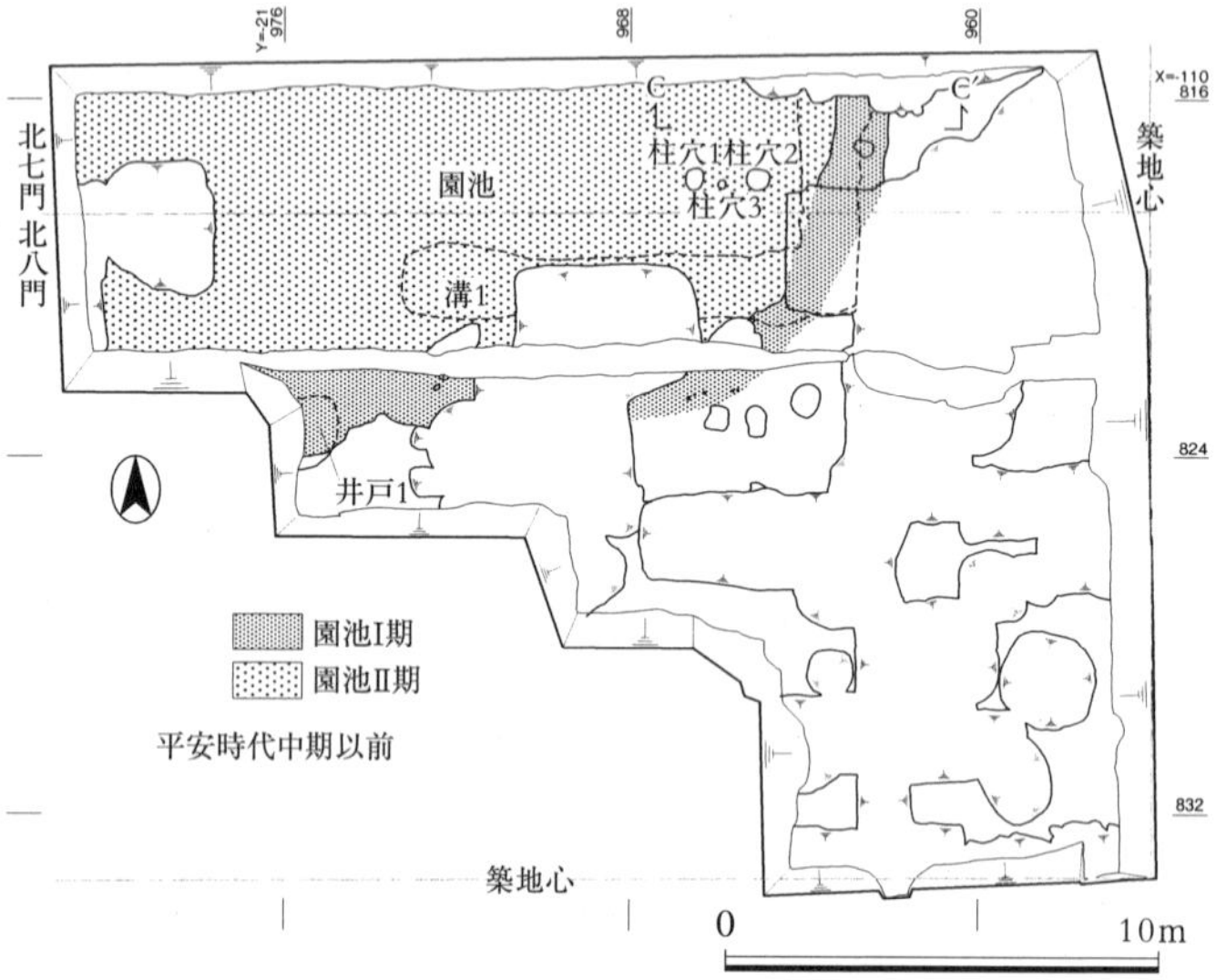

図 3–15　遺構配置図（同上書より）

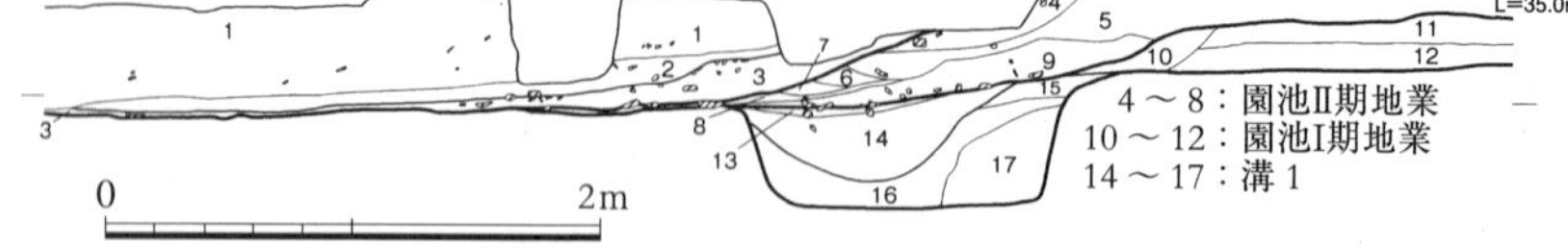

図 3–16　溝 1 断面図（同上書より調製）

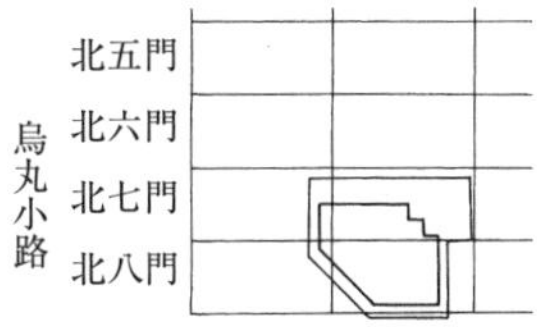

図 3-17　押小路殿の四行八門の位置
（『平安京左京三条三坊十五町』より）

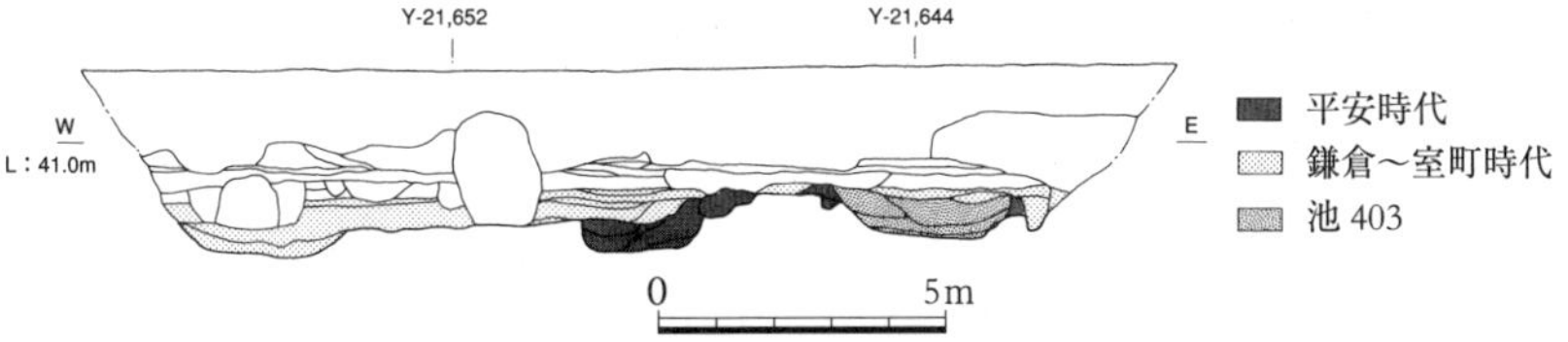

図 3-18　北壁断面図（同上書より）

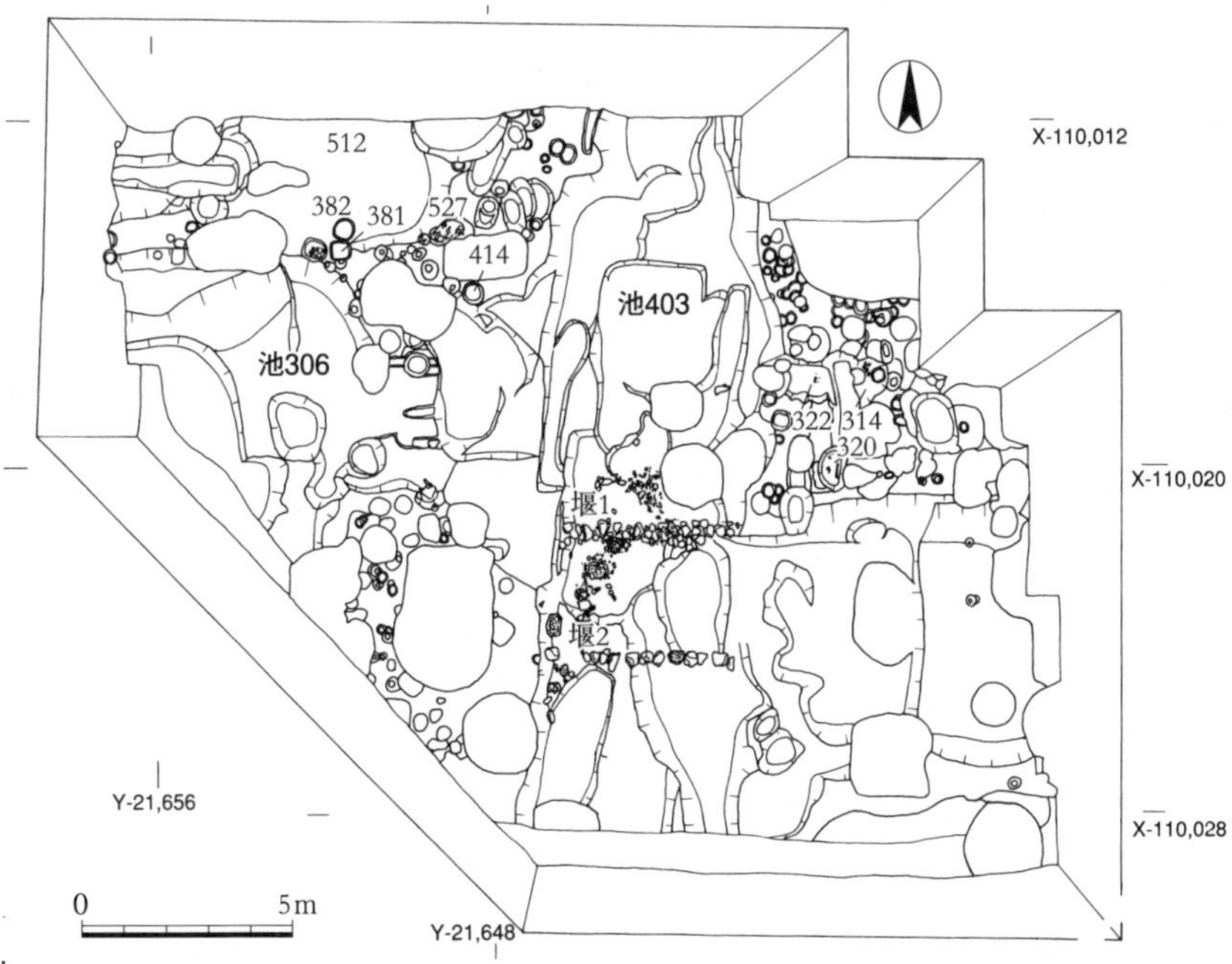

図 3-19　遺構配置図（同上書より）

2　里内裏調査のまとめ

これまでに里内裏で実施された調査成果をまとめると次のようになる。

①里内裏については、堀河院、高陽院、冷泉院、などのごく一部で際だった成果が得られている。これは調査面積の広さに原因があるとみてよい。

②検出される遺構は、今のところ庭園関係のものに限定される。池の遺構は深く掘り込まれたため、保存されることが多かったのであろう。

③遺構から里内裏の当該期を判定することはむつかしい。邸宅-里内裏-邸宅の繰り返しがあるためである。重複して使用された場合は、新しい時期の遺構が保存される場合が多く、より古い時期の遺構は見つからない場合が多い。堀河院では基経邸の遺構や円融期の兼通邸の遺構、押小路殿では三条上皇の後院、三条院の遺構などは知見がない。

④里内裏に備わっていたとされる寝殿造配置は、調査ではまったく判明していない。主要建物の出土例そのものも、高陽院を除けばほとんどないのが実状である。ただし、郊外に築かれた院政期の離宮跡、鳥羽離宮金剛心院跡や法金剛院跡では、建物跡が確実に検出されており、期待はもてる（第五章参照）。

第三節　池下部に掘られた「地業」について

近年、平安京内の池跡の調査においては、池下部に掘り込みがあることが判明しつつある。池を構築するために実施された「地業」として認識されているが、性格については不明な点も多い。以下で類例を整理しておく。頭の数字は、表３―１―表３―３の番号を用い、その他のものは数字なしとした。

事例１　〈２　堀河院〉池 1570（図３―３）

十町で検出した池 1570 では、広範囲にわたり池下部に掘り込みがみられた（地業 1800.1999.2000.2001）。それぞれ池の端に合致することから、池の配置を決定する際に事前に地質を調べるために掘った「試掘跡」ではないかと推定されている。[16] 掘り込みの壁は垂直に掘られる。底は平坦である。内部の埋土は、底部付近に有機質の汚れた泥土が入れられるが、中位は大まかに埋められる。上半は極めて丁寧に整地されている。地業が掘られた時期と池の埋没時期にちがいは認められず、両方は十一世紀後半代とみられた。地業の一つ（地業 2000）からは木簡が二点出土した。一点には「方上」とあり、越前国今立郡（福井県鯖江市付近）に所在した藤原氏長者が伝領する殿下渡領の一つと判明した。二点目には「鈎」の文字があり、近江国栗太郡（栗東市）の地名で、両方とも荘園名を記したものであることが判明した。[17] 木簡の出土は、庭園の造成にこれらの荘園が関与したことを示す直接的な資料となった。

事例２　〈９　高陽院〉池Ａ（図序２―２・図３―４―図３―６）

昭和六十三年（一九八八）と平成九年（一九九七）の調査では、池Ａとしたものの池岸で溝を検出している。[18] ともに十世紀の池埋土の下に掘られており、先述した堀河院の池 1570 の場合より古いものである。池肩に平行して掘られ

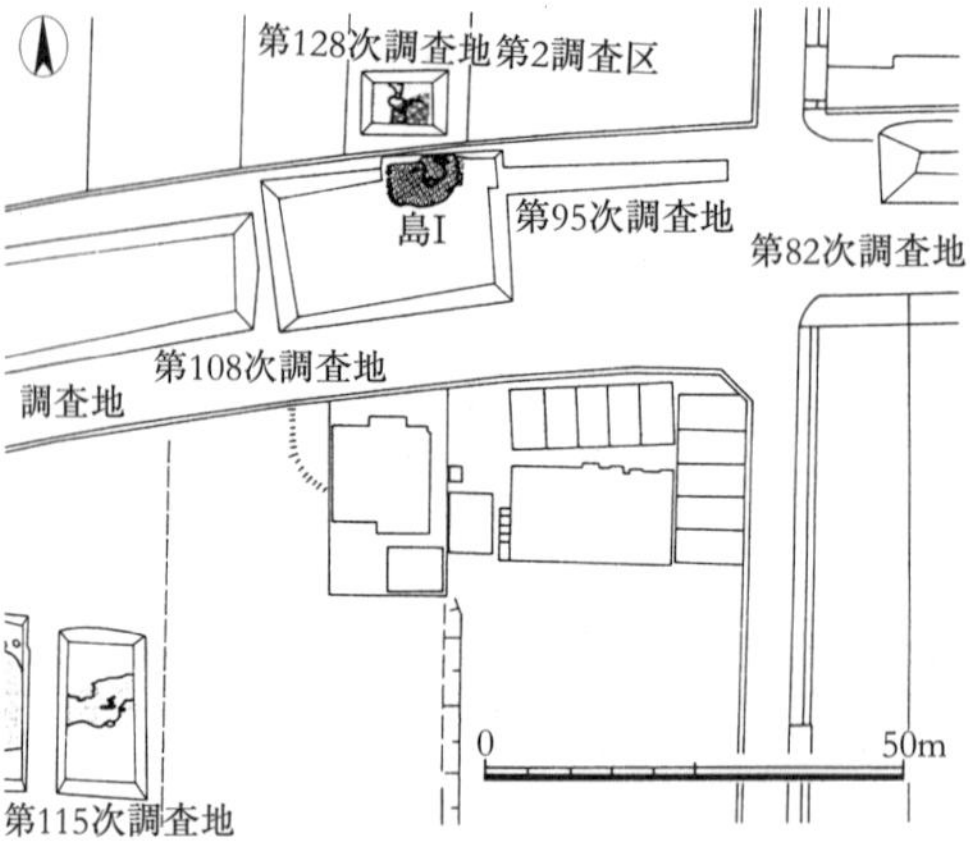

図 3–20　鳥羽離宮跡第 95 次調査位置図（鈴木久男「平安時代庭園の施工技術」(5) より）

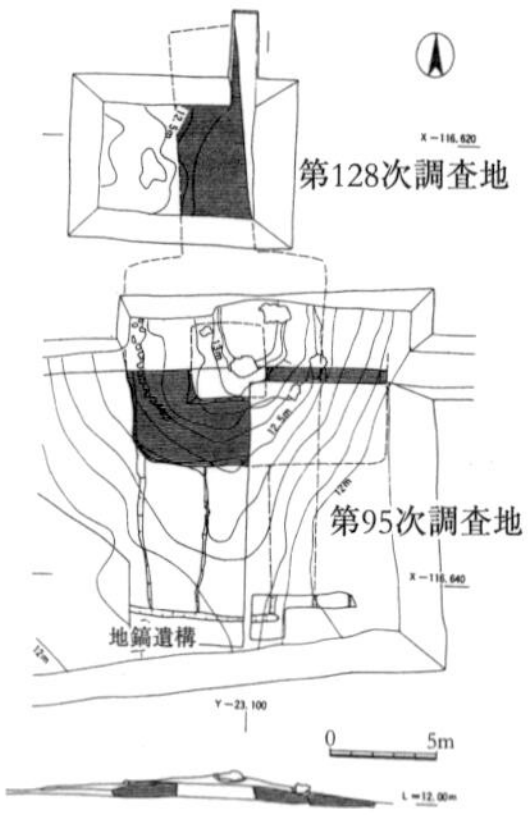

図 3–21　鳥羽離宮跡第 95 次島 I 実測図（鈴木前掲論文 (5) より）

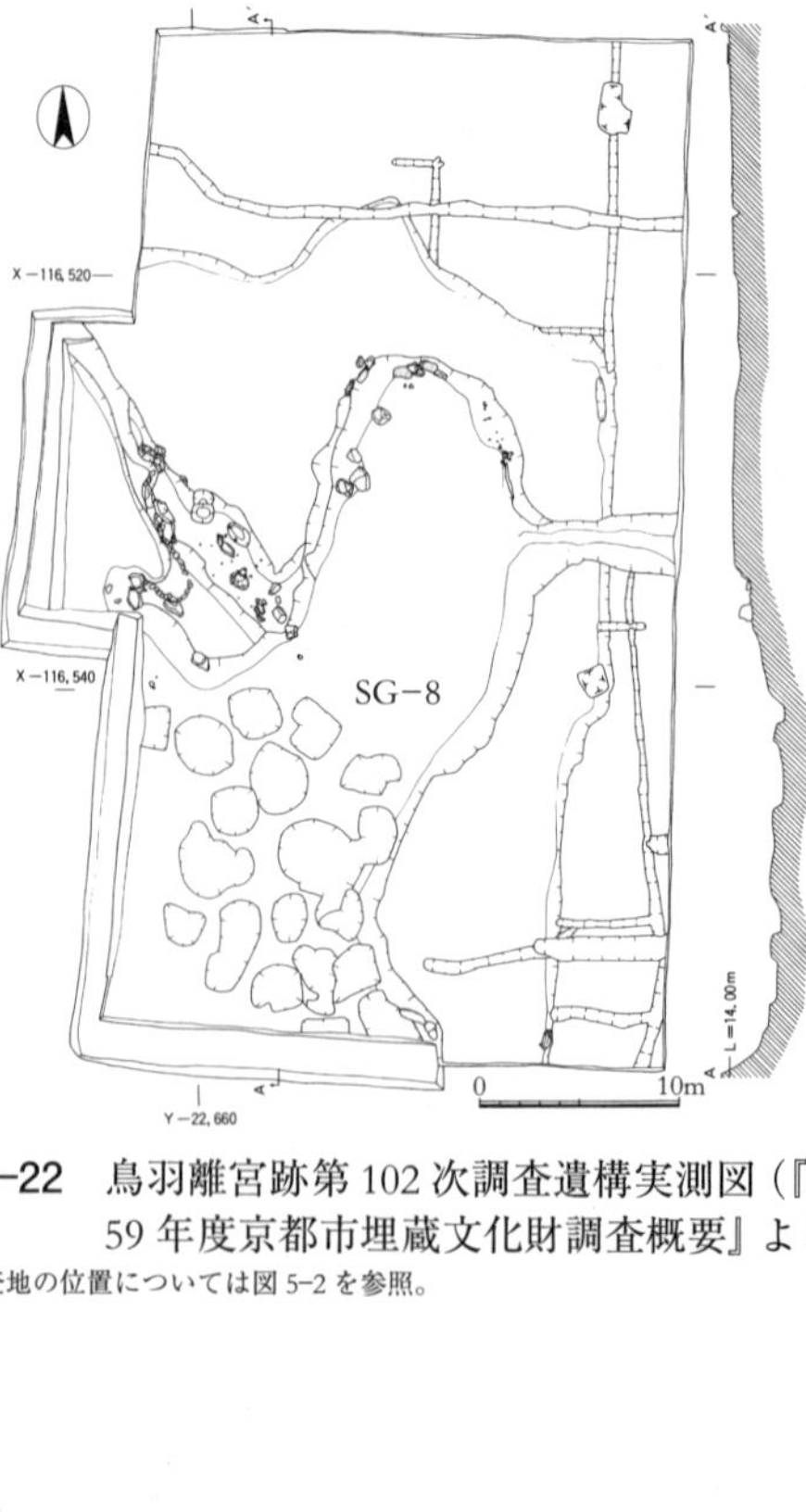

図 3–22　鳥羽離宮跡第 102 次調査遺構実測図（『昭和 59 年度京都市埋蔵文化財調査概要』より

※調査地の位置については図 5–2 を参照。

ることや規模が小さく部分的な掘り込みである点で事例1とは違いがみられる。

事例3　〈10　四条第〉左京四条三坊四町　園池（図3-15・図3-16）

四町では南東隅で園池が検出されているが、その南東岸下部には「逆L形」に折れる溝（溝1）が掘り込まれていた。[19] 断面形は逆台形を呈し、幅一・五メートルで深さ〇・五メートルある。報告では「施工に関連する施設の可能性もある。」と評価されている。

事例4　〈鳥羽離宮跡〉第95次調査　島（図3-20・図3-21）

園池内に設けられた島の遺構を検出したが、島を構築するに際し下部に布掘り状の掘り込みがみられた。[20]「この島は池を掘り窪める際に布掘りをおこない、その後、版築によって構築している」とされている。[21]

事例5　〈鳥羽離宮跡〉第102次調査　池SG-8（図3-22）

池底で不定形の掘り込みを一八箇所以上検出している。[22] これらは池底のみに掘られており、池肩には及ばない。形状からは土取穴のようであり、池底の粘土が採掘された跡のようにみえる。後の報告では「池底に蜂巣状に掘られた土壙群を調査した。これは、後世に粘土を採掘するために掘られたもので、池とは全く無関係である。」とする。[23] これは池の機能が停止した後に掘られたという意味であろう。前の四者とは性格が異なることは確かであろう。

第四節　平安時代前期・中期の建物配置について

平安京跡の調査では、特に右京域において平安時代前期・中期の掘立柱建物が検出されるのが通有となっている。これらの建物配置は、平安時代の貴族の代表的な建築様式である「寝殿造建物配置」に至る上での祖形となるものであるが、一般に「寝殿造」と呼べるものとはなお開きが大きい（第二章参照）。一方で、平安京内で検出される掘立柱建物の配置には、典型例を元にしたパターン化が認められる。ここでは、一町単位の宅地班給事例として紹介されることが多い平安京右京六条一坊五町の調査例（以下、右京六条一坊五町調査例）をモデルとして提示した上で、平安京内の別地点で検出された建物群との比較を行ったのち、前期・中期の遺構配置について予察を行う。

1　右京六条一坊五町調査例（図3-23）

モデルとして提示した調査事例の概要を説明する。この調査は一九八七年に実施されたもので、一町のほぼ全域を調査対象とし、全域で建物群を検出したことから一町班給の宅地例として著名となった[24]。五町の南北ほぼ中央にある東西の柵27を境に南北に二分できると考える。南北両方の配置は、東西棟を中心に両側に南北棟を配置する点では共通するが、柵27以南では建物すべてに庇が付き互いの建物が廊で連結されることから「プレ寝殿造」的な配置であり、「ハレ」の場であったと評価される。これに対し、柵27以北の建物は庇付きが少なく規模が小さいことから、家政的な空間で「ケ」の場であったと推定される。

平安京内で検出される建物配置は、この「ハレ」と「ケ」の配置に類似するものが多いことを、以下で解説する。しかし、改めて考えると「ハレ」の場と想定される契機となった「廊」の遺構については、それが検出されないと「ハレ」と「ケ」の区別は意外と難しいことがわかる。モデルとした右京六条一坊五町調査例は、廊の遺構が検出されたことによって上記の推定が可能となったわけであるが、仮に「廊」が削平されていたなら、ここで検出された遺構は、単なる「建物群」として評価されていたに違いない。そのことの可否も含めて以下で検討してみる。

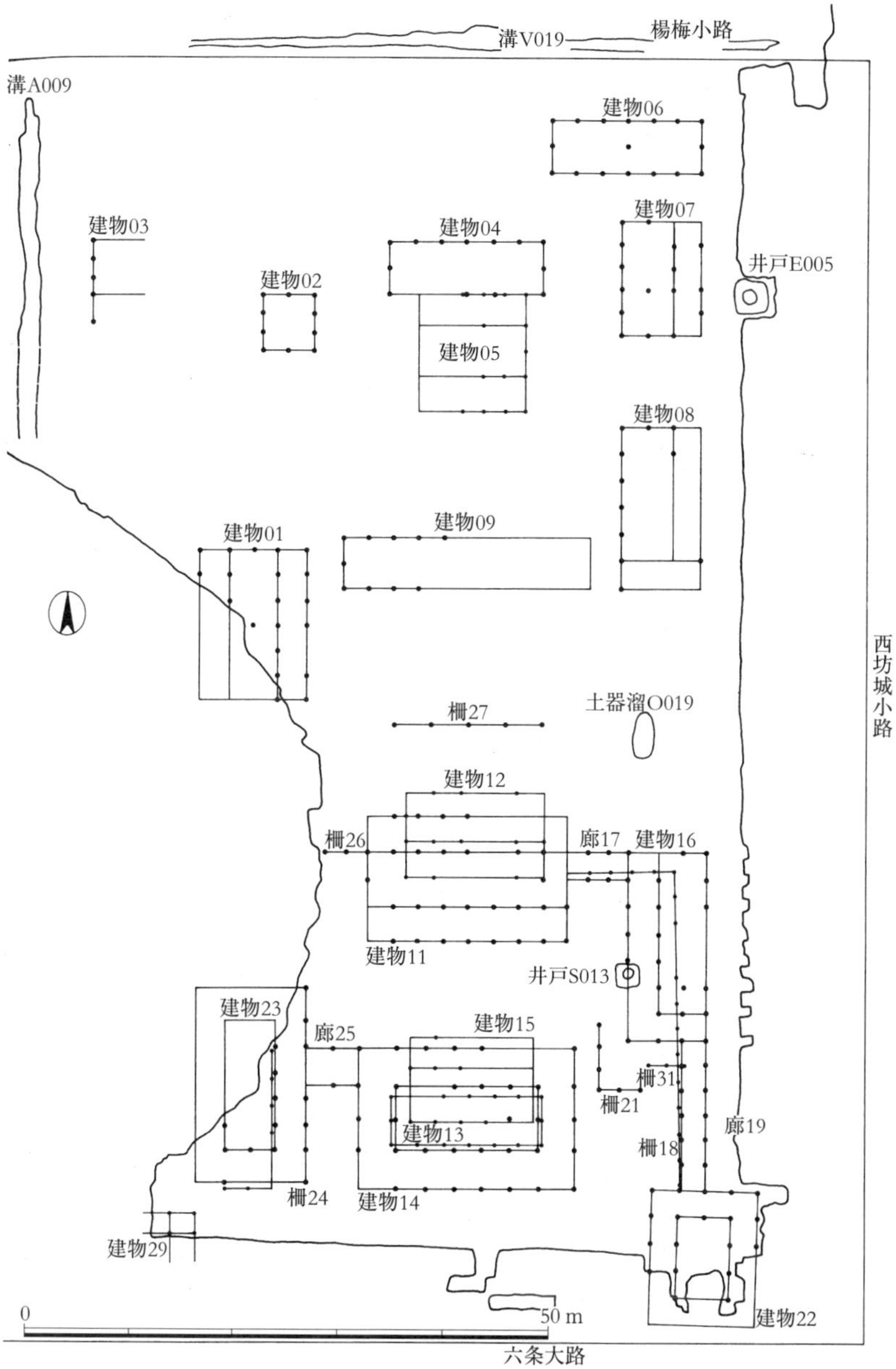

図 3-23　右京六条一坊五町の建物配置図（『平安京右京六条一坊』より）

2　平安京内の別地点の建物群との比較

事例1　右京一条三坊三町（図3-24・図3-25）

二〇〇六年に町の南東隅を調査し、九世紀後半から十世紀後半に属する建物群が検出されている。[25] 東西建物1・2の両側には南北建物が配置される。東西建物2は四面庇付建物で、ここでの主殿に相当するものであり、この場合も右京六条一坊五町調査例の「ハレ」の部分に該当することになる。北側に「ケ」の空間を想定すると、四分の一町の宅地班給が勘解由小路に面してコンパクトに収まっていたのであろう。

事例2　右京二条三坊一町（図3-26・図3-27）

一九八五年に町の西半中央部が調査され、前期から中期の建物群が検出されている。[26] 東西建物SB3・7の東に南北建物SB13・8・9・10・15が配置される。報告では1期―5期までに細分されているが、実際は多くが同時併存していたとみるのがよいであろう。そう考えると、東西棟SB3を主殿、東側の南北棟を脇殿的な建物とみて、基本的には右京六条一坊五町調査例に共通することになる。[27]

事例3　右京二条三坊十五町（図3-28・図3-29）

一九八五年に調査されたもので、町の北東寄りで九世紀中頃から十世紀中頃までの東西建物と南北建物が重複した状態で検出されている。[28] 報告では3期の細分案が示されているが、東西棟SB6は三面庇付建物、SB5は南庇付建物である点で、右京六条一坊五町調査例の東西建物14（寝殿）・建物11（北殿）に相当する。また東側の南北棟SB3は二面庇付建物である点で、同調査事例の南北建物16に相当する。これらも同時併存していたと考えると、その配置は右京六条一坊五町調査例のプレ寝殿造配置に共通するものであり、同調査事例がけっして希有でないことを

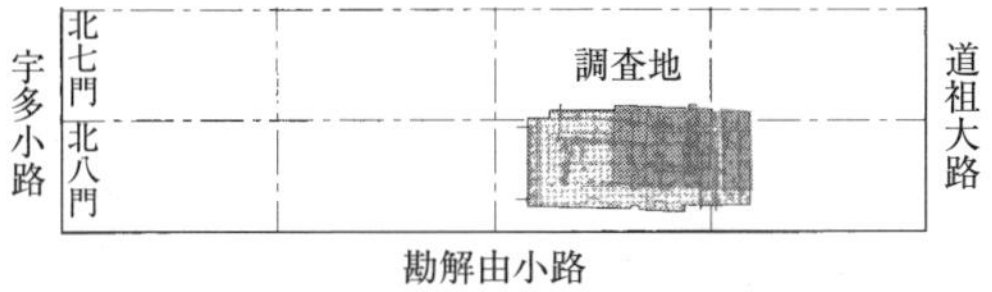

図 3-24　右京一条三坊三町の四行八門の位置（『平安京右京一条三坊三町跡』より）

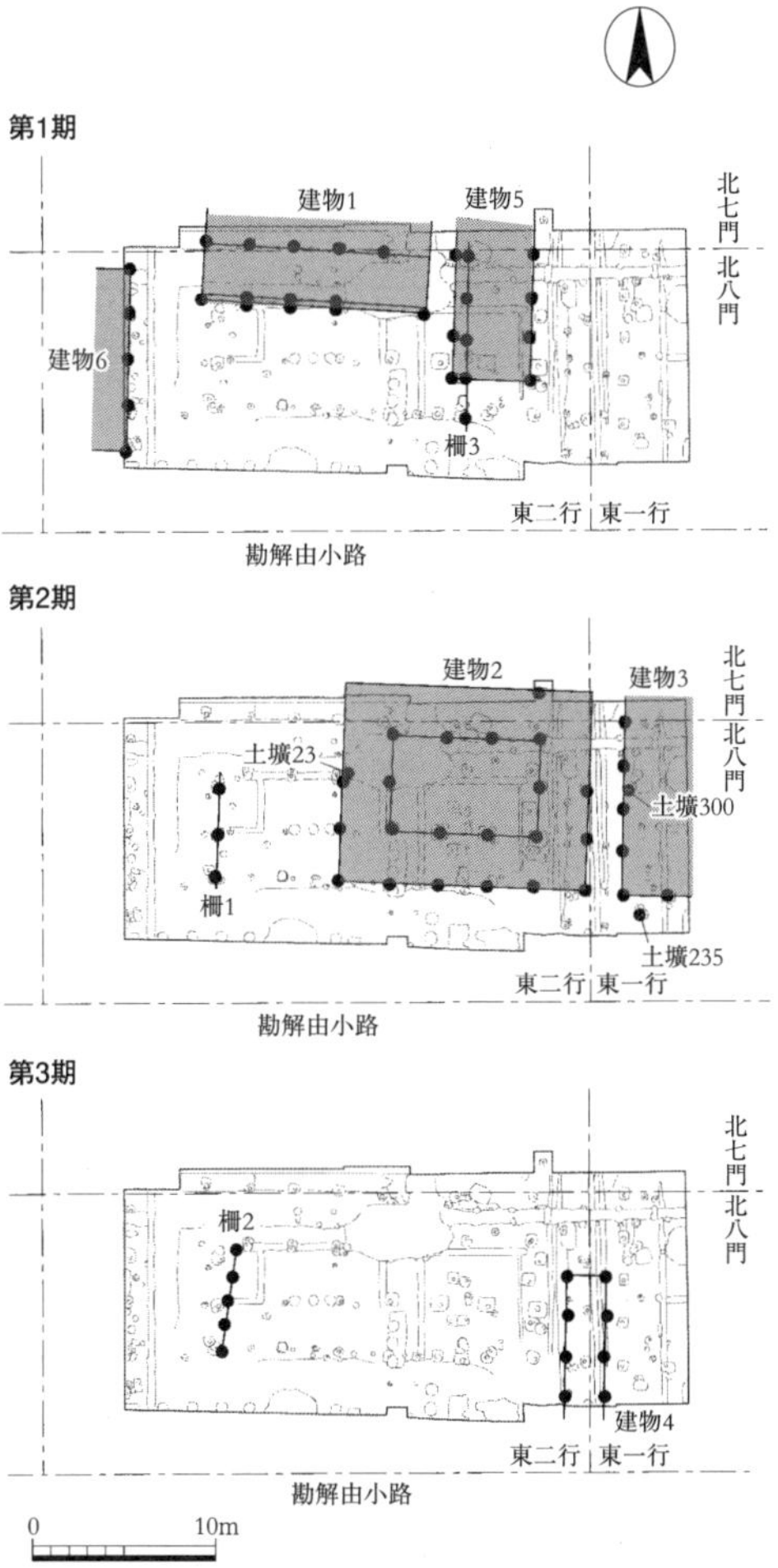

図 3-25　右京一条三坊三町変遷図（同上書より調製）

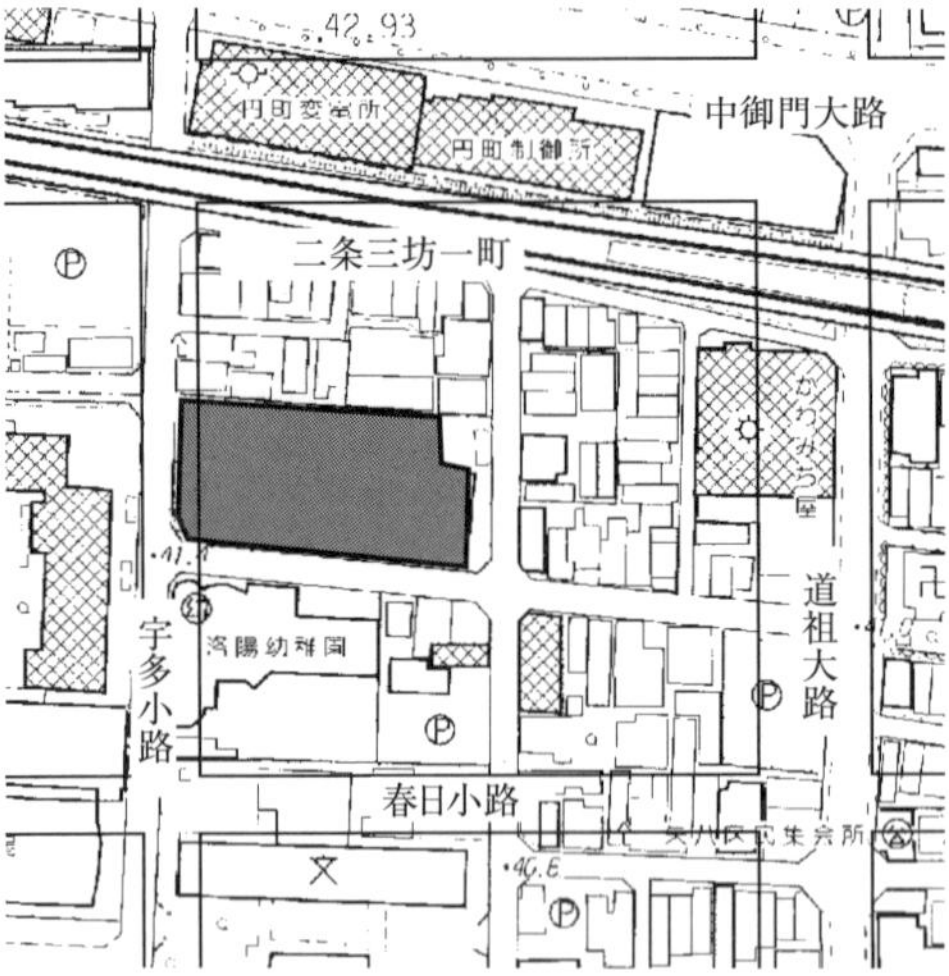

図 3-26　右京二条三坊一町調査位置図（『昭和 60 年度京都市埋蔵文化財調査概要』より調製）

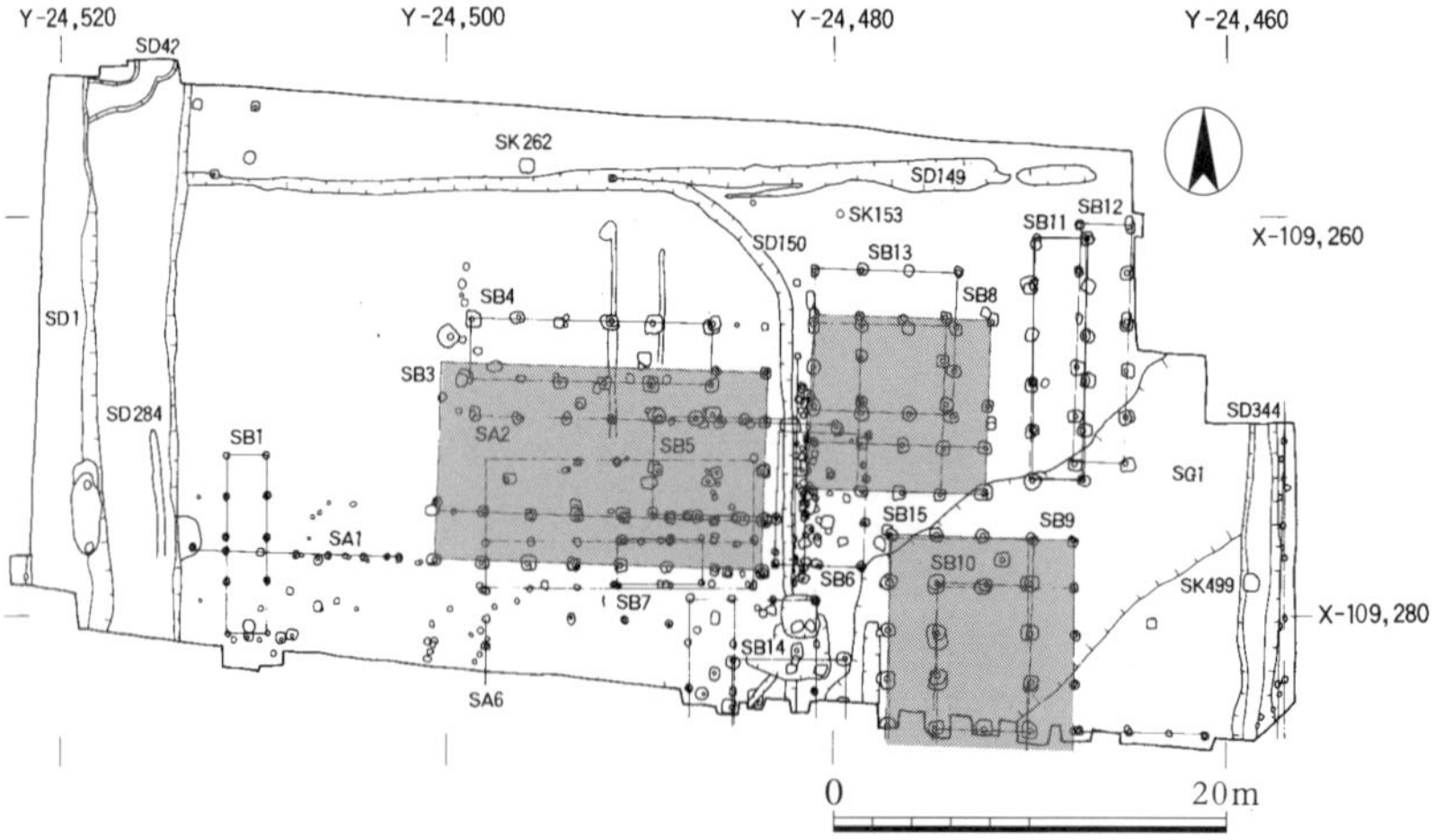

図 3-27　右京二条三坊一町遺構配置図（同上書より調製）

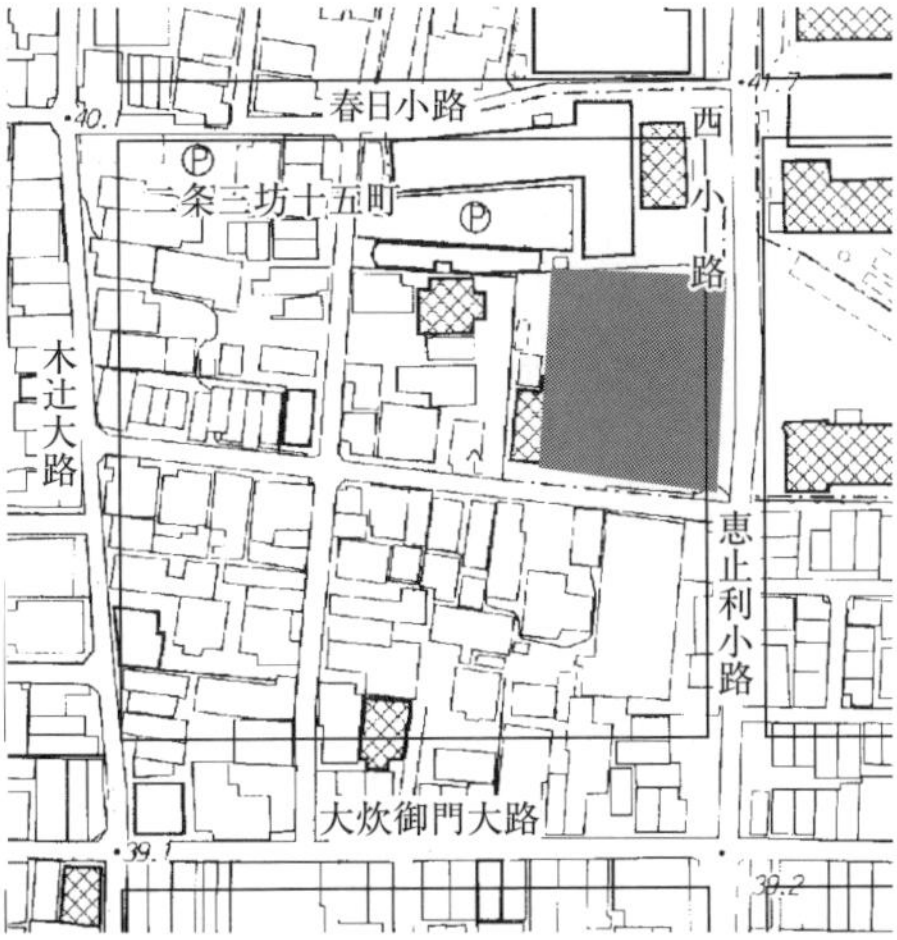

図 3–28　右京二条三坊十五町調査位置図（『昭和 60 年度京都市埋蔵文化財調査概要』より調製）

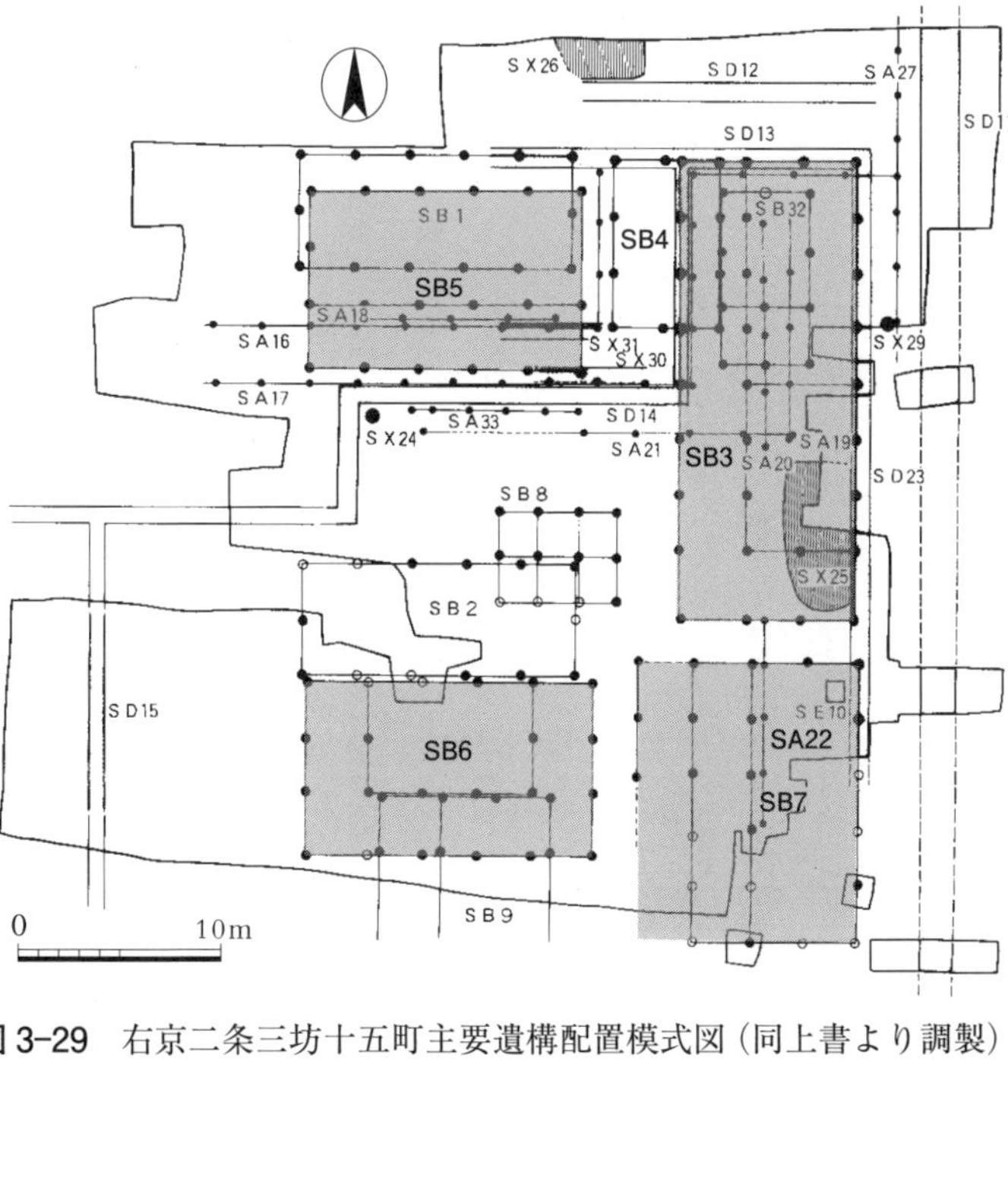

図 3–29　右京二条三坊十五町主要遺構配置模式図（同上書より調製）

示す事例ともいえる。また「廊」との関連でいえば、SB4として復元されたものはSB5とSB3をつなぐ位置にあり、SA22として復元されたものもSB3とSB7をつなぐ位置にある。また主殿とみるSB6の東脇殿にあたるSB7は西に孫庇が復元されているが、この状態では軒を接することから建物相互が連接していた可能性も考えられる。以上の三箇所は、「廊」としては認識されていないがそれを連想させるものがあり、注視されるべきであろう。

事例4　右京五条三坊三町（図3-30・図3-31）

二〇〇五年に町の東半中央部を調査し、九世紀初頭から十世紀初めまでの東西・南北建物と溝などが検出されている。[29] 報告では4期の細分案が提示され、最後の時期には溝で囲まれる配置が復元されている。東西棟の両側に南北棟が配置される点は共通しており、既に記述してきた建物配置に属することは明白である。推定するに、宅地は三町の東半を占める二分の一町班給であり、検出した東西建物は「ケ」での主殿的な建物に相当し、南半には「ハレ」に相当する建物群が展開するのではなかろうか。

事例5　右京六条一坊十四町（図3-32・図3-33）

平成四年（一九九二）・六年（一九九四）・七年（一九九五）と平成二十年（二〇〇八）に調査され、九世紀代の遺構が検出されている。[30] 東西棟・南北棟の他には門状の遺構がある。二〇〇九年二月に実施された現地説明会資料では、3期の細分案が提示されている。中央の斜め方位の川跡は機能しており、宅地はそれを避けて東側に展開していたようである。また一九九二年の調査で検出したSB5・SB7がここでの主殿に相当し、西側には小規模な東西棟や南北棟が、北側には東西棟が中心軸を揃えて配置される。東西棟の間には塀1・2があり、北半と南半が分離されていたようにみえる。斜め河川によって宅地が制限されていたことや中央の東西柵（塀）の存在は、右京六条一坊五町調査例に基本的に類似するものであり、それよりも建物規模がやや小さい宅地事例と評価できるのではないか。

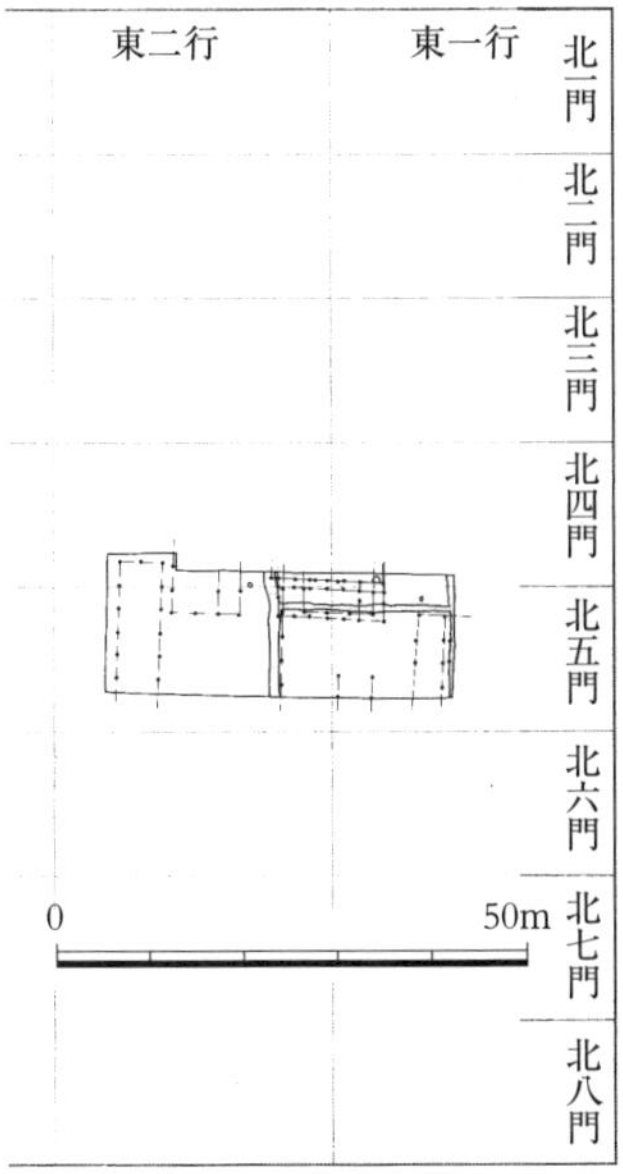

図 3-30　右京五条三坊三町の四行八門の位置（『平安京右京五条三坊三町跡』より）

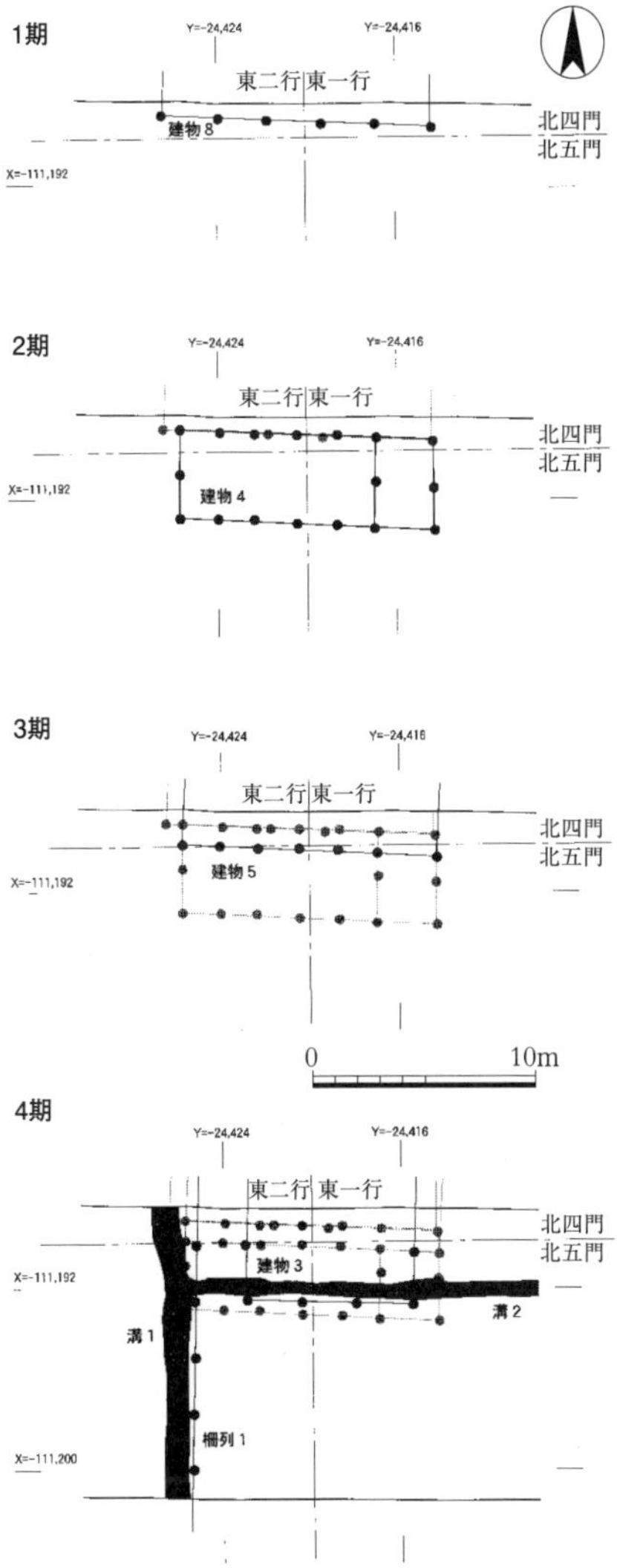

図 3-31　右京五条三坊三町建物変遷図（『平安京右京五条三坊三町跡』より）

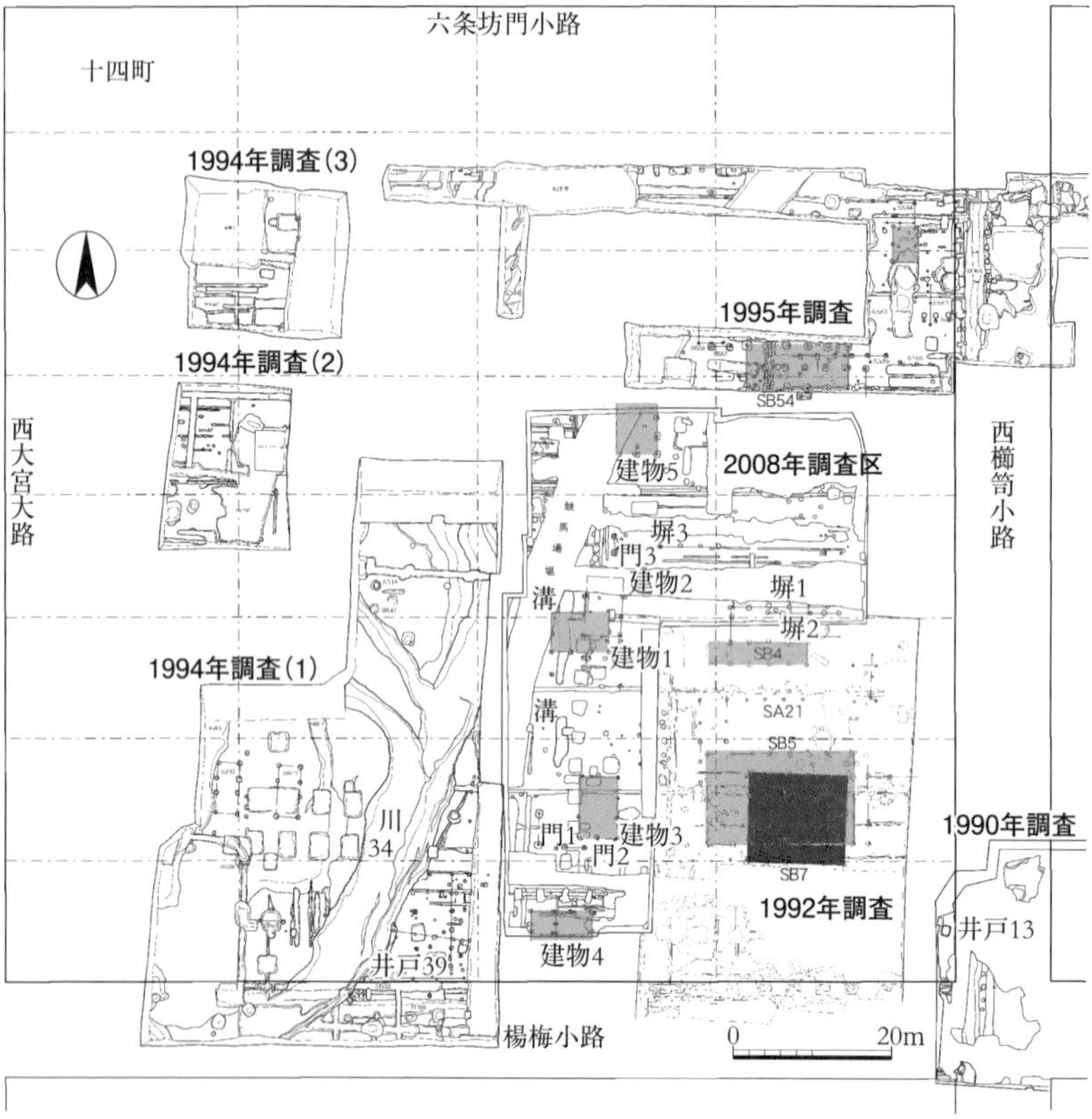

図 3-32　右京六条一坊十四町遺構配置図（「現地説明会資料」2009 年 2 月 14 日より調製）

図 3-33　右京六条一坊十四町変遷図（同上資料より）

事例6　右京六条三坊四町（図3-34・図3-35）

一九九三年から一九九五年にかけて古代文化調査会によって調査されたもので、南北方向にほぼ一町の範囲で調査が実施されている[31]。報告によると遺構は2時期の変遷が想定されており、東西の小径で南北に二分された状態から、中央に池を配置した一町班給の宅地へ変遷したとされる。建物の配置を見ると、Ⅱ期の配置は右京六条一坊五町調査例に類似しており、北半は「ケ」、南半は「ハレ」の場として利用されたと解釈できる[32]。そうすると、Ⅰ期の配置は小径の北側では四分の一町の宅地割であり、この場合も右京六条一坊五町調査例の「ケ」に類似していたことがわかる。

おわりに

以上、平安時代の貴族の住まいを理解する上で重要な平安時代前期・中期の遺構について検討してきた。最後にそれらを整理し、若干の私見を述べて結びとしたい。

①平安時代前期・中期の掘立柱建物による宅地配置は、十世紀後半頃までは実態がよく判明しているが、それ以後は検出例が乏しくなる。特に右京域では検出例そのものが乏しくなる。左京域も同様で顕著な調査成果は得られていない。

②十一世紀以後の建物検出例が乏しい点が最大の問題点となっている。この点が、寝殿造配置の成立と町家構造への変質という、京都が王朝文化と庶民文化の両極に分化する核心部分を不明確なものにしている。

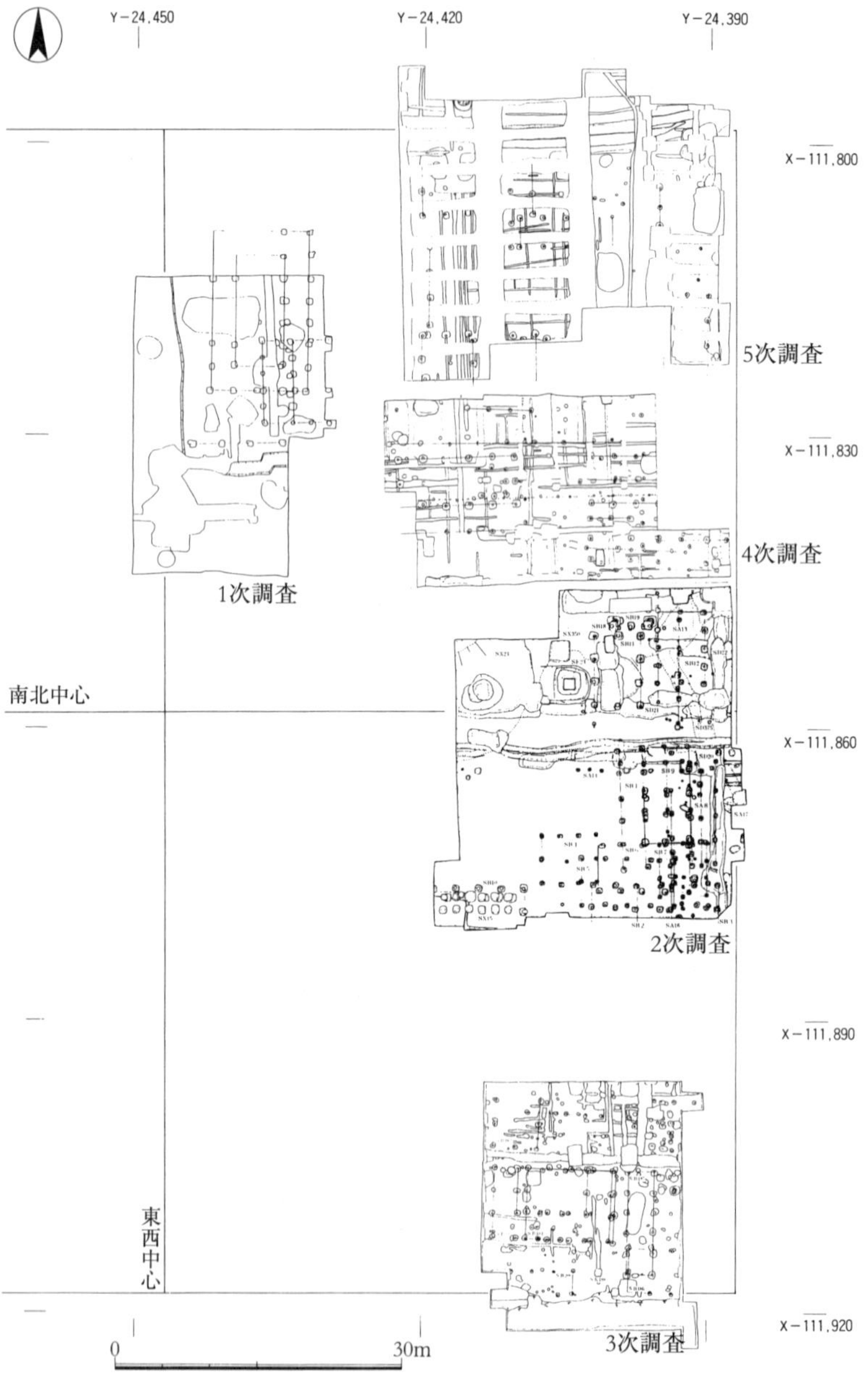

図 3-34　右京六条三坊四町遺構配置図（『平安京右京六条三坊』より）

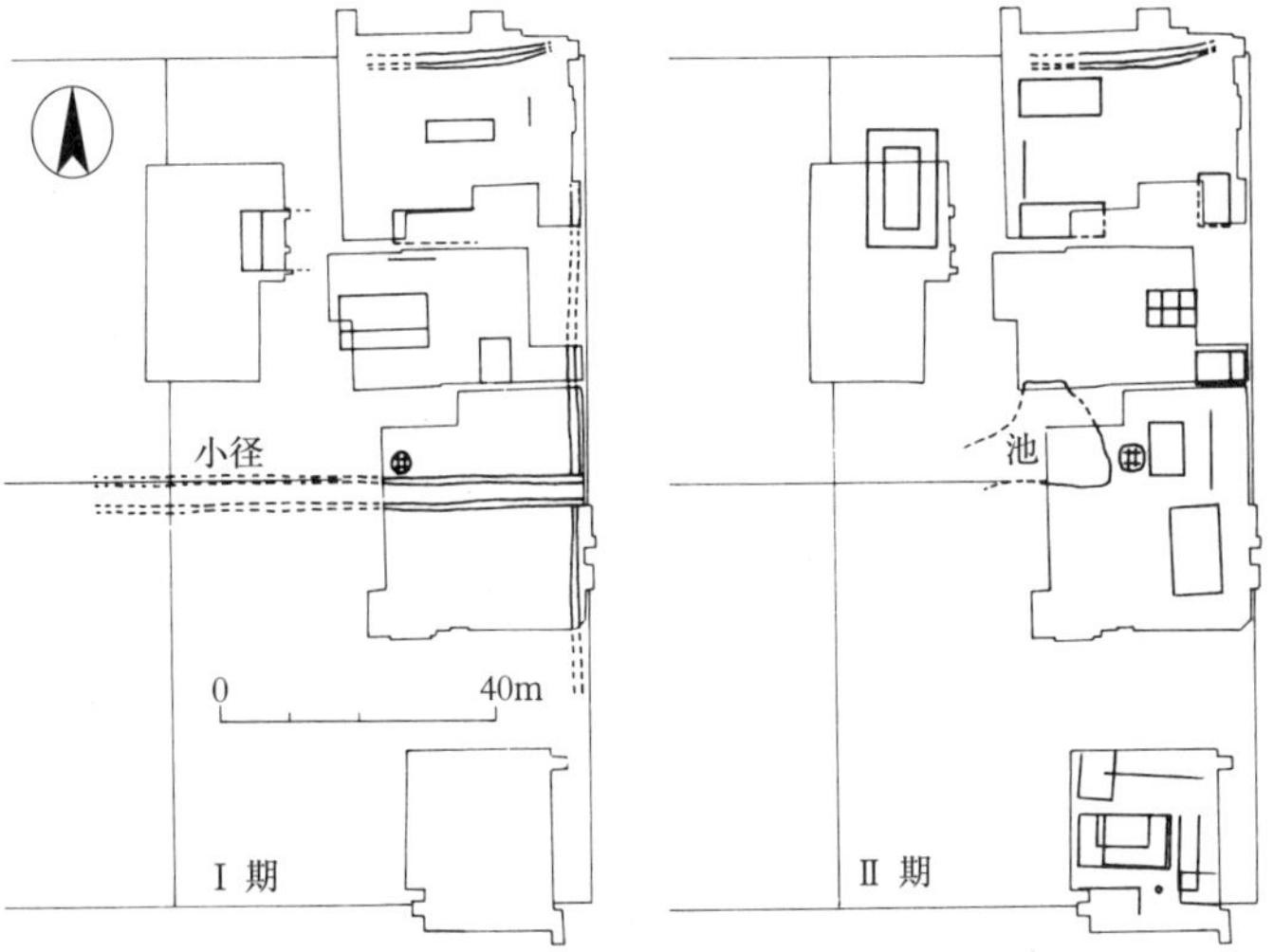

図 3-35　右京六条三坊四町遺構変遷図（『平安京右京六条三坊』より）

③右京六条一坊五町で確認されたプレ寝殿造の建物配置は、京内で普遍的にみる建物配置であり、けっして例外的なものではない。多くの場合、その一部を検出しながらも調査面積が狭いことから全体が俯瞰できていないのである。

④寝殿造建物配置については、廊の遺構の有無によって判断が大きく異なる。廊の遺構は削平される可能性がもっとも高く、調査担当者も見逃す場合が多い。本来はもっと多くの調査地に存在したことを想定すべきである。

第三章　註

（1）「皇居年表」『京都の歴史10　年表・事典』（學藝書林、一九七六年）、京都便覧三六頁、並びに、橋本義彦著「歴代皇居略年表」『平安貴族』（平凡社選書97、一九八六年）、一七四頁、などを参照した。

（2）山田邦和「第二部　第3章　左京と右京」（『平安京提要』、角川書店、一九九四年）、一七一―三五八頁。

（3）九条家本『延喜式』左京図には該当位置に「小六角」の書き込みがあり、十町を二分していたように見られたが、調査ではこの位置に道路跡を検出し、実際には六条坊門小路を北側に迂回させていたことが実証された。内田好昭「小六条殿と街路のつけかえ」（リーフレット京都No.44、京都市考古資料館・京都市埋蔵文化財研究所、一九九二年）。

（4）菅田薫ほか「左京三条二坊」（『昭和五十八年度京都市埋蔵文化財調査概要』、京都市埋蔵文化財研究所、一九八五年）、一七頁。

（5）鈴木久男「平安時代庭園の施工技術」（『研究紀要』第二号、京都市埋蔵文化財研究所、一九九六年）、九一・九七頁。

（6）丸川義広ほか『平安京左京三条二坊十町（堀河院）跡』（京都市埋蔵文化財研究所発掘調査報告二〇〇七―一七、京都市埋蔵文化財研究所、二〇〇八年。

（7）『平安京左京二条二坊十町「高陽院」発掘調査現地説明会資料』（二〇〇五年九月十日、京都市埋蔵文化財研究所）。その他に、鈴木久男「平安時代庭園の施工技術」前掲（註5）の八九・九七頁。網伸也「賀陽親王邸宅・初期高陽院」（『古代庭園に関する研究会（平成19年度）資料集――平安時代前期庭園の遺構と貴族邸宅』、奈良文化財研究所文化遺産部、二〇〇七年）、二五頁などによる。

（8）池底の高さが異なることを別池とみる根拠とするのであるが、堰などで水位が調整されておれば、連続する池であったことも想定すべきである。

（9）平田泰ほか『史跡旧二条離宮（二条城）』（京都市埋蔵文化財研究所発掘調査概報二〇〇一―一五、京都市埋蔵文化財研究所、二〇〇三年）。また、鈴木久男「平安京冷泉院跡の庭園遺構」（『古代庭園に関する研究会（平成19年度）資料集――平安時代前期庭園の遺構と貴族邸宅』前掲（註7））、八頁を参照。

（10）鈴木久男「平安京冷泉院跡の庭園遺構」前掲（註9）の九頁。

（11）上村和直ほか「左京二条二坊（2）」（『昭和五十七年度京都市埋蔵文化財調査概要』、京都市埋蔵文化財研究所、一九八四年）、ほか。

（12）菅田薫『平安京左京六条四坊三町跡』（京都市埋蔵文化財研究所発掘調査報告二〇〇六―二九、京都市埋蔵文化財研究所、二〇〇七年）。

（13）二〇〇八年十一月九日「居住と住宅」研究会での西山良平氏のコメント。序章註25参照。

（14）中井勝治ほか『平安京左京四条三坊四町・烏丸綾小路遺跡』（株式会社日開調査設計コンサルタント文化財調査報告書　第2集、株式会社ニッセン・株式会社日開調査設計コンサルタント、二〇〇七年）。

（15）家崎孝治『平安京左京三条三坊十五町――ニチコン株式会社本社新築に伴う調査』（古代文化調査会、二〇〇四年）。

（16）丸川義広ほか『平安京左京三条二坊十町（堀河院）跡』前掲（註6）、九六頁。
（17）上野勝之「付章1　池1570下部地業出土の木簡について」（『平安京左京三条二坊十町（堀河院）跡』前掲（註6））、一二四頁。
（18）網伸也「賀陽親王邸宅・初期高陽院」前掲（註7）、二六・三一頁。
（19）中井勝治ほか『平安京左京四条三坊四町・烏丸綾小路遺跡』前掲（註14）、図版6・53による。
（20）吉崎伸ほか「第95次調査」（『昭和五十八年度京都市埋蔵文化財調査概要』、京都市埋蔵文化財研究所、一九八五年）、七八頁。
（21）鈴木久男「平安時代庭園の施工技術」前掲（註5）、一一九頁。
（22）鈴木久男ほか「鳥羽離宮跡第102次調査」（『昭和五十九年度京都市埋蔵文化財調査概要』、京都市埋蔵文化財研究所、一九八七年）、五六頁に平面実測図が掲載されているが、穴の記述はない。
（23）前田義明ほか『鳥羽離宮跡Ⅰ――金剛心院跡の調査』（京都市埋蔵文化財研究所調査報告　第20冊、京都市埋蔵文化財研究所、二〇〇二年）、二五頁。
（24）梅川光隆ほか『平安京右京六条一坊――平安時代前期邸宅跡の調査』（京都市埋蔵文化財研究所調査報告　第11冊、京都市埋蔵文化財研究所、一九九二年）。
（25）能芝妙子『平安京右京一条三坊三町跡』（京都市埋蔵文化財研究所発掘調査報告　二〇〇六―一一、京都市埋蔵文化財研究所、二〇〇七年）。
（26）堀内明博ほか「平安京右京二条三坊1」（『昭和六十年度京都市埋蔵文化財調査概要』京都市埋蔵文化財研究所、一九八八年）、三六頁。
（27）あるいは南北棟で三面に庇を持つSB9を主殿、北側の東西棟SB3を脇殿とみて西面配置の可能性も想定されるが、平安京内の宅地配置は南面していたと想定されるため、西面配置を想定することには無理があろう。またこの報告では、SB1・4・11・12など幅一間の建物が復元されるが、これらは建物の一部が残存したものであり、実態を示すものではないであろう。
（28）平尾政幸ほか「平安京右京二条三坊3」（『昭和六十年度京都市埋蔵文化財調査概要』、京都市埋蔵文化財研究所、一九八八年）、四二頁。
（29）東洋一ほか『平安京右京五条三坊三町跡』（京都市埋蔵文化財研究所発掘調査報告　二〇〇五―一一、京都市埋蔵文化財研究所、二〇〇五年）。

（30）『平安京右京六条一坊十四町現地説明会資料』（二〇〇九年二月十四日、京都市埋蔵文化財研究所）。

（31）家崎孝治ほか『平安京右京六条三坊 ―― ローム株式会社社屋新築に伴う調査』（古代文化調査会、一九九八年）。

（32）あるいは中央部に池を配置することを重視すれば、北半が「ハレ」の場であった可能性も考えられが、この場合は主殿に相当する東西建物が検出されていない点に問題を残す。一方、西端には四面庇付の南北棟が存在するが、右京六条一坊五町調査例でもハレの南西部に四面庇付南北棟（建物23）が存在するため、この建物を主殿に充てるのには無理があろう。

第二部　貴族の住まいの移り変わり

第四章　平城京における宅地の構造・分布・変遷

家原圭太

はじめに

日本において、律令国家の成立や変遷と、都城制は密接な関係にあった。これは、都城が「律令」という当時の基本法典を具現化する装置の一つとして捉えられていた面があったためであると考えられる。

特に日本の古代都城の成立と変遷において、条坊制が施行されたことは大きな画期の一つである。条坊制は、南北道路と東西道路によって碁盤目状に土地を区画し、街区をつくるものである。この条坊制施行の重要性は以下の二点にまとめることができよう。

一点目は、条坊街路の施工である。条坊街路を施工することにより、京内と京外を明確に区別した。岸俊男氏は、「京」と「国」が互いに相対する全く別の体系の行政組織であることを指摘している。(1) すなわち、条坊制の施行された「京」は独自の行政領域として設定されていたのである。また、条坊街路には大路や小路があり、路面幅により差をつけている。特に平城京の朱雀大路は、幅約七四・五メートル(二一〇大尺)あり、約六〜七メートル(二〇尺)の小路とは大きな違いがある。これは道路幅の広狭により格差をつけることを目的としていたものと考えられる。(2)

二点目は、道路によって区画された街区ができたことである。この街区はほぼ均等に土地を分割し、官人などの居住空間である宅地や、寺院、官衙などをとりこんだ。宅地については律令国家から位階に応じて広さが決められ、「班給」という形で官人たちに割り当てられた。このことにより、「京」は整然とした都市空間を形成していた。

このように条坊制は単純に土地を区画するだけのものではなく、人民支配までも意識したものであった。本章では、このような点をふまえ京内の宅地に焦点をあて、そこに現された律令国家の政治的意図を明らかにしていきたい。

第一節　先行研究と分析の視点

1　先行研究

古代都城における宅地の既往研究は、多くの視点から行われている。その中心となっているのは、発掘調査で見つかった建物の配置を分類し、その性格について迫ろうとする研究や(3)、文献史料と発掘調査成果を加味し、宅地の班給やその分布について言及した研究(4)などである。こういった研究は、宅地を諸指標によって分類し、その性格を検討しようとする方法や、平城京における宅地の変遷を追究する視角など、継承すべき点が少なくない。

また、律令国家と宅地との関わりについては山中敏史氏と寺崎保広氏により次のような指摘がされている。

山中氏は宅地の規模や京内の分布状況は、上級貴族から下層の京戸に至る位階の序列が、「京」という空間に視覚的に表現されていたことを示している、としている(5)。寺崎氏は、平城京の宅地の広さやその分布について、藤原京や難波京のような形で文献に明記されていないが、一定の基準があったことは確かであるとし、平城京の居住についても政治性ないし階層性が強く窺える、とする(6)。

こうした律令国家と宅地との関係を論じた研究は、都城の性格の一端を論じた先駆的な研究視角を提示したものとして評価できるだろう。

ただし、これらの指摘では、律令国家の政治的な意図、位階の序列や階層性が京内宅地のどのような点にどの程度反映されているのかについては具体的に示されていない。

2　本章における分析の視点

以上のような先行研究をふまえ、本章では、次のような新たな視点から具体的な分析を進めることとしたい。

・宅地の大きさと大路・小路といった条坊道路との位置関係がどのような対応関係にあるのか。
・宅地における門の位置について、条坊との関係や、居住者の位階がいかに反映されているのか。
・門型式。門の構造・格式と宅地との関わりがどのような関係にあるのか。
・宅地割が時期を経るにしたがって、いかに変化するのか、もしくは変化しないのか。
・京内では宅地の規模によって、どのような分布をしているのか。また、時期により変化があるのか。

このような視点にたち、本章では日本の都城の中でも、発掘調査により宅地の様相が最も明らかになっている平城京内の調査例を主に取りあげ、具体的な検討を行う[7]。

なお、本章では居住者の位階や居住地の敷地面積に関係なく、官人や京戸に班給された土地と、そこに設けられた建物・井戸などの諸施設を含む概念として「宅地」の語を用いる。また、条坊制の一町[8]以上を占地し、高位貴族が居住していたと思われる宅地に限り「邸宅」という言葉も用いることとした。

また、京内の宅地について検討する際に問題となるのは、発掘された遺跡が邸宅か京内官衙・離宮かの判断である。この点については、これまでにも建物配置や出土遺物などから検討されている。本章では既往の研究を参考に、平城宮式の瓦が出土することや、主屋域が回廊で囲繞されていることなどから左京二条二坊十二坪（Ⅱ期）・左京三条二坊六坪（C～E期）・左京五条二坊十四坪（B・C期）については京内官衙・離宮と判断し、宅地としての分析対象からは除外する。[9] ただし、今回除外しなかった例の中にも、まだ京内官衙などが含まれている可能性もあるが、今回は宅地（邸宅）として分析対象に含めることとした。

第二節　宅地と条坊

平城京の条坊は一辺約一三三メートル（三七五大尺）の等分線を基準とし、そこから左右に路面幅を設定する方法をとっている。このような条坊区画割は「分割型」と呼ばれ、平安京で見られる同じ面積の宅地を集めた方法で設定された「集積型」と区別されている。[10]

「分割型」の場合、路面幅の広狭により、宅地の大きさが変わるといった特徴がある。すなわち、大路に面している宅地は狭くなり、小路に面する宅地は広くなる。平城京の場合、条坊道路を大路や条・坊間路、小路に大別できるが、これらの中でも道路幅の違いがあったことが、近年の発掘調査により明らかにされている。[11] 後述するように、大路に面する宅地には、三位以上の貴族のみ大路に門を開けることができるといった規制があり、大路に門を開くことが、その宅地の居住者の位階を示す要素になっていた。しかし、大路に面する宅地は、その他の坪よりも面積が狭くなるという矛盾を抱えていた。ここでは、貴族邸宅が大路に面することを優先するのか、それとも面積の広さを重視して小路や条・坊間路に面する宅地が選ばれたのかを分析していきたい。

まず、一つの坊内にある一六の坪を大路、条・坊間路、小路に面することにより三つの類型に大別する（図4－1）。

［A類］二面を大路、二面を小路に面する。1・4・13・16坪が該当。

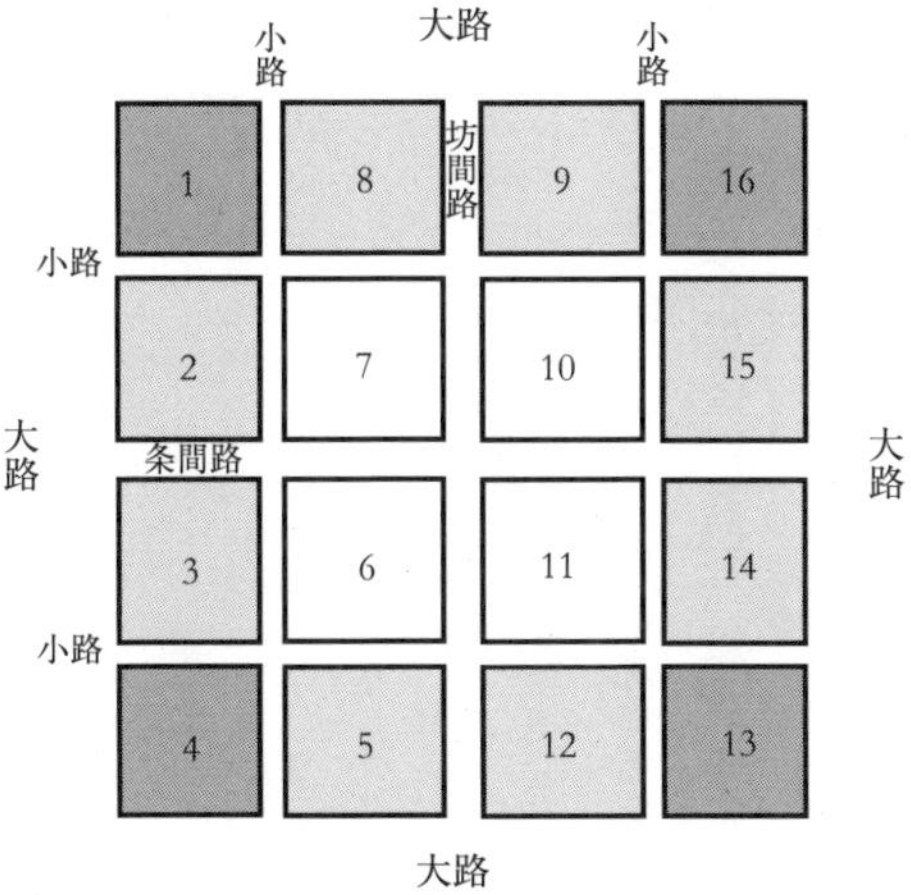

図 4-1　坪配置模式図（左京）

［B類］一面を大路、一面を条・坊間路、二面を小路に面する。
2・3・5・8・9・12・14・15坪が該当。

［C類］二面を条・坊間路、二面を小路に面する。6・7・10・
11坪が該当。

つぎに、発掘調査により宅地の規模が一町以上占地することが明らかになっている三六例をA～C類にあてはめると、A類は一四例（三八・九％）、B類は一六例（四四・四％）、C類は六例（一六・七％）となっている。一方、一町未満の宅地では二六例のうち、A類は七例（二六・九％）、B類は一二例（四六・二％）、C類は七例（二六・九％）となっている（表4-1）。

このように、一町以上を占める宅地ではA・B類が八三・三％を占め、大多数の場合大路に面する坪を占地していた事がわかる。また、一町以上を占める宅地でC類に分類される例は六例（一六・七％）あるが、これらの宅地は一町以上を占地するものの、宅地内に配する建物の規模は三×二間のように小規模なものが多く、左京三条二坊一・二・七・八坪や左京三条二坊十五坪のように大規模な建物を整然と配した例とは大きく異なる。すなわち、一町以上の宅地でも、A・B類といった大路に面する坪に占地する例は、宅地内の建物の規模が

表 4-1　平城京の宅地規模と坊内の位置

	1町以上		1町未満	
	件数	%	件数	%
A類	14	38.9	7	26.9
B類	16	44.4	12	46.2
C類	6	16.7	7	26.9

*A，B，C類については本文参照

大きく、逆にC類のものは建物が小規模なものが多いといった特徴を見出すことができるのではなかろうか。建物の規模には宅地の居住者の位階が反映されている可能性が高く[12]、A・B類の居住者はC類の居住者よりも位階が高いと考えられる。したがって、位階の高い貴族の邸宅は、大路の路面幅によって坪内の面積が狭くなってはいても、大路に面する坪が優先的に選ばれる傾向があったとみることができる。貴族は宅地を班給される際、単純に宅地面積の広い坪を班給されたのではなく、大路に面するか否かも班給基準の一つになっていたものと考えられる。

一方、一町未満の宅地では大路に面する例が一町以上の宅地の場合よりも少ないことがわかる。ただし、C類よりもB類が多く、A類もC類と同数存在する。これはA・B類が一つの坊の16坪中12坪と七五％を占めていることによるものと考えられるが、一方で一町未満の宅地であっても、大路に面することが一般的にあったことを示すものである。したがって、中・小規模宅地であっても大路に面して宅地を営んではいけないといった規制はなかったものと考えられる。宅地班給に際し、貴族のように位階の高い人たちが、大路に面したA・B類を優先的に班給され、その後、中・下級官人が残りのA・B類とC類を与えられたのではないかと想定される。

第三節　宅地と門

1　門の位置

大路に門を開くか、条・坊間路、小路に門を開くかは、その宅地の居住者の位階を知る手がかりになる。『続日本紀』天平三年（七三一）九月戊申条には「左右京職言《もう》さく、「三位已上の宅門を大路に建つること、先に已に聴許す。未審し。身薨せば、宅門若為《いか》にか処分せむ」とまうす。勅したまはく、「亡《う》せし者の宅門は、建つる例に在らず」とのたまふ。」とあり、三位以上の貴族は大路に門を開くことができたことがわかる。同様の規定は『延喜式』や『日本三代実録』にもあり⒀、平安京でもこの規定が継承されていたと考えられる。

大路に開く門

平城京において、大路に門を開くのは左京二条二坊五坪ｂ期のＳＢ5315A、ｃ期のＳＢ5315B、ｄ・ｅ期のＳＢ5320、ｆ期のＳＢ5325、左京三条二坊一・二・七・八坪Ａ～Ｃ期のＳＢ5090、左京五条四坊十六坪のＳＡ202、右京二条三坊四坪Ｃ期のＳＢ237である（図4－2）。

宅地の規模を見てみると、左京二条二坊五坪⒁は藤原麻呂邸に比定されており、一町以上を占地していた可能性が高い。左京三条二坊一・二・七・八坪Ａ・Ｂ期⒂は長屋王邸、Ｃ期は皇后宮に比定されており、四町を占地していた。左京五条四坊十六坪⒃は、当該報告書によると1／2町占地とされているが、宅地を南北に1／2町に分けるＳＤ106と門ＳＡ202は重複しており、同時併存していないものとみられる。ＳＡ202の時期は一町占地であったとみるべきであ

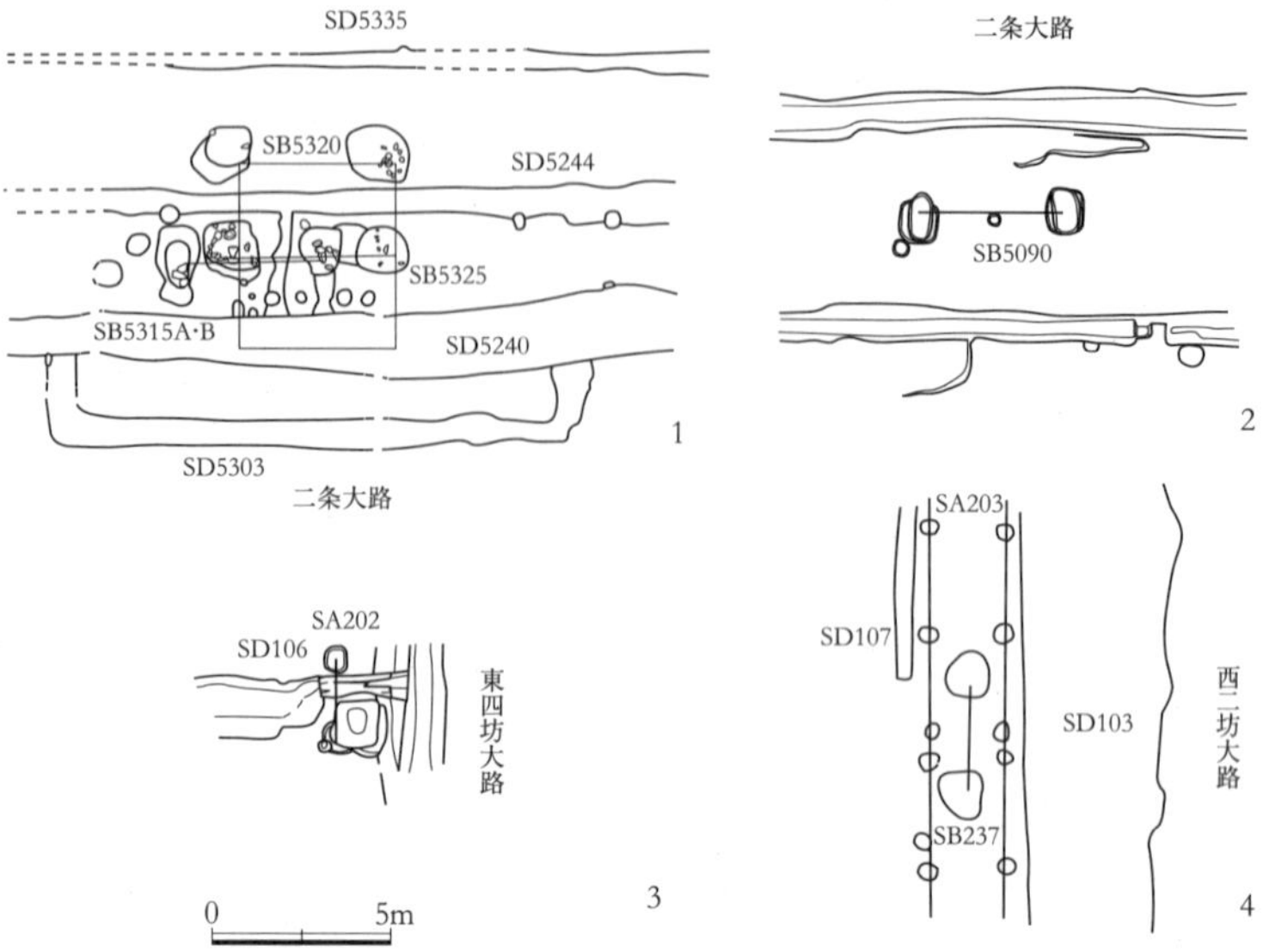

1　左京二条二坊五坪（b–f 期）　2　左京三条二坊一・二・七・八坪（A–C 期）
3　左京五条四坊十六坪　4　右京二条三坊四坪（C 期）

図 4–2　大路に開く門（1，2 は『平城京左京二条二坊・三条二坊発掘調査報告 ── 長屋王邸・藤原麻呂邸の調査』，3 は『奈良市埋蔵文化財調査概要報告書　平成 13 年度』，4 は『奈良市埋蔵文化財調査概要報告書　平成 5 年度』より）

ろう。右京二条三坊四坪[17]は一町占地であり、宅地の北半には多くの甕据付穴を伴う建物をコの字型に配置する。この宅地は、酒造りに関わる特殊な様相を示す。

以上のように大路に門を開く例は一町以上を占地する、もしくは、その可能性が高いといえる。また、宅地内の建物規模についても大規模な建物を配することから、三位以上の貴族邸宅である可能性が高い。

条・坊間路、小路に開く門

一方、一町以上を占地し、大路に面した宅地でありながら、大路に門は開かず、小路や条・坊間路に門を開く例が二例見られる。左京七条一坊十六坪、右京三条三坊一坪である。『続日本紀』天平三年の大路に門を開くのは三位以上という記述と、五位以上が一町占地という宅地班給基準から居住者の位階は五位以上、三位以下であった可能性がある。宅地内の建物の規模を見ても、大路に門を開く例よりも小規模である。

中・小規模宅地の門

中・小規模宅地の門の位置については、大路に面した門は、現在のところ見つかっていない。しかし、前述したように中・小規模宅地でも大路に面して宅地を営む例があるため、宅地割の方法と門の位置が問題になるだろう。門の開く位置を見てみると、条・坊間路が七例（一四％）、小路が二五例（五一％）、坪内道路が一七例（三五％）である。おそらく、それぞれの宅地ごとに建物配置や条坊との関係により門の開く位置が決められたと考えられる。条・坊間路や小路に門を開けることが可能な状況の宅地は、一般的には条・坊間路や小路に門を設置し、それが不可能な場合は、坪内道路に門を開いたものと考えられる。『続日本紀』天平三年の記述を遵守する一方で、宅地割を工夫していたことがわかる。このように坪内道路を通す方法は平安京では四行八門制（図1-2参照）となり、整然とした宅地割として継承されていく。

以上のように、平城京では、大路に門を開く例は、いずれも三位以上の貴族邸宅であり、四位以下の場合、大路には門を開かず、条・坊間路や小路から進入するか、坪内道路から進入する方法がとられていたことが発掘調査例から窺える。この結果は、『続日本紀』天平三年の規定が、遵守されていたことを示唆する。坊内における宅地の位置や宅地の広さだけでなく、門の開く位置においても位階による規制が及んでおり、宅地の広さと対応して道路の格差も意識されていたのであろう。

2　門形式

発掘調査で見つかっている門には、二本柱の門（棟門・築地門）・四脚門・八脚門・五間門・七間門といった形式のものがある。規模が大きくなると上部構造は荘厳になるため、格が高くなるといえる。平城京においては、羅城門が七間門に想定されており、最大の規模を誇っていた。羅城門は平城京に入る正門であり、視覚的な効果を狙ったのであろう。このように門は単に出入り口という機能だけでなく、その形式により権威を示す装置としての機能も持っていた。

平城京の貴族邸宅においても、特に正門については格の高い門形式であったと推測され、前述した門の位置と同様に、門形式によって居住者の位階などが反映されていたのではないかと考えられる。

表4-2　平城京の門形式

	件数	%
二本柱の門	72	95
四脚門	1	1
その他	3	4

平城京内の宅地で検出している門のうち条坊や坪内道路に開く門は七六例ある。これらを平面形式で分類すると、四脚門が一例（一％）、二本柱の門（棟門・築地門）が七二例（九五％）、その他が三例（四％）となる（表4-2）。二本柱の門については、区画施設が掘立柱塀なら棟門となり、築地塀の場合は築地門となる。その他の中には薬医門が一例、築地や掘立柱塀の開口部二例があるが、開口部については、発掘調査データの制約があるため、今後更に検討が必要である。

門形式のデータを見ると、平城京の宅地では圧倒的に二本柱の門が多いことがわかる。また、四脚門が一例見られるが、これは前述した平城京左京二条二坊五坪d・e期のＳＢ5320であり平城京内では特殊な事例といえよう。

ただし、平城京以外の都城を見ると藤原京では右京七条一坊西南坪[18]で八脚門を、長岡京では右京二条四坊一町[19]で四脚門を、平安京では右京一条三坊九町[20]で四脚門を検出している。最も発掘調査が進んでいる平城京で、四脚門や八脚門の例が見られない理由について明確な解答をだすことは出来ないが、官衙や離宮と考えられる左京二条二坊十二坪や左京五条二坊十四坪では八脚門が、東市に想定されている左京八条三坊十一坪では四脚門が見られることから、宅地においては、門形式について何らかの規制があった可能性も考える必要があるだろう。

第四節　宅地割の実態

平城京の宅地割には、文献史料によると八町～1／64町までがあったことがわかるが、発掘調査では四町～1／32町までのものが見つかっている。これら発掘調査で見つかっている宅地には、奈良時代の中でも遺構の重複関係などから建物の建て替えや宅地割の変化などの変遷があったことが明らかにされている。例えば左京三条二坊一・二・七・八坪では、奈良時代の遺構がA期～G期まで七期に区分されている。こういった宅地の造り替えは一般的に認められ、平城京の宅地がさまざまな変遷をたどっていると考えられる。宅地割が変化している例は、宅地の居住者が変わったか、居住者の位階が変化したこと、また宅地の性格が変化した可能性などが考えられる。一方、宅地割が変化しない例や建物が何世代か継承されている例も見られ、こういった宅地は伝領された可能性があり、当時の家族形態や土地の所有形態などを知るうえで非常に重要な資料となる。

以下では、まず、宅地割に変化がないものと変化があるものについて具体的に検討し、それぞれ宅地内の建物配置や建物規模から宅地の性格が変化しているか否かを検討する。その際、宅地の時期区分については、平城宮土器編年をもとに、Ⅰ期（七一〇―七一五年）、Ⅱ期（七一六―七三〇年）、Ⅲ期（七三〇―七五〇年）、Ⅳ期（七五〇―七六〇年）、Ⅴ期（七六〇―七八四年）とする。

1　踏襲された宅地割

宅地割が変化していないものは一三例ある。

左京二条二坊十二坪では奈良時代を通じ一町占地が維持されている。Ⅱ・Ⅲ期には主屋域を回廊で囲む配置をとり、官衙もしくは離宮と考えられる。Ⅳ期になると小規模な掘立柱建物や総柱建物が散在する状況がみられ、宅地の性格が変化している(21)（図4-3）。

左京三条二坊六坪については、Ⅲ期までは宅地の中央を南北に流れる流路があり、北西部には中・小規模の建物を建てる。Ⅳ期になるとその流路は埋められ池に変化する。宅地北西部の建物群はⅢ期までは継承されるが、Ⅳ期になると大規模な南北棟建物が建てられ、池を中心とした宅地利用がされる。また、出土遺物についても、Ⅲ期までは平城京式の瓦が出土するが、Ⅳ期以降は平城宮式の瓦が出土するという変化が認められる(22)。したがってⅢ期は宅地として利用していたものが、Ⅳ期になると苑池を配置した離宮へと宅地の性格が変化したものと考えられる。

左京二条二坊十一坪、左京九条三坊三坪、左京五条二坊十六坪も建物配置や出土遺物の変化から、宅地割に変化はないが、その性格が変化したと考えられる例である。左京二条二坊十一坪と左京九条三坊三坪では、Ⅱ期もしくはⅢ期には大規模な建物を配しているが、Ⅳ期になると小規模な建物が散在する構造に変化する。

一方、Ⅱ期〜Ⅴ期までの間で宅地割に変化がなく、また、建物規模やその配置等に変化が認められず、宅地の性格が変わらなかったとみられる例がある。

左京三条二坊十五坪の宅地では、建物の建て替えはみられるが、建物を直列に並べる配置がⅡ期からⅤ期まで踏襲されており、奈良時代を通じて貴族邸宅として維持されたと考えられる(23)（図4-4）。これと同様に宅地の性格に変化

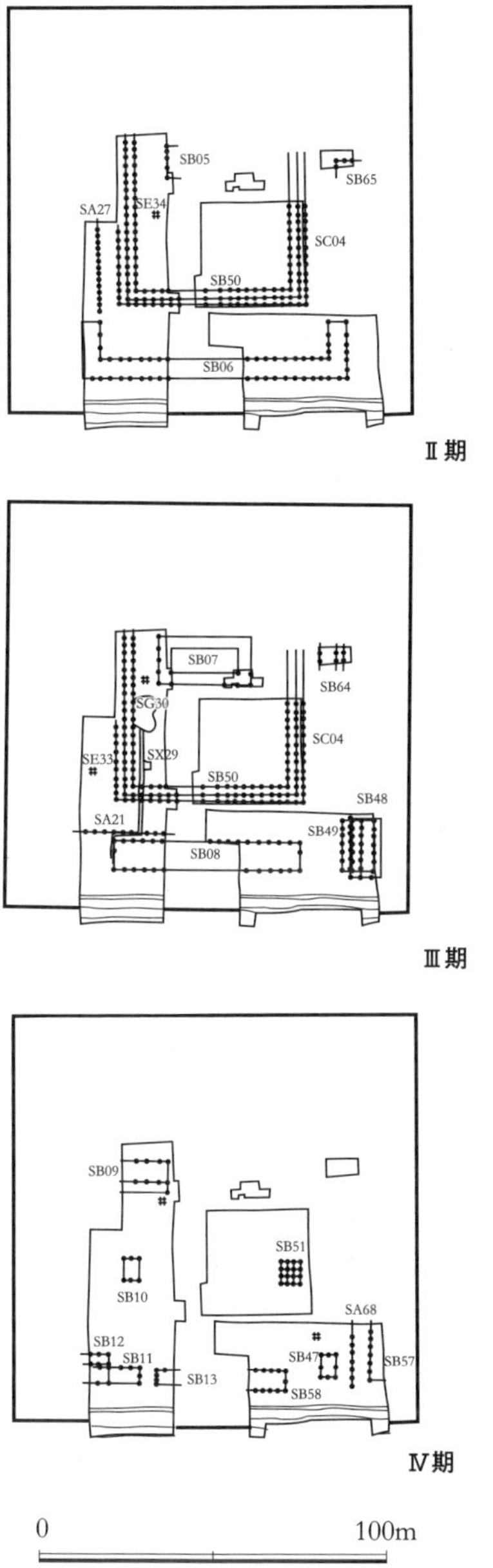

図 4-3　平城京左京二条二坊十二坪変遷図（『平城京左京二条二坊十二坪発掘調査概要』をもとに作成）

がなかったと考えられるものには、他に左京二条二坊十三坪、左京三条一坊十四坪、左京三条一坊十五坪、左京五条二坊十五坪、左京八条一坊三坪、左京八条一坊六坪、右京二条三坊二坪の例がある。

以上のように、宅地割を踏襲しているものには、宅地の性格が変化する例と変化しない例がある。性格が変化する主な例は官衙や離宮に変わったものであり、宅地として利用され続けた例の多くは、宅地内の建物の規模や建物配置にも大きな変化がみられず、建物や井戸がそのまま継承されている場合もあり、宅地の性格が変化しなかったと考えられる。そして、これら宅地割を踏襲する例は、左京二条二坊十三坪の1／2町宅地と右京二条三坊二坪の1／16町・1／4町の宅地の例を除き、全て一町以上を占める宅地もしくはその可能性が高い例である。

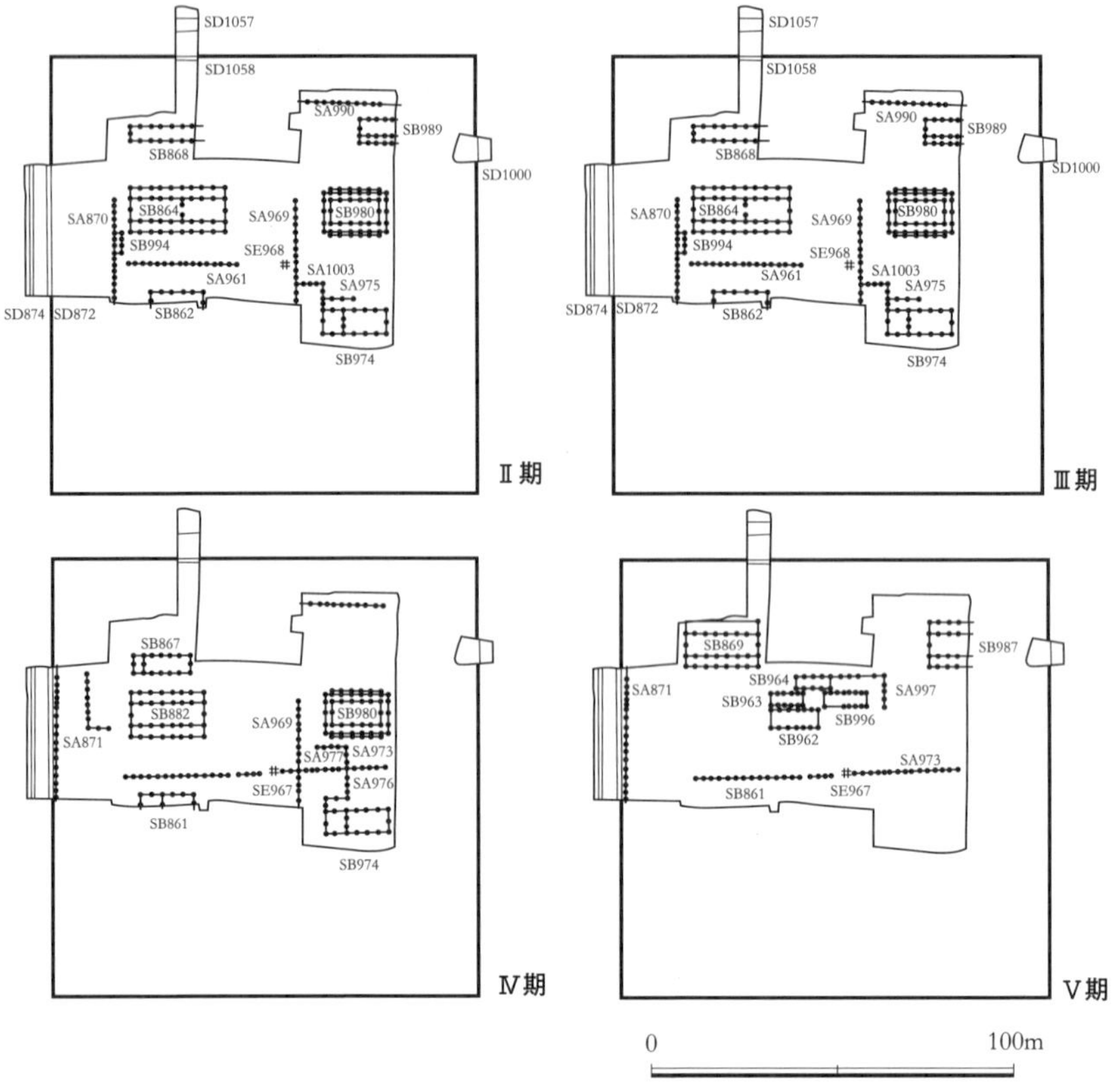

図 4-4　平城京左京三条二坊十五坪変遷図
（『平城京左京三条二坊 ── 奈良市庁舎建設地調査報告』をもとに作成）

2　変化する宅地割

拡大する宅地

宅地割が変化するもののうち宅地が拡大する例は九例ある。

左京三条四坊十二坪では、Ⅱ期に1／3町であった宅地が、Ⅲ期には1／2町もしくは一町占地になる。宅地内部については、Ⅱ期には柱筋を揃えた二棟の建物と南北塀のみであったものが、Ⅲ期になると主屋を中心としたコの字型配置に近い整然とした建物配置に変わる。主屋の構造は南廂付であることに変わりはないが、桁行が三間から七間に変わり、主屋建物の面積も広くなる。[24] この宅地ではⅡ期からⅢ期の間で宅地が拡大し、宅地の性格にも変化が認めら

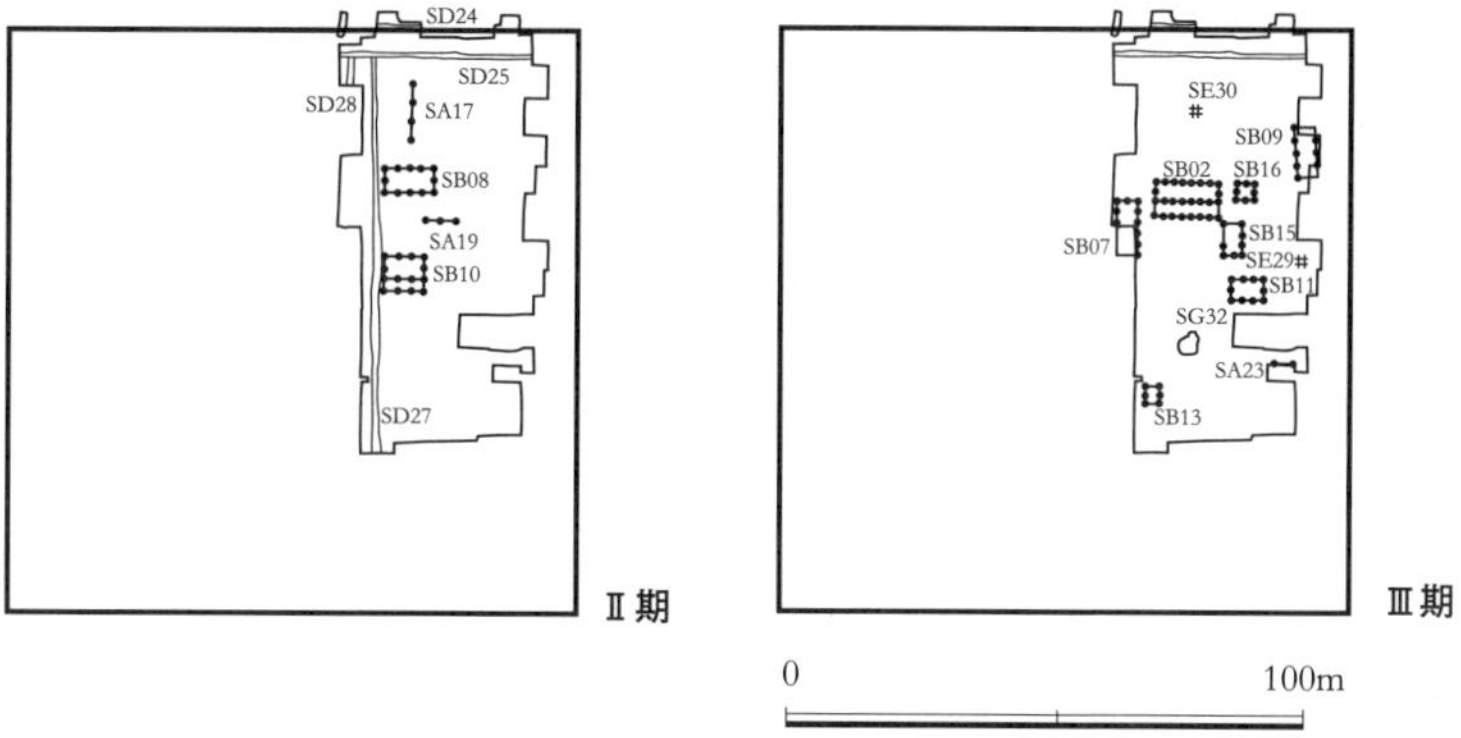

図4–5　平城京左京三条四坊十二坪変遷図（『平城京左京三条四坊十二坪発掘調査報告　奈良県文化財調査報告書　第52集』,『平城京左京三条四坊十二坪　平成18年度発掘調査報告書』をもとに作成）

れる（図4－5）。

このように、宅地割が大きくなるもので宅地内の構造が変化するものには、他に左京三条四坊七坪、左京四条二坊十五・十六坪、左京五条二坊十四坪の例がある。左京五条二坊十四坪の例ではⅡ期には1／2町と1／4町の宅地に小規模な建物を配置していたが、Ⅲ期になると一町占地に拡大し、コの字型建物配置の官衙へと変化する。

左京四条二坊は文献史料から藤原仲麻呂邸とされており、十五・十六坪でⅡ期に宅地が拡大し、Ⅲ期に宅地内の建物が大規模になるのは、仲麻呂の位階が高くなったことが反映されているのかもしれない。

こうした例に対して、左京五条一坊一・八坪では、Ⅱ期で一町占地だったものがⅢ期に二町以上の宅地に変化するが、主屋のＳＢ21と後殿のＳＢ20は継承されている[25]（図4－6）。また、左京七条一坊十六坪についても、Ⅲ期に1／2町宅地だったものがⅣ期に一町宅地に変化するが、北半に小規模な建物、南東部には南廂付の坪内最大の東西棟建物、南西部には総柱建物を配するなど基本的な構造に変化は見られない[26]。右京二条二坊十六坪、右京二条三坊三坪、右京三条三坊三坪でも、このような例は宅地割に変化があるものの宅地内の建物規模には変化がない。したがって、宅地割には変化が見られる場合でも、宅地の性格が変化していない例があったのかもしれない。

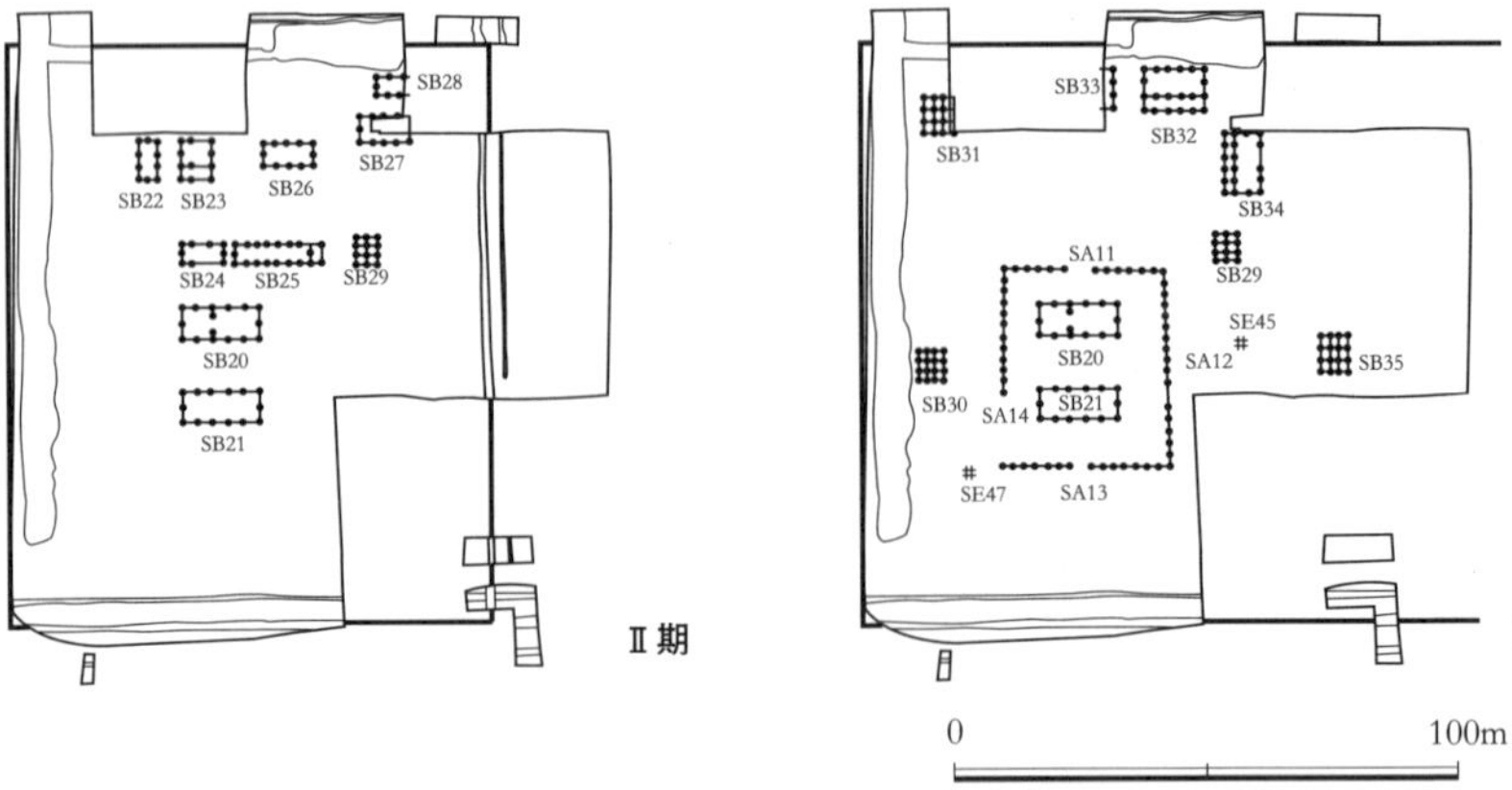

図4-6　平城京左京五条一坊一・八坪変遷図
（『奈良市埋蔵文化財調査概要報告書　昭和59年度』をもとに作成）

上記のような宅地割が拡大する例は、1／2町・1／4町といった中規模の宅地が一町以上の宅地に変化するものが多く見られる。

縮小する宅地

一方、宅地が小さくなる例もある。左京九条三坊十坪ではⅡ期に1／8町もしくは1／16町の宅地だったものが、Ⅲ期以降になると1／32町の宅地が二区画成立し、宅地が細分化される[27]（図4-7）。右京八条一坊十三・十四坪では、Ⅲ期まで一町、1／2町であった宅地が、Ⅳ期になると1／16町や1／32町の宅地に変化する[28]。

こうした細分化傾向は、右京二条三坊十一坪、右京八条三坊九坪、右京八条三坊十坪でも見られる。平城京南辺付近や右京三坊域では、大規模・中規模の宅地が1／16、1／32町といった小規模なものに変化する傾向が認められる。また、1／16町宅地はⅡ期から見られるが、1／32町宅地はⅣ期からしか見られないという点が指摘でき、奈良時代後期になって最小単位の宅地が出現するという変化が認められる。

広狭に変動する宅地割

宅地割が一旦小さくなり、再び大きくなる複雑な変遷過程を示す例が三例見られる。

左京二条四坊一・二坪では、Ⅲ期には一坪と二坪を分ける小路が見つかっているが、その他の時期は二町以上の占地となっていた[29]。

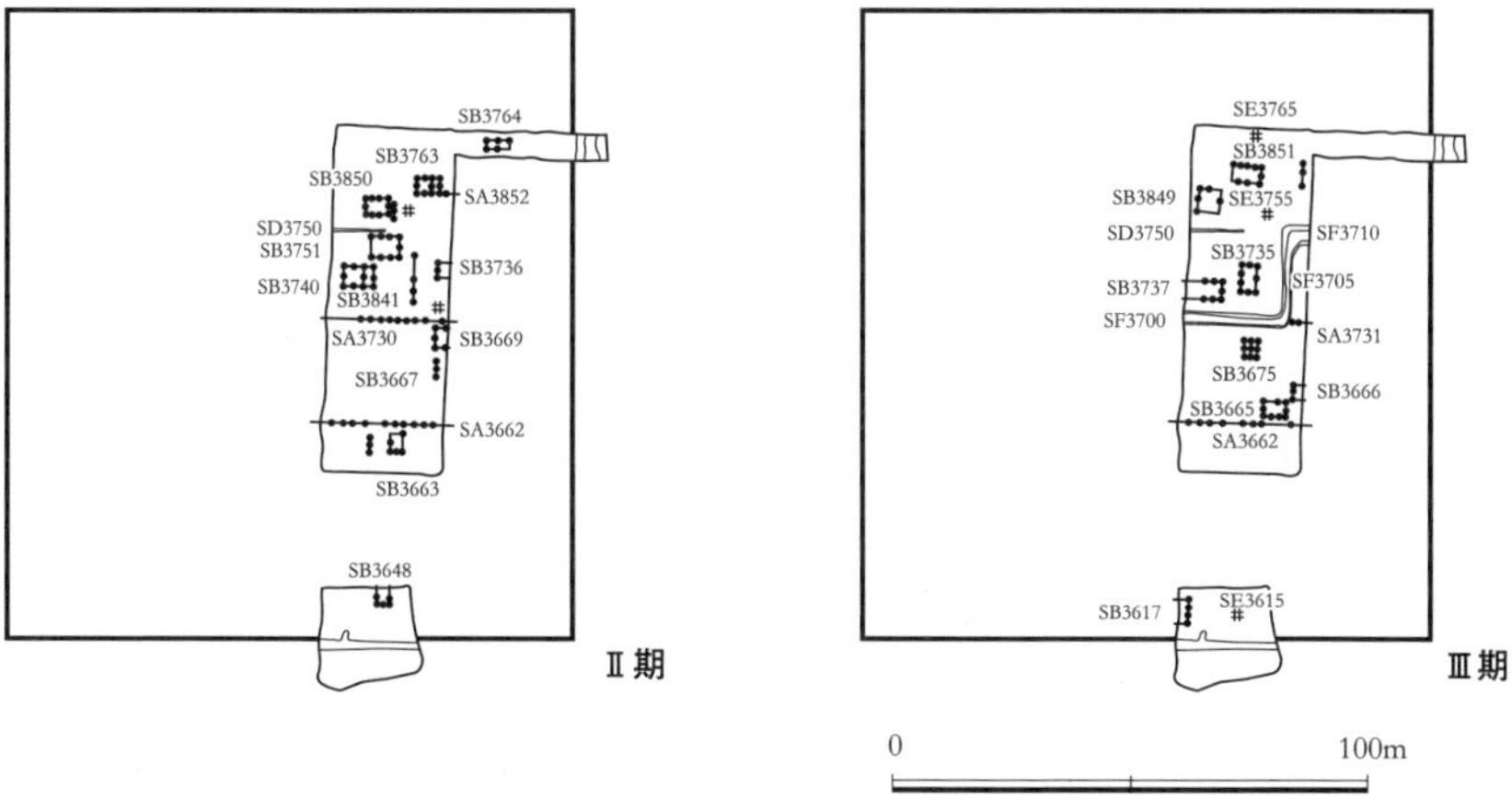

図 4-7　平城京左京九条三坊十坪変遷図
（『平城京左京九条三坊十坪発掘調査報告』をもとに作成）

左京三条二坊一・二・七・八坪では、Ⅱ期に四町の宅地であったものが、Ⅲ期には二町宅地と二つの一町宅地に分割され、Ⅳ期には四町宅地に戻り、Ⅴ期には四つの一町宅地に細分されている。報告書によれば、Ⅱ期は長屋王邸、Ⅲ期は皇后宮とされており、宅地の居住者が変化していることが明確になっている。[30]

右京三条三坊八坪では、Ⅲ期には、1／2町・1／4町に区画されるが、Ⅱ・Ⅳ期は一町占地である。[31]

第五節　宅地割りの変遷

平城京の宅地規模とその割合の変遷を表にしたのが表4-3、グラフにしたのが図4-8である。ここで、大規模宅地とは一町以上を占地する宅地、中規模宅地とは一町未満で1／8町以上の宅地、小規模宅地とは1／8町未満の宅地としている。[32]

大規模宅地を見てみると、Ⅰ期からⅣ期まで徐々にその数は増加し、Ⅴ期に若干減少する。比率ではⅡ期に大幅に下がっているが、これは中規模宅地が急増し、小規模宅地が造営されたためで、大規模宅地の実数は増加している。平城京の宅地の造営が大規模宅地か

表 4-3　平城京宅地割の変遷

	大規模宅地		中規模宅地		小規模宅地	
	件数	%	件数	%	件数	%
Ⅰ期	13	56.5	10	43.5	0	0.0
Ⅱ期	20	34.5	29	50.0	9	15.5
Ⅲ期	22	31.4	32	45.7	16	22.9
Ⅳ期	26	34.7	21	28.0	28	37.3
Ⅴ期	23	37.7	14	23.0	24	39.3

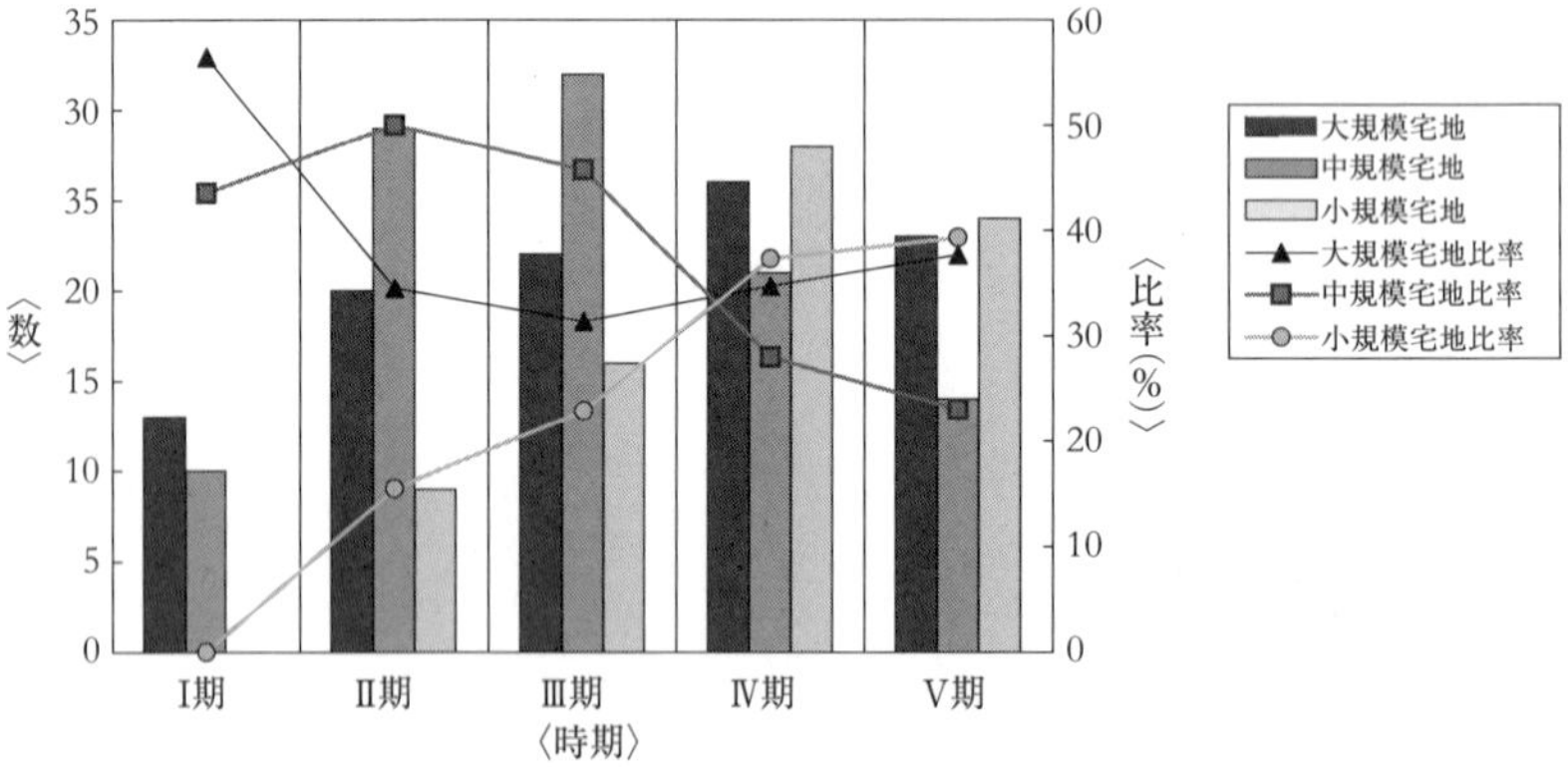

図 4-8　平城京宅地変遷グラフ

ら行われ、小規模宅地は若干遅れて造営されたことを示す。

中規模宅地はⅠ期からⅢ期まで、その数は増加するが、Ⅳ期になると一気に減少しⅤ期になると更に減少する。Ⅲ期とⅣ期の間に画期を見出せる。

小規模宅地は、Ⅱ期から出現し、Ⅳ期まで増加する。Ⅴ期には、若干減少する。Ⅳ期には大規模・中規模宅地よりも数が多くなる。

全体の比率を見てみると、Ⅲ期以降大規模宅地と小規模宅地は比率が高くなる一方で、中規模宅地は低くなる傾向が見出せる。これを前節で述べた宅地の実態と照らし合わせてみると、大規模宅地はⅡ期～Ⅴ期まで宅地の規模に変化がない例が多く、Ⅲ期以降の比率の増加は中規模宅地が統合され、大規模宅地になった結果であろう。基本的には大規模宅地の場合、宅地規模が小さくなる例は少ない。これは、宅地の伝領との関わりで興味深い。考古学的な立場から、宅地が伝領されたかどうかを明らかにすることは困難であるが、世代が変わっても、宅地の規模が変わらず、同じ建物を使用している例があることから、上級官人においては宅地を伝領していた可能性を指摘したい。また、中規模宅地が、大規模宅地に変化した例については、居住者が変わった場合と、居住者の位階が上がった可能性が考えられるだろう。

小規模宅地はⅡ期以降、増加の一途をたどる。このことは、おそらく平安京の四行八門制につながる現象と考えられる[33]。こういった小規模な宅地が増える理由の一つに挙げられているのが人口の増加である。Ⅲ期やⅣ期から初めて宅地として使われるようになる坪もあることを考慮すると、下級官人や京戸などの人口増加に対応して小規模宅地が増加したものと考えられる。また、中規模宅地を細分し、小規模宅地にした例もあり、人口増加による措置がとられたものと考えられる。

以上の検討から、Ⅲ期とⅣ期の間に中規模宅地が大規模宅地と小規模宅地に変化したものと理解すべきである。これは、奈良時代後半に階級の二極化が進んだ結果といえよう[34]。

第六節　宅地の分布とその変遷

平城京の宅地の分布から、宅地班給がどのように行われ、律令国家がどのように都市民を統治しようとしたのかを検討してみたい。先行研究では、宅地の分布については一般的に宮に近いほど上級官人が、宮から離れるほど下級官人や一般京戸が居住しているとされてきた[35]。ここでは、一歩踏み込み、時期別の分布状況、外京や北辺坊の宅地の様相、左京と右京の差異、一・二坊と三・四坊の差異などについても触れていきたい。

1　宅地の時期別分布

平城京で見つかっている宅地の大きさについて時期別の分布を示したものが図4-9・図4-10である。Ⅰ期では宅地の数が全体的に少ない。特に八条や九条といった京の縁辺部には宅地は見られない。したがって、Ⅰ期においては、京の隅々まで整備されていなかった可能性が高い。ただし、ここで注目されるのは下三橋遺跡で検出されている掘立柱建物群である。下三橋遺跡は、平城京左京十条部分で条坊道路が見つかり話題になった遺跡である。その条坊街区内からは、平城京遷都当初とみられる掘立柱建物三〇棟と井戸二基が見つかった。[36] これらの遺構の性格は十条部分の条坊の性格と深く関わっていると考えられ、一般的な宅地や、京造営のための臨時的な宿所などの可能性が指摘されている。この時期の京縁辺部の宅地状況を考慮し、これらの遺構を検討する必要があるだろう。

Ⅰ期の宅地が少ない点については、田辺征夫氏が「官人がまだ飛鳥・藤原地域から移動していなかったことによる可能性が高い」と指摘している。[37] 藤原京宅地の多くは平城宮土器編年のⅠ期に廃絶するが、右京一条一坊西南坪ではⅡ期に廃絶する。[38] これらの例は、官人が藤原京から平城京に移住する時期幅を知るのに重要な手がかりになるだろう。

また、平城宮自体、遷都後すぐに宮域全体が完成したわけではなく、東院の造営は周辺の条坊施工の実態から七一三年以降、大垣造営は築地塀の内側の掘立柱塀の存在から七一三年より古くなることはないと考えられている。また、中央区朝堂院については、和銅年間には区画施設すらなく、完成は七二四～七二九年頃とされている。[39] 宮の造営と同様に、おそらく京も遷都後少なくとも五～一〇年かけ整備されていったのではなかろうか。

Ⅰ期における宅地の分布状況を見ると左京の四条以北に多く分布していることがわかる。特に一町以上を占める大規模宅地は、左京一坊・二坊に集中して見られ、一町未満から1／8町以上の宅地は、宮から離れた場所に分布して

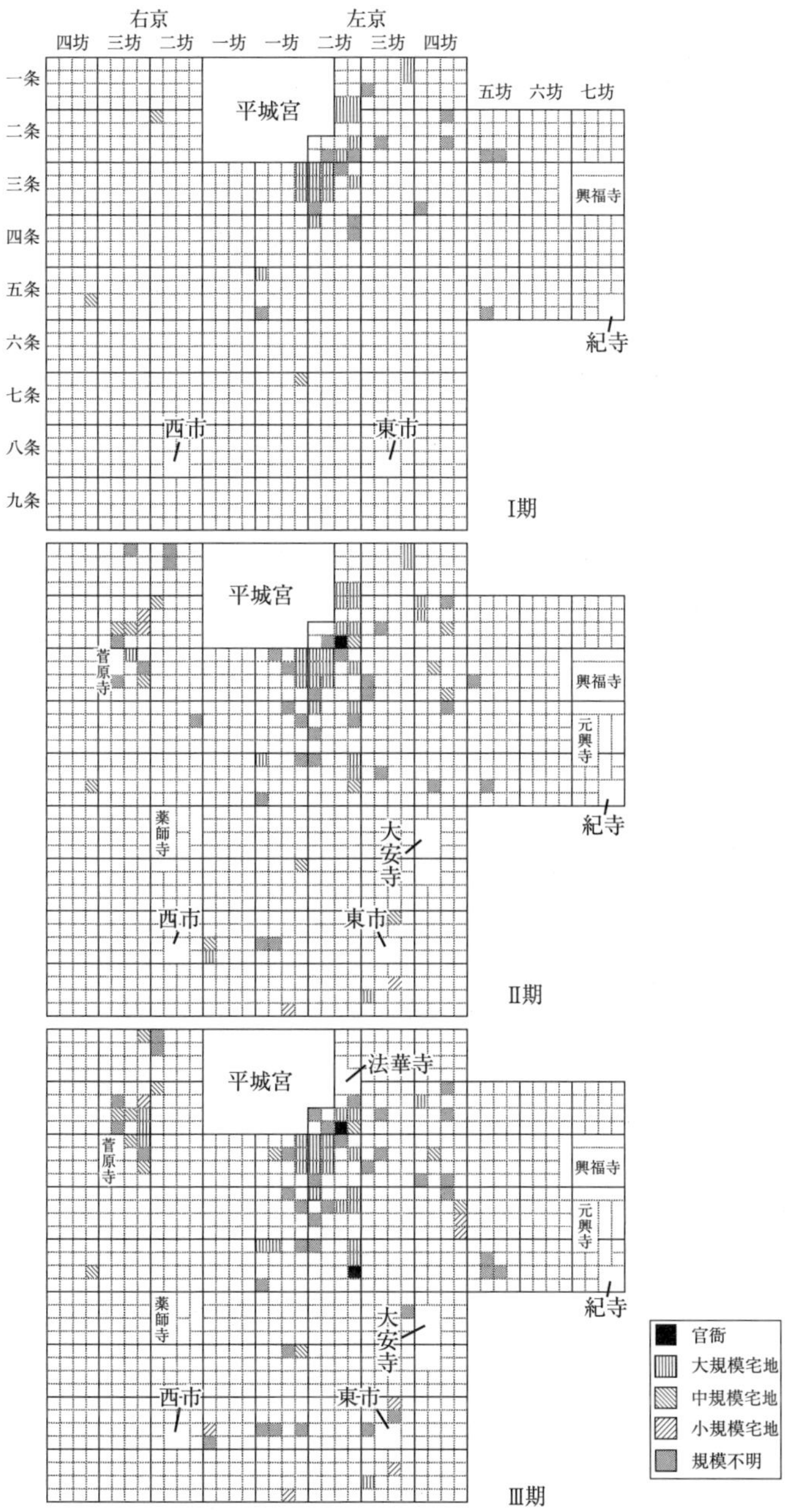

図 4-9　平城京時期別分布 1

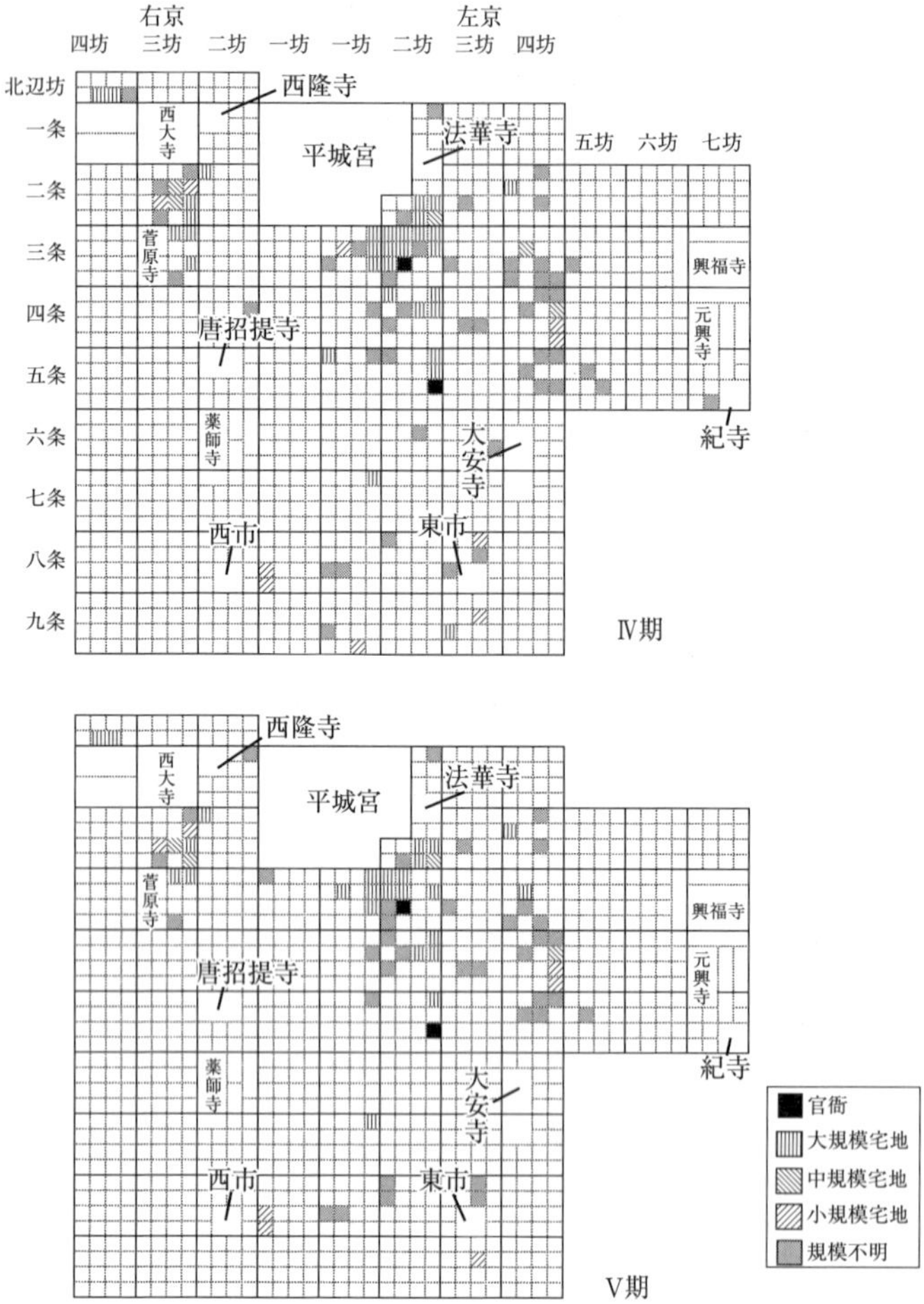

図 4-10　平城京時期別分布 2

いる。一方、右京ではこの時期には二箇所見られるだけである。しかも一町以上を占地する宅地は見られず、右京二条二坊十六坪では1／2町以下、右京五条四坊三坪では1／4町といった中規模の宅地しかみられない。また、六条以南においては左京七条一坊十六坪の一例しかない。このようなことからⅠ期において、平城京は造営途中の時期で、下級官人や一般京戸に至るまで、まんべんなく宅地を班給されていた状況ではなかったと思われる。ただし、左京の宮に近い部分に大規模な宅地が分布し、その周辺や右京に一町未満の宅地が分布する状況は、その後、奈良時代を通じ踏襲されている。したがって、律令国家における宅地班給の考え方は平城京造営当初から一貫していたものと考えるべきであろう。

Ⅱ期になるとⅠ期に比べ宅地の数が増加する。右京や六条以南にも多く見られるようになり、八・九条にも宅地が存在するようになる。七一六年に大安寺、七一八年に元興寺・薬師寺が造営されることも勘案すると、この時期に平城京全体が整備されたとみることができる。

Ⅰ期段階には、左京五条以北の一・二坊で一町以上の大規模な宅地が多く分布する傾向があるという様相がみられたが、そうした様相はこのⅡ期段階でも認められ、更にその傾向は強くなる。

右京では、二・三条付近に宅地が多く分布し始める。しかし、左京とは違って、一町以上を占める宅地が多いわけではなく、むしろ、中規模・小規模な宅地が多い。特に右京二条三坊二坪や右京二条三坊三坪では1／12町や1／16町といった小規模宅地が見られる。このような小規模宅地は左京九条三坊十坪でも見つかっており、平城京全体が整備され始めたⅡ期段階には、下級官人もしくは一般京戸にはすでに1／16町程度の小規模宅地に居住していた者もあったと考えられる。

Ⅲ期は恭仁京・紫香楽宮・難波京への遷都がおこなわれた時期である。Ⅱ期と比べると宅地が増加する。分布については六条以南に、より多く宅地が見られるようになるとともに、右京域に中規模宅地が増える。左京域については三・四条四坊に中・小規模宅地が多く見られる。

　こういった特徴はⅡ期と大きく異なることはなく、Ⅱ期で見られた特徴がⅢ期になり、より色濃く見られるようになったと捉えられよう。更に、ここで興味深いのは、平城京の宅地と恭仁京の宅地との関係である。恭仁京の宅地については発掘調査では明らかにされていないが、文献史料に記述されている。『続日本紀』には天平十三年（七四一）閏三月十五日に五位以上の官人を強制的に恭仁京へ移住させ、同年九月十二日には百姓に宅地を班給する、と記されている。遷都をすれば古い宮・京の諸施設や官人の宅地などは全て新しい京に移すのが本来的なあり方であろう。実際、恭仁京遷都に伴い、平城宮の大極殿や歩廊を恭仁京に移していると『続日本紀』は記している。また、『万葉集』巻六・一〇四四―一〇四九には「紅に深く染みにし心かも奈良の都に年の経ぬべき」、「世の中を常なきものと今ぞ知る奈良の都のうつろふ見れば」といった平城京の荒廃を惜しむ歌があるので、恭仁京遷都にあたっては、五位以上の官人だけでなくそれ以下の官人の多くも恭仁京に移住したことがうかがえる。しかし、わずか五年半で平城京へ帰ってきたということは、恭仁京・紫香楽宮・難波京遷都時においても、平城京はある程度維持されていたと考えるべきであろう。

　平城京の発掘調査で恭仁京を挟む時期を通じて宅地の分布に大きな違いが見られないのも、恭仁京遷都時においても平城京では宅地を維持していたものと考えると理解しやすい。

　Ⅳ期には、西大寺と西隆寺が造営されるとともに、宮の西北部に北辺坊が付加される。それにともない宅地の分布についても若干変化が見られる。Ⅲ期と比べ右京の三条以北で大規模宅地が比較的多く見られるようになる。Ⅲ期段階には右京で一町以上の宅地が三箇所であったものが、Ⅳ期には北辺坊も含めて二町が一箇所、一町が六箇所に増えている。西大寺と西隆寺造営にともなって右京の北半が大規模宅地として利用されることが増えたものと考えられ、平城京における寺院の役割を知る一つの手がかりになるかもしれない。ただし、Ⅲ期から引き続き中・小規模を維持している坪も見られることから右京の北半がⅣ期になって一気に大規模宅地集中地域になった訳ではない。その他の地域の分布状況にはⅢ期段階と比べ大きな変化は認められない。

Ⅴ期には、宅地の数が若干減るが、Ⅳ期から引き続き継承される宅地が多い。分布状況についてもⅣ期から継承している宅地が多いことから、変化は認められない。

2　文献史料にみえる宅地分布との比較

文献史料から判明する宅地の分布を示したものが図4－11である。六条以南には五位以上の官人の宅地は見られない。唯一、外従五位下「某姓ム甲」の宅地が左京七条一坊（図4－11の42）と右京七条三坊（同図の100）に存在していたことが知られるが、「某姓ム甲」の位階が外位であったことに伴うケースだったのではなかろうか。おそらく、内位の従五位下以上の官人は、基本的には五条以北に居住していたと考えられる。

また、文献史料では、左右京三坊・四坊では、五位以上の官人の宅地より六位以下の官人の宅地が多い傾向を指摘できる。発掘調査でも、右京・左京をあわせ三坊・四坊では、一町以上の例は一二例（四〇％）、一町未満が一八例（六〇％）であるのに対して、一坊・二坊では、一町以上の宅地が二六例（七〇・六％）、一町未満が八例（二九・四％）であるという違いが認められる。これまでは、京の北と南で宅地の規模の違いは指摘されていたが、一・二坊と三・四坊での差異も認められたことから、宮から同心円状に大規模宅地から小規模宅地へと広がっていることが明らかになった。

つぎに、右京と左京の違いを見てみると、右京では五条以北であっても五位以上の官人の宅地を示す史料は少なく、

	右京 四坊	右京 三坊	右京 二坊	一坊	一坊	左京 二坊	左京 三坊	左京 四坊	五坊	六坊	七坊
北辺坊											
一条	65	**64**				1・2・3	4・5・6・7				
二条			66			**8・9**	**10**			120	**121**
三条	80・81	68・69・70・71・72・73・74・75・76・77・78・79	**67**		11・12	**13**・14	15	16			
四条	83・84			82		**17**・**18**・19	20・21	**22**・23・24			
五条		89	**86**・87・88	85	25・26	27	**28**・29	30・31	122		123
六条		90・91・92・93・94			32・33	34・35・36・37・38	39・40	41			
七条	102	100・101	97・98・99	95・96	42・43	44・45・46		47			
八条	109・110	108	107	103・104・105・106	48・49	50・51	52	53・54・55・56			
九条	116・117・118・119	114・115	112・113	111	57・58	59	60・61・62	63			

※太字は五位以上

1	丈部臣葛嶋	少初位上・画師
2	坂上朝臣松麻呂	校生
3	倭史真首名	
4	大原真人今城	正七位下・兵部少丞
5	奈良日佐広公	
6	県犬養宿祢忍人	
7	新田部真床	
8	**藤原朝臣不比等**	**正二位右大臣**
9	**藤原朝臣麻呂**	**従三位参議**
10	**石上朝臣宅嗣**	**正三位・大納言**
11	阿刀宿祢田主	大初位下
12	山辺少孝子	
13	**長屋王**	**従三位～正二位**
14	槻本連大食	従八位上
15	日置造男成	
16	小治田朝臣藤麻呂	
17	**藤原朝臣仲麻呂**	**正一位・太政大臣**
18	**市原王**	**正五位上**
19	石上部君鷹養	
20	秦人虫麻呂	
21	小治田朝臣弟麻呂	
22	**太朝臣安萬呂**	**従四位下**
23	奈良日佐牟須万呂	従八位上
24	丹波史東人	
25	小治田朝臣豊人	正六位上
26	大俣連山守	
27	小野朝臣近江麻呂	正八位下
28	**阿倍朝臣嶋麻呂**	**従五位上**
29	村国連五百嶋	少初位上
30	鳥取連嶋麻呂	大初位下
31	丹波史東人	
32	酒田朝臣三□	大初位下
33	犬上朝臣常麻呂	
34	後部高笠麻呂	正六位上（後外従五位下）
35	間人宿祢鵜甘	従七位上
36	安拝朝臣常麻呂	大初位下・左大舎人少属
37	海犬甘連万呂	
38	□広□□	
39	葛井連恵文	従八位下（後外従五位下）
40	楢磐嶋	商人
41	草首広田	
42	某姓ム甲	外従五位下
43	池田朝臣夫子	
44	息長丹生真人広長	画師
45	息長丹生真人常人	仏工
46	丹比勇万呂	
47	市君船守	右京班田司史生
48	山部宿祢安万呂	正六位下
49	民伊美吉若麻呂・財首三気女	
50	三尾浄麻呂	写経生
51	高史千嶋・高史橘	
52	大宅首童子	従八位上・経師
53	直代東人	装こう匠
54	他田舎人建足・桑内連真公	経師
55	山部宿祢針間麻呂	経師
56	道守朝臣三虎	
57	陽胡史乙益	経師
58	布師首麻知麻呂	
59	海使養女	
60	志斐連公万呂	仏工・未選
61	田部宿祢国守	経師・位子
62	占部忍男	経師
63	漆部連虫麻呂	従八位下
64	**曽祢連伊甘志**	**正五位上**
65	国覓忌寸薩比登	
66	□□連□	
67	**小治田朝臣安万侶**	**従四位下**
68	於伊美吉子首	従六位上
69	丈部浜足	経師・少初位上式部省書生
70	次田連福徳	左兵衛
71	鳥那	
72	三上部麻呂	
73	細川椋人五十君	
74	秦小宅牧床	
75	物部連族五百	
76	出庭徳麻呂	
77	寺史足	
78	三国真人礒乗	
79	三国真人国継	
80	箭集宿祢石依	
81	大宅岡田臣虫麻呂	
82	上毛野公奥麻呂	従七位上
83	秦大蔵連弥智	従六位下
84	鞠智足人	
85	小治田朝臣比売比	
86	**新田部親王**	**一品**
87	岡連泉麻呂	正六位上
88	車持朝臣若足	正八位上
89	岡屋君大津万呂	
90	尋来津首月足	従七位上
91	赤染大岡	大初位下
92	茨田連豊主	画師・未選
93	国百島	
94	□野麻呂	
95	桜井田部宿祢足国	
96	□□忌寸加比麻呂	
97	黄君萬侶	経師従八位上
98	台忌寸千嶋	勲十二等
99	笠新羅木臣吉麻呂	
100	某姓ム甲	外従五位下
101	次田連東万呂	正八位上
102	高麗人祁宇利黒麻呂	
103	秦常忌寸秋庭	少初位上・図書寮装こう生
104	韓人田忌寸大国	大初位上
105	椋垣伊美吉	
106	国覓忌寸弟麻呂	
107	田上史嶋成	経師大初位下
108	幡文広足	少初位上
109	辛国連広山	画師
110	大原史足人	
111	息長丹生真人川守	画師・未選
112	山下造老	少初位上
113	敢国定	
114	文伊美吉広川	中宮省舎人
115	葛井連恵文	
116	上主村牛甘	画師従七位下
117	井守伊美吉広国	少初位下
118	息長丹生真人人主	画師・未選・東大寺舎人
119	高向主寸人成	
120	船木麻呂	経師
121	**広上王**	**従五位下**
122	百済連弟人	経師
123	石川宮衣	経師正七位下

図4-11　文献史料にみえる宅地分布（『平城京展図録』および山下信一郎「宅地の班給と売買」『古代都市の構造と展開』をもとに作成）

三例しかない。これに対して左京の五条以北には五位以上の官人の宅地の史料が八例と多い。発掘調査例でも、右京五条以北では、一町未満の坪が一一例あるのに対して、一町以上を占地する例は七例と少ない。左京では一町未満の例が一〇例であるのに対し、一町以上が二六例と、明らかに左京の方が大規模宅地が多く右京には少ない。右京五条以北で宅地割がわかる発掘事例が三・四坊に多く、一・二坊に少ないためとも考えられるが、左京五条以北の一・二坊では九割近くが大規模宅地であることと、文献史料のありかたから、右京より左京のほうが大規模宅地が多かったとすべきであろう(40)。

右京より左京の方が大規模宅地が多い理由については、平城京の造営に関わりがあると考える。平城京を造営するにあたり、まず基準となったのが平城京造営以前からあった下ツ道である。平城京のメインストリートである朱雀大路は下ツ道を踏襲していた。また、中ツ道は東四坊大路の西方にあたり、南からの平城京へのアプローチは、この二本の南北道路が主要なものであった。平城京に遷都するときも、この二本の南北道路を利用し、藤原京から資材等を運んだことは想像に難くない。前述したように、平城京では、大規模宅地から造営されたと考えられることから造営に便利な左京のほうが、より早く市街地化し、それが奈良時代を通じて継承されていったものと考えたい。更に付け加えるなら、外京の造営や東大寺、興福寺などの大寺院の造営もこのような古道の影響が密接に関わっていたものと考えられる。大寺院の造営と大規模宅地造営の相乗効果により、左京域が繁栄し続けたものと考えられよう。

このほか、文献史料では右京九条四坊まで宅地があったことが知られる。しかし、発掘調査では、宅地は京の北東部に多く南西部では少ない傾向がみられた。それは、発掘調査された面積が左京の北部に多く、右京の南部には少ないことにも起因しており、今後の調査によって右京西端域でも宅地割のわかる宅地が検出される可能性はある。しかし、そうした点を考慮したとしても、右京の西端、三条以南の四坊や三坊は丘陵にかかり、条坊地割もあまり施工されていなかった可能性がある。したがって、これらの坊では宅地自体が少なかったことを示唆しているのではなかろうか。

3　宅地の班給計画

こうした発掘調査成果にみられる傾向と文献史料にみえる宅地のあり方とを総合すると、五位以上の官人は一町以上の宅地に居住していたと推定してよかろう。五位以上の官人が一町以上の宅地を占地するのは藤原京宅地班給基準と一致する。また、藤原京宅地班給基準では右大臣に四町を班給する規定で、長屋王邸も四町占地であった。こうした点からみて、平城京では藤原京の宅地班給基準が採用されたと考えてよい。

大規模宅地の班給については、単純に宮に近い場所というわけではなく、平城京建設時に佐保川・菰川の付け替えにともない、官により造成された平坦地を選んで班給した、とする説がある。(41) 地形や造成の状況がどの程度、宅地の班給に影響があったのかは、今後の課題であろう。現状では、律令国家による官人の階層性が、宅地の規模や分布に影響を与えていたことは明らかであるといえよう。

一方、中・小規模宅地については、文献史料で六条以南に六位以下の官人の宅地が多い傾向がみられる。六条以南では一町未満の宅地が一般的である発掘調査成果と符合する。

この点に関わって、六条以南でも、左京七条一坊十六坪、左京九条三坊三坪、右京八条一坊十三坪では一町占地の宅地遺構が検出されていることが問題となる。しかし、左京七条一坊十六坪と右京八条一坊十三坪の例は、主屋の面積が五〇～一〇〇平方メートルと小規模であり、五条以北の貴族邸宅とは一線を画する。また、左京九条三坊三坪の例は、主屋ＳＢ06の柱間寸法が六尺であり、貴族邸宅とした他の例では九尺や一〇尺の柱間寸法が採用されているのと比べて貧弱な様相を示している。一町以上を占地しているとしても、六条以南と五条以北では宅地内の様相が異なると言えるのではないだろうか。

外京については興福寺・元興寺といった寺院を京内に取り込むための京域であって、宅地の班給は想定されていなかったという指摘がある[42]。しかし、文献史料からは、外京にも宅地があったことが知られ、また、発掘調査では、これまでに一五〇棟以上の掘立柱建物を検出しているため、宅地が存在していたことは確かである。ただし、文献史料に見られる外京の居住者は四例のみで左京域と比べると数が少なく、外京の宅地は左京とは様相を異にしていた可能性が高い。

上記のような宅地の分布状況には奈良時代を通じて大きな変化は認められない。このことは、養老令の公布、恭仁京への遷都など政治的変換期においても平城京の都市構造には大きな変化はなかったものと考えられ、一貫した人民支配体制の一端を示しているものと考えたい。

おわりに

本章では、発掘調査成果に基づき、平城京内の宅地の構造・変遷・分布の特徴について検討してきた。それによって明らかにできた点を以下にまとめておくことにしたい。

①一つの坊の中でも一町占地の宅地は大路に面する坪が優先して選地されている。

②平城京の宅地で検出されている門は、四脚門などの格式の高い門はごく稀で、門の開く位置については『続日本紀』天平三年の記述の通り、居住者の位階によって規制されていた。

③宅地割の変遷では、Ⅲ期とⅣ期の間に画期が見られ、中規模宅地が減り、大規模・小規模宅地が増える。
④五条以北と六条以南、左京と右京、一・二坊と三・四坊とで一町以上の宅地の分布に差が見られた。
⑤宅地の分布については、奈良時代を通じて大きな変化はなく、律令国家の一貫した人民の支配体制を見てとることができた。

上記の分析結果から、京内に班給された宅地の京内における位置や広さには、居住者の位階が反映されていること、そうした身分序列は門の位置などにまで反映されていることが判明した。平城京内の宅地のあり方は、そうした国家政策が現実に機能していたことを示している。このように、都城の造営・維持には、国家による整然とした身分秩序維持の意志が貫徹されており、都城が天皇を頂点とした官僚制度や律令国家の理念を視覚的に具現する装置としても機能していたとすることができよう。

第四章　註

（１）岸俊男「日本における「京」の成立」、『国文学』二七―五、一九八二年（『日本古代宮都の研究』、岩波書店、一九八八年所収）。
（２）井上和人「古代都城制地割再考」、『研究論集』奈良国立文化財研究所学報第四一冊、一九八四年（『古代都城制条里制の実証的研究』、学生社、二〇〇四年所収）。
（３）黒崎直「平城京における宅地の構造」（『日本古代の都城と国家』、塙書房、一九八四年）。
（４）大井重二郎『平城京と条坊制度の研究』（初音書房、一九六六年）。町田章「都市」（『岩波講座　日本考古学』四、岩波書店、一九八六年）。近江俊秀「考察１　平城京における宅地班給と居住者に関する予察」（奈良県立橿原考古学研究所『平城京左京三条三坊五・十二坪』奈良県文化財調査報告書　第一三一集、二〇〇八年）。

（5）山中敏史「律令国家の成立」（『岩波講座　日本考古学』六、岩波書店、一九八六年）。
（6）寺崎保広「古代都市論」、『岩波講座　日本通史第五巻』古代4、岩波書店、一九九五年（『古代日本の都城と木簡』吉川弘文館、二〇〇六年所収）。
（7）本章における平城京の発掘調査データは二〇〇九年三月までに報告書として刊行されているものによる。
（8）平城京の場合、条坊の最小単位を「坪」と表記するが、宅地の広さを表す場合には文献史料の表記に合わせ「町」と表記する。
（9）京内官衙・離宮であると判断する理由は拙稿参照（家原圭太「京内貴族邸宅の構造――平城京を中心に」、『古代豪族居宅の構造と機能』、二〇〇七年）。また、東西市や寺院地はあらかじめ分析対象から除外している。なお、本章では第四節までの時期区分は当該報告書記載の表記による。
（10）山中章『日本古代都城の研究』（柏書房、一九九七年）。
（11）井上和人、前掲（註2）論文。
（12）家原圭太「平城宮・京の建物規模と構造」、平成十五年度～十八年度科学研究費補助金（基盤研究(B)）研究成果報告『古代官衙の造営技術に関する考古学的研究』（二〇〇七年）。
（13）『延喜式』左右京職大路門屋条。『日本三代実録』貞観十二年十二月二十五日壬寅条。
（14）奈良市教育委員会『平城京左京二条二坊・三条二坊発掘調査報告――長屋王邸・藤原麻呂邸の調査』（一九九五年）。
（15）前掲（註14）報告書。
（16）奈良市教育委員会『奈良市埋蔵文化財調査概要報告書　平成十三年度』（二〇〇五年）。奈良市教育委員会『奈良市埋蔵文化財調査概要報告書　平成十四年度』（二〇〇六年）。
（17）奈良市教育委員会『奈良市埋蔵文化財調査概要報告書　平成五年度』（一九九四年）。奈良市教育委員会『奈良市埋蔵文化財調査概要報告書　平成六年度』（一九九五年）。
（18）奈良国立文化財研究所『藤原京右京七条一坊西南坪発掘調査報告』（一九八七年）。
（19）京都市埋蔵文化財研究所『長岡京右京二条四坊一町跡・上里遺跡　京都市埋蔵文化財研究所発掘調査報告二〇〇二―四』（二〇〇三年）。

(20) 京都府埋蔵文化財調査研究センター「平安京右京一条三坊九・十町（第8・9次）発掘調査概要」『京都府遺跡調査概報　第92冊』（二〇〇〇年）。村田和弘「発掘調査によって検出された四脚門の検討 ― 平安京右京一条三坊九町検出の四脚門について」『京都府埋蔵文化財情報　第75号』（二〇〇〇年）。
(21) 奈良市教育委員会『平城京左京二条二坊十二坪発掘調査概要』（一九九七年）。
(22) 奈良国立文化財研究所『平城京左京三条二坊六坪発掘調査報告』（一九八六年）。
(23) 奈良国立文化財研究所『平城京左京三条二坊 ― 奈良市庁舎建設地調査報告』（一九七五年）。
(24) 奈良県橿原考古学研究所『平城京左京三条四坊十二坪発掘調査報告　奈良県文化財調査報告書　第52集』（一九八七年）。元興寺文化財研究所『平城京左京三条四坊十二坪　平成十八年度発掘調査報告書』（二〇〇七年）。
(25) 奈良市教育委員会『奈良市埋蔵文化財調査概要報告書　昭和五十九年度』（一九八五年）。
(26) 奈良国立文化財研究所『平城京七条一坊十五・十六坪発掘調査報告』（一九九七年）。
(27) 奈良国立文化財研究所編『平城京左京九条三坊十坪発掘調査報告』（一九八六年）。
(28) 奈良国立文化財研究所『平城京右京八条一坊十三・十四坪発掘調査報告』（一九八九年）。
(29) 奈良市教育委員会『奈良市埋蔵文化財調査概要報告書　昭和六十三年度』（一九八九年）。
(30) 前掲（註14）報告書。
(31) 奈良市教育委員会『奈良市埋蔵文化財調査概要報告書　平成五年度』（一九九四年）。
(32) 1／8町は小規模宅地に含めるべきかもしれないが、平城京の宅地のありかたや建物規模などから、中規模宅地にするほうが適当であると判断した。
(33) 平安京では一町を東西4分割、南北8分割し、1／32町を一戸主とする四行八門制があったことが史料上わかっている。発掘調査でも四行八門に基づく土地区画が数多く見つかっている。
(34) 町田章氏は前掲（註4）論文において「貴族高官の宅地が時をへるにしたがって拡大していくのに反比例して、庶民の宅地がしだいに圧迫されていく傾向を看取できる」と指摘している。
(35) 鬼頭清明「平城京の発掘調査の現状と保存問題」（『歴史評論』三四六、一九七九年）。田中琢『平城京　古代日本を発掘する3』

（岩波書店、一九八四年）。橋本義則「小規模宅地の建物構成――月借銭解の再検討を通じて」、『平城京左京九条三坊十坪発掘調査報告』、一九八六年（『平安宮成立史の研究』塙書房、一九九五年所収）。

（36）山川均・佐藤亜聖「下三橋遺跡の調査成果とその意義」、『都城制研究集会第2回　古代都城と条坊制――下三橋遺跡をめぐって』、二〇〇七年。

（37）田辺征夫「遷都当初の平城京をめぐる一・二の問題」『文化財論叢Ⅲ　奈良文化財研究所学報第六十五冊』（二〇〇二年）。

（38）藤原京右京一条一坊西南坪では二基の井戸から平城宮Ⅱ期の土器が出土しており、右京一条二坊東南坪・西南坪でも土坑から奈良時代に属する土器が出土している（奈良国立文化財研究所『飛鳥・藤原宮発掘調査概報』22、一九九二年）。

（39）井上和人「平城京の実像――造営の理念と実態」、『研究論集XⅣ　東アジアの古代都城　奈良文化財研究所学報六十六冊』、二〇〇三年（『古代都城制条里制の実証的研究』学生社、二〇〇四年所収）。

（40）西山良平氏は文献史料から平城京では左京に高級官人が、右京には下級官人が多く居住していたとしている（西山良平「平安京とはどういう都市か――平城京から中世京都へ」、『京都千二百年の素顔』、校倉書房、一九九五年）。

（41）近江俊秀、前掲（註4）論文。

（42）田辺征夫、前掲（註37）論文。黒崎直「藤原京と平城京「外京」」、『文化財論叢Ⅲ』前掲（註37）所収。

第五章　鳥羽殿跡のふたつの貌

鋤柄俊夫

はじめに

鳥羽殿は、平安時代後期の応徳三年（一〇八六）七月頃（『扶桑略記』十月二十日）に、白河天皇が、現在の名神高速道路京都南インターチェンジ周辺に造営を開始した離宮とその関連施設の総称である。

鳥羽の地は、平安時代初め頃から宮廷貴族の狩猟の場とされ、すでに『日本紀略』延喜元年（九〇一）九月十五日条に、藤原時平（八七一—九〇九）の「城南別荘（城南水石亭あるいは鳥羽水閣）」が登場する。その後十一世紀になって小野宮実頼末裔の備前守藤原季綱が山荘を営み、鳥羽殿の造営は、これが白河天皇に献上されたことに始まる。

本章では、離宮としてかつ、平安時代後期の政治制度を代表する重要拠点としても注目されてきた鳥羽殿について、膨大な先行研究をふまえ、特に長宗繁一・鈴木久男の両氏による『平安京提要』での新しい見方に多くを学びながら、古代・中世の都市研究の視点を取り入れることにより、蓄積されたさまざまな遺跡情報（史料情報も含む）とあわせて、これまでの説明を見直し、新しい解釈を試みたい。

第一節　研究の歴史と問題の所在

1　文献からのアプローチ

『扶桑略記』応徳三年（一〇八六）十月二十日条に象徴される壮大な邸宅群の歴史的な意味についてであるが、その最も一般的な説明を『京都の歴史』[1]に従えば、離宮であったことと同時に、西国受領の権益が反映された場所でもあったという、ふたつの面から検討が行われてきた（図5-1）。

このうち後者のポイントは、鳥羽の地が水陸交通の要衝だったこと、および離宮の造営にあたり西国受領層との深い繋がりがうかがわれることによる。一方前者については、記録に見えるさまざまな儀式によって述べられてきたものである。しかしこれらの見方に対する具体的な検証は、その後必ずしも十分に行われてきたわけではなかった。その点で最近注目されるのが、美川圭氏と大村拓生氏の対照的なふたつの見方である。

美川氏は鳥羽殿の造営事業を大きくふたつの段階に分け、前期（白河時代）を「後院」、後期（鳥羽時代）を「王家の墓所」とし、あわせて王家の権門都市としての見方を提案した[2]。

「後院」としての鳥羽殿の特徴は、「宗教勢力の統制を目的とした国家的法会開催」の場所として造営された法勝寺の白河地区に対して、院御所が次々と整備された寛治元年（一〇八七）の南殿から同六年（一〇九二）の泉殿完成までの期間に象徴され、そこでは、「王家の優越を示すという意味で政治的色彩をも」ったさまざまな遊興（歌会・観月会・船遊び・競馬・騎射・流鏑馬など）が行われ、さらに公的な院御所議定とは異なった、王家の家政を論じる公卿会議が

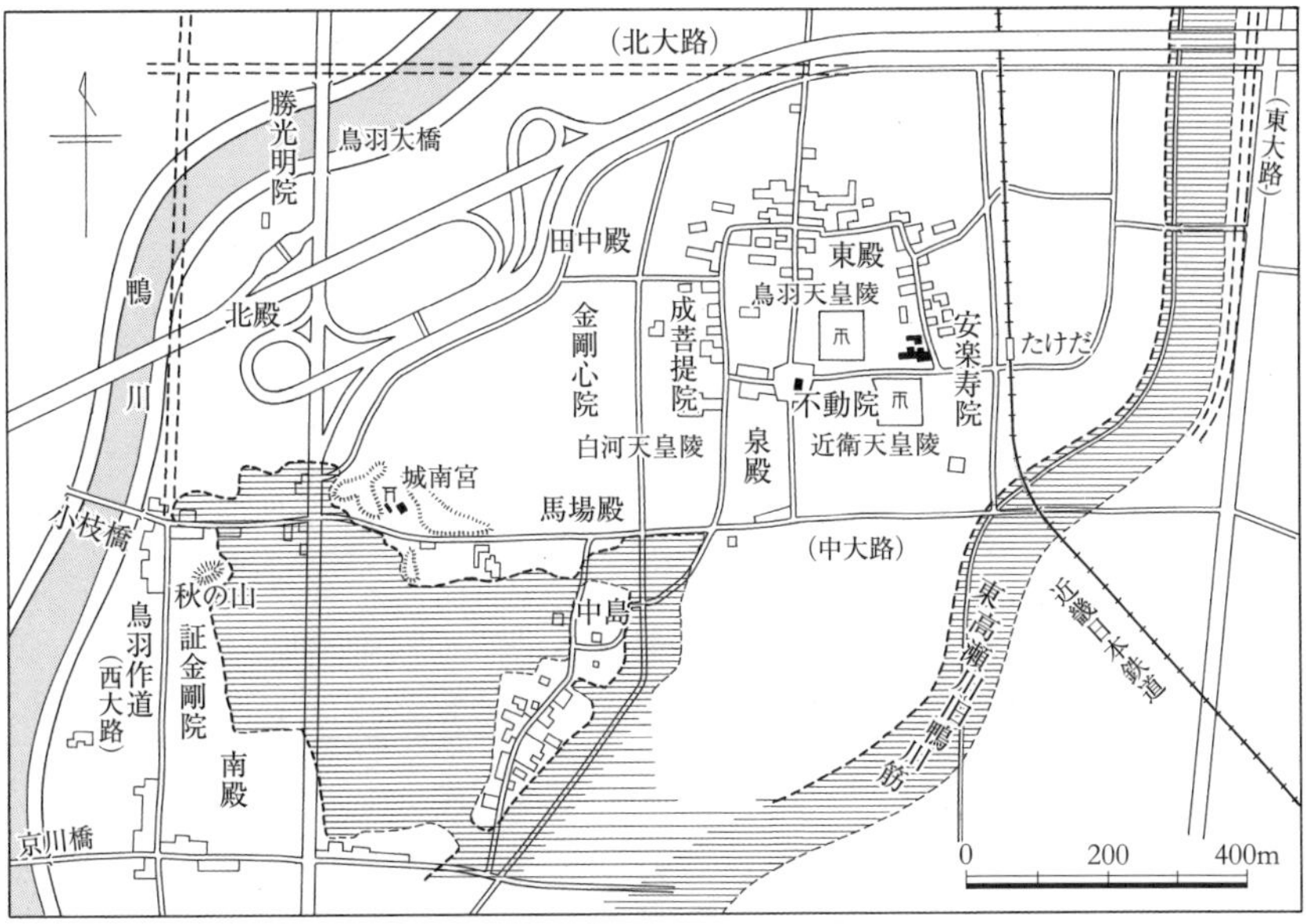

図 5-1　鳥羽殿跡推定地の位置（『京都の歴史　2　中世の明暗』より）

行われたという。

また史料に最も多く登場するのは白河院か鳥羽院の近臣の宿所であり、鳥羽殿の景観とは、「白河院譲位後の御所として、当初遊興の場であり、御所の周辺には院近臣の宿所が路に面して配置され」た、「御所を近臣の邸宅が囲繞する王家の権門都市」だったとする。

続く後期の「王家の墓所」としての鳥羽殿の特徴は、安楽寿院と藤原家成の造進による鳥羽陵に象徴される。安楽寿院領は鳥羽皇后になる美福門院得子と皇女八条院に譲られ、その後の王家領の核となっていくが、その象徴が安楽寿院であり、それを支えたのが美福門院得子のいとこにあたる藤原家成だった。美川氏はその関係に注目して、鳥羽院による「墓所」としての意識が強まる中で、白河院政時代に活躍した藤原長実（得子の父）から引き継がれた院の近臣が、実質的な鳥羽殿の運営と管理をおこなっていたとした。さらにその際意識された「宇治の模倣は、鳥羽院政下での鳥羽上皇と（藤原）忠実の政治的連携を象徴するもの」で、それは院政期における王家と摂関家それぞれが独自の「権門都市」を創出しようとした結果ではないかとしている。

一方これに対して大村拓生氏は、水陸交通の要衝の地という鳥羽とその周辺地域の特徴に注目することで、鳥羽殿の造営背景を説明している(3)。

鳥羽とその周辺は、石清水八幡宮参詣に際して「十羽宅」で朝食をとり、高畠から乗船したという『小右記』の記事(永祚二年(九九〇)九月五日)から知られるように、鳥羽殿造営以前から淀川交通の要衝として知られていたが、藤原季綱と高階泰仲の鳥羽殿造営への関与はこれが前提にあって、おそらく鳥羽の周辺にあっただろう彼らの「倉」の権利保全をはかるためだったとする。加えて鎌倉時代の鳥羽については、宇治を背景とした岡屋津および、石清水と関連した淀によって、あたかも巨椋池を囲む形でネットワーク化される洛南の交通路の重要な一角を担ったともしている。

もとより歴史の諸相は、つねに重層的で多様な側面をもっているため、鳥羽にかかわる史料から読み取ることの出来る姿を一元的に整理するべきではなく、おそらく両者の見方はなんらかの形で少なからず鳥羽殿が担っていた特徴であったと思われる。

しかるに問題は、そういった多様な側面が、鳥羽殿の全域において同時に存在したのか、あるいは時期を異にして、または場所や施設を異にして存在していたかである。それを明らかにすることができれば、先のふたつの見方と鳥羽殿の存在形態についての研究は、より生産的に整理できる可能性がある。そこで次には、それを直接反映した結果である遺跡について、これまでの調査成果をふりかえってみたい。

2　遺跡からのアプローチ

名神高速道路京都南インターチェンジの建設を契機とした調査以来、遺跡からのアプローチは、これまで主に殿舎の現地比定を目的として行われてきた。その成果は、杉山信三氏を中心とした一連の調査と、氏の『院家建築の研究』に代表される論考にまとめられ[4]、近年では長宗繁一・鈴木久男氏による『平安京提要』での整理が最も集約されたものとなっている[5]（図5-2）。

最初の調査は、一九五八年に行われた森蘊氏による五〇〇分の一の地形測量である[6]。地形図の細部によれば、基本的に紀伊郡の条里によった地割がこの地区の全体を覆い、これに旧鴨川の流路と思われる地形がその南東をよぎる。また周知のように条里地割と異なる軸線として城南宮参道の一部が見える。

このうち現在もわずかに中世の雰囲気を残す中島は、その一部に舟入と呼ばれた地区を残すが、旧鴨川との関係でみれば、あたかも右岸の自然堤防とみることができ、条里地割と異なる軸をもつ城南宮の参道が、これに対向する関係となる。あくまで想像ではあるが、中島の東側中程にあったとされる「舟入」が実在したならば、城南宮の参道軸線はこの舟入に向かってのびていたとも考えられる。その後の区画整理により、ほとんどかつての姿を想像することの出来ない現在、この図面は古代・中世の鳥羽殿跡周辺を復原する上で最重要なデータとなっている。

初めての発掘調査は、杉山信三氏が一九六〇年にインターチェンジ内と中島堀端町で行った第1次調査であるが、この時は鳥羽殿に関わる明確な遺跡は発見されなかった。

鳥羽殿関係の遺跡が見つかったのは一九六〇・一九六一年の第2次調査で、田中殿町地点から田中殿の寝殿跡と見られる地業跡が発見された。推定される殿舎の東には池があり、瓦の出土が少ないため、建物は檜皮葺とみられてい

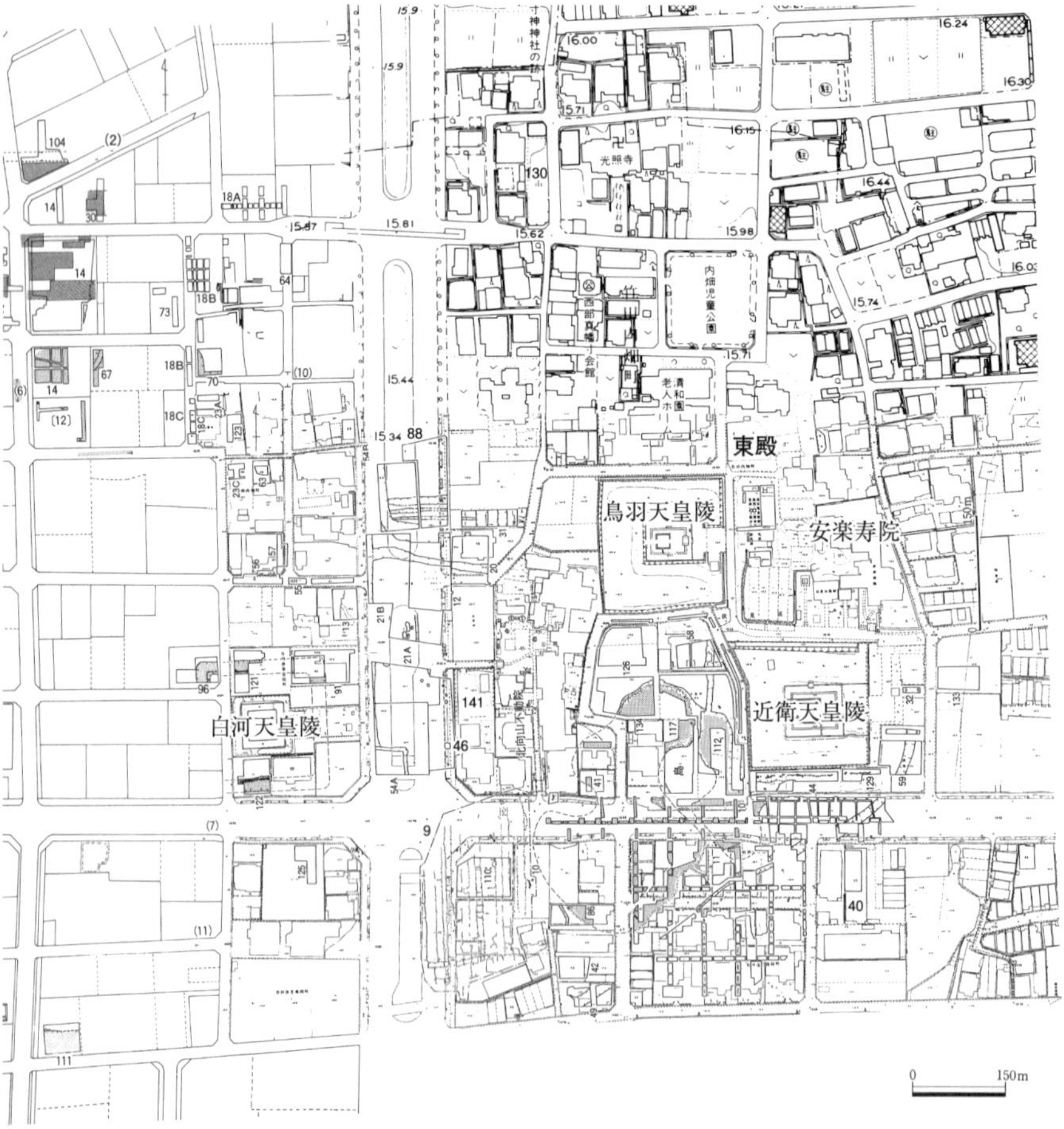

図 5-2　鳥羽殿跡調査地点配置図（『平安京提要』に一部加筆）
※ゴシックで小さく入れられた数字は調査次数

る。なお第72次調査で田中殿へ入る道が見つかっている。

第3―6次調査（一九六三―一九六六年度）は、現在鳥羽離宮公園となっている秋の山（図5―3）の南で行われ、南北の長いトレンチによって陸と池の境界が見つかり、さらにその南の拡張区から、廊でつながった雁行形の建物が発見され、それぞれ寝殿・小寝殿・証金剛院と推定された（図5―4）。

一九七一年からは、白河天皇陵の東および安楽寿院の南側地区を中心に発掘調査が行われた。このうち白

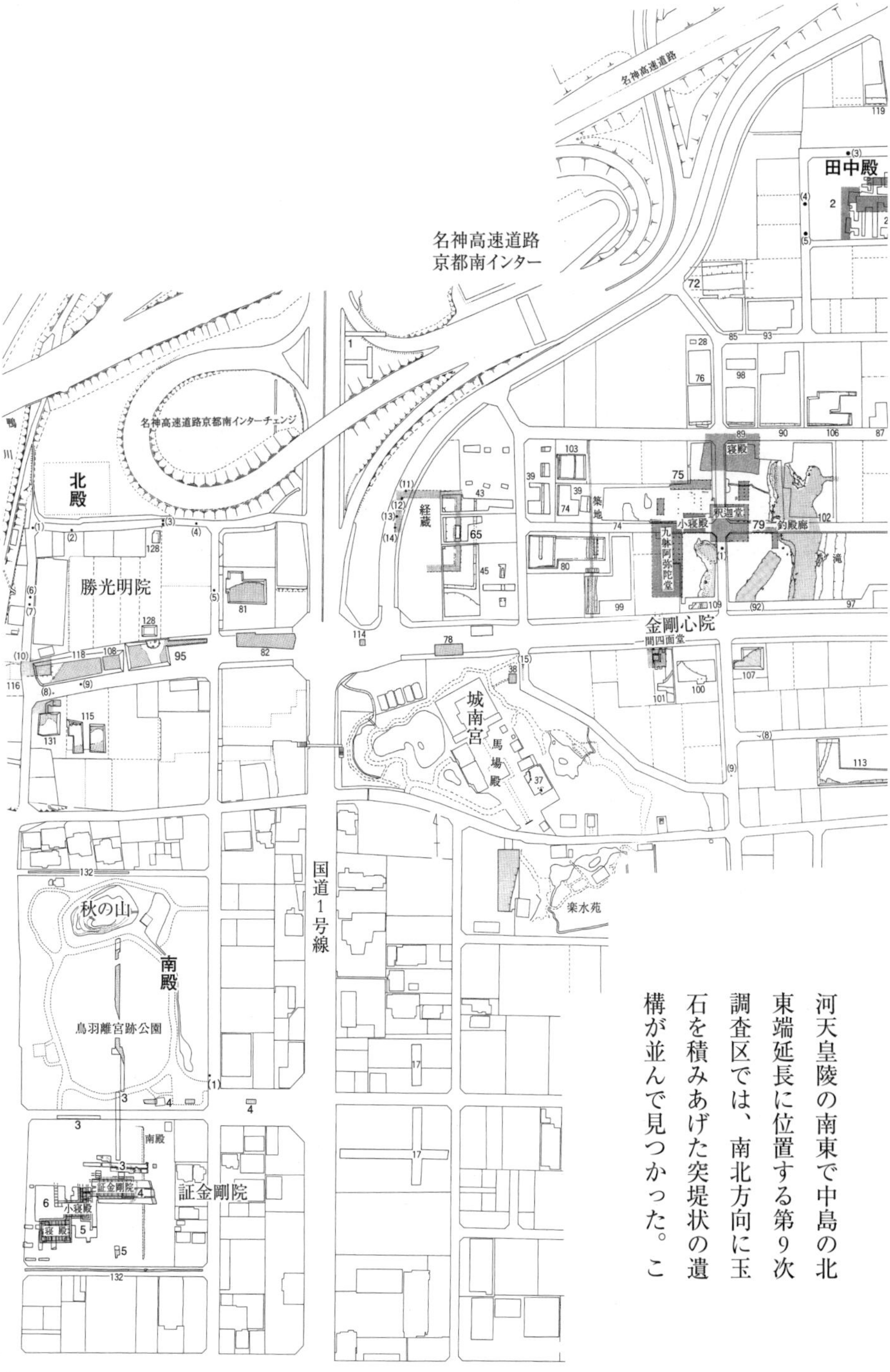

河天皇陵の南東で中島の北東端延長に位置する第９次調査区では、南北方向に玉石を積みあげた突堤状の遺構が並んで見つかった。こ

図 5-3　秋の山。南殿はこの手前（南）に広がっていたと推定されている。

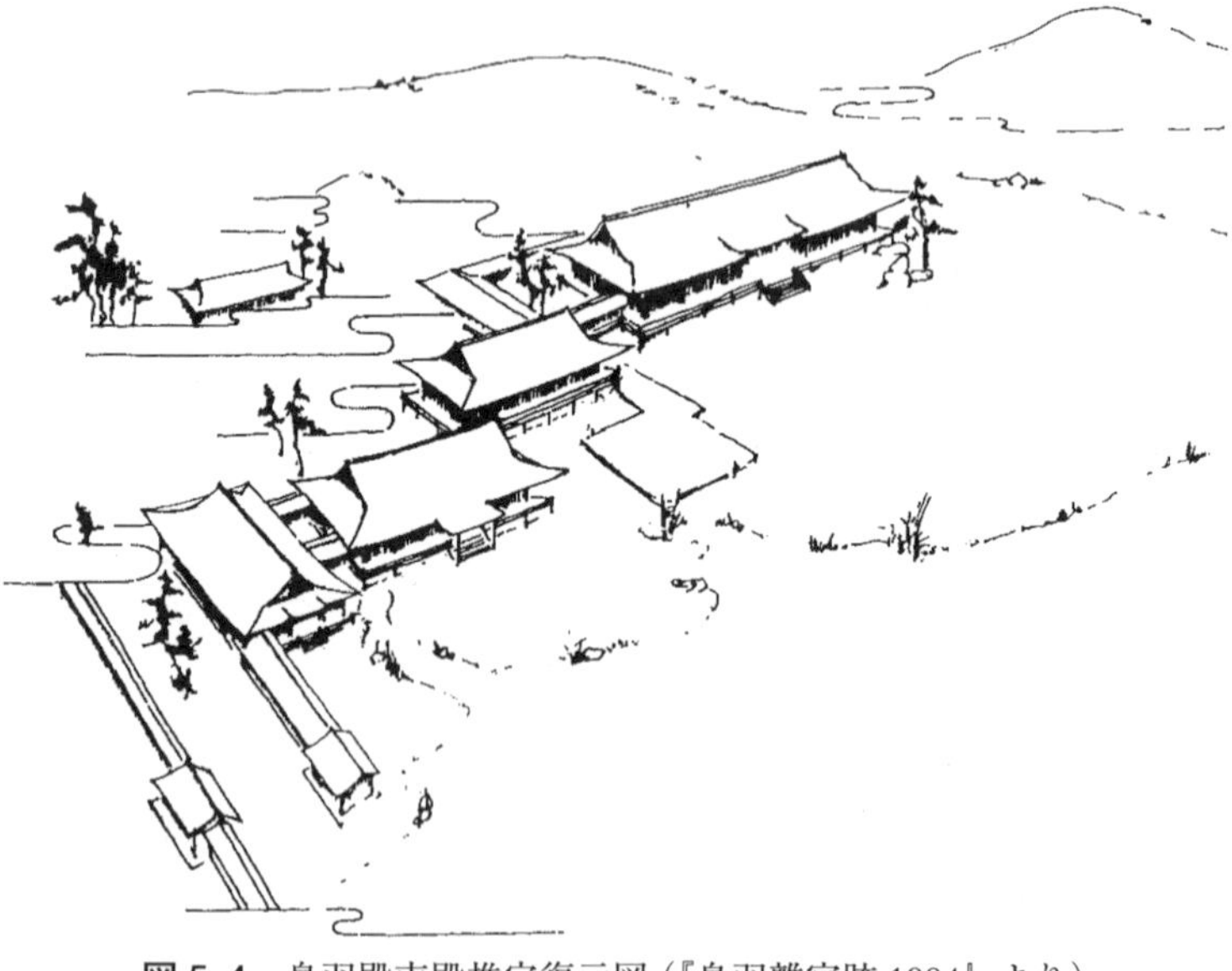

図 5-4　鳥羽殿南殿推定復元図（『鳥羽離宮跡 1984』より）

図 5-5　鳥羽殿金剛心院推定地の池跡（京都市埋蔵文化財研究所提供）

れらの遺構は当初船着き場と考えられていたが、その後同様な遺構が建物の基壇下で発見されたことにより、現在は大規模な地業の痕跡と考えられている。また白河天皇陵の第46次調査で十一世紀後半の井戸と土坑が見つかり泉殿と推定され、近衛天皇陵の南では新たな庭園遺構が確認されている。

なお、安楽寿院と鳥羽天皇陵の北側地区からは、平安時代から江戸時代にかけて営まれた建物跡がみつかり、史料に残されなかった鳥羽殿とその後の姿についても新しい情報が得られている。

一九七八年以降は城南宮の北側一帯が調査され、このうち第65次調査を中心とした地区では、基壇建物と中門と南北四五メートルにおよぶ雨落溝がみつかり、勝光明院の経(宝)蔵と推定されている。さらにその東の第75・79次調査区周辺では、後述する推定金剛心院跡のほぼ全域が調査され、史料との関係が検討されている。

一九八三年以降は、国道1号線の西で秋の山の北が調査の対象とされ、苑池とその北から二棟の礎石建物および、西から基壇建物が見つかり、後者は勝光明院阿弥陀堂と推

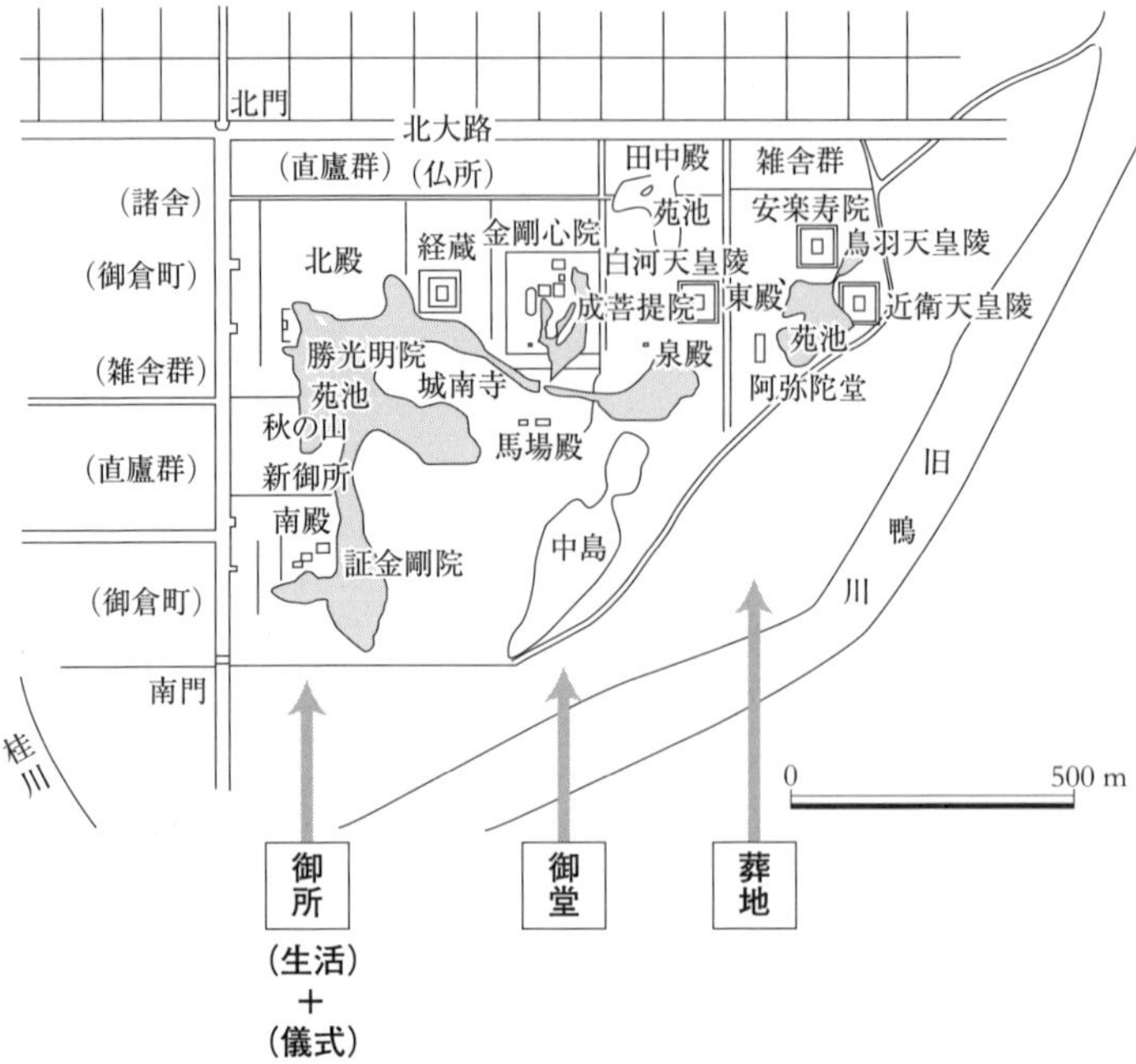

図 5-6　長宗・鈴木氏による鳥羽殿の復元図（『平安京提要』所収図に加筆）

定されている。

以上、一九五八年に溯る鳥羽殿の調査を通観してきた。およそ半世紀におよぶ調査によって、鳥羽殿を構成したそれぞれの地区で、さまざまな遺構と遺物が発見され、その全貌がようやく明らかにされつつある。しかるにその中で現在最も注目されるのが推定金剛心院跡地点の調査である（図5−5）。

これまでの鳥羽殿関係の研究は北・南・東の御所と御堂に目が向けられ、金剛心院についてはあまり注目されることがなかった。しかし鳥羽上皇期の鳥羽殿のほぼ中心に位置するこの寺院を重視した長宗・鈴木の両氏は、それによって鳥羽殿が大きく三つの地区（御所と御堂の地区・諸司厨町の地区・墓の地区）に分かれることを指摘し、鳥羽殿とは、この三つの空間（政治空間・生活空間・聖域化された空間）を意識して創られた新しい政治都市ではなかったかとした（図5−6）。

両氏が提起した鳥羽殿の存在形態は、これまで一般に理解されてきたような御堂と御所の組み合わせによる三地域とその付属地区の並列といった鳥羽殿のイメージとは異なる姿であるが、巨大な金剛心院を軸に、平安京との関係もふまえた鳥羽殿空間構造についての重要な考察と考える。

そこで以下は、これらの研究を前提に、文献史研究については美川氏と大村氏のふたつの見方をあわせた情報の確認を、遺跡研究については長宗氏と鈴木氏による鳥羽期の見方に対する白河期の鳥羽殿についての検討を目的に、それぞれの情報を確認していきたい。

第二節　遺跡と文献の情報分析

1　文献情報

一〇八六年から一一八四年の間で、東京大学史料編纂所が公開しているデータベースから「鳥羽」をキーワードに検索し、これに『城南』[7]および『平安京提要』で取り上げている記事を加えた結果、現時点で一一〇〇件を越える鳥羽殿関係のデータを得た。データの精度については検証中であるが、ここでは最初に、それらの中で鳥羽殿を構成した諸施設の初出を中心に、鳥羽殿の姿について確認していきたい。

・寛治元年（一〇八七）二月五日：（南殿）『中右記』の有名な白河上皇の南殿御幸記事である。

・寛治元年（一〇八七）二月十日：（鳥羽殿の隣接地が久我荘）鳥羽殿の近くから村上源氏の右大臣源顕房の古（久）河水閣を遊覧し帰京している。後に触れるが、鳥羽殿の造営時期は院と摂関家が勢力争いをおこなっていた時期であり、村上源氏は院側の有力勢力と考えられている。ゆえ、この記事は鳥羽殿造営に際して村上源氏の荘園を意識していたことを推測させる（『中右記』）。

・寛治二年（一〇八八）三月五日：（北殿）白河上皇が北新御所へ御幸した記事で、一般的にはこれをもって北殿の初見とされる（『中右記』）。

・寛治四年（一〇九〇）一月十六日：（直廬）鳥羽御精進所に御幸する。師信（藤原）朝臣直廬也。鳥羽殿の一角に院の近臣達の邸宅のあったことが推定されており、この記事がその初見となる（『中右記』）。

・寛治四年（一〇九〇）四月十五日：（馬場）鳥羽殿馬場で競馬が行われる。杉山信三氏は大治二年五月十四日の記事から、北殿が馬場殿の北にあったことを指摘しており、その位置関係がわかる（『中右記』）。

・承徳元年（一〇九七）二月十六日：（西大路・北大路）鳥羽殿の西大路から桂川に向かうふたつの道があり、このうちのひとつが北大路と推定されている（『中右記』）。ただしこの路は西大路より西であり、東へのびる「北大路」が登場するのは久安三年（一一四七）以降であるため、西大路より東の成立は鳥羽上皇期に入ってからとも考えられる。

・康和三年（一一〇一）三月二十九日：（証金剛院）白河上皇の発願で越前守藤原家保の尽力により証金剛院落慶供養。三基の塔婆が造立され、そのうちの一基は三重塔。東塔の金物の経費は、備後・近江・播磨・安芸が、西塔の金物の経費は、伊予・讃岐・阿波・周防が負担した（『長秋記目録』）。

・康和四年（一一〇二）三月十八日：（南殿）堀河天皇が鳥羽に行幸し、父の白河法皇の五十の祝いを鳥羽殿南殿に出御し行う（『殿暦』）。

・康和四年（一一〇二）九月二十日：（城南寺）鳥羽城南寺で明神御霊会が行われる（『中右記』）。この様に城南寺の初出は比較的遅れる。

・康和五年（一一〇三）八月二十二日：（泉殿）鳥羽殿侍の人数は一〇〇人で、その内訳は北殿七五人、南殿一七人、泉殿八人だった（『為房卿記』）。北殿の人数の多さは馬場殿も含んでいたためともされるが、やはり北殿が中心施設であったことを象徴する。

・康和五年（一一〇三）十一月五日：（中大路）鳥羽中大路を経て、法皇が顕季朝臣直廬の桟敷で見物を行う（『中右記』）。

・嘉承三年（天仁元年（一一〇八））六月三日：（東殿）白河上皇が三重の塔を建てるために東殿を探索（『中右記』）。まわりを木々で囲まれた場所を選んでおり、東殿地区は未開発地だったことを示す。

・天仁二年（一一〇九）八月十八日：（白河上皇陵三重塔）伊予守藤原基隆の寄進により白河上皇の陵墓とする三重塔造営供養が行われる（『殿暦』）。

・天永二年（一一一一）三月十一日：（東殿多宝塔）播磨守藤原長実が東殿多宝塔を造営する（『殿暦』）。

・天永三年（一一一二）十二月十九日：（東殿多宝塔）上野介藤原邦宗が東殿多宝塔を造営する（『殿暦』）。

・天承元年（一一三一）七月八日：（成菩提院）泉殿の跡に鳥羽阿弥陀堂（成菩提院）が造営され、翌日に白河法皇の遺骨が三重塔に納められる（『長秋記』）。建物は焼失した三条烏丸御所の西の対屋を平忠盛が移築。七間四面で孫庇をもつ墓所御堂で、三重塔を向き南面していた可能性がある。

・長承三年（一一三四）八月十八日：（勝光明院経蔵）北殿離宮の釣殿の東方田中殿の付近に経蔵（宝蔵）が造営される。宇治（平等院）にならい一面に廻廊をもち、三面には瓦垣を用いた。水害のおそれがある場所で、堤防を築く相談がなされている（『長秋記』）。この記事が示す水害の原因が何によるものかは問題で、古墳時代の遺跡分布から、それが南東側の影響とは考えにくい。現鴨川の位置に小河川が流れていた可能性も考えられる。

・保延二年（一一三六）三月二十三日：（勝光明院）鳥羽上皇が長承二年（一一三三）から北殿の東に造営をおこなっ

ていた北殿御堂の勝光明院の落慶供養。造営は伊予守藤原忠隆で実際の工事は源師時。御堂は東に池が掘られ、宇治平等院を写した瓦葺き二層の一間四面。近江・山城・尾張・大和・和泉・伊賀・土佐・三河・下総などに造営が課された（『宇槐記抄』）。

・保延三年（一一三七）十月十五日：（安楽寿院）鳥羽上皇没後の菩提所となる安楽寿院で、右兵衛督藤原家成の造営による落慶法要を行う。

・保延五年（一一三九）二月二十二日：（安楽寿院本御塔）鳥羽上皇の納骨所として藤原家成が三重塔（本御塔）を造進。北に法華三昧の僧房が六院おかれる。

・久安元年（一一四五）十二月十六日：（安楽寿院御所御堂）（安楽寿院）鳥羽法皇が渡御する。

・久安三年（一一四七）八月十一日：（安楽寿院新御堂および北大路）美福門院が安楽寿院御堂南に周防国藤原賢頼の造進で九体阿弥陀堂を建立しているが、この時に北大路が登場する。

・仁平二年（一一五二）三月七日：（南殿）鳥羽法皇五十賀が南殿で催される。

・仁平二年（一一五二）六月四日：（田中殿）出雲守藤原経隆朝臣が造進した田中桟敷御所へ八条院が渡御。また法皇と美福門院も同新御所へ御幸している（『兵範記』）。

・仁平四年（一一五四）八月七日：（金剛心院）鳥羽上皇の金剛心院（鳥羽田中新堂・鳥羽新堂）を供養（『兵範記』）。備後守藤原家明が九間四面の九体阿弥陀堂を造営し、播磨守藤原顕親が三間四面の釈迦堂を造営する。

・久寿二年（一一五五）二月二十七日：（北向不動）藤原忠実が東殿東庭に一間四面の不動明王堂を建立する（『兵範記』）。

・保元二年（一一五七）十二月二日：（安楽寿院新御塔）美福門院の御蔵骨のため、二重の多宝塔を建立。後に近衛天皇の骨が納められる。

以上、白河上皇の鳥羽南殿移徙から安楽寿院新御塔までを、関連諸施設の初出記事を中心に見てきた。これまでも指摘されてきたことだが、鳥羽殿内諸施設の最終景観は複数のブロックと御所・御堂の組み合わせで構成されているが、実態としては、白河上皇による御所の優先的な造営と、鳥羽上皇による御堂と塔の優先的な造営の結果だったことを見ることができる。

また街路についても、白河上皇期は西大路とその西側地区についての記事がみられ、東側地区の整備は鳥羽上皇期以後だったこともうかがわれる。

以下、これを前提にして、項目の量的な出現度合いを見ていきたい。

用いたデータは、東京大学史料編纂所が公開しているデータベースを中心に作成した鳥羽殿関係史料のデータベースで、これをもとに一年毎で以下の項目を検索・カウントし、さらに年毎に異なる史料の数を平均化することでその数値を補正し、図5-7に示すグラフとした。

a、移動（行幸・御幸・渡御・移御・還御・朝覲行幸・御方違御幸）

基本的には行幸または御幸と還御はセットになるが、鳥羽殿を経由して宇治や熊野などへ行く場合もあって、その内容は一様ではない。ここでは、鳥羽殿の関連項目中で最もデータ数が多いため、鳥羽殿の利用状況を知るための資料として扱った。

院・天皇と鳥羽殿との関わりは、白河期（一〇八六―一一二九）と鳥羽期（一一三〇―一一五六）でそれぞれひとつの大きなピークがあり、さらに後白河上皇の鳥羽殿との関わりは、それ以前とまったく違っていたことがわかる。

b、御所関係（南殿・南新御所・北殿・新造北御所・泉殿・東殿・西殿・田中殿・田中御所・田中新殿・新堂中の御所・桟敷殿・新御所・馬場）

白河期の北殿記事が最も多く、この施設が鳥羽殿の中心建物であったことがよくわかる。しかし同時に鳥羽期の東

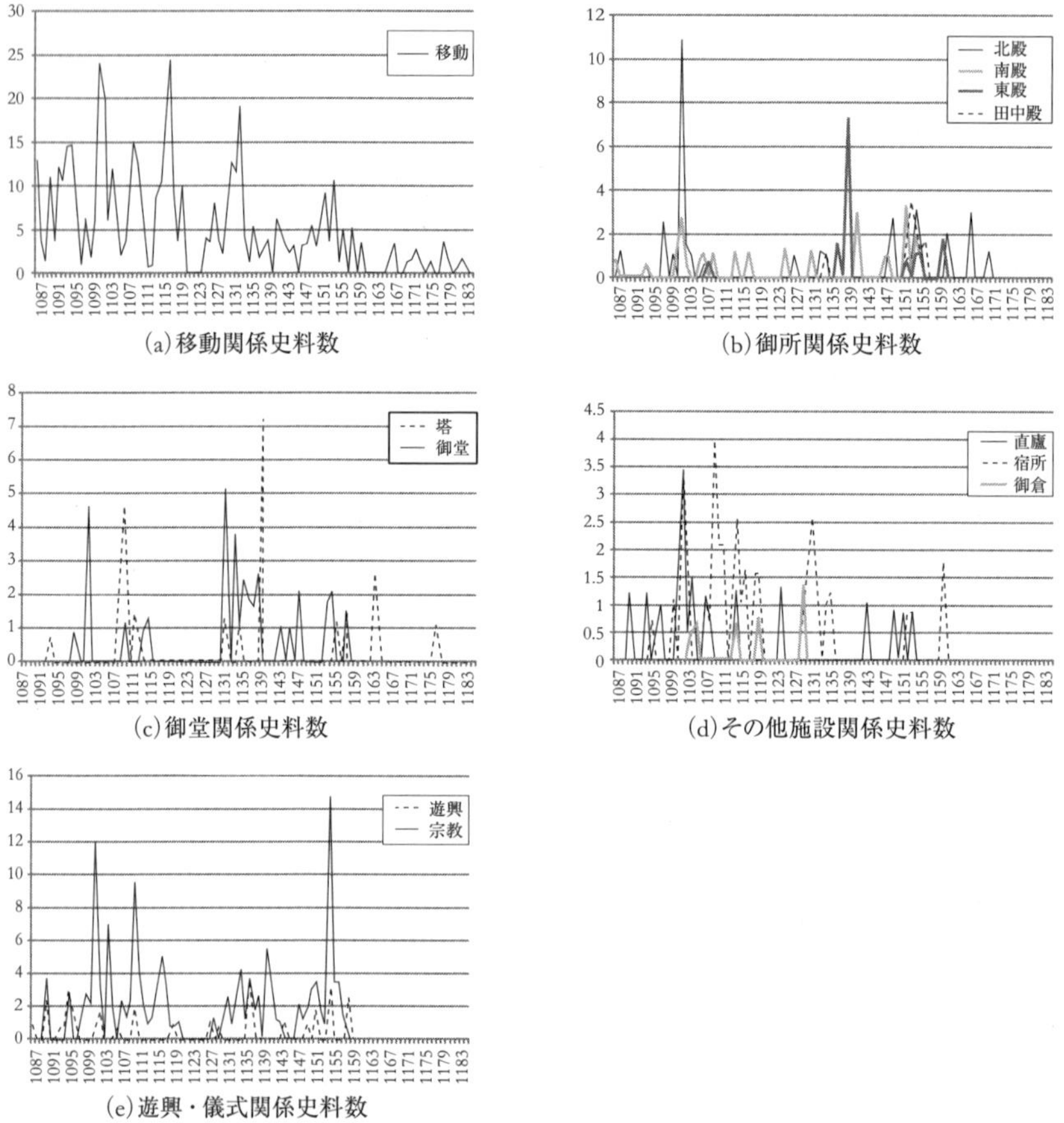

(a)移動関係史料数　(b)御所関係史料数　(c)御堂関係史料数　(d)その他施設関係史料数　(e)遊興・儀式関係史料数

図 5-7　鳥羽殿関係項目の定量グラフ（横軸は西暦，縦軸は史料数の補正値）

殿記事もそれに次ぐ数のピークを示し、鳥羽期における東殿地区の役割の重要性を示す。また南殿記事は白河・鳥羽の両期で見られるものの、その数は北殿や東殿におよばない。

ただしグラフが示しているのは、鳥羽期は東殿と呼ばれた地区が多く利用されたという事実だけであり、このデータがそのまま北殿と同様な意味での東殿御所の存在を示すものではないだろう。むしろ白河期の北殿卓越構造に対して、鳥羽期は諸施設がバランス良く利用されたことを示すものではないかと推測する。

c、御堂関係（証金剛院・成菩提院・安楽寿院・勝光明院・金剛心院・金剛心院内新御堂・経蔵・阿弥陀堂・田中新御堂・東田中新御堂・田中御所小堂・九体阿弥陀堂・御堂・新造御堂・東御堂・東堂・東殿三重塔・東殿美福門院御塔・七宝塔）

史料からも明らかなように、白河期の御堂は証金剛院のみであるのに対して、鳥羽期の御堂は安楽寿院を中心として複数見られる。ただし、これまであまり注目されていないが、「塔」記事が白河期でも比較的多く見られる。

d、その他施設（直廬・宿所・御倉・城南寺・御精進屋・侍宿・築垣・楼門）

鳥羽殿に築かれた院御所以外の施設を代表するのは、「直廬」と「宿所」である。「直廬」と「宿所」は同じ施設であった可能性があるため、両者の数を合わせれば、おおむね「御所」および「御堂」記事とならぶ頻度となる。また、それらが白河・鳥羽の両時期を通じて見られるため、院を支えるスタッフとして院の諸施設と同様な密度で、それらが恒常的に鳥羽殿に関わっていたことがわかる。

e、遊興・儀式関係（前栽堀逍遥・前栽合・花観・雪観・流鏑馬観・競馬観・蹴鞠観・管弦会・和歌御会・舞楽観・相撲人観・田植観・五節童女観・遊女会・書写・舟遊・童相撲・作文会・五節の遊宴）**と宗教儀式関係**（城南寺明神御霊会・城南祭・熊野精進・理趣三昧・五壇法・三壇法・大般若御読経・尊勝陀羅尼・孔雀経法・仁王講・七仏薬師御修法・御懺法・曼荼羅供養・五部大乗経・六字河臨法・不断念仏・法華御八講・大北斗法・仁王経法・六観音御修法・念仏・阿弥陀講・愛染王法・彼岸念仏・八幡詣御精進・逆修善根・御賀舞・法皇五十の御賀・百日御念仏・修二月会・彼岸御念仏・三尺阿弥陀仏九体供養・臨時仁王会・薬師法・炎魔天堂・泥塔供養）

遊興は、前栽にある風物を主題として歌合わせを行う「前栽合」をはじめとして、花観・雪観・舟遊など多岐にわたる。グラフで見る限り、両上皇共に同様な頻度で鳥羽殿を利用していたことがわかる。

一方宗教儀式の中心は、仁王経や五壇法、大般若御読経などに代表される国家鎮護に関わる行事である。白河上皇期と鳥羽上皇期で大きなふたつのピークがあり、「御堂」記事の出現数は鳥羽上皇期が多いが、これらの儀式は白河上皇期においても重要な位置にあったと言える。

以上、鳥羽殿に関連する施設などの初出記事と、東京大学史料編纂所のデータベースをもとにした諸項目の出現数を見てきた。ここであらためて白河期の鳥羽殿と鳥羽期の鳥羽殿の差異について確認すると、次のようにまとめることができる。

①移動記事が白河期と鳥羽期との間で一時途切れる（図5-7(a)—(c)でおよそ一一二〇—一一三〇年の数値が少ない、または途切れている）こと、②それぞれの上皇が注目した地区は北殿と東殿であったこと、③御堂については鳥羽期が多いこと、④遊興儀式の回数および宗教儀式の回数は両期で類似し、⑤院の支援スタッフに関係する施設の数も類似している。

すでに多くの先学が指摘しているように、このうち①と②は、鳥羽殿の運営に、それぞれの上皇の意志が強く関わっており、さらにその拠点も異なっていたことを示し、③はそれが具体的に、白河上皇による北殿・馬場・泉殿・証金剛院の造営と、鳥羽上皇による御堂を中心とした造営であったことを示す。

一方④と⑤は、鳥羽殿で行われた内容に関わるもので、特に④については、先行研究において、鳥羽期の鳥羽殿が「王家の墓所」としてあるいは「聖地」としての性格を強めたと言われていることと、必ずしも整合しない可能性を示す。「王家の墓所」についての説明の明確化が前提となるが、少なくとも今回の宗教関係記事でみる限り、特に鳥羽期においてそれに関わる儀式が増加したようには見えない。また⑤についても院を支えたスタッフが、鳥羽殿の役割の変更にともなって変化した状況とも見えにくい。確かに鳥羽期の鳥羽殿は御堂の建築ラッシュではあったが、それと「王家の墓所」としての性格付けの関係については再考が必要かもしれない。

よってこれまでの状況から白河期の鳥羽殿と鳥羽期の鳥羽殿の景観を強引に復原すれば、白河期の鳥羽殿は西大路を幹線としてその東に北殿と南殿があり、東西路は桂川へ繋がる西大路の西側のみであり、北殿と南殿の東は、城南寺を中島状において池と林や田が広がっていた未開発地域だった状況が推測される。

一方鳥羽期の鳥羽殿については、『平安京提要』で示された長宗・鈴木両氏の復原案に賛成で、現在一般に理解されている鳥羽殿の景観は、基本的にこれに類似した、鳥羽上皇によって整備された後の施設群だったことになる。ただし、先にも触れたように、元データとした諸記録のほとんどが特定個人の日記であり、そのため個々の項目の取り上げには偏りがあることが十分考えられる。今後はそれを勘案した上での数量的な検討を進める必要がある。

それではこのような景観の違いは、どのような背景によると考えられるだろうか。重要なポイントは、白河期の十一世紀後葉―十二世紀初頭と、鳥羽期の十二世紀前半―中頃の遺跡情報に絞られる。

2　遺跡情報

鳥羽殿関係の調査は現在までに150次を超え、さらに試掘等の調査が加わる。発見されている時代は弥生時代に遡り近世におよぶ。なかでも古墳時代では埋没古墳や集落の存在が知られ、鳥羽殿の自然地理環境を復原する際に重要な手がかりとなる。また、鳥羽が鳥羽殿造成以前から交通の要衝であり遊興の地であったことを示すように、平安時代前中期の遺物も出土しており、鳥羽殿の成立を考える際に注意しなければならない要素となる。

鳥羽殿成立以後は、調査対象の全域で関連する遺構と遺物がみつかっている。ただし後に触れるように、大量に出土するのは瓦であり、具体的な生活の痕跡を示す土器・陶磁器についてはあまり数が多くない。

a、変遷

鳥羽殿跡の各調査地点から最も多く出土するのは瓦である。しかしこれらは、白河期と鳥羽期の識別を行う資料としては、現状では扱いが難しい。次に多く見られ、詳細な時期の判定に使われるのは土師器皿と瓦器碗である。しかしこれらの資料は、多くの場合細片で出土するため、時期の特定が困難な状況が少なくない。これに対して灰釉陶器・緑釉陶器および山茶碗と東播磨系の製品は、おおまかではあるがその指標になる。ただし灰釉陶器と緑釉陶器は十世紀または十一世紀の製品が、山茶碗についても十二世紀と十三世紀の製品が入ってくるため、その一部は非鳥羽殿期にあたる可能性も考慮しなければならない。

これらの条件をもとに分布図を作成してみると、全体的な傾向としては、十一世紀終わり頃から十二世紀初頭の資料は少なく、大半の資料が十二世紀代の中頃に属する可能性が指摘できる（図5-8）。これは、前者が白河期の鳥羽殿に、後者が鳥羽期の鳥羽殿に対応するが、後者については、一般集落と同様な生活用具の存在を、前者についてはそれと対照的な意味を示す可能性がある。また、鳥羽期の鳥羽殿が「王家の墓所」としての性格を強めたとする点については、確かに東殿の中心部は墓所であるが、史料情報の整理と合わせると、白河期より生活の場としての意味も加わっている可能性がある。

b、瓦器碗とロクロ土師器

北向不動院西の第141次調査では、九―十六世紀におよぶ時期毎の種類別破片数の集計が行われ、その中で瓦器碗の比率が二五%と高い点が指摘されている[8]。周知のように、平安京内における土器の主体は土師器皿であり、瓦器碗は摂津・河内・和泉・大和といった京外で多く用いられた製品である[9]。その点で、平安京を象徴する「後院」としての鳥羽殿で、平安京内より多く瓦器碗（図5-9）が見られることは矛盾した状況に見える。

これに対して調査者は、鳥羽殿が「後院」である前に、平安京周辺地区という環境にあったこと、または鳥羽殿内での場の役割の違い、あるいは施設の役割の違いの可能性を指摘している。これはきわめて重要な資料の整理であり、もとより京内から来る貴族とは基本的に無縁の資料であるため、前者については「後院」をささえた人々がどのような人々であったのかを示す可能性があり、後者については、実際にそういった人々が住んでいた場所を示す可能性が

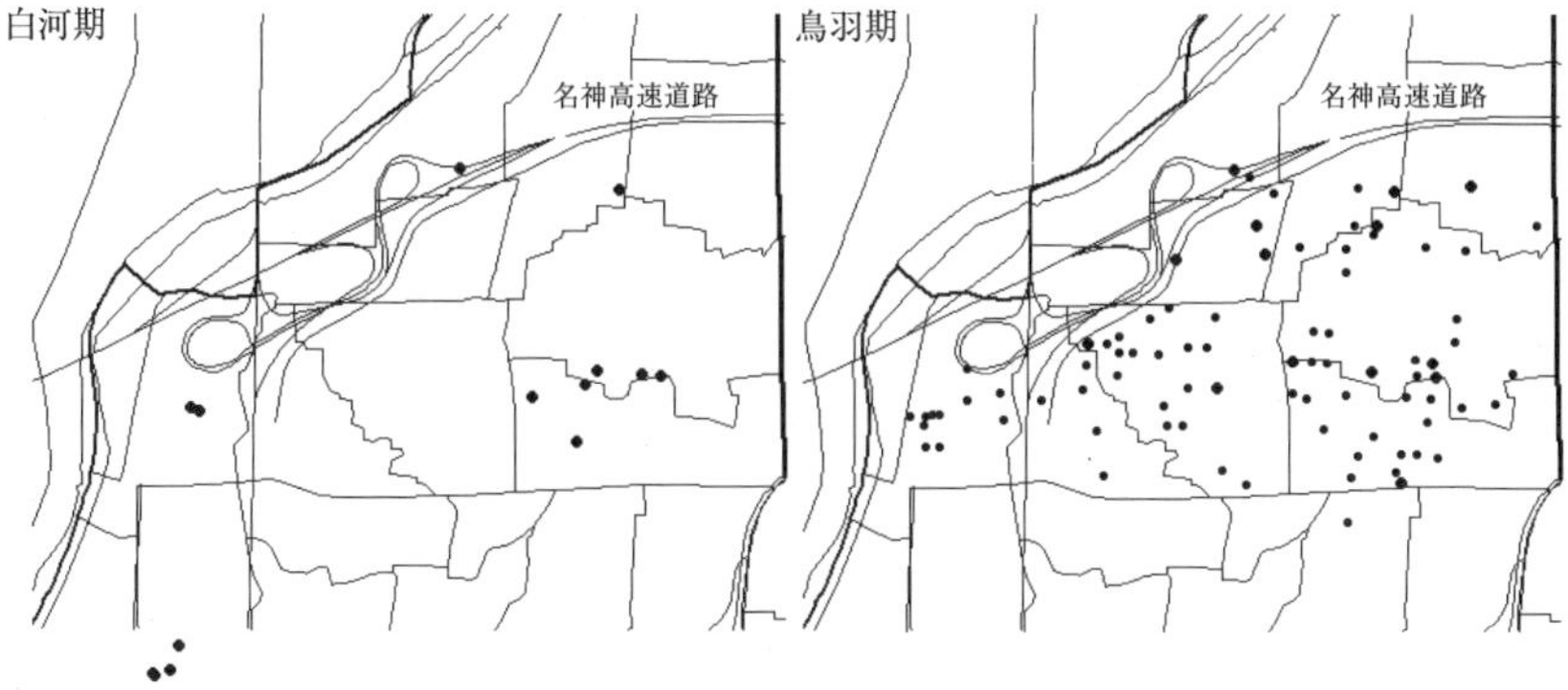

図5-8　白河期と鳥羽期の遺物分布

ある。

同様なことは、第40次調査地点と第130次調査地点から出土したロクロ土師器（図5−10）についても考えることができる。これらの資料は瀬戸内沿岸に起源をもつもので、同様な遠隔地交易を示す在地土器の山茶碗が京内で一定量出土するのに対して、この資料は左京五条二坊八町[10]で知られているのみという状況である。鳥羽殿周辺におけるロクロ土師器の存在は、八幡市以西の木津川および淀川河床遺跡で知られており[11]、おそらく淀津を終着点とする瀬戸内沿岸地域との交流を物語る資料として注目されている。したがって鳥羽殿におけるその出土もまた同様に瀬戸内沿岸地域との繋がりを示すものと考えられ、文献で示されているような西国受領の鳥羽殿内における存在形態を検討する手がかりとなろう。

c、瓦の造進について

周知のように鳥羽殿跡から出土する瓦は、鳥羽殿造営を支えた各地との関係を示す。これまでにわかっている瓦の産地は京都・播磨・讃岐・尾張・南都などで、特に金剛心院跡関係については、報告書によりその詳細なデータを得ることができる。数量化された軒瓦データによれば、軒丸瓦が一四二五点、軒平瓦が九七七点の合計二四〇二点で、生産地の比率は軒丸瓦が播磨五八％・京都一七％・讃岐五％・南都一％、軒平瓦が播磨七三％・京都八％・讃岐五％、また丸瓦と平瓦については、播磨産と讃岐産に二分され京都はみられないと言う[12]。

図 5-9　第 88 次調査地点出土の瓦器碗（京都市埋蔵文化財研究所蔵）

図 5-10　第 130 次調査地点出土のロクロ土師器
（京都市埋蔵文化財研究所蔵）

瀬戸内を代表する古代窯業生産地の播磨と讃岐が中心的な位置を占め、さらに軒先瓦の主要生産地が播磨であるのに対して、非軒先瓦の主要生産地に讃岐が加わっていることは、播磨と讃岐のやきもの生産の特質を反映したものとして興味深い。

一方、金剛心院以外の地点で報告されている瓦の生産地では、瀬戸内と対照的な位置になる尾張が目立つ。尾張もまた古代窯業を代表する生産地であり、その意味で瓦の造進は西国との関係に限定できないことになる。なおその分布は、おおむね東殿地区を中心としている。

第三節　院政期政治拠点の情報分析

1　鳥羽上皇の鳥羽殿と後白河上皇の法住寺殿

既往の研究による鳥羽殿についての最も一般的な説明は、御所と御堂がセットになって大きく三つのブロックに分かれている姿であった。しかし、これまで見てきたように、その見方だけで鳥羽殿を語ることはできない。

第一の問題は、これまで見てきたようにさまざまな違いをみせる白河期の鳥羽殿と鳥羽期の鳥羽殿のそれぞれの意味についてであり、第二の問題は鳥羽殿と西国受領または院近臣との関係についてである。ただしこれらは相互に関わりをもっているため、実態としては融合的に整理しなければならない。

第一の問題を考える際に大きな手がかりとなるのは、院政期における京外の新拠点として鳥羽殿とならび注目されてきた七条大路鴨東に造営された蓮華王院法住寺殿の存在である。

周知のように蓮華王院法住寺殿は、後白河上皇によって造営された御所と御堂から構成される拠点である。法住寺殿については、川本重雄・江谷寛・上村和直氏による研究に代表され[13]、なかでも遺跡情報の総合化の点では上村氏の整理が最も充実している。

法住寺殿の前身については、『扶桑略記』永延二年（九八八）の記事に右大臣藤原為光の法住寺がみえ、平安時代後期には藤原信西によって法住寺堂や邸宅が築かれ、後白河上皇が行幸している。後白河上皇による東山御所（南殿）

の移徙は永暦二年（一一六一）で、川本重雄氏によれば、平治の乱で焼失した藤原信西の八条坊門末の屋敷に、藤原信頼の中御門西洞院殿の殿舎を移築して法住寺南殿が造営されたという（『法住寺殿御移徙部類』）。

その後の法住寺殿周辺の変遷であるが、応保元年（一一六四）に蓮華王院の供養が行われ、一方南殿は、朝覲行幸などの儀式にあわせ、仁安二年（一一六七）に周防守季盛の支援によって建て替えられる。これは、同時にあった七条上御所、七条下御所と共に、それぞれが儀式用（南殿）・後の高倉天皇御所（七条上御所）・後白河院と滋子の御所（七条下御所）として使い分けられていたことによるとされ、さらに承安四年（一一七四）には、その上下の七条御所が破却され、馬場殿や桟敷ももった七条殿（北殿）が新造されている。

川本氏は、この結果あらためて南殿が儀式用、七条殿が院の生活空間として使い分けられていたことが確認できたとする。なお承安三年（一一七三）には建春門院によって最勝光院とその南御所が築かれ、蓮華王院法住寺殿を構成する全ての施設が完成することになる。

ここで注目したいのが、法住寺殿で南殿が儀式用だったという点である（図5-11）。白河・鳥羽期において五十賀が行われたのはいずれも鳥羽南殿であった。また法住寺殿は西に鴨川が流れ、その東に北殿、蓮華王院、後白河陵（図5-11の葬地のあたり）がならび、その南に南殿がおかれ、一方、鳥羽殿も西に桂川が流れ、その東に北殿、金剛心院、白河陵・鳥羽陵がならび、その南に南殿がおかれるという、類似した空間構造を持っている。

法住寺殿は鳥羽殿に対して、院の生活の場としての性格が強かったと言われている。けれども、法住寺殿が鳥羽殿の持っていた機能を継承し充実させたものであるという美川氏の指摘をふまえれば、このことは、後白河上皇の法住寺殿が鳥羽上皇の鳥羽殿をモデルに造営された可能性を示すものとも考えられる。

つまり、院政期に連続して造営された京外拠点の構造は、それに先行する拠点と深い関係があり、白河上皇期の鳥羽殿と鳥羽上皇期の鳥羽殿の違いも、そこに求められる可能性が考えられるのである。それでは具体的に鳥羽殿の空

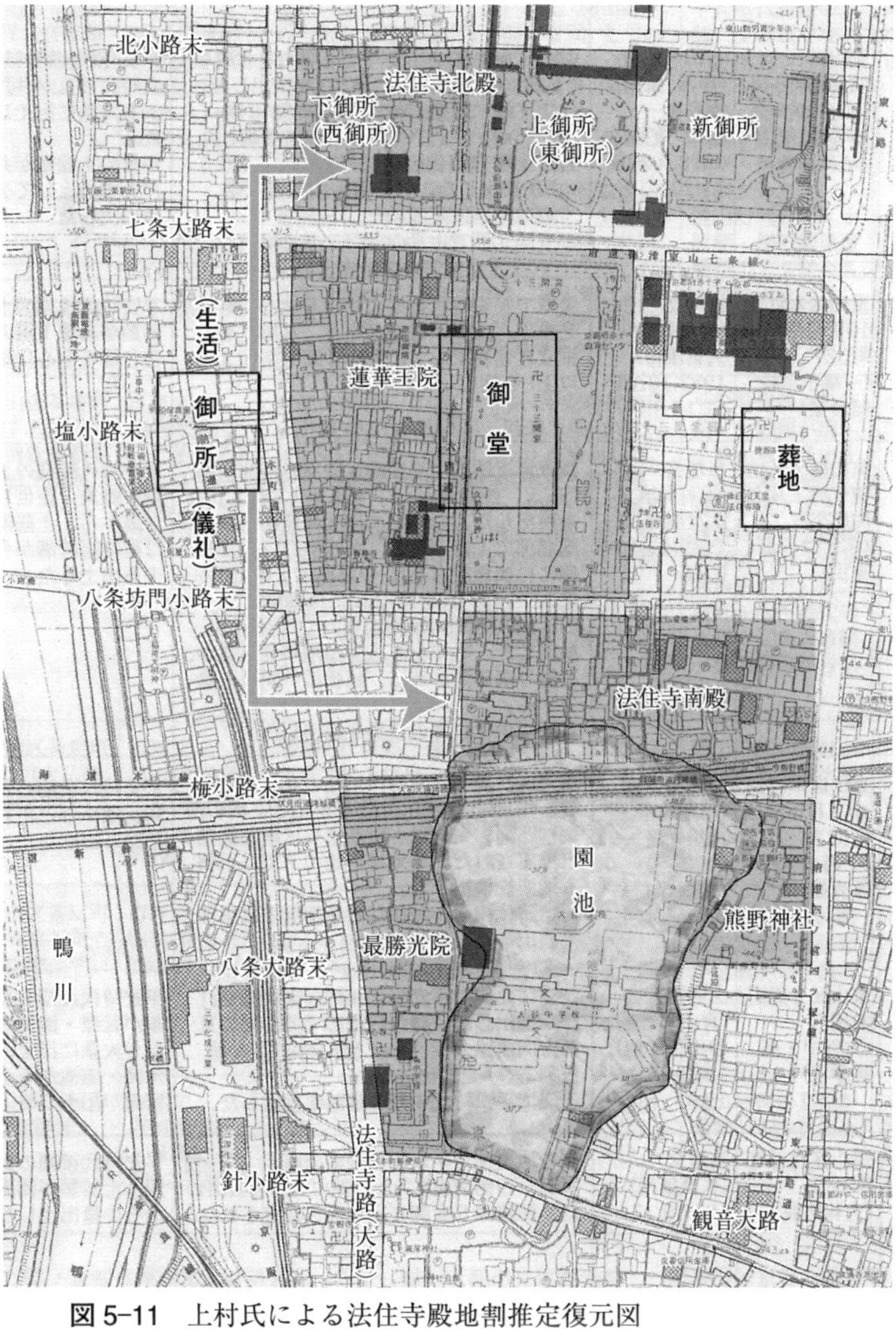

図 5-11　上村氏による法住寺殿地割推定復元図
（上村和直「法住寺殿の成立と展開」(13) 所収図に加筆）

間構造や景観のモデルとなったのはどこなのだろうか。それを検討するために、次に白河天皇の意図に遡ってみたい。

2　白河上皇の意図と師実の宇治

上島享氏は、白河殿がおかれた六勝寺の地が藤原氏歴代の故地であったことをふまえ、〈道長の王権〉の象徴である法成寺と〈国王ノ氏寺〉と呼ばれた法勝寺（口絵1参照）の造営を対比し、法勝寺が「累代の別業」たる白河殿を破壊した跡地につくられたという事実を、「摂関政治の否定を世に示した」ものとした。しかしその法勝寺の実態は法成寺の継承および発展であり、また白河天皇による政治の内実も、道長政治の展開上に位置付けられるものであったという(14)。

この「院の権力＝道長の王権の継承・発展」とする氏の意見が、この時期の都市・京都を考える際の、非常に大きな手がかりとなる。

すなわち、氏が言うように白河上皇が道長と同様な行動様式をとったならば、白河上皇と鳥羽殿の関係に対応するような場を、道長においても京外に求めなければならないことになる。そこでそれを求めた時、そこに登場するのが宇治である。

宇治が高級貴族の遊興の地として知られたのは平安時代前期に遡り、『扶桑略記』寛平元年（八八九）には、左大臣源融の別邸が宇治郷にあったとされ、陽成天皇が行幸している。また『蜻蛉日記』によれば、宇治川右岸には藤原兼家の宇治院があり、左岸には県院と呼ばれた藤原師氏の宇治院があった。

宇治はまた、藤原氏にとって聖地とも言える葬送の地だった（図5-12）。藤原冬嗣の後宇治墓は東西・南北一四町の広さだったとされ、藤原基経も次宇治墓を設けたという。藤原忠通以後は、現在の東福寺北にあたる法性寺山が藤

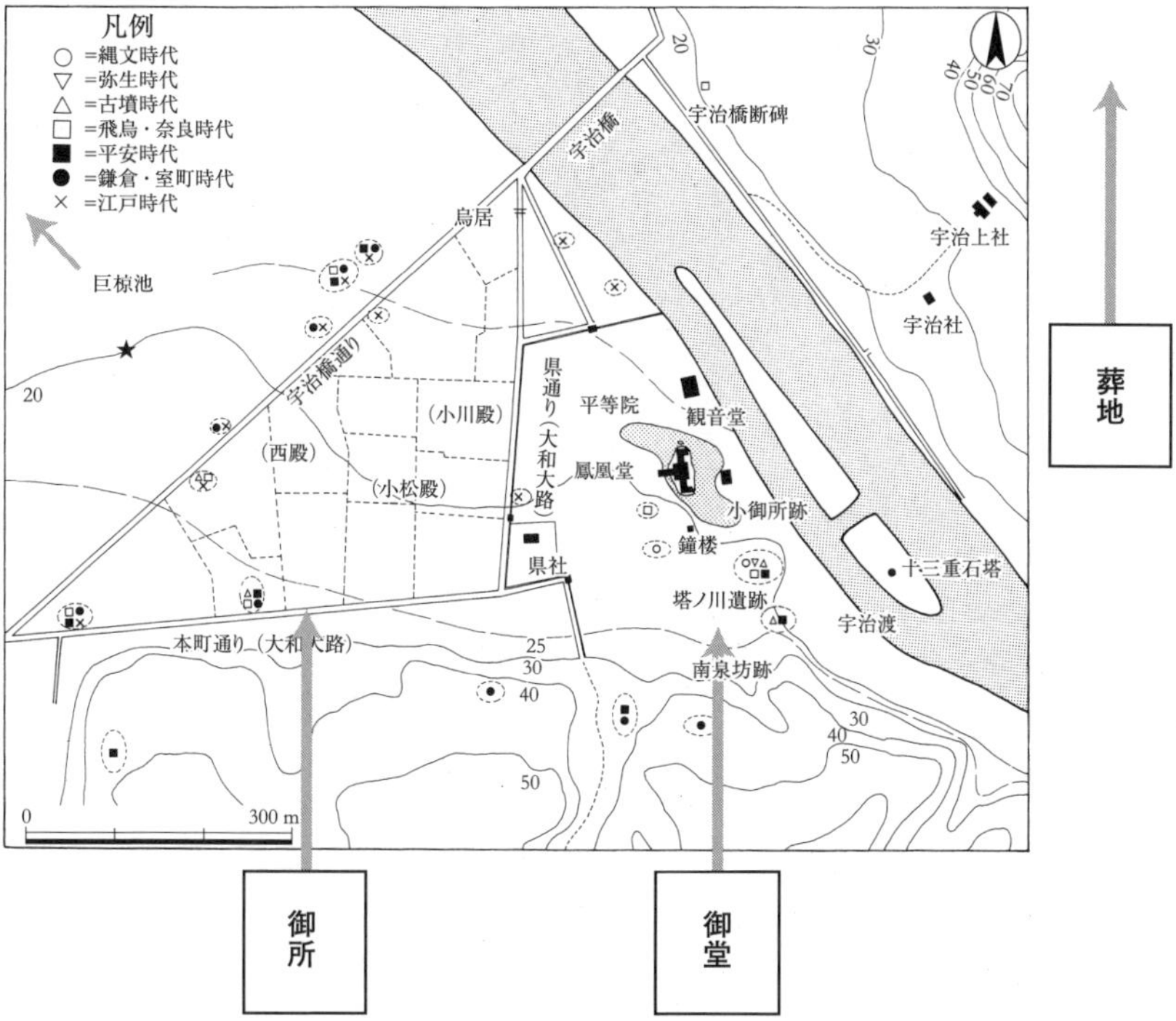

図 5‒12　平等院西方の街区。★印は貴族の邸宅が発見されたJR宇治駅北の調査地点（『発掘ものがたり宇治』所収図に加筆）

原氏の葬地に変わっていくが、それまでは宇治の北に位置する木幡に葬られることが通例だったと言われる。

道長と宇治の関係については、上島氏が藤原道長の法成寺と浄妙寺の関係を、白河上皇の法勝寺と鳥羽の成菩提院の関係に照らしているが、平等院は源融の宇治院が六条左大臣源重信を経て、長保元年（九九九）頃に道長によって購入されたもので、『御堂関白記』寛弘元年（一〇〇四）を見れば、その地で秋の遊宴が行われている。宇治は道長にとってステイタスの高い場所であり、聖地でもあったのである。

福山敏男氏によると、白河上皇が法勝寺を建てた白河の地は、藤原忠平にはじまり、道長・頼通・師実と伝領された藤原摂関家「累代の別業」であり[15]、上島享氏は、その中でも藤原忠平一門の邸宅群と、頼通による大規模な整備が重要だとする[16]。これに対して鳥羽の地は、すでに述べたように、九世紀終わりには藤原時平の「城南別荘（城南水石亭あるいは鳥羽水閣）」が築かれ、十一世紀には小野宮実頼末裔の備前守藤原季綱が山荘を営んだという。鳥羽もまた藤原氏に所縁の地だったことになる。

したがって、法勝寺に対する白河上皇の意図が、道長の法成寺に対する意識であったならば、鳥羽殿に対する白河上皇の意図も、道長の宇治に対する意識として見ることが可能だと考える。

ただし、白河上皇が鳥羽殿の造営に際して実際に見ていたのは、藤原道長時代の宇治ではなく、白河上皇と協調関係にあったと言われる藤原師実時代の宇治であり、その点で厳密に言えば、白河期の鳥羽殿の景観は、師実期の宇治の景観と対照して考えなければならないことになる。

頼通の子の師実は、「後宇治殿」と呼ばれて宇治に居を構えていたことが知られる（『後二条師通記』）。しかるにその場所は平等院ではなく、「宇治泉殿」と呼ばれた館で、寛治元年（一〇八七）五月十九日には白河上皇がそこを訪れている（『為房卿記』）。具体的な場所は確定されていないが、その名称から宇治の七名水のひとつとして後世伝えられた折居川扇端部の旧巨椋池近接地が比定地とされる。また、頼通の子の四条宮寛子もまた宇治に池殿をもっており、その場所は巨椋池の近くであったと考えられている。いずれも平等院から独立し、しかも距離をおいた場所であり、さらにそこが巨椋池の汀に近い場所であった点を特徴とする。

それを裏付けるかのように、二〇一〇年に発掘調査が行われたJR宇治駅北の調査地点（市街遺跡戸ノ内22-1、図5-12の★印）からは、十一世紀中葉から十二世紀中葉に営まれた貴族の邸宅が発見され、伏見の山を臨み、水面の広がる巨椋池に向かって庭園が築かれていた[17]（図5-13）。

先に見てきたように、白河期の鳥羽殿は、西大路と南北の御所および、城南寺に隣接する馬場は確認できるが、天仁元年（一一〇八）の白河上皇による東部地域の巡検から知られるように、そこから東は池および見通しのきかない

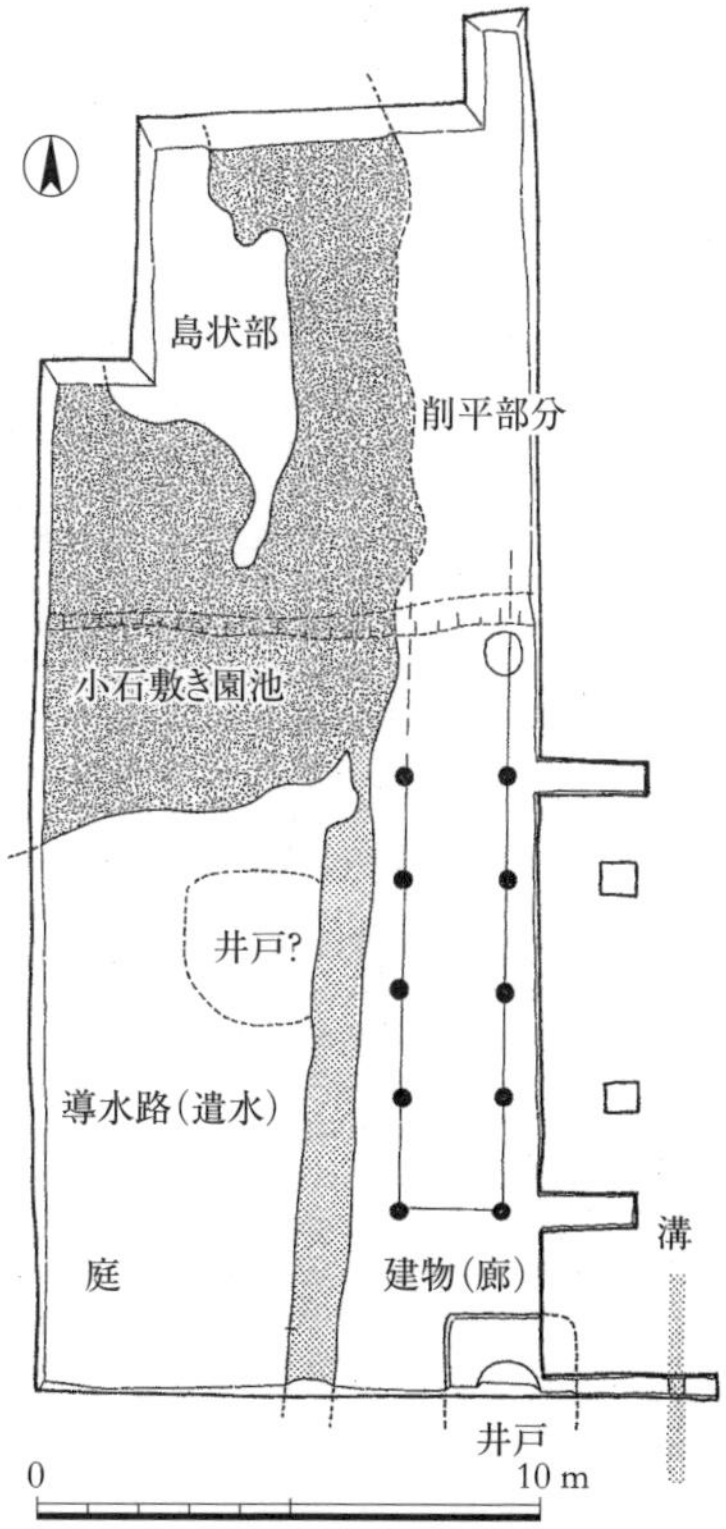

図 5-13　貴族邸宅の一部と見られる宇治駅北側（図 5-12 の★地点）の発掘遺構平面略図（「宇治市街遺跡（戸ノ内 22-1）発掘調査の成果 ── 現地説明会資料」より）

ような林と湿地帯だったものと推定される。白河期の鳥羽殿の風景は、この師実期の宇治の風景と共通要素が多いと考える。それでは鳥羽期の鳥羽殿についても同様な見方ができないだろうか。

3　忠実の宇治と鳥羽上皇の鳥羽

実はその点で、宇治にとって頼通同様に重要な存在と言われているのが、師実の孫の忠実なのである。彼は承徳三年（一〇九九）に、父師通の早世により二二歳で氏長者となった。この時期、摂関家は衰退を余儀なくされていたが、忠実はそれに対しさまざまな努力を重ね再興をめざした。

宇治に対する忠実の関係で最も代表的な事業は平等院の整備で、現在見られるような瓦葺きの姿は、彼の手によるものと考えられ、また同時に複数の別業を造営したことも知られている。彼は最初、既に父の師通の時期から存在していた富家殿（北殿）と呼ばれる邸宅を、平等院から離れた宇治橋あるいはその北に持っていた。『殿暦』によれば、永久元年（一一一三）に関白に就任した翌年頃から、この富家殿に対して、平等院に比肩するほどの規模の大整備を加え、永久三年（一一一五）に白河法皇の御幸を迎えている。しかし、富家殿が大治四年（一一二九）に焼亡すると、その後は富家殿を捨て、平等院の西に位置する成楽院小松殿および西殿へその本拠を移す。

近年の発掘調査により、忠実の時代の遺跡が平等院の西側一帯から見つかっており、この頃には、平等院の西側地区に、方格に組まれた街路が整備され、忠実が拠点とした邸宅をはじめとする、複数の邸宅が建ち並んでいたことがわかってきている。(18) 師実の時代と忠実の時代は、宇治においても大きな景観の変化があったのである。

そして鳥羽上皇による鳥羽殿の整備は、忠実が富家殿から小松殿へ移った以後で、平等院西側地区の整備が進んでいった時代にあたる。周知のように、鳥羽期の鳥羽殿を象徴する施設は、平等院をモデルにした勝光明院と経蔵、および九体阿弥陀堂の金剛心院である。経蔵のモデルについても天王寺と共に平等院が意識されている。また『玉葉』の承安元年（一一七一）十一月一日の記事によれば、法住寺殿の最勝光院の造営にあたっても平等院をモデルとした検討が行われている。

白河天皇が道長に象徴される摂関家の権勢に対する意識の中で、道長の宇治に対する意味での鳥羽殿を造営したと見ることができるのならば、それと同様に鳥羽上皇もまた、摂関家に対する意識の中で、忠実が整備した宇治に対する形での鳥羽殿を造営したとみることが可能と考える。そしてもとより宇治は藤原氏歴代の葬地であった。

鳥羽上皇と後白河上皇は、摂関家の本拠を象徴した葬地・御堂・御所から構成される宇治（図5-12）のコンパクトな姿を、鳥羽殿と法住寺殿で人工的につくりだそうとしたのではないだろうか。白河期の鳥羽殿と鳥羽期の鳥羽殿の異なった空間構造は、これにより説明できると考える。

それでは瓦器碗や瓦の造進に対応する、西国受領や院近臣の役割はどのように考えられるのであろうか。

おわりに

ところでこのように平安時代後期から院政期にかけての新たな京外拠点の変遷を見てくると、白河期の鳥羽殿と鳥羽期の鳥羽殿の間にあった大きな歴史的な変化が見えてくる（図5-14）。白河期の鳥羽殿までは、あくまで京中の諸施設との関係にあったが、鳥羽期の鳥羽殿以後は、独立してコンパクトにまとまった街区を形成することで、地域拠点としての性格と機能を強める。法住寺殿はその段階でのある意味での完成形と言える。鳥羽期の鳥羽殿によって、その後に出現してくる地域拠点の原型に繋がるひとつの形が生まれたのである。

視野をひろげれば、奥州藤原氏の拠点である平泉の中で、秀衡期の景観は、まさにこの時期の、なかでも法住寺殿との比較で考えることができるのではないかと推測する。ただしこの時期の鳥羽殿あるいは法住寺殿が、独立して再生産を行うことの可能な機能をもっていたかどうかについてはさらに検討が必要で、そのために必要なインフラ機能を鳥羽殿にとってみれば、それまで桂川右岸を中心としていた淀が、左岸にも拠点を拡大するのが十一世紀後半と考えられおり[19]、平泉についても淀に対比される場としての衣が関が存在している。しかし、法住寺殿についてはそれが見られない。伏見がその候補であった可能性はあるが[20]、具体化はされなかった。したがって、その意味においてこれらの拠点は、その後の地域拠点の原型に繋がるひとつの形ではあるが、原型にはなりえなかったと言える。

これに対して、積極的にインフラ機能を意識して拠点をつくりあげようとしたのが、平清盛の福原である。すでに別稿で整理しているが[21]、福原は鎌倉の原型と言える要素を多く持っており、これが、まさにその後の地域拠点となっ

図 5–14　1977 年当時の鳥羽殿跡全景（南西から。京都市埋蔵文化財研究所提供）

ていく中世都市の原型と言って良いと考える。

それではあらためて、このような変革を生み出した原動力はなにか。その最も直接的な背景はよく言われるように、藤原忠実が置かれていた環境であろう。先に見てきたように、忠実は院におされて摂関家勢力が衰退傾向にある中、二二歳で氏長者に就く。彼のその後の活動はこの状況の打破であり、摂関家勢力の復活であった。平等院とその西側地区の開発と整備については、祖父の師実の段階から始まっている可能性も指摘されているが、平等院の位置付けを個人の寺院から氏の寺院へ変更することとあわせて、忠実の時期に大きな整備が行われたことは、大方の認めるところである。院に対して勢力の立て直しをはかる忠実にとって、これは必要な拠点整備だったように推測する。

そして鳥羽期の鳥羽殿は、まさにその姿に対照される院とその近臣の活動の結果だったと思われる。石丸熙氏は、公卿僉議の場の勢力図が、藤原師実・師通死後の康和四年（一一〇二）において、摂関家優勢から村上源氏に代表される反摂関家を中心とする院庁側に転換したこと、およびそれによる実質的な院政の開始を指摘しており、鳥羽期鳥羽殿の実質的な運営者であった藤原長実など受領層の活躍もこの時期以後としている(22)。詳細な検証には至っていないが、十二世紀中葉以後の瓦器碗に代表される遺跡情報は、文献情報の減少に関わらず増加傾向がある。その意味で、西国の近臣受領と鳥羽殿の関わりは、白河期の鳥羽殿より鳥羽期の鳥羽殿以後に強く、また意味を持ってくる可能性がある。

その意味で鳥羽殿の検討は、中世都市の原型に繋がる拠点形成に関わる重要なテーマも含んでいると言える。

※小稿は「鳥羽殿跡の歴史空間情報的研究・緒論」『文化情報学』第二巻第一号（二〇〇七年）を元にしている。

第五章　註

（1）京都市編『京都の歴史　二　中世の明暗』（學藝書林、一九七一年）。
（2）美川圭「鳥羽殿と院政」『院政期の内裏・大内裏と院御所』（文理閣、二〇〇六年）。
（3）大村拓生「鳥羽殿と交通」『院政期の内裏・大内裏と院御所』前掲（註2）。
（4）杉山信三『院家建築の研究』（吉川弘文館、一九八一年）。
（5）長宗繁一・鈴木久男「鳥羽殿」『平安京提要』（角川書店、一九九四年）。
（6）京都府教育委員会『名神高速道路路線地域内埋蔵文化財調査報告』（一九五九年）所収。
（7）城南文化研究会代表　小牧実繁（編輯）『城南』（城南宮、一九六七年）。
（8）京都市文化市民局・京都市埋蔵文化財研究所『京都市内遺跡発掘調査概報平成十一年度』、二〇〇〇年。
（9）鋤柄俊夫「都鄙のあいなか」『国立歴史民俗博物館研究報告』第九二集、二〇〇二年。
（10）京都市埋蔵文化財研究所・京都市文化観光局『京都市内遺跡立会調査概報平成五年度』、一九九四年。

（11）河上誓作・中世土器研究会「淀川・木津川河床の採集資料」『中近世土器の基礎研究』Ⅸ、一九九三年。
（12）京都市埋蔵文化財研究所『鳥羽離宮跡Ⅰ　金剛心院の調査』京都市埋蔵文化財研究所調査報告第二〇冊、二〇〇二年。
（13）川本重雄「続法住寺殿の研究」『院政期の内裏・大内裏と院御所』前掲（註2）。
江谷寛「法住寺殿」『平安京提要』前掲（註5）。

上村和直「法住寺殿の成立と展開」『研究紀要』第九号（京都市埋蔵文化財研究所、二〇〇四年）。
（14）上島享「法勝寺創建の歴史的意義」『院政期の内裏・大内裏と院御所』前掲（註2）。
（15）福山敏男「白河院と法勝寺」『福山敏男著作集3　寺院建築の研究（下）』（中央公論美術出版、一九八三年）。
（16）上島享「法勝寺創建の歴史的意義」前掲（註14）。
（17）宇治市教育委員会『宇治市街遺跡（戸ノ内22-1）発掘調査の成果 ── 現地説明会資料』（二〇一〇年四月十七日）。
（18）浜中邦弘「院政期宇治の情景」『考古学に学ぶ（Ⅱ）』（同志社大学考古学シリーズⅧ、二〇〇三年）。
（19）田良島哲「中世淀津と石清水神人」『史林』第六八巻第四号（一九八五年）。
（20）美川圭「院政と伏見」『朱』第五一号（伏見稲荷大社、二〇〇八年）。
（21）鋤柄俊夫「京の〝鎌倉〟── 薬研堀・石鍋そして持明院」『交流・物流・越境』（新人物往来社、二〇〇五年）。
（22）石丸熙「院政の構造的特質について」『平安王朝』（論集日本歴史三、有精堂、一九七六年）。
河野房男「白河院近臣の一考察」『平安王朝』前掲。

第六章　平泉と京都の庭園の類似性

飛田範夫

はじめに

平泉の第三代藤原秀衡が建立した無量光院は、京都の平等院の建物と庭園を模倣したと『吾妻鏡』に書かれている。第二代藤原基衡が完成させた毛越寺については、伽藍配置から庭園まで京都の法勝寺を模倣していることが、すでに文献などからの研究によって明らかにされている。また、藤原基衡の妻が造立した観自在王院の庭園についても、京都の浄瑠璃寺に酷似していることが指摘されている。

「模倣」というと「まね」ということになって評価は下がってしまうが、毛越寺園池の玉石を敷き詰めた岸（洲浜）、あるいは中島の立石や岬状に突き出した所（出島）の石組の巧みさからすると、かなり高い技法を示している。類似した形にしながらも工夫を凝らして原型を越えるという、和歌でいえば「本歌取り」を行っているのではないかと思える。なぜそれほどまでに、京都の庭園を模倣することにこだわったのだろうか。このことは平泉文化の特異性を考える上で、避けて通れない問題となる。

また、平泉の庭園は京都の庭園を模倣している比率が異常に高いことからすると、最初に初代藤原清衡が造立した中尊寺の庭園も、京都の庭園を模倣しているのではないかという疑問が生じてくる。観自在王院の庭園は確かに浄瑠璃寺に類似しているが、その原型は京都の著名な寺院だったのではないかという思いも浮かぶ。

平泉の庭園をつくるにあたって参考にした庭園はどこだったのかを探るとともに、庭園をとおして感じられる平泉の文化の特質について考えてみたい。

第一節　中尊寺の「大池」と「三重池」

1　藤原清衡と中尊寺

初代藤原清衡（一〇五六―一一二八）は、『吾妻鏡』文治五年（一一八九）九月二十三日の条によると、継父武貞の卒去後、奥州六郡（伊沢、和賀、江刺、稗抜、志波、岩井）を伝領し、江刺郡の豊田館を岩井郡平泉に移して宿館としている。次第に京都との関わりを強めたらしく、『後二条師通記』寛治五年（一〇九一）十一月十五日の条に、「清衡、（略）〔関白藤原師実へ〕馬二疋進上」とあるように、陸奥の特産品の馬と砂金を献上することで、朝廷とのつながりを持ったらしい。中尊寺を造営した際も、鳥羽院の御願所という形にしているのは、朝廷との密接な関係を示す意図があったのだろう。

『中尊寺経蔵文書』建武元年（一三三四）八月の「衆徒等謹言上」に、「嘉承二年三月十五日、大長寿院本尊四丈阿弥陀、脇士九体丈六を造立す」とあるので、清衡が嘉承二年（一一〇七）に阿弥陀仏を本尊とする大長寿院を建立したことがわかる。[1]『吾妻鏡』文治五年九月十七日の条で、中尊寺の諸堂の配置が説明されているが、寺院の中央に多宝寺が位置し、中間に関路があり、次に釈迦堂・両界堂・二階大堂（「大長寿院と号す」）・金色堂が存在していたらしい。

その後のことについては、天保十二年（一八四一）六月の奥書を持つ「桜本坊記録抜粋」[2]に、

建武四丁丑三月野武士等ノ意恨ノ事アリテ山岳山林ニ放火ス。折節風烈余煙谷ニ吹懸リ二階大堂・大金堂・三重塔ヲ始ト

シ已下ノ堂坊舎悉回禄。

と書かれているので、大長寿院は建武四年（一三三七）に焼失したことになる。ともに焼失した大金堂・三重塔付近に大長寿院は存在していた可能性が高い。大金堂跡は金堂跡と伝承されている場所だとすると、旧金色堂覆堂の東側に当たる（図６-１）。

『吾妻鏡』文治五年十二月九日の条に、

今日永福寺事始めなり。（略）〔奥州に〕二階大堂あり大長寿院と号す、専らこれを摸さるに依る。

と述べられているから、源頼朝が鎌倉に建立した永福寺《ようふくじ》は、中尊寺の大長寿院を模したものだったことになる。現在、大長寿院は金色堂の北一五〇メートルほどの所に位置しているが、その北東の多宝塔跡と伝えられている所の発掘調査で大礎石を持つ堂跡が発見され、これが当初の大長寿院と推定されている。しかし、四周が掘削されていたために規模が確定できず、桁行七間・梁間五間、あるいは五間四方の堂が建っていたと推測されている。[3] 永福寺の発掘調査によって、中央の二階堂は五間四方だったことが確認されているので、[4] 参考にされた当初の大長寿院の堂も五間四方だった可能性が高い。

2　「大池」と「三重池」

奥書に「天治三年（一一二六・大治元年）三月二十四日弟子正六位上藤原朝臣清衡敬白」とある、いわゆる「中尊寺落慶供養願文」には、次のような建物と庭園を造営したことが述べられている。[5]

図 6-1　中尊寺境内図（『中尊寺 ―― 発掘調査の記録』より）

建立供養し奉る鎮護国家大伽藍一区の事
三間四面檜皮葺堂一宇（略）、三重塔婆三基（略）、二階瓦葺経蔵一宇（略）、二階鐘楼一宇、大門三宇、築垣三面、反橋一道二十一間、斜橋一道十間、竜頭鷁首画船二隻、（略）右、山を築き以て地形を壇し、池を穿ち以て水脈を貯む。

三間四面の堂の左右に廊下が付き、廊下の先にそれぞれ経蔵と鐘楼が設けられていたとすれば、平等院と同型の建物だったことになるのだが、三重塔婆のことが間に入れられているので、堂と経蔵・鐘楼とは一体化していなかったと考えられる。架けられていた反橋が二十一間（約四〇メートル）だったことからすると、園池は大規模なものだったらしい。

先の天保十二年（一八四一）六月の「桜本坊記録抜粋」には、

三重池　反橋一道二十一間、斜橋一道十間
大池　竜頭鷁首の画船二隻を浮かぶ云々

とある。「三重池」が「中尊寺落慶供養願文」の園池だったことになるのだが、「大池」に竜頭と鷁首のいろどりを施した船が浮かべられていたとしているのは、どちらも推測にすぎないということだろうか。

寛永十八年（一六四一）の「中尊寺一山絵図」には、池が二ヵ所描かれている（口絵8、図6-2）[6]。金色堂北東の池は三重に描かれているので、「三重池」と呼ばれていたものに当たり、金色堂南東の弁才天を祀った池は「大池」に相当するのだろう。「大池」の方に「中尊寺落慶供養願文」の建物が計画されたとする説もあるが、「大池」は発掘によって、中島を持つ未完成の大きな園池だったことが判明している[7]。

「願文」の建物は未完成だったのだろうか。『中尊寺文書』建武元年（一三三四）八月の「中尊寺衆徒等申状案」に、「金堂・同本尊・三重塔婆三基・大門三宇、諸堂・諸社悉く破壊顚倒の間」とある[8]。「三重塔婆三基・大門三宇」が損壊転倒していることから、「願文」の建物は未完ではなくて完成していたことになる。

「願文」の園池は「大池」が未完成だったことからすると、金色堂北東の「三重池」と考えるのが妥当だろう。「三重池」の発掘はすでに行われていて、池は三段になっていたことが判明している。一段目は装飾的な入念に施工された玉石敷き護岸と橋が検出されたが、二段目は現在の弁天池によって大半が破壊されており、三段目は掘削されていて形を留めていなかった[9]。

ところで、「願文」の「三間四面檜皮葺堂一宇、三重塔婆三基、二階瓦葺経蔵一宇、二階鐘楼一宇、大門三宇」と

図 6-2　「中尊寺一山絵図」（中尊寺大長寿院蔵，部分）

いう建物構成に類似していた寺院は京都に存在するのだろうか。白河法皇の白河泉殿（白河南殿）では永久二年（一一一四）に九体阿弥陀堂が建立され、永久五年に三重塔、保安三年（一一二二）にさらにもう一つ塔が建造されている。[10] 一方、鳥羽天皇の皇后待賢門院が建立した法金剛院では、大治五年（一一三〇）に大池の東には寝殿・対・対代・中門を持つ女院御所、大池の西に阿弥陀仏を安置する御堂（推定では桁行五間・梁間四間）が建てられ、さらに保延二年（一一三六）には三重塔と五重塔が造立されている。[11]

このように白河泉殿や法金剛院は、同じような形態の阿弥陀堂や三重塔あるいは五重塔を建造していて、「願文」に類似した建物の構成になっていた。年代的には「願文」の寺院の造営は、白河泉殿と法金剛院の間になる。嘉承二年（一一〇七）に大長寿院で、本尊の四丈阿弥陀仏の脇に九体の阿弥陀仏を安置していることは、京都の寺院の流行を追っていたことが感じられる。だが、天治三年（一一二六）の「願文」に記されている建物は、京都の白河泉殿や法金剛院と類似した形態だが、三段の園池を設けている点では白河泉殿や法金剛院の庭園を超えた造形になっている。金色堂は棟木の銘によると、天治元年八月二〇日に建立されている。[12] 金色堂も死期が近いことを悟った清衡が、京都の寺院建築を凌駕したことを示した、記念碑的建造物だったのではないだろうか。

第二節　毛越寺と法勝寺

1　藤原基衡と毛越寺

第二代藤原基衡は生年不明で、没年は一説には保元元年（一一五六）頃とされている。没年が不詳になったのは、奥州藤原氏の記録が頼朝が征服した際に多くが焼失したからなのだろう。基衡が造営した毛越寺については、『吾妻鏡』文治五年（一一八九）九月十七日の条に、

堂塔四十余宇、禅房五百余宇なり。基衡これを建立す。先ず金堂を円隆寺と号す。

と書かれている。毛越寺は多くの子院を持つ大寺院だったことがわかる。よく知られているように、本尊についても京都の仏師運慶（一二二三年没）に依頼し、莫大な砂金と奥羽の特産品を贈っている。

この本尊造立の間、基衡支度を仏師雲慶に乞う。（略）功物を仏師に運び、所謂円金百両、鷲羽百尻、七間間中（一間の半

分）径の水豹皮六十余枚、安達絹千疋、希婦細布二千端、糠部駿馬五十疋、白布三千端、信夫毛地摺千端等なり。この外山海の珍物を副えるなり。

「円金百両」ということをそのまま信じれば、一両は十六分の一斤、一斤は一六〇匁で六〇〇グラムだから、百両は三七五〇グラムになる。現代の価格に換算すると、一グラムを三〇〇〇円とすれば一一二五万円に相当する。

毛越寺内の嘉祥寺（『吾妻鏡』では嘉勝寺）については、『吾妻鏡』の同条に「未だ功を終えざる以前、基衡入滅す。よって秀衡これを造り畢んぬ」とあることから、園池の中央後方に最初に建てられたのが円隆寺で、その西側に後に建てられたのが嘉祥寺とされている。『吾妻鏡』嘉禄二年（一二二六）十一月八日の条に、「陸奥国平泉の円隆寺毛越寺と号す焼亡す」という記事があるから、鎌倉時代に毛越寺の主要伽藍は焼失したことになる。

2　白河天皇と法勝寺

毛越寺は京都の法勝寺を模したとされている（図6-3）。白河天皇（一〇五三―一一二九）の法勝寺の造営過程は、次のようなものだった。[13]

承暦元年（一〇七七）十二月十八日　金堂・講堂・阿弥陀堂・五大堂・法華堂・南大門諸大門・廻廊・鐘楼・経蔵・僧房などを供養
永保三年（一〇八三）十月一日　八角九重塔・八角円堂・薬師堂を供養
応徳二年（一〇八五）八月二十九日　常行堂供養
天仁二年（一一〇九）二月二十七日　北斗曼荼羅堂供養

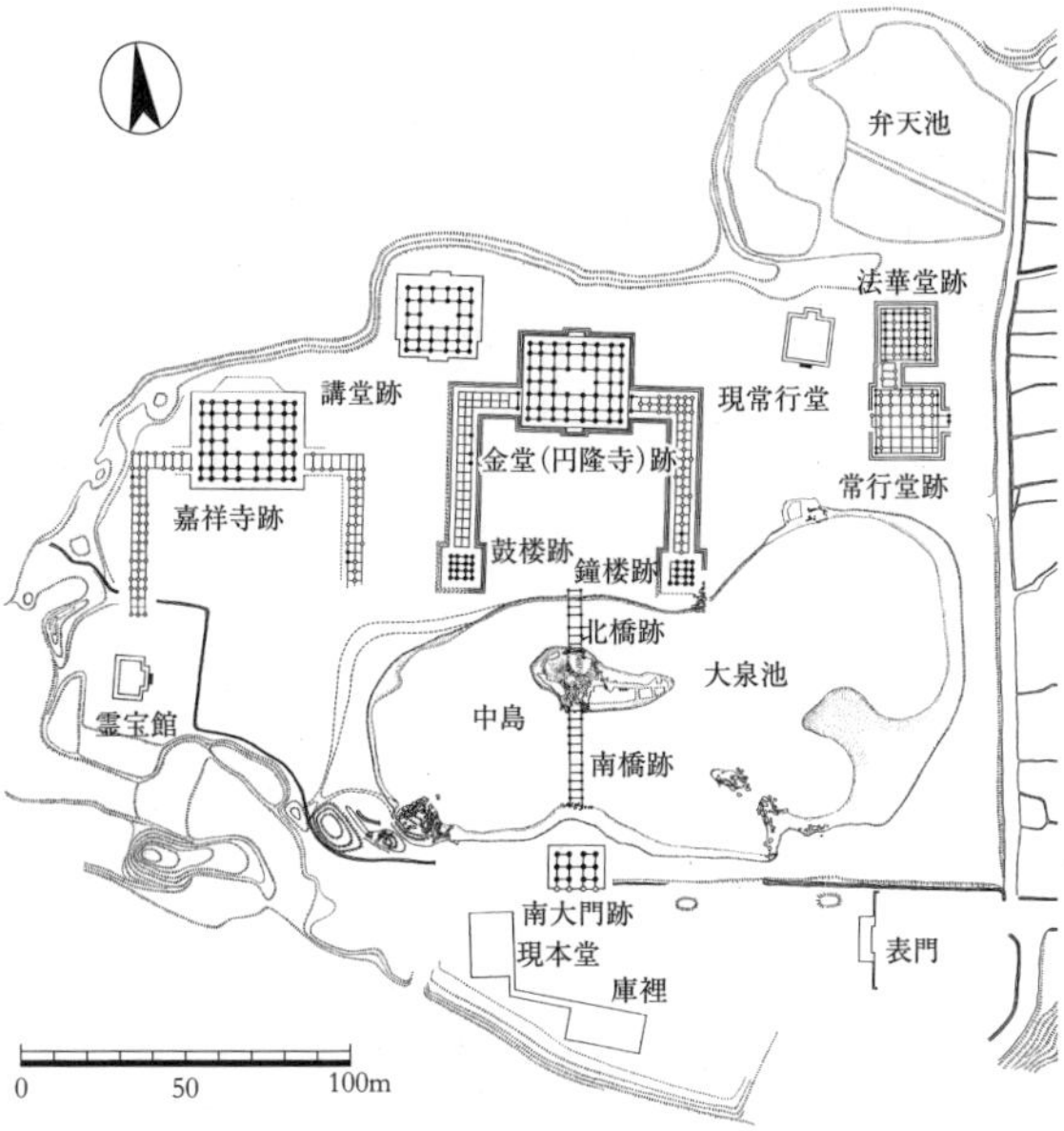

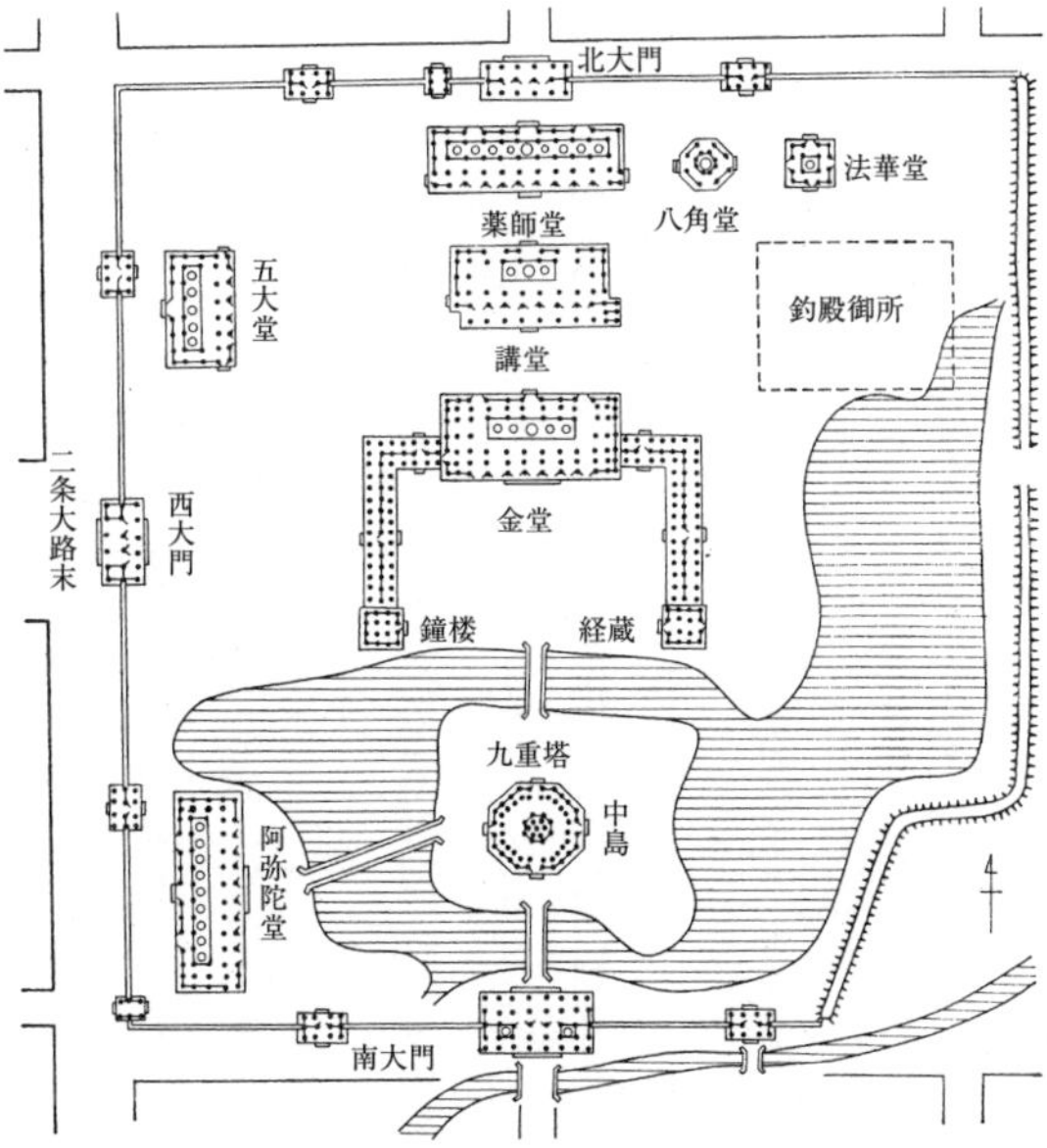

図6-3　毛越寺（上）と法勝寺（下）との比較（上は『平泉毛越寺と観自在王院の研究』，下は『新訂建築学大系 4-I　日本建築史』より）

承元二年（一二〇八）五月十五日　落雷により九重塔焼失
建保元年（一二一三）四月二十六日　九重塔再建
康永元年（一三四二）三月二十日　九重塔焼失

『法勝寺金堂造営記』は法勝寺について、「故宇治前大相国（藤原頼通）累代の別業なり。左大臣伝領し、公家に献ぜらるなり」としている。藤原頼通が造営して以来別業だったものを、子の師実が白河天皇に献上したという。承暦元年（一〇七七）十二月十八日に、ほぼ法勝寺の主要堂宇は完成している。特徴は金堂の前面に園池が掘られていたことだった。

西田直二郎は明治二十年（一八八七）代の地籍図の中に「池の内」という字名があることや、現況の水田の状況から園池の形を推定している。[14] 園池が北東側に延びているのは、釣殿御所が建てられていた園池を継承したという特殊性があった。昭和四十七年（一九七二）の発掘で園池の東汀線の一部、昭和五十年の発掘で金堂の西端部が検出されている。[15]

法勝寺が園池を持つ他の寺院と大きく異なる点は、園池の中央に中島が設けられ、中島に八角九重塔が建てられていたことだった（口絵1）。金堂が完成してから塔が六年後に竣工しているのは、九重という巨大さのために工事が難航したからだろう。発掘がすべて完全に行われたわけではないので断定できないが、現在のところ六勝寺で大規模な園池が存在するのは、法勝寺だけとされている。[16]

3　法勝寺と毛越寺の類似性

文献研究からは、法勝寺と毛越寺の類似性がいわれてきた[17]。毛越寺と法勝寺の復元図を比較すると、その類似性は納得できる（図6-3）。

だが、毛越寺の復元図を見ると、円隆寺と嘉祥寺という同一形態の建物が並んでいるのが異様に感じられる。なぜ一つの境内に同じような大きな堂を二つも建てたのだろうか。以前から存在していた嘉祥寺の場所に円隆寺を営んだために、西方に嘉祥寺を移したとする説が妥当だろう[18]。

図6-3は毛越寺と法勝寺を同縮尺にしたものだが、毛越寺の円隆寺は法勝寺の金堂よりも一回り小さい。法勝寺を超えたいのならば、同等以上にするはずなのだが、講堂を配置するためや西側に嘉祥寺を置くために縮小したのではないだろうか。円隆寺の講堂が金堂の真北に建てられずに、中心軸からはずれた北西上方に置かれているのも、奇妙な感じがする。これは、南側は南大門前の道路がすでに存在していたために拡張できず、北側は山になっていたので造成することが困難だったためではないだろうか。毛越寺の造営以前に、南側の道路造成は完了していたのだろう。

第三節　観自在王院と浄瑠璃寺

1　観自在王院

毛越寺の東隣の観自在王院は、藤原基衡の妻によって造営されたものだった（図6-4）。『吾妻鏡』文治五年（一一八九）九月十七日の条に、

観自在王院阿弥陀堂と号するなり、基衡の妻宗任の女。建立するなり。四壁は洛陽の霊地・名所を図絵す。（略）小阿弥陀堂は、同人建立するなり。

とある。阿弥陀堂・小阿弥陀堂の存在からは阿弥陀信仰が進んでいたことや、阿弥陀堂の図絵から京への憧れがあったことがわかる。

京都府の浄瑠璃寺との類似性については、「観自在王院の苑池・中島が京都府浄瑠璃寺のそれと甚だしく類似」していると、すでに指摘されている(19)。浄瑠璃寺の園池は、長さでは観自在王院のほぼ半分になっている（図6-4）。浄瑠璃寺の園池を二

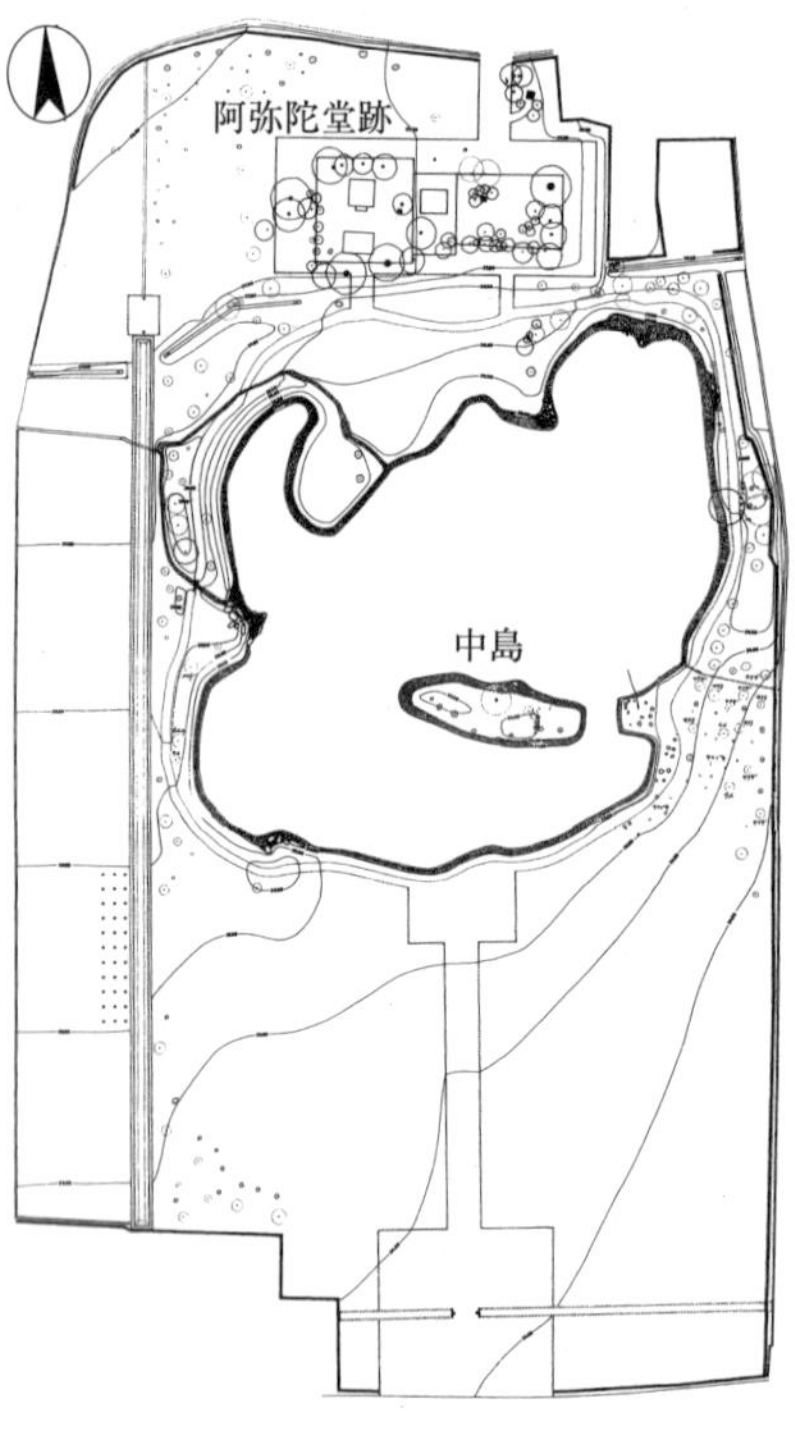

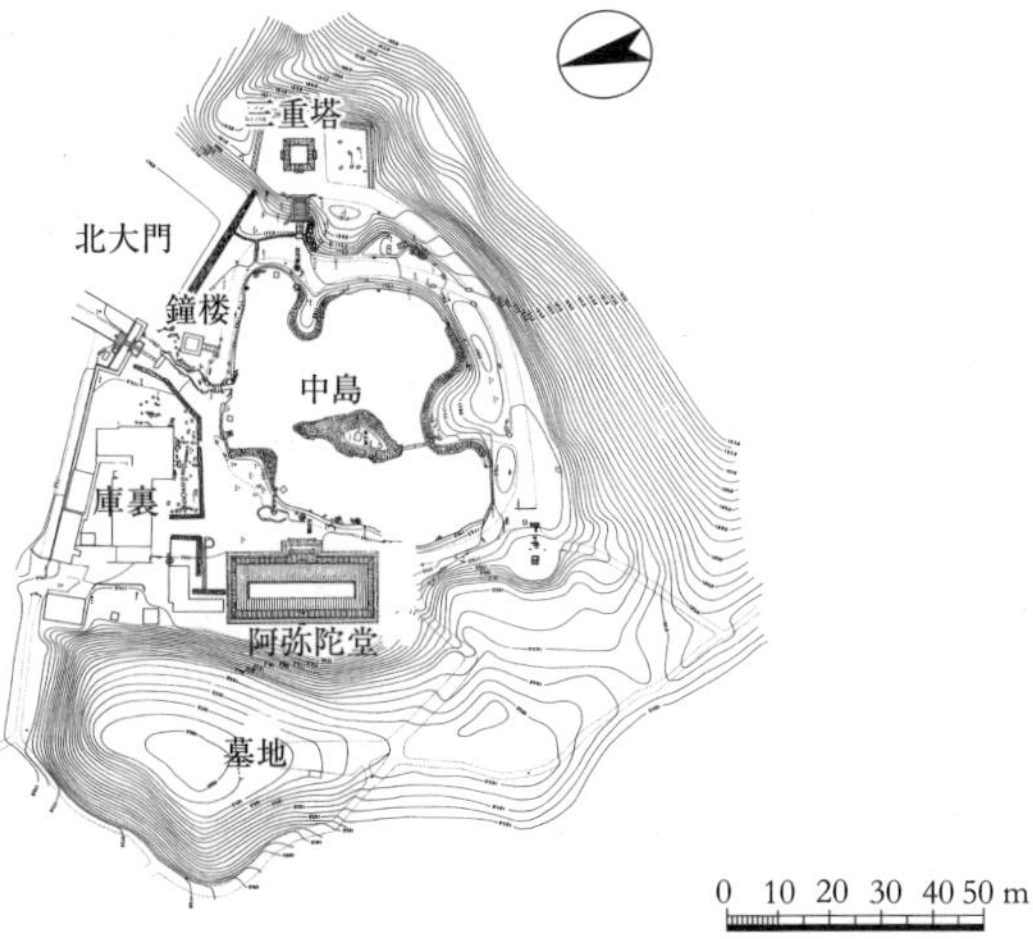

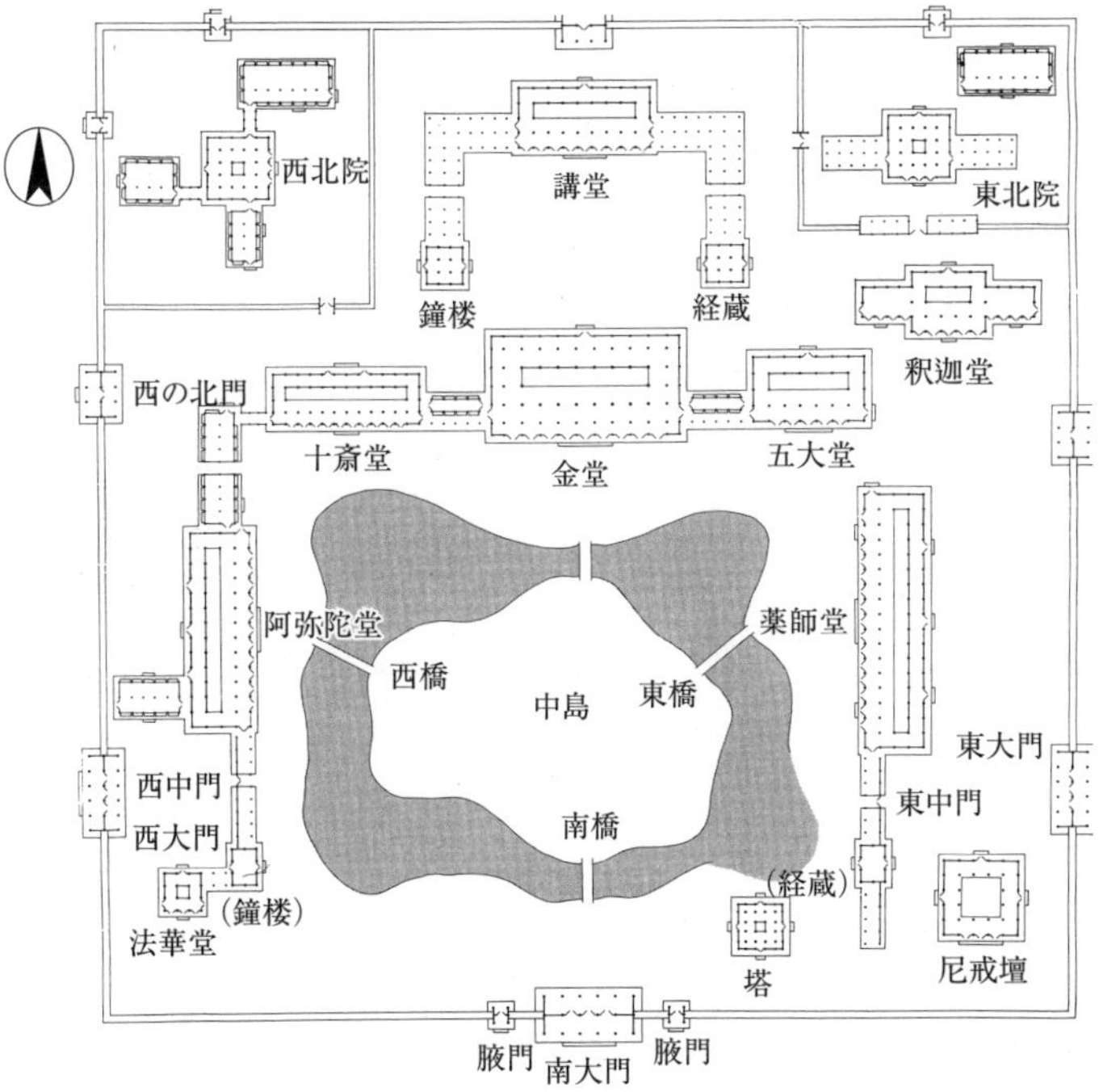

図 6-4　観自在王院（右横）・浄瑠璃寺（上）・法成寺（下）の園池の比較
(右は『観自在王院跡整備報告書』，上は『名勝浄瑠璃寺庭園　環境整備事業報告書』，下は『平安時代仏教建築史の研究』より）

倍に拡大することで、観自在王院の優越性を示そうとしたのだろうか。

2　浄瑠璃寺

浄瑠璃寺の所在地は、京都府木津市加茂町で奈良市に近く、京都市からはかなり離れている。浄瑠璃寺の歴史を『浄瑠璃寺流記事』で探ると、次のようになる。[20]

天平年間（七二九—七四八）　創設
永承二年（一〇四七）七月十八日　御堂造立、本尊薬師如来、檀那阿知山大夫重頼
嘉承二年（一一〇七）一月十一日　本堂を壊し、本仏（本尊薬師如来）を西堂へ移す
嘉承三年（天仁元、一一〇八）六月二十三日　本堂供養
久安二年（一一四六）　食堂・釜屋造営
久安六年（一一五〇）　一乗院門跡恵信が隠居し境内を整備し、池を掘り石を立てる
保元二年（一一五七）一月十六日　本堂を西岸へ壊し渡す
平治元年（一一五九）十一月十八日　十万堂棟上
治承二年（一一七八）三月二十七日　鐘楼造立
九月二十日　京都一条大宮から三重塔移築
元久二年（一二〇五）二月三日　京都から来た小納言法眼が池辺の石を立てる
貞応二年（一二二三）四月二日　南大門造立

創立は奈良時代までさかのぼるようだが、本格的に造営されたのは永承二年で、地方豪族「阿知山大夫重頼」によってだった。本堂は現在の庫裏の位置にあったのだろうが、六一年後の嘉承三年に建て替えられ、さらに四〇年ほどたった久安六年に、奈良の一乗院門跡だった恵信が隠居することになって、境内を整備して池を掘って庭石を立てている。浄土信仰の流行に従ったのだろうか、保元二年に本堂を西岸へ移築して、現在のように阿弥陀堂を建造している。その二一年後の治承二年に、鐘楼を造立し、京都一条大宮から三重塔を移築するなど、かなりの境内整備を行っている。再び庭園が荒廃したのか、元久二年に京都から来た小納言法眼が池辺の石を立て直している。

3　観自在王院・浄瑠璃寺の原型

奈良の一乗院門跡が隠居したことから、世に名が知られていたので平泉で模倣したとするには、浄瑠璃寺の所在地はあまりに辺鄙な土地でありすぎる。模倣するならば京都近辺の寺院だったと考えるべきだろう。

観自在王院は小規模な阿弥陀堂だが、浄瑠璃寺に九体阿弥陀堂があるので、九体阿弥陀堂があった寺院を模倣した可能性がある。京都の近辺に建てられた九体阿弥陀堂のうち、藤原基衡の没年（一説に一一五六年）頃までのものとしては、藤原道長が建立した法成寺阿弥陀堂をはじめとして、法勝寺阿弥陀堂・仁和寺堂・尊勝寺阿弥陀堂（六勝寺の一つ）・堀河院御堂・仁和寺辺九体丈六堂・蓮華蔵院（白河泉殿）阿弥陀堂・円勝寺御堂（六勝寺の一つ）・証菩提院（堀河院御堂の像を移す。白河所在）・八条九体丈六堂・蓮華蔵院新九体丈六阿弥陀堂・持明院（安楽光院）・成菩提院（鳥羽殿内）・今熊野社内九体阿弥陀堂・醍醐越智堂・宝荘厳院（白河所在）・八条堀河堂・法金剛院南御堂・安楽寿院阿弥陀堂（鳥羽殿内）・醍醐無量寿院・福勝寺（白河所在）・金剛心院（鳥羽殿内）・九条堀河堂・延勝寺阿弥陀堂（六勝寺の一つ）・醍醐大蔵堂などがある。[21]

このうち園池が存在したことが文献や発掘調査から知られている所としては、法成寺・法勝寺・蓮華蔵院・成菩提院・法金剛院・安楽寿院・金剛心院がある。鳥羽殿は広大な一つの園池だったことから除くと、残りは法成寺・法勝寺・蓮華蔵院・法金剛院になる。観自在王院の参考となった可能性があるものとしては、法勝寺は毛越寺との関連から、法金剛院は大きな滝が背後に造られたことから除外できるので、法成寺と蓮華蔵院が残る。

観自在王院の規模は東西一町・南北二町ほどだから、園池の規模からすると原型となった寺院は、方一町以上の敷地を持っていたと考えられる。法成寺と白河泉殿はともに二町四方だったので、敷地条件に合致する。白河泉殿内の蓮華蔵院の規模と園池の詳細は不明なので断定はできないのだが、荘厳さや当時の知名度からすると、年代的にも古い法成寺の方を手本とした可能性が高い。

4　法成寺

藤原道長（九六六―一〇二七）が建立した法成寺の造営過程は、次のようなものだった（図6-4）[22]。

寛仁4年（一〇二〇）三月二十二日　無量寿院九体阿弥陀堂供養
　閏十二月二十七日　十斎堂供養
治安元年（一〇二一）八月一日　この時までに経蔵完成
　十二月二日　西北院供養
治安二年（一〇二二）七月十四日　金堂・五大堂供養
万寿元年（一〇二四）六月二十六日　薬師堂（浄瑠璃院）供養

万寿三年（一〇二六）三月二十日　新阿弥陀堂供養
万寿四年（一〇二七）五月五日　新十斎堂供養
長元三年（一〇三〇）八月二十一日　東北院供養
永承五年（一〇五〇）三月十五日　新堂（講堂）供養
天喜五年（一〇五七）三月十四日　八角円堂供養
天喜六年（康平元、一〇五八）二月二十三日　焼亡
康平二年（一〇五九）十月十二日　阿弥陀堂・五大堂再建
康平四年（一〇六一）七月二十一日　東北院再建
康平八年（治暦元、一〇六五）十月十八日　金堂・薬師堂・観音堂再建
承暦三年（一〇七九）十月五日　東西両塔・釈迦堂・十斎堂・法華堂再建
承徳元年（一〇九七）　講堂再建

法成寺の特色は西側に九体阿弥陀堂を建て、前面に園池を設けて浄土を具現化したことだった。最初に九体阿弥陀堂が建てられたのも、重要なものと見なしたからだろう。この園池は金堂の南側に位置することになり、中島には四方から橋が架けられた。しかし、天喜六年に全焼したことから、主要伽藍が再建されている。浄瑠璃寺・観自在王院の造営の参考にしたとすれば、さらに一〇〇年ほど経ってからのことになる。承徳元年以後を他の資料で補足すると、以下のようになる。

永久五年（一一一七）一月　　　　　　　塔焼失
十一月二十八日　南大門竣工
長承元年（一一三二）二月二十八日　両塔供養
保延六年（一一四〇）閏五月十六日　西塔焼亡
仁平三年（一一五三）　　　　　　　西塔上棟

元弘元年（一三三一）十月に焼亡したのが、最後の記録になるようだ。堂塔の配置が十二世紀半ばに、どのように変化していたかを想像するのは困難なのだが、浄瑠璃寺や観自在王院の建物配置からすると、小規模な堂が園池の北側に残る程度だったのではないだろうか。浄瑠璃寺と観自在王院の園池の形の特徴は、形が四角形にまとまっていることにある。このことは、堂に囲まれていたことを示しているのではないかと考えられる。観自在王院の園池を法成寺に移すと、そのままそっくり堂に囲まれた範囲に収まる。中島の形が異なるのは、法成寺のその後の変化によって、小さく削られていたからと解釈することができる。

なお、初代清衡が法成寺を意識していたことは、中尊寺の釈迦堂内に法成寺にならって小釈迦像百体を置いたことや、法成寺の西北院が道長の妻の発願建立になったことから金色堂を自分と妻たちの発願にしたこと、金色堂には西北院のように三尺の阿弥陀像と地蔵菩薩を安置したことなどからも窺える。[23]

第四節　無量光院と平等院

1　無量光院

無量光院は、藤原秀衡（生年不詳―一一八七）によって造営されたものだった（図6-5）。『吾妻鏡』文治五年九月十七日の条には無量光院について、

秀衡これを建立す。その堂内の四壁の扉は、観経（観無量寿経）の大意を図絵す。しかのみならず、秀衡自ら狩猟の体を図絵す。本仏は阿弥陀丈六なり。三重宝塔は、院内荘厳。悉く以て宇治平等院を摸す所なり。

と記されている。宇治平等院を模倣したとしているが、建築と園池の遺構も、平等院とほぼ同形態だったことを示している。

2　平等院

藤原頼通（九九二―一〇七四）が、平等院を造営した際に浄土信仰の具現化を試みたのは、時代の先取りだった（図6-5）。平等院の造営過程は次のようなものだった[24]。

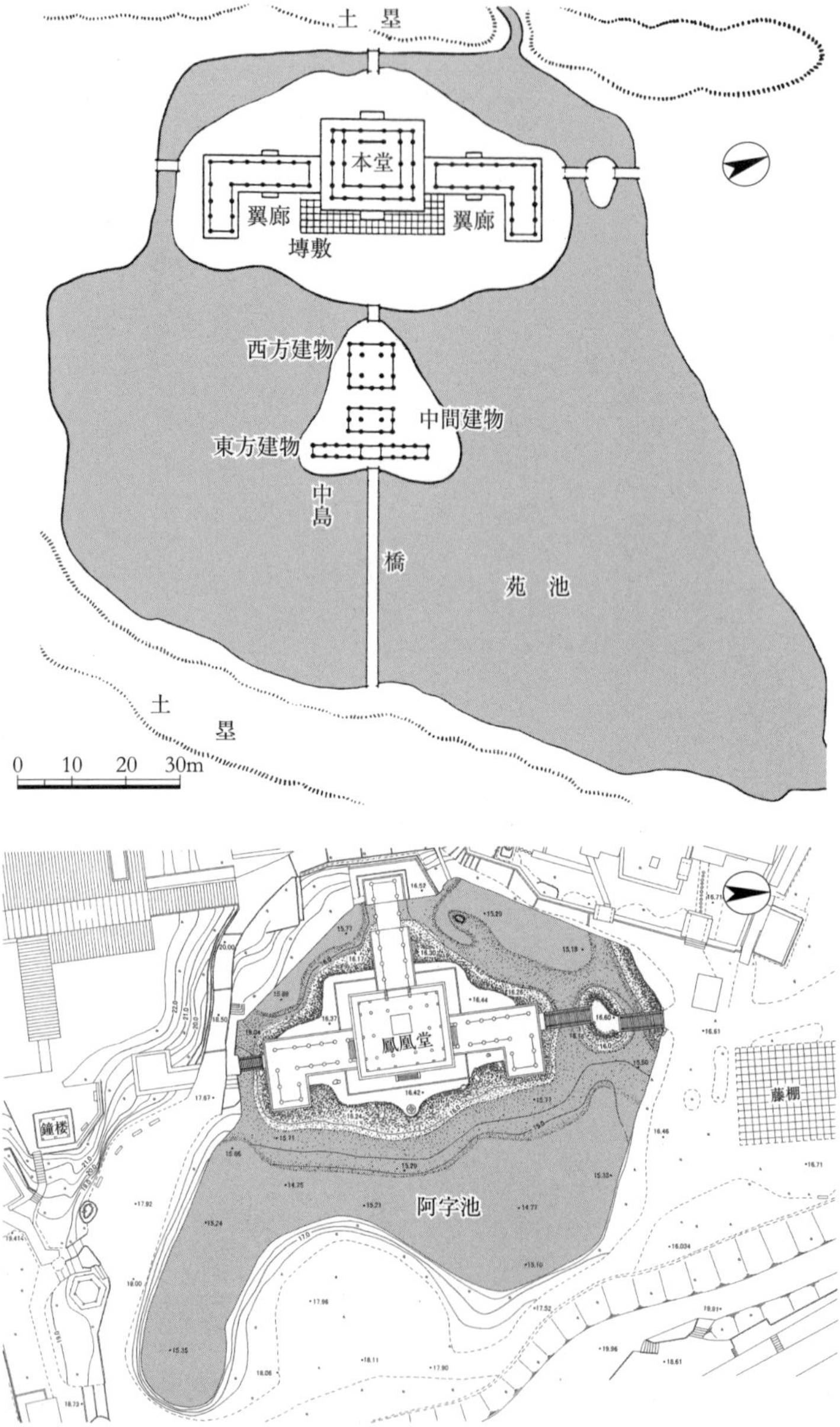

図 6–5 無量光院（上）と平等院（下）の比較（上は『平泉建築文化研究』，下は『史跡及び名勝平等院庭園保存整備報告書』より）

永承七年（一〇五二）三月二十八日　本堂供養
天喜元年（一〇五三）三月四日　阿弥陀堂（鳳凰堂）供養
天喜四年（一〇五六）十月二十二日　法華堂供養
康平四年（一〇六一）十月二十五日　多宝塔供養
治暦二年（一〇六六）十月十三日　五大堂供養
延久五年（一〇七三）八月十九日　不動堂供養

平等院の建物と園池の発想の基は、左右対称の寝殿造の建物や浄土の様子を絵画化した浄土変相図ではないかとされている。中国唐代の敦煌石窟の壁画には、左右に翼廊を持つ中央の堂の前面に園池を設けたものがある。だが、頼通は高陽院で寝殿の南・東・北を園池で囲むことをしているので、園池はこの経験を生かしたようにも考えられる。高陽院の第一期工事は寛仁二年（一〇一八）頃に始まり、治安元年（一〇二一）に完了している。長暦三年（一〇三九）三月十六日に罹災したことから、第二期工事が長暦三年から翌四年にかけて行われている。[25]

平等院の建物は魅力的だったのか、院政期にも盛んに模倣されている。鳥羽上皇（一一〇三―一一五六）が願主だった鳥羽殿の勝光明院は、保延二年（一一三六）三月二十三日に落慶供養されている。『中右記』同日の条に「御堂の東面は前池に向き、宇治平等院を写さる」とあることから、平等院を模したものだったことがわかる。法住寺殿の最勝光院は、後白河法皇（一一二七―一一九二）の皇后だった建春門院の御願寺として、承安三年（一一七三）十月二十一日に竣工しているが、『玉葉』の承安元年十一月一日の条に、造営に先立って皇后が平等院を歴覧することを望んだことから、平等院を模したとされている。[26]

3 無量光院と平等院の比較

図6-5は無量光院の復元図と平等院の整備図を、同縮尺にしてある。平等院と無量光院は中島に翼廊を持つ本堂を建て、その前面に園池を設けるという形態で、規模もそれほど違わなかったことがわかる。無量光院の特色は西方浄土を意識して、毛越寺・観自在王院では無視されていた金鶏山《きんけいざん》を、本堂の背後に取り込んだことだった。左右の翼廊の柱間が平等院より一間多くて、平等院よりも一回り大きくなっている。また、中島を正面に設け拝所としての小舎を置いたことも、平等院とは異なっている。四壁の扉に「狩猟の体」を描いたのも、秀衡が武士だったからだろう。立地条件の相違から無量光院の園池の水源は、平等院のように湧水ではなく、西方からの給水によっていた。

第五節　居館の庭園

1 清衡時代の居館

奥州平泉に寝殿造の建築は存在したのか、建築に付随する庭園はあったのかどうかが問題になる。「柳之御所」という呼称は、源氏将軍義経の居所という伝説から、将軍の居所を意味する「柳営」が変化したとされている。[27] 昭和六十三年（一九八八）から発掘が進み、平成九年（一九九七）に柳之御所跡は国指定史跡になっている。柳之御所の変遷については、次の六期に分ける見方がある。[28]

一期（一一〇〇—一一一五年頃）・二期（一一一六—一一三〇年頃）　清衡の時代
三期（一一三一—一一四五年頃）・四期（一一四六—一一六〇年頃）　基衡の時代
五期（一一六一—一一七五年頃）　秀衡の時代
六期（一一七六—一一八九年頃）　秀衡・泰衡の時代

一・二期が清衡の時代の館と考えられているもので、一期には遺跡を囲む空堀を開削するなど、砦化されている。一・二期では庭園跡は発見されていない。

2　基衡時代の館

柳之御所跡では三・四期が基衡の時代で、堀内部を横断・縦断する道路が造られるなど、都市化している。基衡の館は別な場所にあったようなのだが、位置は判明していない。観自在王院の発掘で大阿弥陀堂と小阿弥陀堂の中間で、方形の園池跡と柱跡が出土したことから、前身建物は基衡か基衡の妻の別荘だった可能性があるとされている。(29) 基衡の館はいずれ発掘調査によって発見されるだろうが、現在のところ庭園の状態までは想像がつかない。

3　秀衡時代の館

柳之御所跡では五期が秀衡の時代で、四間×九間の建物を東対とする寝殿造風の壮麗な建物が発見されたといわれていたのだが、現在ではこの説は否定されている。六期は秀衡・泰衡の時代で、中心建物は北側へ移動している。

西側で検出され園池（23ＳＧ１）は、時期的には二時期に分かれていて（図6-6）、Ⅰ期の園池は素掘りのままで、東西に橋が架けられ、西側に排水のための木樋が埋められていた。Ⅱ期はⅠ期の園池を拡張したもので、中島が設けられ、北側と中島には景石が置かれていた。池底には小礫が敷かれていたことから、洲浜もつくられていたと推定されている。出土遺物からⅠ期の園池は一一七〇年代、Ⅱ期の園池は一一八〇年代に機能していたと考えられているから、ともに秀衡の時代だったことになる。

なお、この園池には方三間の総瓦葺建物が付随していたと、瓦片の分析結果からいわれている。(30) Ⅱ期の園池の形は、平安初期に造営された神泉苑の古図によく似ているのだが、規模が違いすぎていて用途も異なるようなので、神泉苑を模倣しているとはいえない。

『吾妻鏡』文治五年（一一八九）九月十七日の条に、「平泉館」と「加羅御所」のことが次のように述べられている。

> 金色堂の正方、無量光院の北に並べて、宿館を構う平泉館と号す。（略）無量光院の東門に一郭加羅御所と号す。を構う、秀衡の常の居所なり。

今も跡が残っている無量光院の北側、金色堂の正面に当る場所に平泉館と称した秀衡の館（柳之御所）があり、無量光院の東門の傍らに加羅御所があったらしい。無量光院と加羅御所が一体になっていたのは、御堂と御所が併設された京都の鳥羽殿・白河殿・法住寺殿にならったものだろうか。

4　その他

平泉からは離れるが、衣川の北側の奥州市衣川区の「衣の関道遺跡」で、園池遺構が発見されている。規模は東西

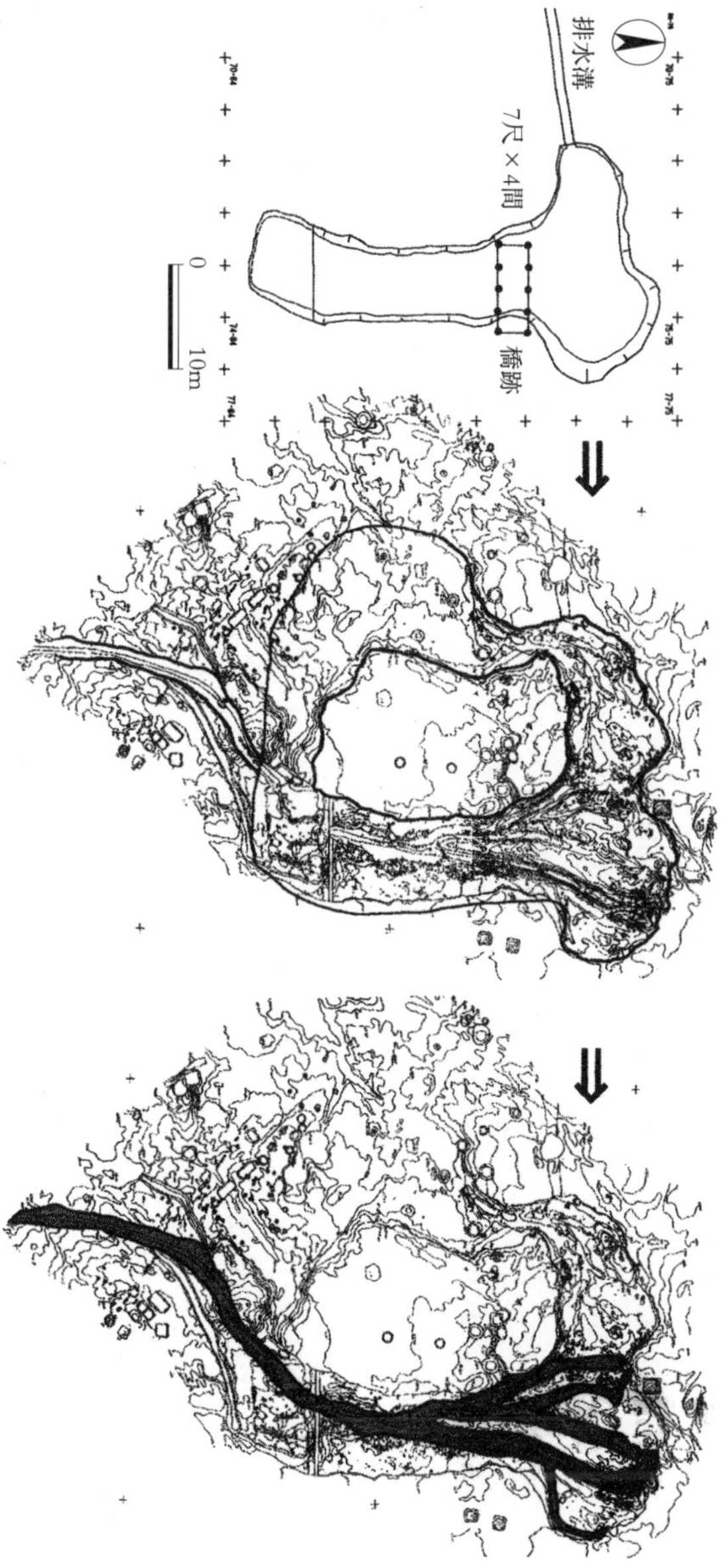

Ⅰ期園池
素掘りの池。東西方向に橋が架けられている。

Ⅱ期園池
Ⅰ期池を拡張し，中島を持つ。景石・玉石を配置する。

Ⅲ期
複数の溝ができ，その溝が塞き止められ水が溜まった段階。

図6-6　柳之御所遺跡園池の変遷概念図（『平泉文化研究年報（6）』より）

一二・五メートル以上で、南北は一四・三メートル以上、水深は約三〇センチメートルで、こぶし大の石を葺いた洲浜がつくられていた。出土した「かわらけ」から十二世紀後半の遺構とされている。[31] 建物跡は検出されていないが、景勝地に立地していることから、造営者は平泉藤原氏クラスの人物と推測されている。平安時代の寝殿造に伴う園池では遣水の有無を確認することが、寝殿・対屋などの建物の配置関係を知る上で重要になるのだが、まだ遣水は発見されていない。

おわりに

1 平泉の寺院

平泉の寺院は毛越寺・無量光院の場合、京都の主要寺院だった法勝寺や平等院の建築と庭園を模倣していたことは、遺構や文献史料から見て間違いはない。観自在王院では法成寺の庭園を模倣した可能性が考えられる。中尊寺の園池が京都の寺院の園池をそのまま写していないことからすると、二代目の基衡から完全に模倣することが始まったようだ。

なぜそれほど京都の寺院の建築や庭園を、模倣しようとしたのだろうか。普通は参考にする程度のはずなのだが、園池の形までまねしていることは、何か狙いがあったのだろう。寺院の造営を京都に学ぶことによって、京都との結びつきの強化を図ったということがまず考えられる。しかし、模倣するだけでなく、手本以上の立派なものを造営することによって、東北の王者としての実力を示そうとしたのではないだろうか。

当初、仏教を導入しようとしたのは、後三年の合戦（一〇八三―一〇八七）で清原氏を滅亡させたことからその菩提を弔うためと、『吾妻鏡』文治五年（一一八九）九月十七日の条にあるように「白河関より、外浜に至る（略）その路に一町を別け笠卒都婆を立つ」ことによって、仏教による平穏な領地経営をねらったのだろう。

同時期の院政期の天皇などの御願寺を模倣するのは自然なのだが、なぜそれ以前の摂関政治期の藤原道長・頼通の寺院を模倣したのだろうか。政治的には摂関政治を否定して院政が開始されたのだから、藤原氏の残した寺院も否定するはずなのだが。京都においても鳥羽殿などで平等院を模倣していることからすると、政治的に否定しても文化的に藤原氏の遺産を否定できなかったのは、寺院建築・庭園の質の高さを超えられなかったからではないだろうか。藤原氏が一族の富を注ぎ込んだ法成寺や平等院が、受領たちが私財を注ぎ込んだ鳥羽殿を凌駕していたのは、財力の違いだったのだろう。

2　平泉の居館

平泉では本格的な寝殿造建物は末期に出現したと一時はされていたが、現在では否定されている。京都風の邸宅の本格的ないわゆる「寝殿造庭園」とされる、寝殿の南面に園池と遣水を設けた庭園はまだ発見されていない。加羅御所などで今後、寝殿造庭園が発見される可能性もあるので、邸宅に庭園をつくらなかったとは断言できないが、寺院の庭園に勝るものを造営しなかった可能性は強い。

寺院の建築や庭園については、京都のまねを徹底的にしているのだから、邸宅を模倣することも容易だっただろう。可能だったのに建設しなかったのは、寝殿造という建築様式が、寒さが厳しい東北地方の風土には適していなかったためではないだろうか。

それでも秀衡は、無量光院の東側に加羅御所と号した館を建てて、同時代の京都の院政期の離宮と同じように、御堂と御所を併設しようとしている。東北地方の伝統的な家屋形態を脱することができなかったようだが、寝殿造に憧れを持っていたことは確かだろう。

第六章　註

（1）東北大学東北文化研究会編『奥州藤原史料』（吉川弘文館、一九六九年）、九二頁。
（2）岩手県教育委員会編『奥州平泉文書　新訂版』（国書刊行会、一九八五年）、八〇頁。
（3）藤島亥治郎監修『中尊寺』（河出書房新社、一九七一年）、一八五—一九一頁。
（4）鎌倉市教育委員会編・発行『国指定史跡永福寺跡環境整備事業に係る発掘調査概要報告書』（一九八四—一九九三年）。
（5）前掲註2『奥州平泉文書　新訂版』一〇三—一〇四頁。
（6）平泉郷土館編・刊『平泉の古絵図』（一九八八年）、一一頁。
（7）藤島亥治郎「平泉中尊寺の構想と現実」（『建築史学』三〇、一九九七年）、六六—七一頁。
（8）平泉町史編纂委員会編『平泉町史（史料編二）』（平泉町、一九八五年）、一〇一—一〇五頁。
（9）平泉遺跡調査会『中尊寺——発掘調査の記録』（中尊寺、一九八三年）、六〇—七二頁。
平泉郷土館編・刊『平泉の埋蔵文化財』（一九九一年）、一〇—一一頁。
（10）杉山信三『院家建築の研究』（吉川弘文館、一九八一年）、一二一—一二三頁。
（11）森蘊「法金剛院の庭園について（上・下）」（『建築史研究』一—一・二、一九三九年）、五四—六三・一四〇—一五一頁。
（12）明治三十年（一八九七）の金色堂解体修理の際に、棟の隅木から銘が発見された（前掲註2『奥州平泉文書』、二頁。）
（13）清水擴『平安時代仏教建築史の研究』（中央公論美術出版、一九九二年）、九二—一〇四頁。

冨島義幸・高橋康夫「法勝寺の伽藍と建築」(『建築史学』二六、一九九六年)、三四―五三頁。
(14) 西田直二郎「法勝寺遺址」、『京都府史蹟勝地調査会報告(六)』、京都府、一九二五年(『京都史蹟の研究』、吉川弘文館、一九六一年所収)。
(15) 京都市文化観光局文化財保護課編・刊『法勝寺跡』(一九七五年)、一―五三頁。
上村和直「院政と白河」(『平安京提要』角川書店、一九九四年)、五一三―五一五頁。
(16) 清水擴「六勝寺の伽藍とその性格」(『建築史学』五、一九八五年)、二一―四〇頁。
(17) 藤島亥治郎編『平泉　毛越寺と観自在王院の研究』(東京大学出版会、一九六一年)、二二三―二二四頁。
(18) 前掲註17『平泉　毛越寺と観自在王院の研究』、八二―八三頁。
(19) 同右、二二四―二二七頁。
(20)『大和古寺大観　七』(岩波書店、一九七八年)所収。
(21) 福山敏男「九体阿弥陀堂」(『福山敏男著作集　三』中央公論美術出版、一九八三年)、一八四―一九三頁。
(22) 前掲註13『平安時代仏教建築史の研究』、四二―六八頁。
(23) 前掲註3『中尊寺』、一八八頁。
(24) 前掲註10『院家建築の研究』、四五二―四七四頁。
前掲註13『平安時代仏教建築史の研究』、六九―八四頁。
(25) 太田静六『寝殿造の研究』(吉川弘文館、一九八七年)、二三五―二六三頁。
(26) 前掲註10『院家建築の研究』、二六〇―二六八頁。
(27) 入間田宣夫『都市平泉の遺産』(山川出版社、二〇〇三年)、一三頁。
(28) 羽柴直人「平泉の道路と都市構造の変遷」(『平泉の世界』高志書院、二〇〇二年)、一五五―一七八頁。
(29) 前掲註17『平泉　毛越寺と観自在王院の研究』、一六九―一七三・二一八頁。
(30) 柳之御所遺跡調査事務所「柳之御所遺跡中心域における遺構の変遷(中間報告その二)」(『平泉文化研究年報(六)』、二〇〇六年)、四九―六〇頁。

(31) 菅野成寛「平泉都市構造の再検討」(『平泉・衣川と京・福原』高志書院、二〇〇七年)、一五七―一六三頁。

第七章　鎌倉の武家屋敷解明に向けて

福田　誠

はじめに

鎌倉の発掘調査の歴史は、昭和六年（一九三一）永福寺《ようふくじ》の調査に端を発する（図7−1の右上）。昭和四〇年代以降、高度経済成長の波が鎌倉にも押し寄せ、大規模な宅地造成により多くの遺跡が失われたのである。今からおよそ三〇年ほど前、昭和五〇年代に入ってから組織だった発掘調査が行われるようになり、その結果、中世の街が埋もれていることが次第に明らかになってきた。御成小学校の建て替え時の発掘調査により発見された鎌倉郡衙の存在から、鎌倉は奈良時代から鎌倉郡の中心として栄えていたことが明らかになった(1)。源頼義・義家を始めとする源氏との結びつきや、源実朝以降、京より摂家将軍・親王将軍を迎え都との関係は深いものであったと推察される。このことが鎌倉の建築にどのような影響を与えたのかは解明されていない。

第一節　鎌倉の選定

今小路西遺跡（現 御成小学校。以下、地名については図7−1・図7−2を参照）で、正殿や正倉から構成される奈良時代の郡衙や天平五年（七三三）七月十四日に糒五斗を運んだ旨を記した木簡が発見されている(2)。この発見は、当地が奈良時代より政治経済の中心地であったことを示している。また、平安時代の基壇を持つ倉庫群の存在が明らかにされた。奈良時代の郡衙と平安時代の倉庫群がどのように関連するのかは不明である。源頼義が長暦元年（一〇三七）

図 7–1　鎌倉地形図、主要な社寺と地名

に平直方の娘婿となり鎌倉の屋地を譲られ、以降鎌倉は源家と結びつきの深い地となる。源頼義は前九年の役の戦勝祈願を京都石清水八幡宮で行い、康平六年（一〇六三）秋八月に石清水八幡宮を鎌倉由比ノ郷に勧請し若宮（元八幡）と名付けている。後三年の役の時、頼義の子義家が改めて修理を行っている。

治承四年（一一八〇）十月七日、鎌倉に入った頼朝は、若宮を直ちに小林郷の北山（鶴岡八幡宮）に移し、鎌倉鎮護（源氏の氏神、武門の守護神）とすることで自らの正統性を示した。

寿永元年（一一八二）三月、政子の安産祈願のため八幡宮の参道（後に鎌倉の基軸線となる若宮大路）を築いている。北条時政をはじめとする重臣たちも土石を運んだと言われている。参道は段葛《だんかずら》と呼ばれ若宮大路中央に築かれ、置《おき》石《いし》・置路《おきみち》とも称された。京都大内裏と陽明門・待賢門を結ぶ通路が「置路」と呼ばれた。特定の尊貴の人のための通路で、上位者は置路を下

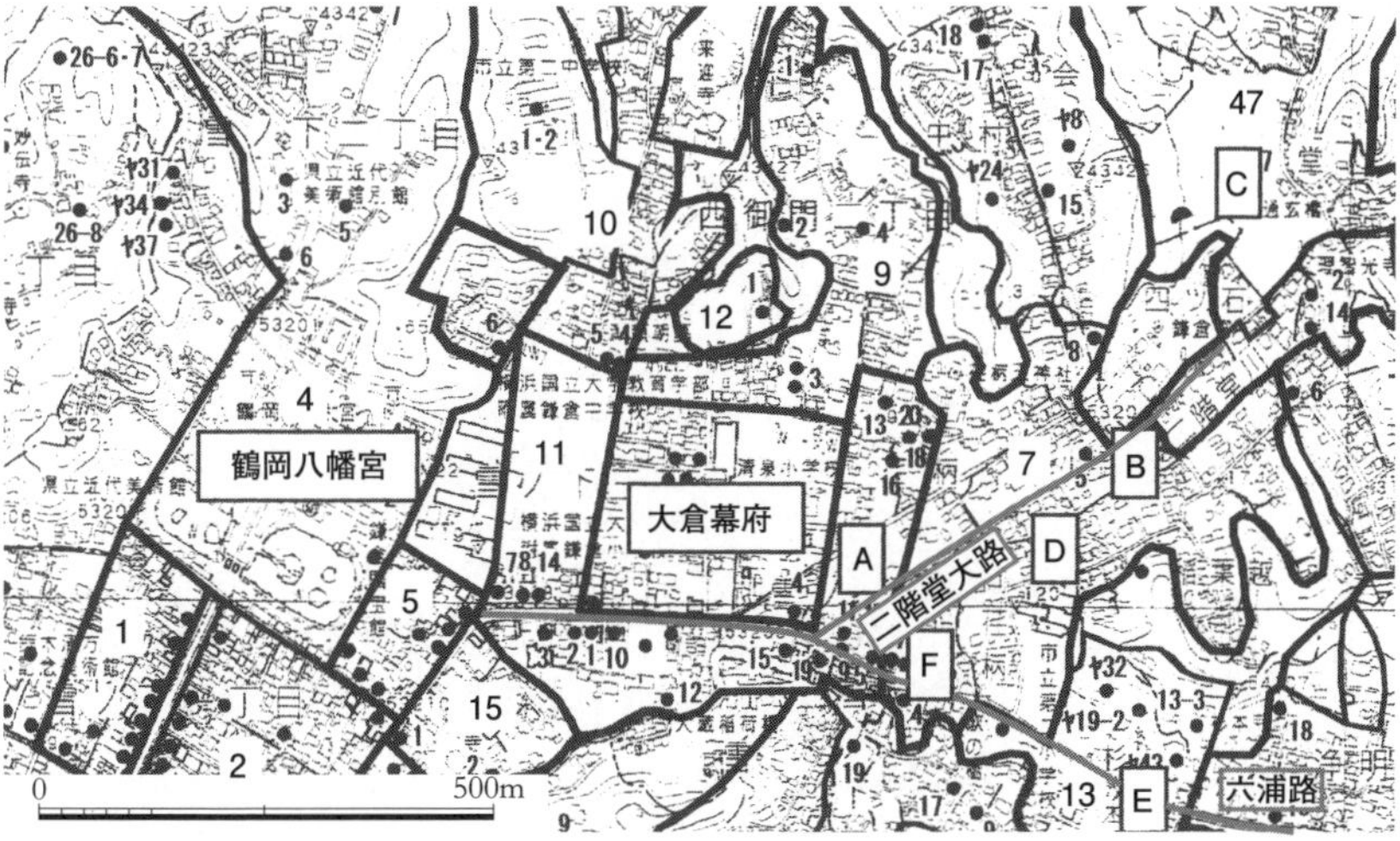

図 7–2　大倉幕府周辺の遺跡調査地点

主な遺跡名：1．北条時房・顕時邸跡　2．北条小町邸跡　4．鶴岡八幡宮　5．政所　7．横小路周辺遺跡（B．二階堂字 110 番 3 地点　D．二階堂字荏柄 880・874 番地点　F．二階堂字会下 323 番外地点）　9．大倉幕府北遺跡　10．西御門　11．大倉幕府周辺遺跡群（A．二階堂字荏柄 38 番 1 地点）　12．法華堂跡　13．杉本寺周辺遺跡（E．二階堂字杉本 912 番 1 地点）　15．北条高時邸跡　47．永福寺（C．永福寺跡）

位者は並行路を通った後に昇殿する、という形をとったものが原型と言われ、頼朝は神の通路とともに自らの優位性を示す参詣路として位置づけたと考えられる。

第二節　武家政権の発祥

1　鎌倉前期

頼朝は当初、義朝の盾（館）の場所（扇ガ谷、現在の寿福寺あたりか）に館を構えようとしたが、狭い上、義朝を祀る寺があったため断念している。この義朝の館跡に頼朝が御所を構えていたら、現在の街並みは大きく異なってしまったものと思われる。

改めて大倉に館を構えることとして、治承四年（一一八〇）十二月十二日に御所が完成する。完成した御所の記載には「寝殿」「侍所」「宿館」等の建物名が見える。

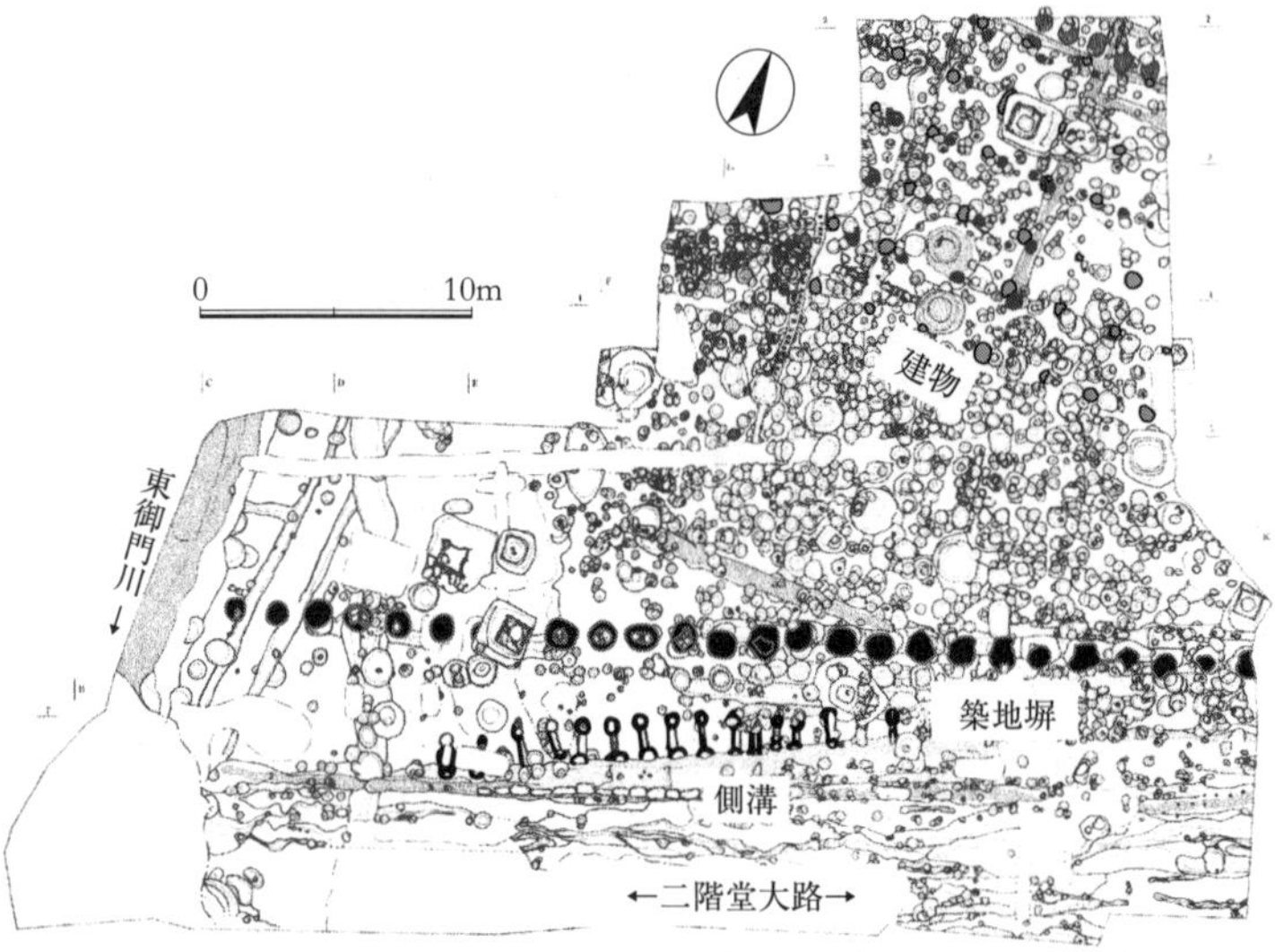

図 7–3　大倉幕府周辺遺跡群（二階堂字荏柄 38 番 1 地点；図 7–2 の A）
西は幕府との境である東御門川，南は二階堂大路に接した築地塀と側溝で囲まれた空間に，七間×五間以上の規模の建物が発見されている（『鎌倉市埋蔵文化財緊急調査報告書 9』より）。

寝殿に入御の後、御共の輩侍所十八ケ間。に参じ、二行に對座す。義盛その中央に候じて著到すと云々。およそ出仕の者三百十一人と云々。また御家人等同じく宿館を構ふ。（後略）（『吾妻鏡』治承四年十二月十二日条）[3]

大倉御所を中心とした鎌倉前期の中枢地域（現在の東御門・西御門・南御門・二階堂・浄明寺一帯）に北条氏、三浦氏、和田氏等の有力御家人たちやその被官たちの宿館が軒を並べ、街区は東西方向に形成されていた[4]。大倉の範囲は八幡宮より、東は三代将軍、源実朝の建立した大慈寺の寺地が「大倉の奥」と表されていることから朝夷奈辺りまで、南は滑川、北は瑞泉寺・永福寺辺りを境とする地域の総称である。この内には源頼朝の鎌倉入府以前からある荏柄《えがら》天神があり、頼朝により御所の鬼門鎮守とされる。さらに東側には開山が行基と伝えられている杉本寺がある。鶴岡八幡宮をはじめ、永福寺・勝長寿院・大慈寺といった鎌倉前期に建立された大寺院が点在する。大倉幕府は鶴岡八幡宮・勝長寿院・永福寺の中央に位置している。これら

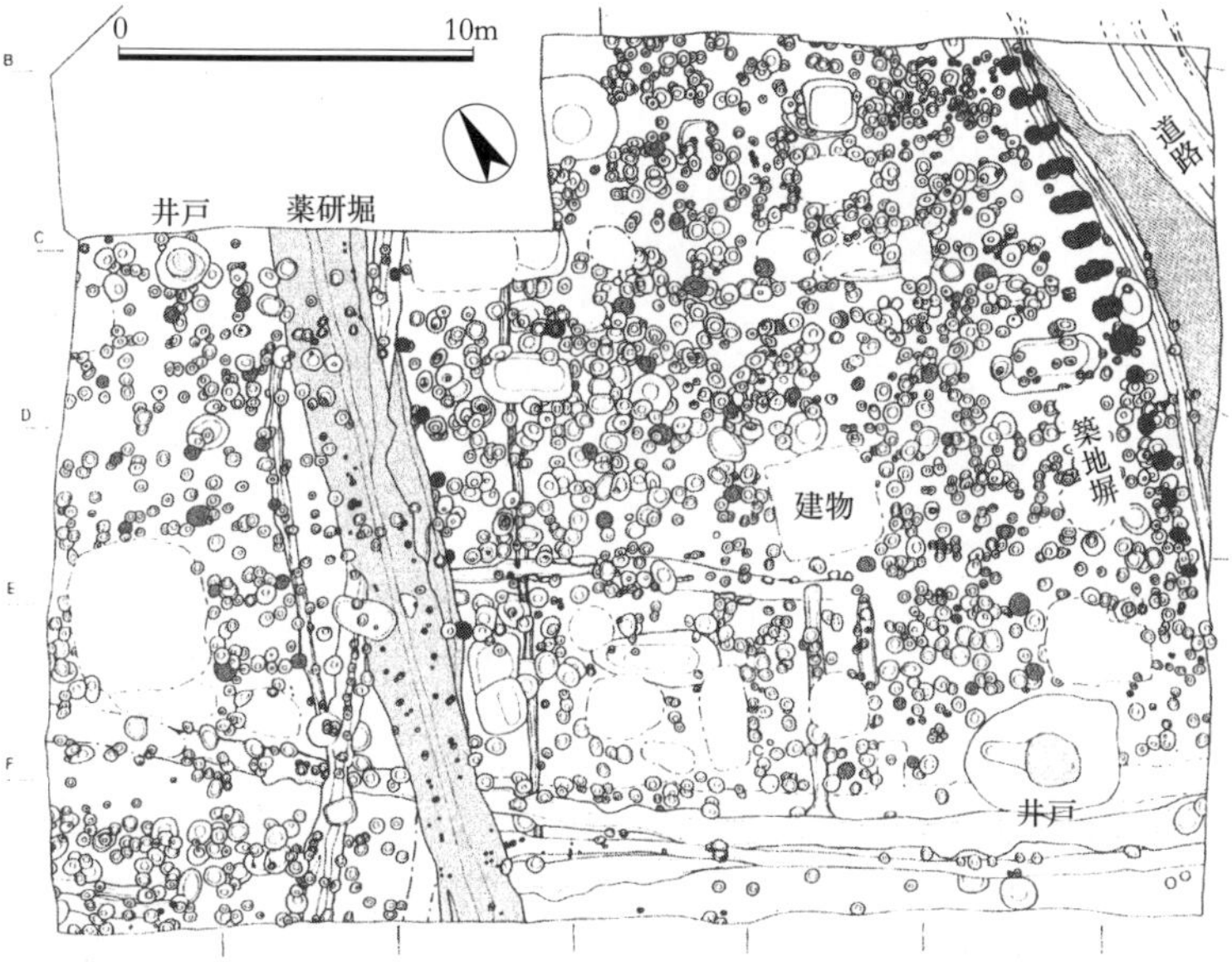

図 7-4　杉本寺周辺遺跡（二階堂字杉本 912 番 1 ほか地点；図 7-2 の E）
杉本寺周辺遺跡は六浦路の南に位置し，南北方向に延びる道路，築地塀基礎と考えられる柱穴列と薬研堀に囲まれた空間に，規模の大きな掘立柱建物や井戸が発見されている（『杉本寺周辺遺跡 ── 二階堂字杉本 912 番 1 ほか地点発掘調査報告』より）。

の寺院は幕府直轄の寺院[5]で官僧がいた。

頼朝が大倉に御所を定めて以降、宇津宮辻子《うつのみやずし》に幕府が移転する嘉禄元年（一二二五）までの四五年間、大倉は鎌倉の中枢地域であった。以後、鎌倉は鎌倉幕府が滅びる元弘三年（一三三三）まで政治経済の中心地となり、さらに政権を引き継いだ足利氏によって東国経営の中心地とされて栄える。

御所の南側には鶴岡八幡宮脇から十二所、朝夷奈を経て六浦に通じる「六浦路[6]」、大倉の辻付近からは永福寺への参道とも言える二階堂大路[7]が造られた。

大倉幕府を中心とするこの地域内で、現在までに行われた発掘調査はおよそ三〇件ほどである（図7-2）。有力御家人の居館が御所の東側に広がっていたことが確認されている。調査によると、鎌倉時代草創期～前期までの六浦路沿いの遺跡や二階堂大路沿いの遺跡から、規模の大きな建物遺構、区画溝（薬研堀）と大量の遺物が出土してい

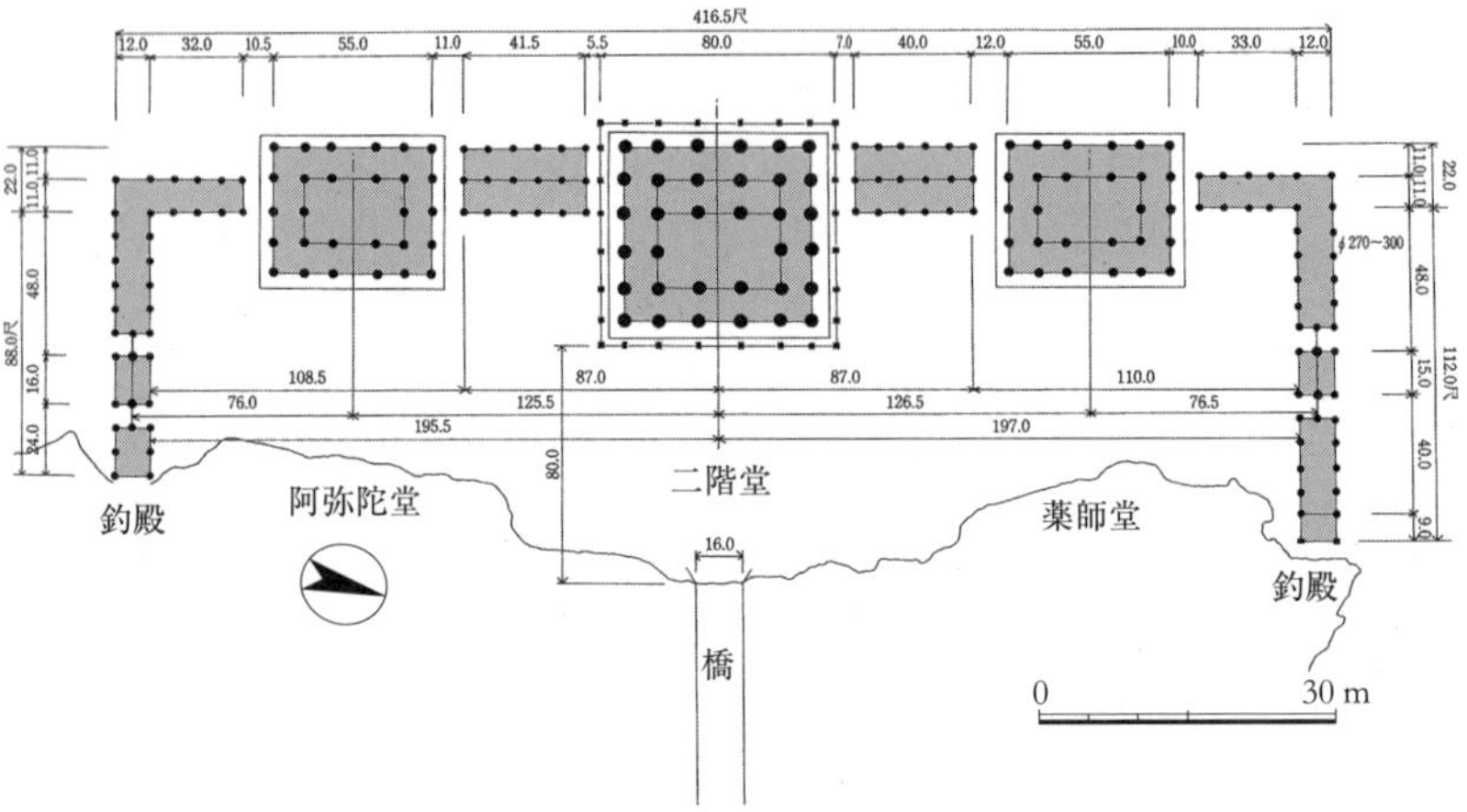

図 7−5　永福寺配置図
（『鎌倉市二階堂国指定史跡永福寺跡 ── 国指定史跡永福寺跡環境整備事業に係る発掘調査報告書（遺物編・考察編）』に一部加筆）

る（図7−3・図7−4）。

鶴岡八幡宮境内の調査も行われ、直会殿用地の調査では、若宮にまっすぐ向かう八幡宮創建に近い時期の泥岩を敷きつめ中央に溝を持つ参道が発見された。また、武徳殿用地の調査では創建期の薬研堀が発見され、堀のすぐ外側では警備のために御家人たちが詰めていた宿直小屋（『吾妻鏡』文治四年十月廿日条）と思われる建物跡が四棟発見されている。(8)

調査が進んでいるのは永福寺跡である。頼朝が権力の絶頂期に造り上げた二階堂、阿弥陀堂、薬師堂をはじめとする堂舎、広大な庭園が、史跡整備を前提とした発掘調査により全容が明らかにされている。『吾妻鏡』等の記述を裏付けるように、建物の配置は二階堂と両脇堂（薬師堂・阿弥陀堂）を中心に各堂舎を複廊・翼廊で結んでいた。さらに、翼廊の先端には寺院でありながら釣殿が配され、その姿形は寝殿造を彷彿とさせるものであった（図7−5）。

さて、石井進は、主人の屋敷の周囲に被官たちの屋敷が構えられていたことを「緊密な主従関係の空間的表現」と表している。本邸と別荘・山荘そして出仕に際しての拠点となる宿所という三点セットの屋敷のあり方を指摘している。(9)

図 7–6　宿館と考えられる建物

道路と側溝で仕切られた掘立柱建物の内部では通路や土間，囲炉裏が見つかっている。鎌倉に屋敷を持つことは地方武士にとって非常な特権であった。北条泰時の頃から，屋敷地の面積を測る単位として戸主が用いられるようになったと考えられる。一戸主は 50 平方丈（5 丈×10 丈），現在の 140 坪弱（約 455 平方メートル）である（『若宮大路周辺遺跡群発掘調査報告書 ── 鎌倉市御成町 868 番 10 地点』より）。

有力御家人は鎌倉に常住し館をかまえていた。しかし大半の御家人たちは地方に本領を持つ地方武士で本領に常住し、鎌倉では常住せずに番役などの出仕の際には宿所を使っていたと考えられる（図 7−6）。宿館、宿所、宿廬、宅、家などの呼び方がこれに当たる。[10]

2　鎌倉後期

大きな画期で捉えるならば嘉禄元年（一二二五）に大倉御所が若宮大路に面した「宇津宮辻子」に移転して北条氏に実権が移った以降に、基軸線が八幡宮・若宮大路を中心とする南北方向へ変化する。鎌倉前期に見られた大規模な掘立柱建物や柱穴列、薬研堀は見られなくなる。

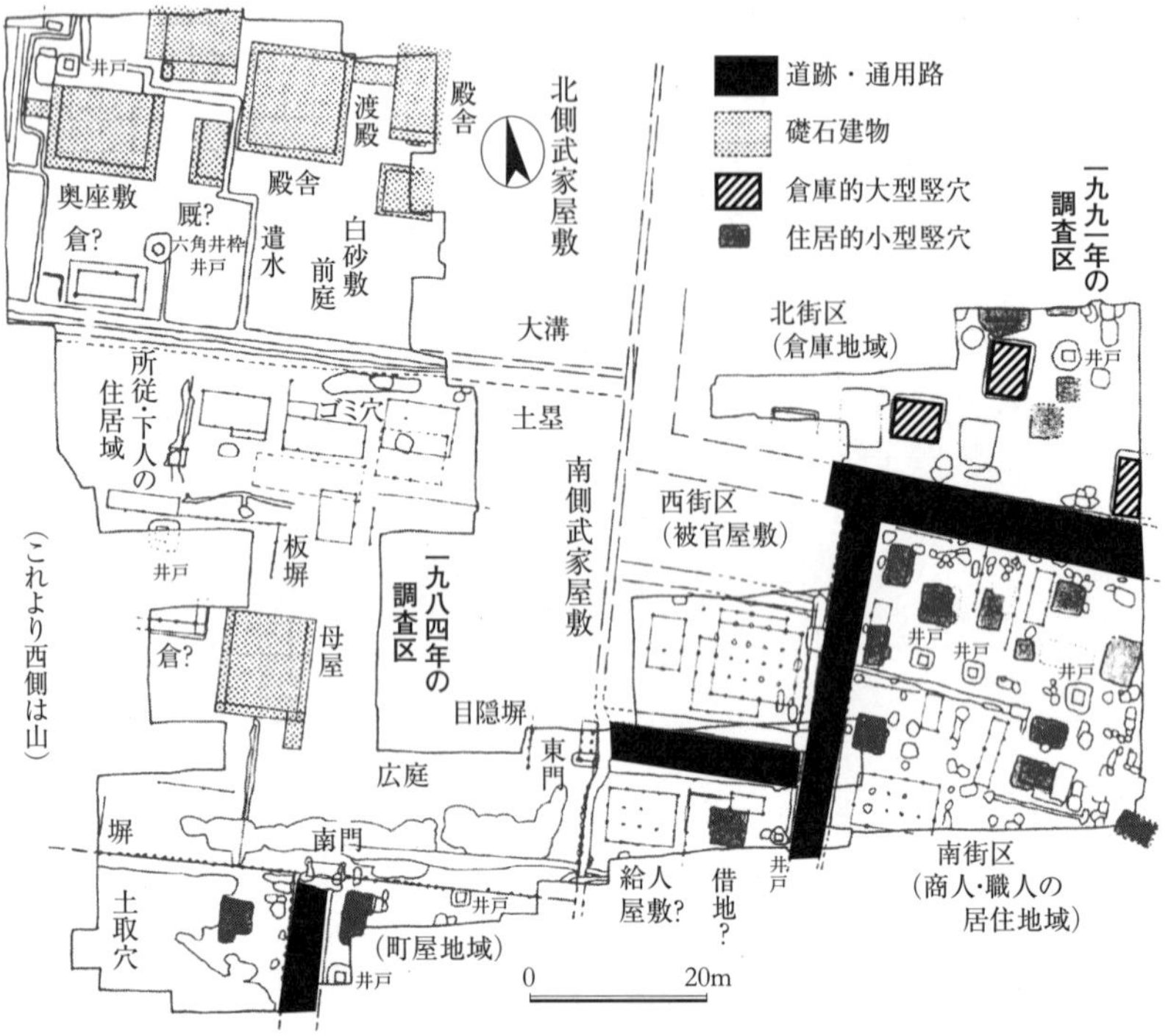

図 7–7　武家屋敷と街区　14 世紀初頭頃の遺構図
北側武家屋敷：築地塀に囲まれ，渡殿が附属する建物，白砂敷きの前庭と遣水を持つ。
南側武家屋敷：南門と東門（櫓門），塀で囲まれた空間に母屋と大きな庭を持つ。
※今小路は武家屋敷の東側（図の外側）を南北に通っている（『今小路西遺跡（御成小学校内）第五次発掘調査概報』に一部加筆）。

北条泰時は幕府移転時に、「丈尺」を打たせ街中の再整備を行っている。しかし発掘調査の成果から京都のように碁盤目のような条坊がひかれていたとは考えにくい状況である（図7―7）。若宮大路を中心として、並行あるいは直行する道や側溝を持っているのは二の鳥居以北に限られるのではないかと考えられる。中心から離れるにつれて、基準が曖昧になって行くようで、若宮大路と並び中核をなす今小路・小町大路ですら若宮と完全な並行関係ではない。

第三節　武家屋敷解明に向けて

鎌倉では長年にわたる調査研究で少しずつではあるが街区の様子が明らかにされてきている。しかしまだまだ武家屋敷や土地利用に限って見ても解明すべき問題点が多い。まとめに代えて鎌倉の武家屋敷研究の現状を挙げておく。

①鎌倉時代の屋敷は現存せず、発掘した遺構（建物の基礎）から建物を想定するしかない。

②調査で建物が発見されても誰の屋敷か分からず、文献に記された屋敷（地）の位置の特定が出来ない。そのために本宅、別業、宿館といった三点セットが捉えきれない。

③鎌倉を描いた絵画資料（絵巻物）は、『一遍聖絵』の中で一遍が北条時宗と対峙する場面や『蒙古襲来絵詞』の安達泰盛邸、『慕帰絵詞』の唯善房屋敷など数少ない。

④今小路西遺跡の北側武家屋敷は母屋を渡廊でつなぐ礎石建物を中心にして、持仏堂や奥座敷があり、砂・玉石敷きの庭には六角の井戸や遣水風の溝を巡らしたものであった。有力御家人の館と推測されるが特定できていない。

⑤今小路西遺跡の南側武家屋敷の様相は広い敷地（鎌倉での屋敷の単位を一戸主とするならば、この南側武家屋敷は八戸主以上の広さを持つ）を塀で囲い、中央奥に礎石建物の母屋、前庭が広く脇には下人たちを住まわせた小屋が並ぶ。東と南の門は守りを固めた櫓門か。地方武士の本領の館のような造りである。屋敷の外側には、かつて大倉幕府の周囲に有力御家人たちの宿館が建ち並んだように被官の屋敷と考えられる掘立柱建物が建つ。広大な敷地を有するところからやはり有力御家人の館と推測される。

⑥平城京や平安京では方眼状の条坊が認められ、都市内の地点は「○条○坊○町」と表示できる。しかし鎌倉では地点を表す時に○条○坊とは言わない。中枢部では「若宮大路東頬《つら》」と道を基準に表記しているが、周辺部では「大倉」「甘縄」と地名で表記している。その方向性は地形や河川に沿っていたりする。鶴岡八幡宮を内裏、若宮大路を朱雀大路に見立てて、京都を手本にした都市計画があったという論もある。しかし、発掘調査の成果を見てゆくと、鎌倉には方眼状の区割りはおそらく成立していない。

第七章　註

（1）考古の視点を取り入れた中世鎌倉を概観する文献としては、河野眞知郎『中世都市鎌倉――遺跡が語る武士の都』（講談社選書メチエ、一九九五年）、高橋慎一朗『武家の古都、鎌倉』（日本史リブレット21、山川出版社、二〇〇五年）などがある。

（2）『今小路西遺跡（御成小学校内）第五次発掘調査概報』（鎌倉市教育委員会、一九九三年）。

（3）貴志正浩訳注『全譯吾妻鏡』（新人物往来社、一九七六年）。

（4）大倉幕府周辺の御家人の屋敷

八田右衛門尉知家

「八田右衛門尉知家南御門宅」（『吾妻鏡』文治三年（一一八九）正月十二日条）

頼朝・頼家が知家の南御門宅に訪れている。また建保元年（一二一三）十二月一日条を見ると、御所近辺で起きた火災で類焼していることから御所の前に屋地があったと考えられる。

畠山次郎重忠

「畠山次郎重忠南御門宅」（『吾妻鏡』正治元年（一一九九）五月七日条）

和田胤長
「荏柄の前にあり、御所の東隣たるによって」（『吾妻鏡』建暦三年（一二一三）三月二十五日条）
大倉の御所の東、荏柄天神の南に在ったと考えられる。建暦三年（一二一三）二月十六日、謀反の疑いをかけられた和田義盛の子義直、甥の胤長のうち、義盛の謝罪により義直は許されるが、胤長は陸奥へ流配となり屋地は没収される。これが和田合戦（五月二日）の発端となり、兵を挙げた和田一族のほとんどが滅ぼされることになる。
三浦義村
「三浦駿河前司義村西御門家焼亡。」（『吾妻鏡』貞応三年（一二二四）九月五日条）
北条義時
「大倉観音堂の西邊の下山入道が家失火し、餘焰によって唐橋中将の亭、ならびに故右京兆（北条義時）の舊宅、および二階堂大路両方の人屋等焼けをはんぬ。」（『吾妻鏡』寛喜三年（一二三一）正月十四日条）
大倉辻と呼ばれた御所の南東角、二階堂大路との交差点の東側と考えられ、和田胤長の屋地と隣接していた可能性がある。
（5）幕府直轄の寺院
鶴岡八幡宮
鶴岡八幡宮は源氏の氏神としてだけでなく、平氏追討の祈祷や幕府の儀式、年中行事も行われ、東国武士の精神的よりどころとなっていった。頼朝は社頭で征夷大将軍の称号を受ける。三代将軍実朝は八幡宮内で右大臣拝賀の日に暗殺される。
勝長寿院
頼朝は父義朝を祀り、実朝・政子も葬られることから、源家の菩提寺と考えられる。
永福寺
奥州藤原氏を滅ぼした後、文治五年（一一八九）十二月に建立を企てる。「戦いで死んだ幾万もの将兵の鎮魂のため」（『吾妻鏡』文治五年十二月九日条）とあることから、滅ぼした藤原氏と弟義経の怨霊鎮護のためと考えられる。創建の建久三年（一一九二）は頼朝が征夷大将軍に任命された時期であることから、権力の象徴とも考えられる。
（6）幕府は仁治元年（一二四〇）に六浦路の整備を定め、仁治二年に本格的に整備を行っている。六浦に抜ける道として以後大いに栄えるが、おそらく仁治元年以前からある道を整備したものと考えられる。
(7) 二階堂大路整備に関する文献はないが、永福寺では建久三年(一一九二)に二階堂、建久四年に阿弥陀堂、建久五年に薬師堂があいついで建立されていったことから、大路もまた建久三年を前後する永福寺建立の時期に合わせて整備されていったと考えられる。
(8)『鶴岡八幡宮境内 ―― 鎌倉国宝館収蔵庫建設に伴う緊急調査』(鎌倉市教育委員会、一九七九年)、『研修道場用地発掘調査報告書(鶴岡八幡宮境内発掘調査報告書、鶴岡八幡宮、一九八三年)。
(9) 石井進「鎌倉武士たちの屋敷」石井進・大三輪龍彦編『よみがえる中世3　武士の都鎌倉』(平凡社、一九八九年)。
(10)『吾妻鏡』によれば、以下のような例がある。

亭　:二品(北条政子)御亭、大倉亭、若君(藤原頼経)亭、名越亭、覚阿(大江広元)亭
館　:名越御館(政子産所)、江馬太郎(北条泰時)殿館、大倉(北条義時)館
第　:禅定二位家第、(北条)入道越後守時盛第、新奥州(北条政村)第
別業:新奥州(政村)別業
山荘:(佐々木)壱岐前司泰綱山荘、山内御山荘、相州(義時)山荘
宿館:参州(源範頼)宿館
宿所:(三浦)若狭前司(泰村)宿所
宅　:上総権介廣常宅、八田右衛門尉知家宅、畠山次郎重忠宅
家　:(三浦)駿河前司義村家、(三浦)若狭守家村家
宿廬:武州(北条時房)宿廬、前大膳大夫(大江広元)宿廬

第三部　平安貴族の暮らし

第八章　一九七三年発見の朱雀院跡掘立柱建物

鈴木久男

はじめに

一九七三年十月、田辺昭三先生が主宰されていた平安京調査会が、京都市中京区に所在する日本写真印刷株式会社の敷地内で発掘調査を実施した[(1)]。その結果、調査地北半部で朱雀院に造営されたとみられる掘立柱建物を発見した。しかも柱穴内からは、柱根や礎板などが検出され、調査関係者の注目を集めた[(2)]。

一九七三年といえば、平安京跡の継続的な発掘調査がようやく開始された頃のことであり、しかも平安京跡の条坊復元も不十分な状況であった。また、このような掘立柱建物を比較検討する調査資料の蓄積はなく、充分な検討をすることができなかった。その後の調査においても、こうした大型の柱根や礎板をとどめた掘立柱建物の調査に恵まれず今日に至っている。

今回、この時に発見された掘立柱建物について考える機会を得た。以下に、その私案を述べる。

第一節　朱雀院の概要

一九七三年度実施の発掘調査成果を述べる前に、朱雀院の歴史的な変遷について概略を述べておきたい。

朱雀院の詳細な成立年代は明らかでないが、弘仁十四年（八二三）頃から承和三年（八三六）までには嵯峨天皇の後院として創立されたと考えられている。また、創建期の敷地規模や内部構成についてもまったく知られていないが、嵯峨上皇が崩御された承和九年（八四二）以降、ほとんど使用されなくなり徐々に衰退したようである。

ところが寛平八年（八九六）頃から、宇多天皇による朱雀院の新たな造営が始められたため敷地内の様相は一新されたと考えられている。この頃に完成した朱雀院は、寝殿を中心とした建物群と栢梁殿を核にした建物群との二群から構成されていたようである。この他に、馬場や馬場殿、園池、小丘、石神社、隼社などもあったようである。(3)

所在地については『拾芥抄』所収の右京図によると、朱雀大路の西、皇嘉門大路の東、三条大路の南、四条大路の北に位置し、東西二町、南北四町の敷地規模であったと推定されている。

朱雀院は宇多上皇から朱雀上皇の頃に盛行したが、天暦四年（九五〇）以降から徐々に用いられなくなり荒廃が始まったとされている。

第二節　一九七三年の発掘調査状況

今回とりあげる朱雀院跡の発掘調査概要は、平安京調査会から刊行された『平安京研究』第一号に掲載されている。(4)その報告文から調査状況を振り返ってみたい。

1　概要

調査は一九七三年十月二十九日から十二月十六日にかけて、京都市中京区壬生花井町で実施された。調査範囲は東西約二七メートル、南北約四二メートルの規模で、調査面積は約一一三四平方メートルであった。

調査地は、敷地南東隅に設けられていた運動場の一画であった。発掘調査に先立って、試掘調査が実施され石炭ガラやレンガなどを含む盛土が約一メートル以上あることが確認された。そのため、重機による掘り下げが行われたようである。

調査トレンチは対象地の西側と東側に、南北方向に幅約四メートル、長さ約一一メートルのトレンチを西側に三箇所、東側に2箇所設定された。また南側には、東西方向に細長い同規模のトレンチを二箇所設けられた。さらに対象地の北側と中央部にも、それぞれ幅約四メートル×長さ約六〜七メートルのトレンチが設置された。最終的に調査トレンチは、「ちょうど「日」という文字状にトレンチを設定したことになる。」と述べられている。(5)

調査の進展につれ、調査地南側に設置したトレンチには遺構の無いことが確認された。しかしながら西側トレンチの北方で柱穴を四箇所、さらに北側および東側のトレンチでも池を想定させる泥砂層が発見された。そのため遺構の存在が明らかになった範囲は、全面的に調査を実施するための拡張がなされた。その結果調査区は、最終的に東西約二四メートル、南北約二四メートルになり、掘立柱建物はそのほぼ全面から良好な状態で検出された。なお、池の堆積土と判断した土層は、近世の堆積土であることが確認された。

2　検出された遺構と出土遺物の年代

遺構は性格不明なものも含めて総数四二箇所であったが、柱穴は図8-1のように三五箇所であった。柱穴のなかで柱根が遺存していたもの三箇所、礎板を確認したのは一三箇所であった。これらの柱穴群は、図8-2のように三棟分に整理された。

以下に、その要約を述べる。

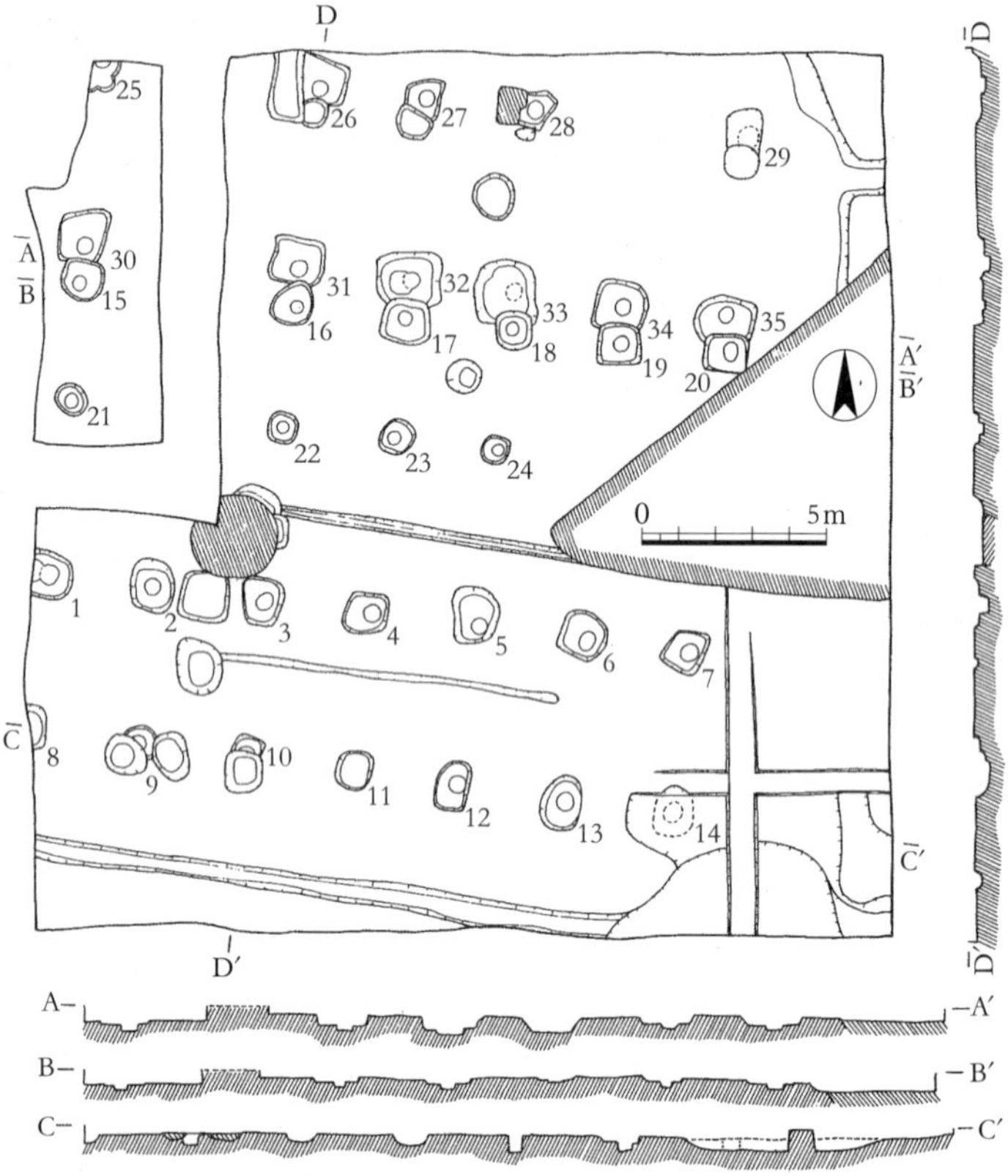

図 8-1　朱雀院跡建築遺構実測図（『平安京研究』一より）

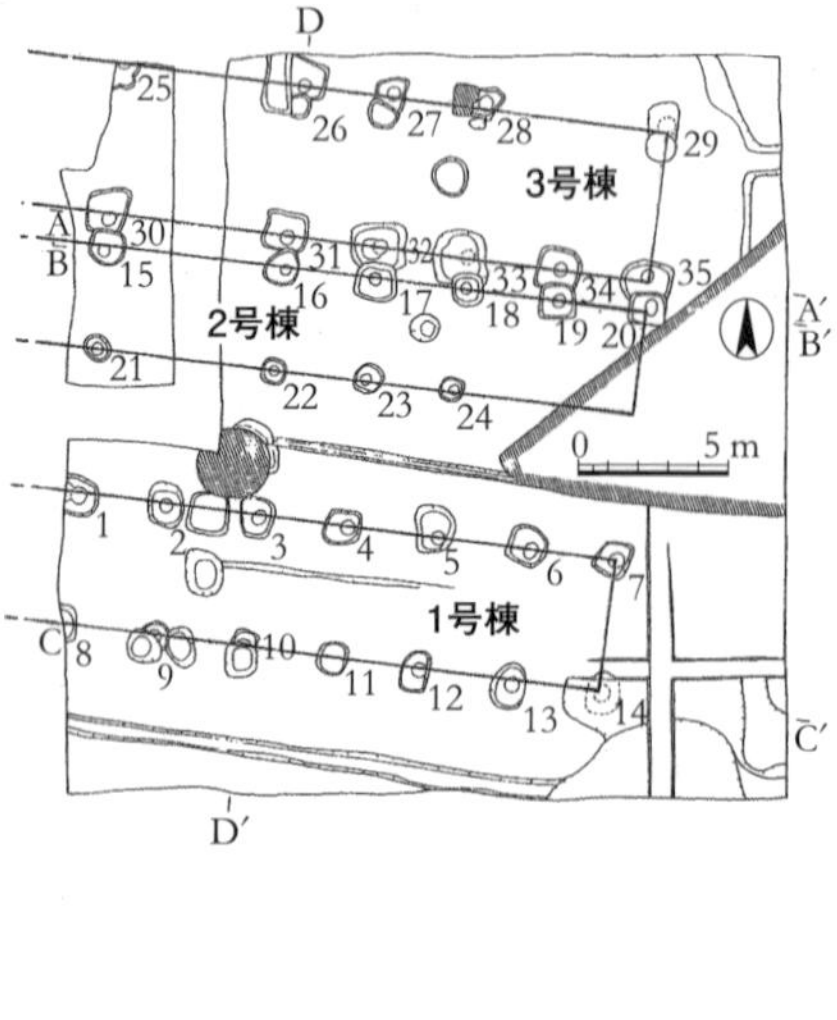

図 8-2　朱雀院跡建築遺構復元案（『平安京研究』一より）

1号棟

①最も南よりで検出した一対の柱列で、柱穴1から14によって構成される。
②建物規模は東西七間以上、南北一間の建物である。
③柱間寸法は東西一〇尺（約三メートル）、南北一四尺（約四・二メートル）である。
④掘形寸法は四〇センチメートル前後である。
⑤礎板は柱穴1・2・6・11・14で、柱根は柱穴9・12・13で発見されている。
⑥建物方位は東へ七度三〇分ほど振れる。(6)

2号棟

⑦柱穴15から24によって構成される。
⑧建物規模は東西七間以上、南北一間である。
⑨柱間寸法は東西一〇尺（約三メートル）、南北一〇・七尺（約三・二メートル）である。
⑩掘形は約一〇五センチメートルを測るものがほとんどである。
⑪礎板は、柱穴番号21・22で発見、板材を組み合わせた状態であった。
⑫建物方位は東へ六度一〇分ほど振れる。

3号棟

⑬最も北寄りに位置し柱穴25から35で構成される。
⑭建物規模は東西七間あるいはそれ以上、南北一間である。
⑮柱間寸法は東西一〇尺（約三メートル）、南北一六尺（約四・八メートル）である。
⑯礎板は柱穴31・35・26で発見され、大きさは長さ約五〇―六〇センチメートル・幅約四〇―五〇センチメートル、厚さ約一五センチメートルの板材であった。柱穴31は、礎板の上にさらに厚さ約二センチメートルの板材を重ねていた。
⑰柱穴27は厚さ約一―四センチメートルの板材が十数枚敷かれていた。

⑱柱穴25・26・29はそれぞれ柱の抜き取り穴があった。
⑲建物方位は東へ六度三〇分ほど振れる。

以上が、1号棟から3号棟の遺構観察概要である。

出土遺物に関する詳細な報告はないが、柱穴内からは礎板や柱根などの木製品が、柱の抜き取り穴からは、「旨《し》」（旨）銘《めい》軒平瓦などが発見されたとある。また、丸瓦や平瓦のなかに「目」「冬」「十」などの文字や記号が押された瓦が出土している。土器はきわめて少なく、土師器がわずか出土したにすぎないとある。いずれにせよ調査面積にたいして、遺物の種類・量ともに少なかったようである。

遺構の年代については、年代決定の重要な資料である土器の出土点数が極めて少ないことから明確に述べられていないが「遺物はいずれも奈良末～平安初期を下るものはなく、その建築年代の推定に一つの手掛かりを与えてくれる。」と報告されている。[7] すなわち、遺構の成立時期は八世紀末から九世紀前半までの間とされている。

ところで田辺先生が、「朱雀院跡発掘調査の成果について」のなかで、検出した建物遺構について重要な指摘をされているため再度紹介する。[8]

①1号棟と3号棟とは、柱穴の状態や礎板のあり方などからみて、ほぼ同時期に建立されたとも推定できる。また、1・3号棟は別棟ではなく一棟とする見方もある。

②礎板として用いた木材は、さしわたし一尺五寸の柱根部を五〇―六〇センチメートルに切断し、それを縦に二分したもので、（中略）礎板の一端に近くイカダ目（筏穴）がみられるが、（中略）この種の礎板は八ヵ所の柱穴から発見されたが、いずれも一端は全く腐食がみられないのに、いま一端は腐食が顕著である。（中略）この礎板は一度役目を果たした柱の柱根部を再利用したものである。礎板のうち、一本の柱を二分化したことがわかる例が二

組あった。

③今回検出した建物遺構は、いずれも移転または廃材を利用したものであり、平城京または長岡京より将来したことが推定できる。

④建物の性格について、朱雀院の復元図などから馬場に附属する厩舎と推定した。

と述べられている。

第三節　掘立柱建物の復元私案

私案を述べる前に、この建物遺構をどのようにまとめるかについて、今までに幾つかの指摘がなされているため重複する箇所もあるがここで紹介する。

田辺先生は三棟と報告されているが、文末の注のなかでは「現時点では三棟と考えているが、1、3号棟は別棟ではなく一棟とする見方もある。」とも記されている。(9)

一方一九八三年に刊行された『史料京都の歴史』二では、「少なくとも二時期にわたっている。」と述べられている。(10)また網伸也氏は「平安時代初期の大規模宅地造成について」のなかで、この掘立柱建物について「1号棟と3号棟を同一建物とする見解もあり意見のわかれるところである。（中略）この場合、身舎（母屋）桁行六間以上、梁間三間、南庇出一四尺、北庇出一六尺の京内最大級の建物に復原できる。」と述べられている。(11)しかしながら、調査担当者への配慮からか詳細な言及はされなかったようである。

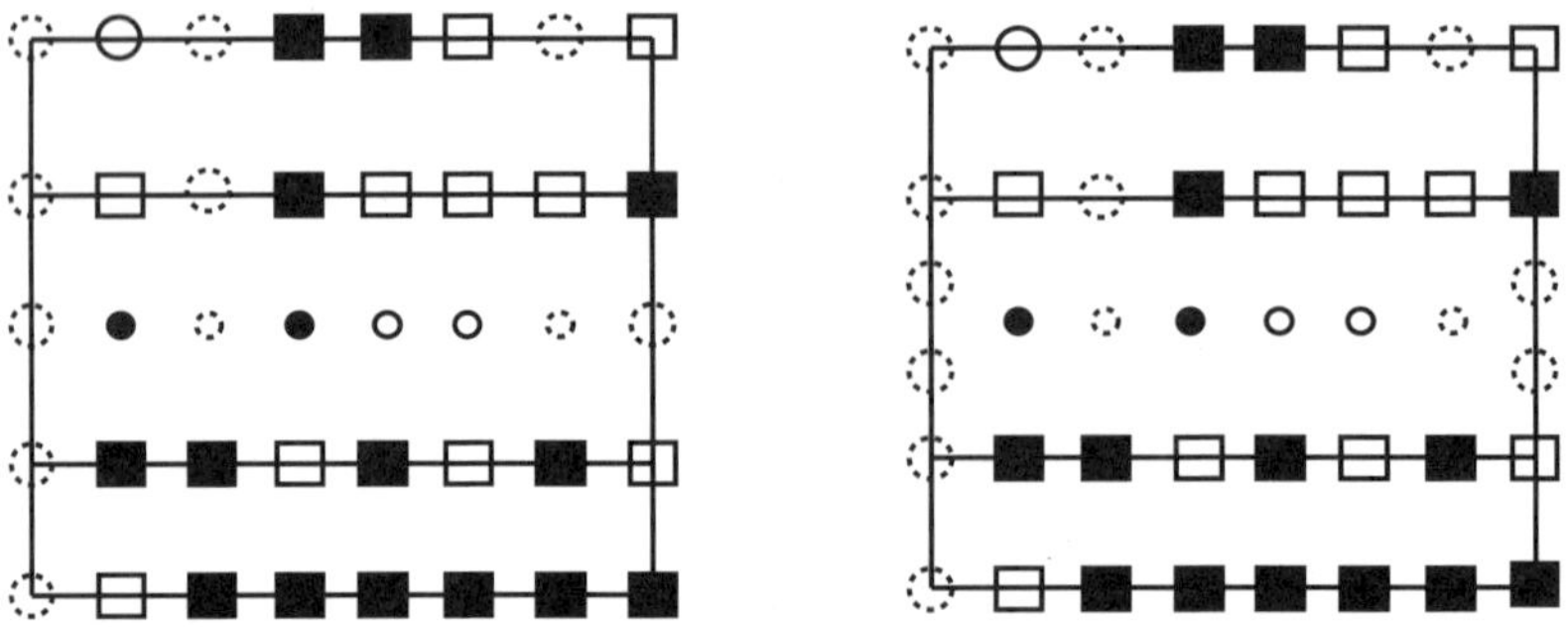

掘立柱建物復元私案1　　掘立柱建物復元私案2

図 8-3　建物復元私案と検出した柱穴位置図
（■●：柱根・礎板　□○：柱穴　◌：推定位置）

次に、遺構復元私案を述べるが（図8-3参照）、作業にあたり以下の四点に留意した。[12]

①調査者によって「1号棟と3号棟とは、柱穴の状態や礎板のあり方などからみて、ほぼ同時期に建てられたとも推定できる」と述べられていることや先述した「1・3号棟は別棟ではなく一棟とする見方もある」との指摘。

②礎板や柱根などの分布状況は、図8-3に示したようにほぼ各柱列に認められていること。

③筏穴などのような共通する礎板は八箇所において確認でき、しかも一本の柱を二分したことがわかる例が二組あったこと。

④遺構検出面の上層は近現代の整地層で、中世の遺構・遺物はほとんどみられず、遺構面は一面であった。

などである。

私はこうした状況やご指摘から三棟に分類されていた柱穴群を、一つの掘立柱建物の遺構として復元を試みることにした。すなわち、発見された最も北側の柱穴25から29は建物の北端の柱列とし、その南側に位置する柱穴30から35は身舎北側の側柱列と考えた。そして北端から五列目にあたる柱穴1から7は、身舎南側の側柱列にした。そして最も南側に位置する柱穴8から14

の柱列は建物南端と推定した。

妻側の柱穴列に関しては、柱穴29・35・7・14から東方で柱穴を検出していないため、柱穴29・35・7・14を南北に結ぶ線を建物東側の妻柱列とした。一方西側の妻柱列は報告のように調査区外にあたるとした。

また、柱穴21から24は、掘形は小型であるが柱穴21と22は礎板があり、しかも身舎梁間のほぼ中央にあたることから身舎の床を支える束柱と想定した。なお柱穴15から20は柱の抜き取りあるいは部分的な修理に伴う遺構と判断した。

ここで、留意しなければならないことがある。一番目として、身舎の梁間規模である。これは次に述べる建物の類例と深い関係にある。私案では、身舎梁間の寸法は南北九メートルとなり、これを二間分とし一間の柱間寸法を約四・五メートルとするか（図8-3左）。あるいは三間に分け、梁間一間の寸法を約三メートルに復元するかである（図8-3右）。仮に梁間を三間分とすれば建物は、梁間・桁行ともに柱間が一〇尺（約三メートル）になる。

二番目として身舎の桁行規模である。一九七三年度の調査では、桁行六間分を明らかにされている。報告では桁行規模は七間もしくはそれ以上とされている。私案では七間にした。

以上のことから、朱雀院発見の掘立柱建物を次のように復元してみた（図8-3参照）。

①身舎は梁間二間（図8-3左）あるいは三間（図8-3右）、桁行は七間とした。すなわち、建物は南北（梁間）約一八メートル、東西（桁行）約二一メートルの規模と推定する。

②身舎の北側と南側の二面には庇が付く。寸法については北庇一六尺（約四・八メートル）、南庇一四尺（約四・二メートル）である。北庇は南庇より二尺（約六〇センチメートル）ほど長い。

③柱穴21から24は身舎梁間のほぼなかほどに位置するため、床を支える束柱とした。

④柱穴15から20は修理の痕跡と考えた。

第四節　類例をもとめて

私案の復元規模であれば、網氏も指摘されているように平安京内の発掘調査で発見した掘立柱建物では最大規模になる[13]。しかも、身舎の北側と南側に一〇尺（約三メートル）以上の庇の付く掘立柱建物は平安京内では今まで未発見である。

そのため、新たな発見が相次いでいる長岡京関連の遺構にその類例を求めてみた。その結果、一九九一年度に長岡京左京二条二坊十町で調査された掘立柱建物ＳＢ 26500 が極めて近い規模で平面形も類似していることを知った[14]。次に、両者を比較してみよう。

報告書によればＳＢ 26500 は東西七間、南北三間の身舎に、北と南の2面に庇の付く掘立柱建物である。身舎は梁間一〇尺（約三メートル）、桁行一〇尺（約三メートル）の等間で、南北2面に付く庇はともに一五尺（約四・五メートル）とされている。また柱穴の掘形は大半が方形で、一辺一・二メートル前後、深さ約〇・六〜一メートルを測る。柱はすべて抜き取られていたとある。

図8-4は、ＳＢ 26500 の平面図と朱雀院発見の建物復元図とを重ね合わせたものである。朱雀院発見の建物の梁間を二間あるいは三間のどちらに復元するかは別にして、概ね身舎の梁間・桁行ならびに各柱間の寸法とも同じ寸法である。少し異なるのは庇の出である。このほか長岡宮内裏正殿は、桁行が九間と朱雀院より二間大きいが、梁間や庇の出などは近似した数値を示す。

ところで長岡京左京二条二坊十町で調査された遺構群は、長岡京の旧東院[15]あるいは山桃院[16]と推定されており、

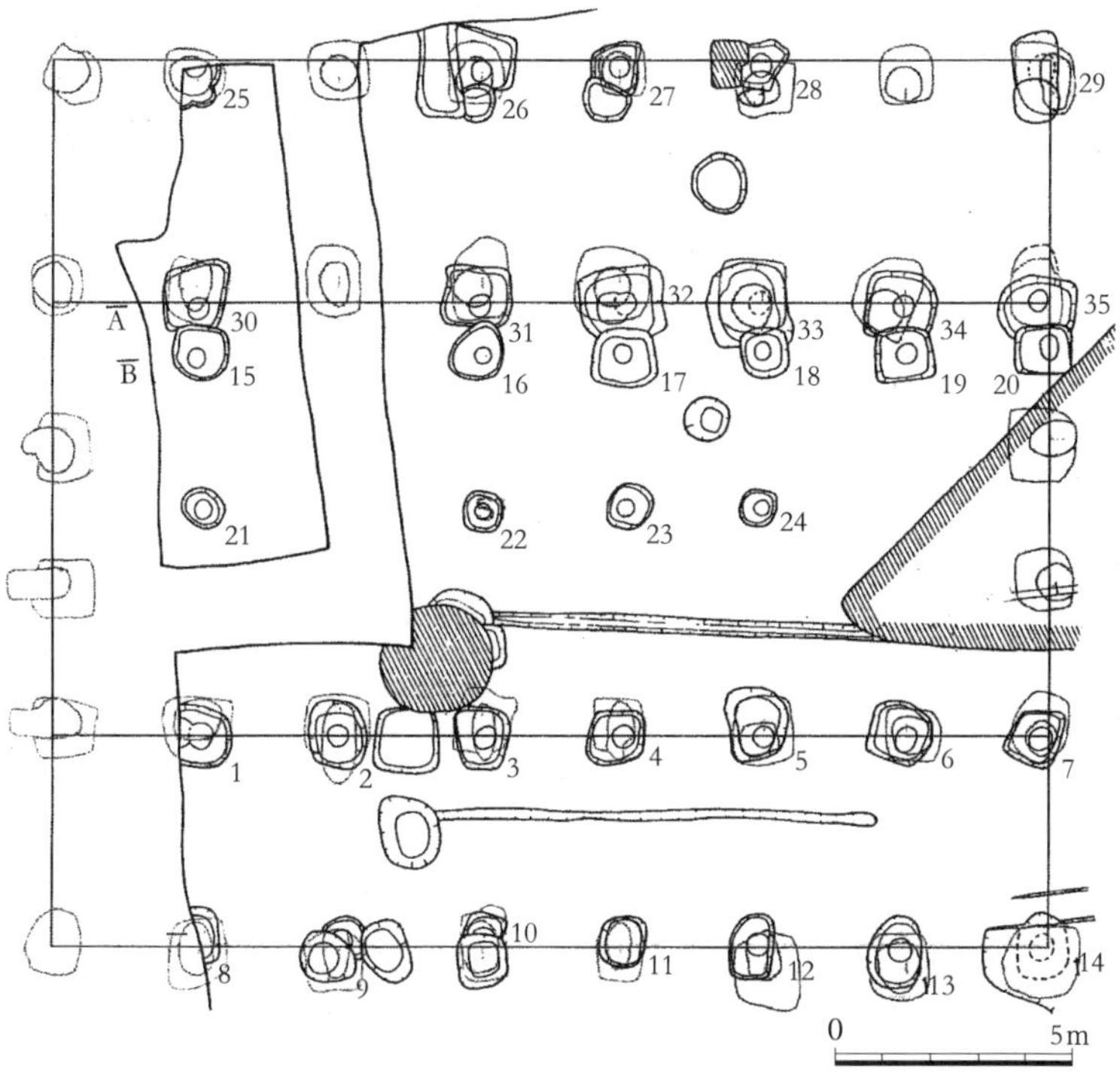

図8-4　長岡京SB26500との建物規模比較図

SB 26500はその正殿とされる掘立柱建物である。

第五節　調査地点の復元

一九七三年の発掘調査区が、朱雀院跡のどこに位置するかを明らかにしてみたい。[17] 今回、その時に設定された調査トレンチと最終段階の調査区との関係を復元したのが図8-5である。その後ここは、一九七九年度に建て替え工事が行われ、その工事に伴う立会調査を（財）京都市埋蔵文化財研究所が実施している。その調査成果と調査位置を『京都市内遺跡試掘、立会調査概報』に報告されている。[18]

図8-6は一九七三年度と一九七九年度の調査図をさらに整合させ、そこに平安京の条坊復元図を重ね合わせたものである。決して精度の高い図面でないが、その結果一九七三

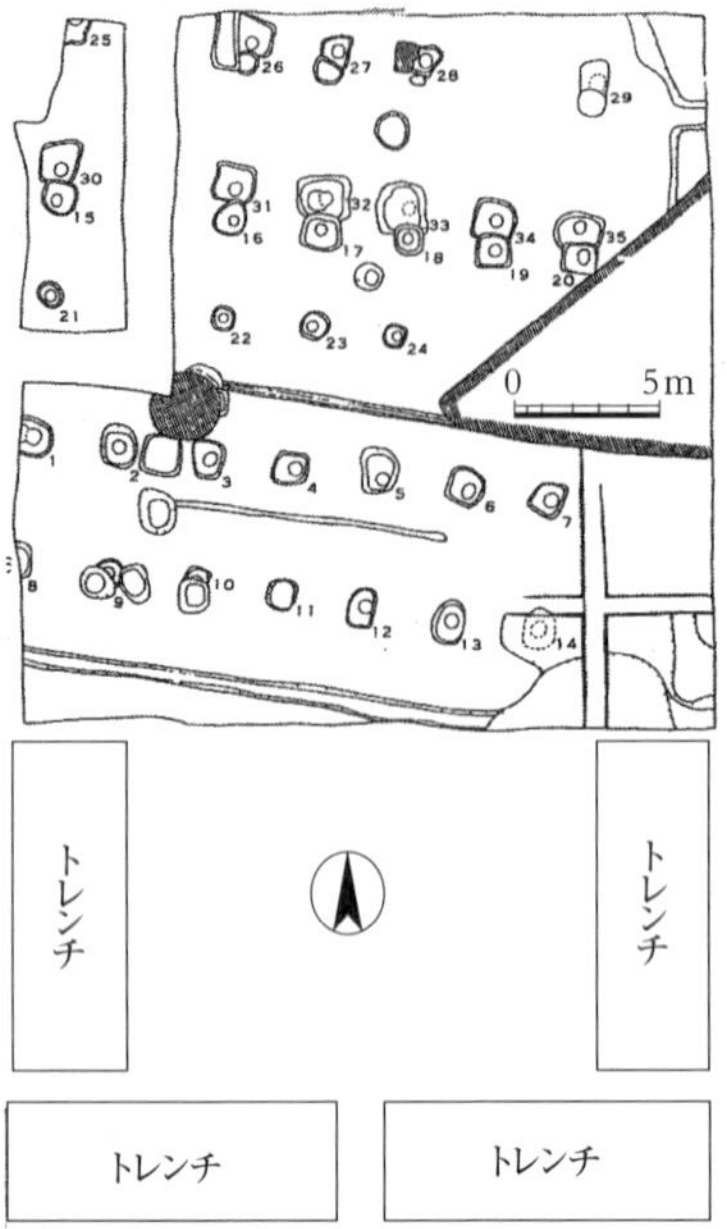

図 8-5 1973 年の発掘・試掘調査区配置復元図

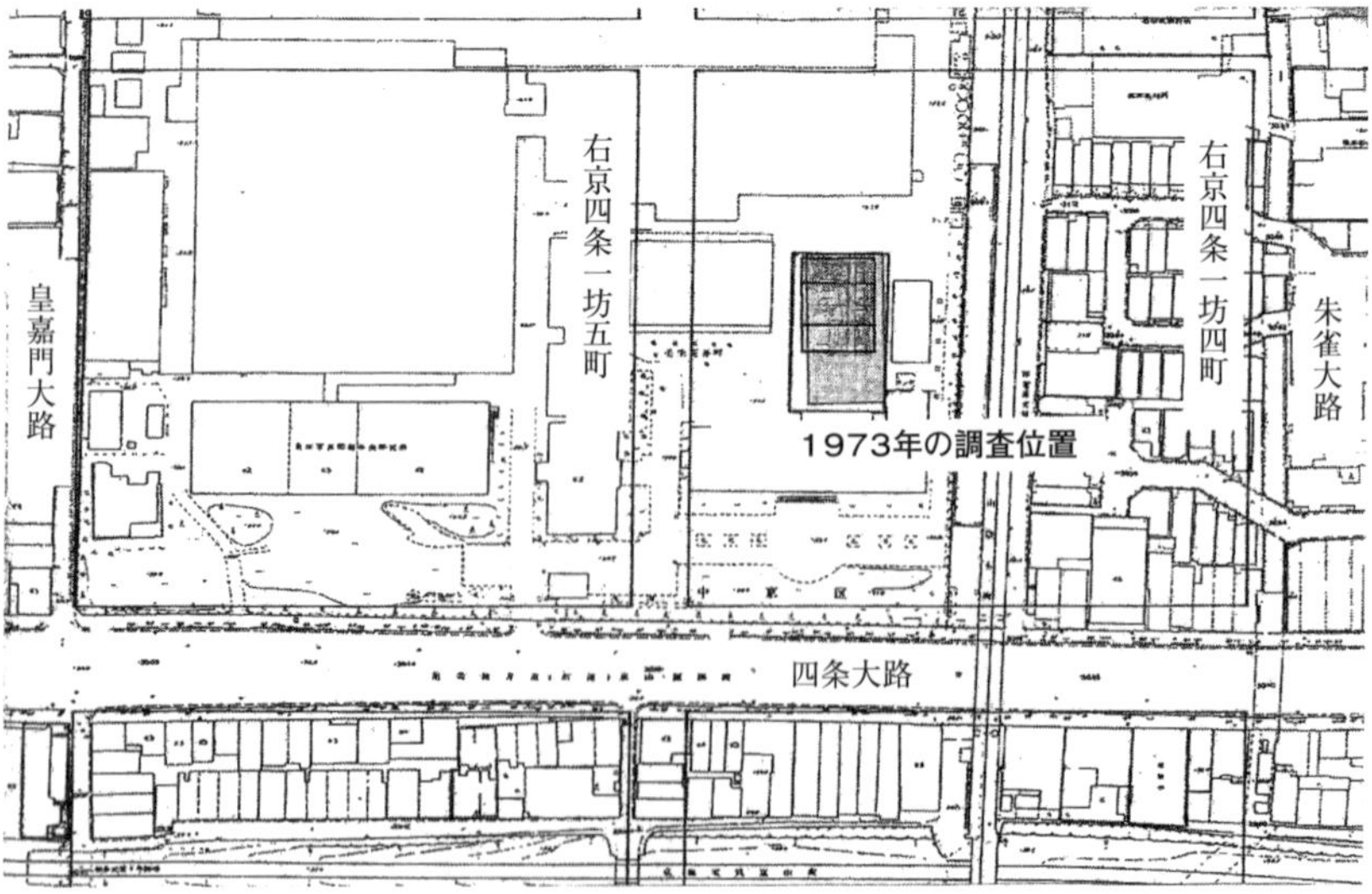

図 8-6 調査地点復元図と条坊図

年度に実施した発掘調査地点が概ね明らかになった。すなわち調査区は、右京四条一坊四町の東三・四行、北四・五門に設定したようである。その位置は概ね四町西半部のほぼ中央にあたる。

おわりに

一九七三年に平安右京四条一坊四町跡で発見された掘立柱建物に関する私見を述べたが、それを要約してむすびとしたい。

①三五箇所の柱穴を一棟分として、梁間二間あるいは三間、桁行七間で身舎の北と南に庇が付く、東西方向の掘立柱建物に復元した。
②復元が正しければこの建物は、平安京内で検出されている掘立柱建物のなかでは最大規模になる。
③建立された時期は遺物の詳細な再検討を必要とするが、報告のように新しくみても九世紀前半までであろう。
④この掘立柱建物は四町の中軸線上には位置せず、少し西にずれて建てられている。
⑤嵯峨天皇造営の朱雀院に建立されたものかどうかは明らかでないが、少なくとも九世紀前半以降には廃屋に近い状況にあった。こうした状況は、嵯峨上皇崩御後の朱雀院の衰退と整合するように思われる。解決しなければならない問題もあるが、嵯峨上皇が造営された朱雀院の中心的な建物の一つに推定したい。
⑥類例としては、長岡京左京二条二坊十町で調査された正殿建物（ＳＢ 26500）があげられる。
⑦この掘立柱建物は、報告書にあるように平城京または長岡京などから移築されたものであろう。[19]

最後に、田辺先生にこの復元案について、詳細な説明ができなかったことは誠に残念である。さて、本章で使用した調査区配置図や調査区位置図は、今回作図したものであり、誤りの責任は鈴木にあることを申し添えておく。

第八章　註

（1）永田信一「朱雀院跡発掘調査概要」（『平安京研究』一、平安京調査会、一九七四年五月）。
（2）田辺昭三「朱雀院跡発掘調査の成果について」（『平安京研究』一、前掲）。
（3）太田静六「朱雀院の考察」（『寝殿造の研究』吉川弘文館、一九八七年二月）。
（4）永田信一「朱雀院跡発掘調査概要」前掲。
（5）右に同じ。
（6）建物の方位について：遺跡測量用の方位は、測量機械に内蔵されている磁石を用いて設定した基準線であると述べられている。いまからすれば、あまり正確な計測値とは言えない。しかしながら、京都市域の遺跡測量に国土座標が導入されるようになったのは昭和五十二・五十三年（一九七七・一九七八）以降のことであった。一九七〇年代前半の遺跡測量は、調査ごとに測量基準線が異なっていた。朱雀院の調査測量もその例外ではなく、仕方のないことであった。
（7）田辺昭三「朱雀院跡発掘調査の成果について」前掲。
（8）右に同じ。
（9）右に同じ。
（10）「第６章　平安時代」（『史料京都の歴史』二、平凡社、一九八三年三月）。
（11）網伸也「平安時代初期の大規模宅地造成について」（『研究紀要』第一号、京都市埋蔵文化財研究所、一九九五年一月）。
（12）田辺昭三「朱雀院跡発掘調査の成果について」前掲。

（13）網伸也「平安時代初期の大規模宅地造成について」前掲。
（14）「長岡京跡左京二条二坊十町」（『向日市埋蔵文化財調査報告書』第56集、向日市埋蔵文化財センター、二〇〇三年三月）。
（15）山中章「古代王権と宮都の東」（『考古学論集――川越哲志先生退官記念論文集』、川越哲志先生退官記念事業会、二〇〇五年十一月）。
（16）國下多美樹「古代都城の内裏と離宮」（『立命館大学考古学論集』Ⅲ―2、二〇〇三年五月）。
（17）一九七三年当時、平安京の条坊復元はまだ不充分な状況であった。条坊復元図としては『京都の歴史１』（学芸書林、一九七〇年）の付図「平安京――「京都」の成立」が知られていた。
（18）「調査概要一覧表」（『京都市内遺跡試掘、立会調査報告』昭和五十四年度、京都市文化観光局文化財保護課、一九八〇年三月）。
（19）田辺昭三「朱雀院跡発掘調査の成果について」前掲。

第九章　淳和院と陶磁器類

吉川義彦

はじめに

四〇年ほど前には平安京の考古学的発掘調査は非常に少なかった。遺跡の大半が現在の京都の市街地に重なっているため、遺構は破壊されて残っていないというのが常識であった。一九七〇年代に入り、発掘調査が増加した結果、大量の遺物や遺構が地下に残っていることが明らかになってきた。京都は都が長岡から移って以来、今日まで継続した大都市であり、政治の中心が移動しても都市としての機能は失われていない。平安京は一二〇〇年以上の長期にわたる生活痕跡が重層して地下に残っているという点で比類のない都市遺跡である。現在では発掘調査の成果が公表され、歴史資料と関連づけて考えることができる考古資料も増加している。一九九〇年代の調査であるが、大型の建物が確認された淳和院の調査資料をここでは図版を中心に紹介する。

第一節　淳和院の概要

淳和院は淳和天皇（在位八二三―八三三年）が退位後に滞在していた場所である。別名西院ともいわれ、現在でも西院は地名として残っている。淳和院の位置や敷地については西田直二郎、中村直勝が発表していることに新たに加えることはない。淳和院の敷地については四町説と八町説がある。西田直二郎、中村直勝は四町説(1)、森蘊は八町説(2)である。調査地(3)は平安京の条坊（図9-1）では右京四条二坊十三町に所属する。淳和院を囲む道路は、南は四条大路、西

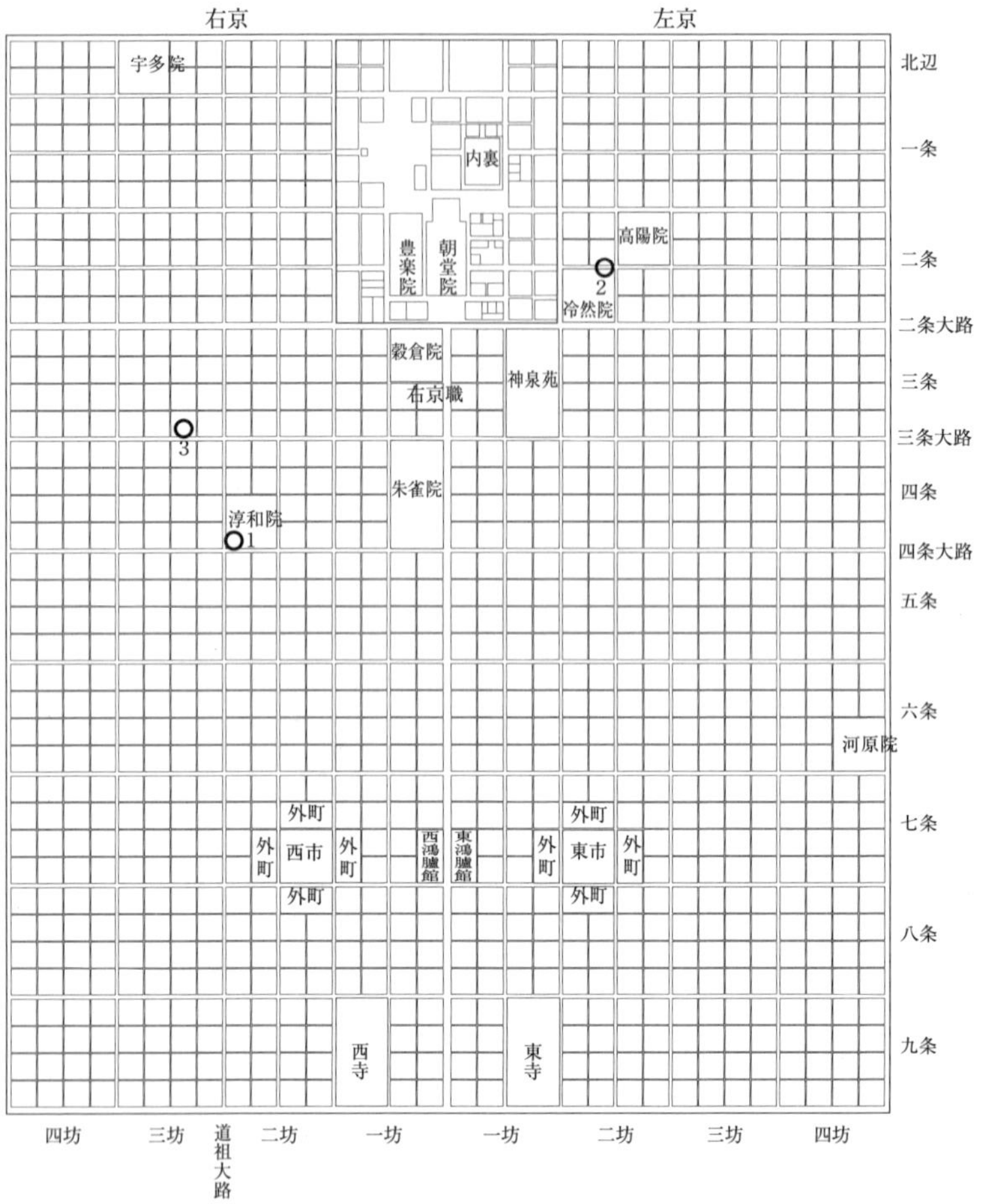

1　淳和院跡調査地点　右京四条二坊十三町
2　冷然院跡調査地点
3　右京三条三坊五町調査地点

図 9-1　平安京条坊と遺跡位置

は道祖大路、北は四町であれば四条坊門小路、八町とすると三条大路である。東側は西堀川小路である。また右京四条二坊十二町と十三町の間に野寺小路が存在する。

調査した場所は現在の番地では西院巽町に所属するが、周辺の町名には西・東淳和院町の町名が残る。明治の陸地測量部の地図では西院村出在家という地名になっている。淳和院推定地東端には現在、御土居の跡があり、御土居の上を京福電鉄嵐山線（通称は嵐電）が走っている。現状では昔ここに壮大な池があったことを偲ばせる風景は残っていない。

第二節　遺跡の変遷（図9−2—図9−7）

調査の結果

淳和院の南西の角を発掘調査した結果、建物や溝、土壙などを検出した。調査の結果を紹介する。図中で使用している遺構名は数字が固有の遺構名である。数字の前についている記号は遺構の種類を表している。遺構の種類と記号の対応関係を示すと、建物（ＳＢ）、溝（ＳＤ）、土壙（ＳＫ）、柱穴（ＳＫ）、柵列（ＳＡ）、その他の遺構（ＳＸ）である。土壙については柱穴のように機能が推定できる場合には柱穴としているが、地面を人工的に掘りくぼめた跡は全て土壙に含め、実態がよくわからない遺構や判別しにくい遺構はその他の遺構としている。

遺跡の変遷（図9−7）は第1期から第4期に分けているが、各期に含まれる遺構の年代が全て同一ではなく、調査の進行過程を示す区分である。

淳和院遺跡全景（北から）

門と道路跡（東から）

図 9-2　淳和院遺跡全景と門跡

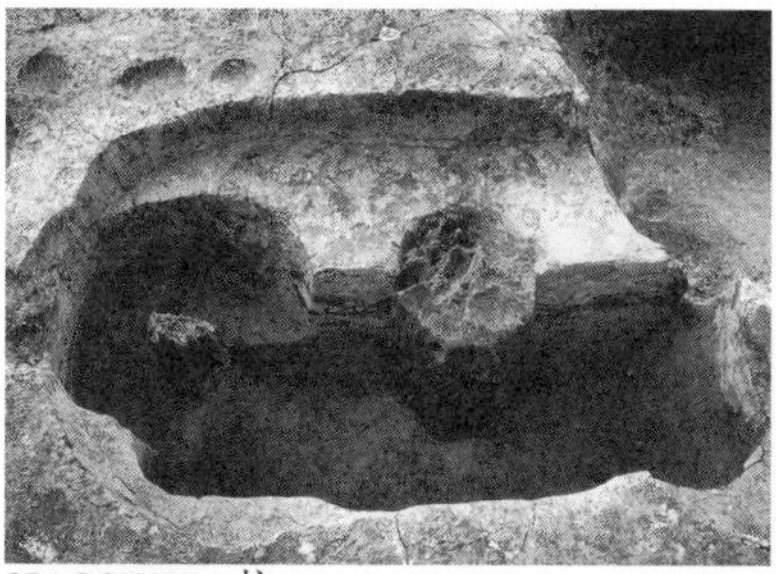

SB1のSK277　柱

SB1のSK252　礎板

SD650B　暗渠

SD650A　暗渠

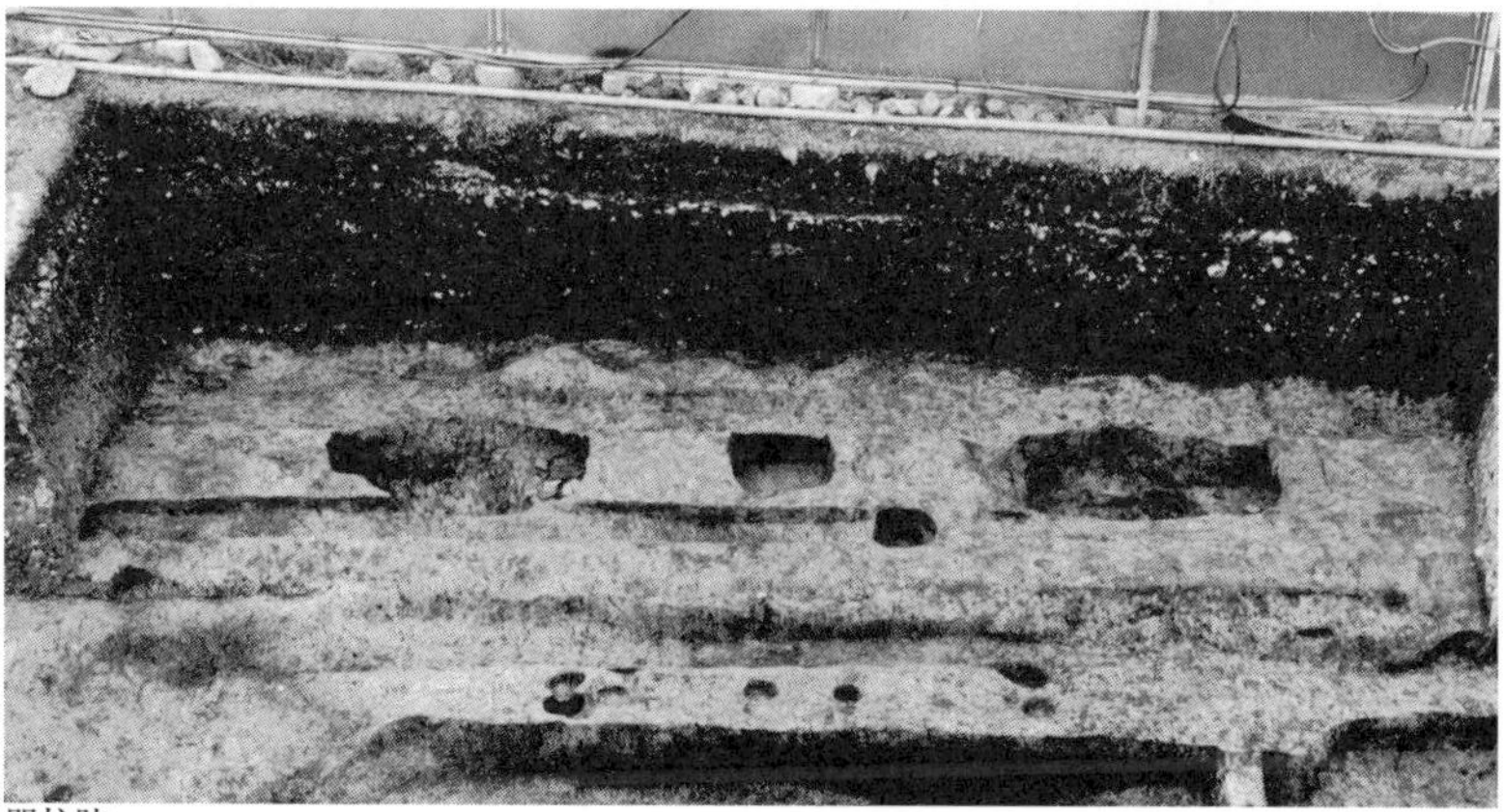

門柱跡

* SK：土壙，SD：溝

図 9–3　淳和院の遺構

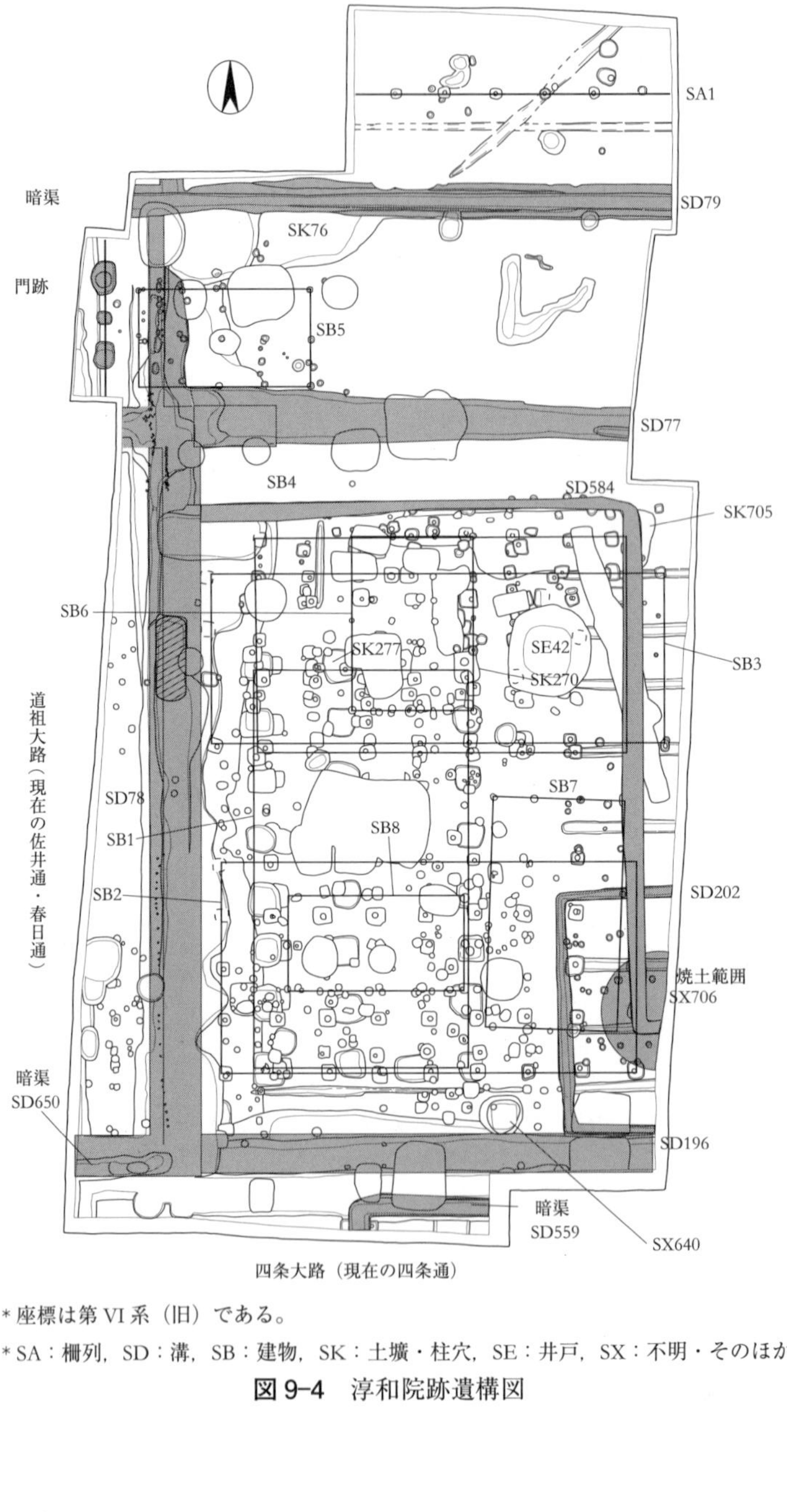

＊座標は第 VI 系（旧）である。

＊SA：柵列，SD：溝，SB：建物，SK：土壙・柱穴，SE：井戸，SX：不明・そのほか

図 9–4　淳和院跡遺構図

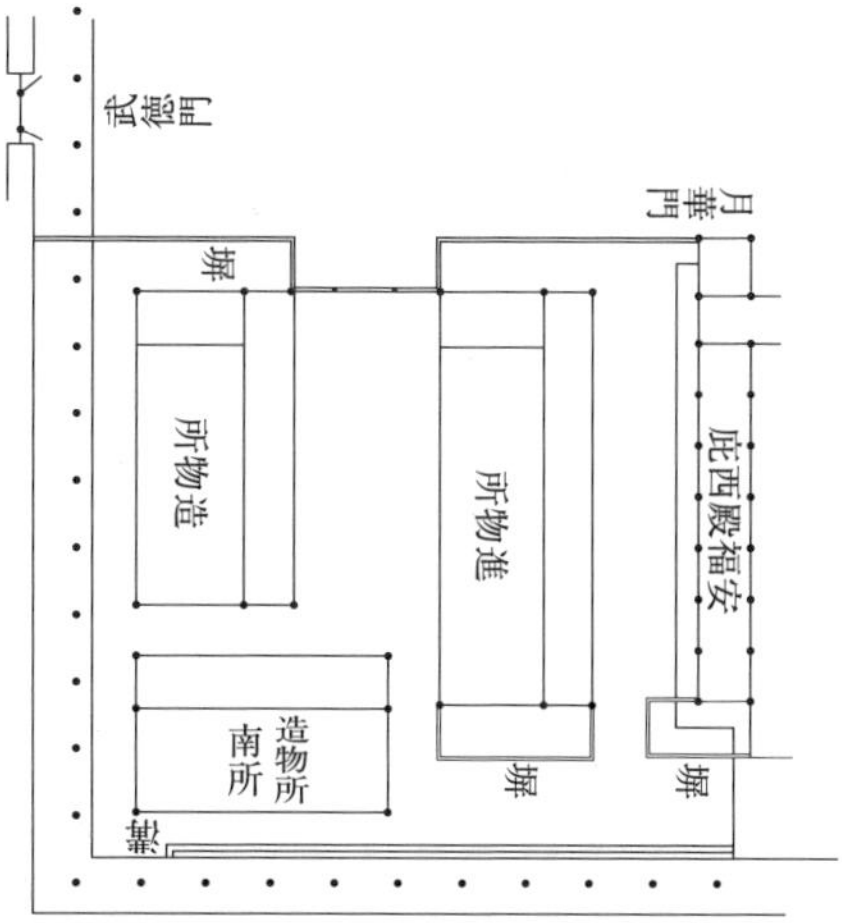

図 9–5　造物所（『大内裏図考証』より作図）

第1期

大型の建物（建物1）、金属加工の工房跡（遺構706）と工房跡を囲む溝（溝202）、門と道路跡（溝79と77の間）、暗渠排水と思われる溝（溝559、溝650Ｂ）が確認できる（図9-7上左）。築地の内側の溝は南北方向が溝78、東西方向が溝196である。溝79と溝77の間を横切る溝は幅が狭く暗渠になっていた可能性もある。

道路跡と思われる溝79と溝77の延長線上に道祖大路に面した門が存在する。調査した範囲の東側は不明であるが、北、西、南は溝で区画されている。

建物1（図9-6）は西側に廂の付く建物で、柱間隔は尺に換算すると南北九尺、母屋部分は東西一〇尺である。床面積は約一八六平方メートル。柱が残っていたのは土壙270を含め五例、礎板が残っていたのは二例である。土壙270に残っていた柱の基底部は八角形で直径四八センチメートルの円に内接する太さである。門の柱穴に残っていた柱が腐食した痕跡も土壙270の柱と同じ規模である。太い柱や大型の柱穴掘形などから判断すると、移築された建物である可能性が高い。溝202や建物2との関連性を考慮すると、建物1は金属を溶解する作業場のすぐ西側にある、金属製品を加工する作業場と思われる。

道路や門跡も建物1と同時期に建設されたと考えられるが、それ以

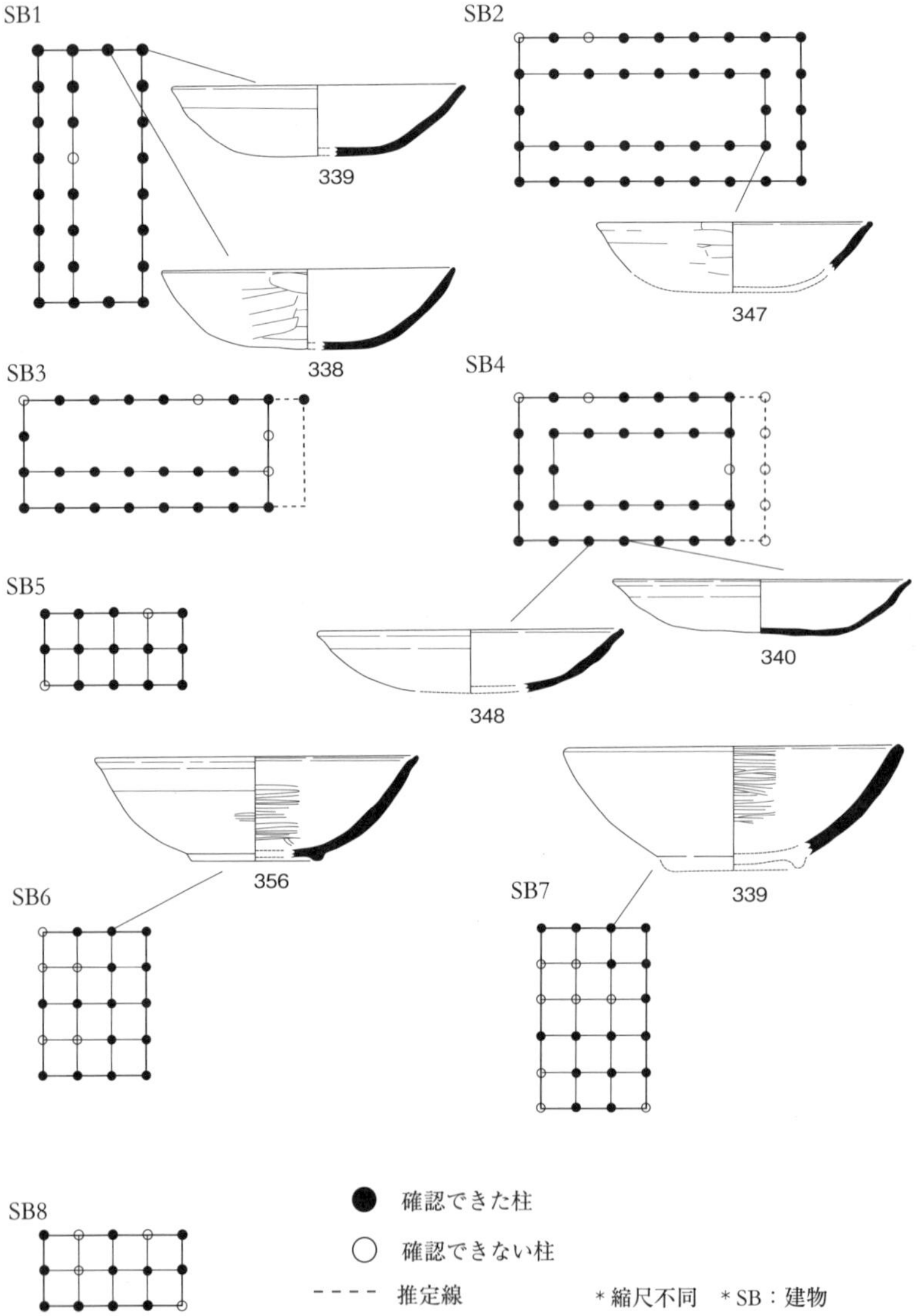

図 9-6　淳和院跡の建物と出土遺物

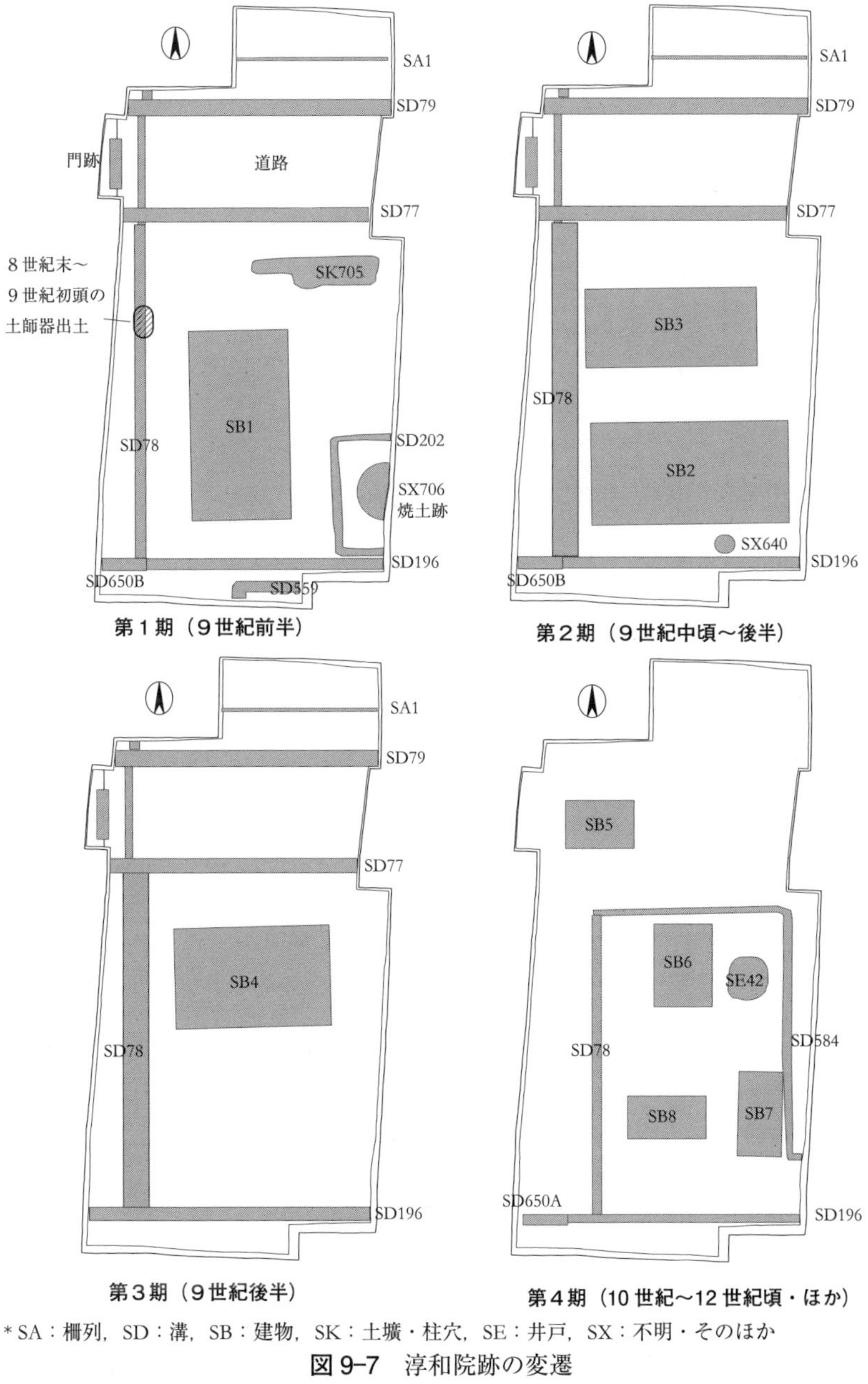

＊SA：柵列，SD：溝，SB：建物，SK：土壙・柱穴，SE：井戸，SX：不明・そのほか

図9-7　淳和院跡の変遷

前から存在していた可能性も残る。門跡は道祖大路に面し、平安京条坊復元モデル60[5]の築地推定線上にある。溝78と溝196は幾度か掘り直されて後世に続いているが、第1期の段階では溝196の延長線上にある溝650Bには銅滴や鋳型の破片、土器類など溝196と同じ内容の遺物が含まれている。

遺構706は溝202で囲まれた範囲に存在している。遺構706は焼けた土の範囲で、上部で火を使用していたために生成した層である。溝202には金属加工を示す資料は含まれていないが溝202の南に隣接した溝196出土遺物から考えて金属加工の作業所になる可能性が高いと考えている。

工房跡は『大内裏図考証』に記載[6]（図9-5）されている内容と全く同じではないが、敷地の南西の角によく似た機能の遺構が存在するなど共通点があることも事実である。工房の廃絶期と考えられる溝202の遺物は後述（第3節）する平尾編年（図9-8参照）の年代観では2期A段階の遺物である。以下1期C段階は1C期、2期A段階は2A期と表記する。溝78の下層から1B期の遺物（図9-10）が出土しているが、これは淳和上皇の時代の淳和院より古い遺物である。

第2期

第2期は建物2・3、井戸か土壙か明確ではない遺構（遺構640）がある。東西と南北の築地の内側溝、道路と門も機能していたと思われる（図9-7上右）。

建物2は二間×七間の母屋の東・北・南側に廂が付く建物である。西側の廂は不明であるが、築地内側の溝（溝78）との関係から西側の廂は存在しないと考えている。残っていた柱痕は二五―二七センチメートルの太さで、建物1の柱に比べるとかなり細い。床面積は約一九二平方メートルほどあり建物1より広い。建物3は二間×七間の母屋に南廂が取り付けられている。北側にも廂がある可能性が高いが強引に復元はしていない。建物2との距離が近く2棟平行してたっていたのか、微妙な建設の時間差があるのかは不明である。建物2・3は溝78に接近した場所にあり、西側の柱が溝78が氾濫した時に堆積したと思われる層に切られているので、洪水が廃絶の原因になったか、廃絶後洪水に遭遇していると思われる。建物2の柱穴は溝202を切っているので溝と建物の新旧関係は明確である。溝79の北側に東西の柵（柵列1）が存在する。この柵列が第2期の遺構と同時期なのか第3期の遺構なのかは不明である。溝196の延長線上にある、道祖大路側へ水を流す暗渠（溝605Ｂ）には溝196と同様の銅製品や鋳型の破片が含まれ同時期の遺構と考えられる。

遺構640は井戸か土壙か判別できない遺構である。調査時は井戸と考え井戸640としたが整理の段階で遺構640に変更している。井戸枠のない井戸なのか工事関係者の便所なのかは問題であるが、工事終了後の廃材を投げ込んだ遺構であることには変わりはない。この遺構に投げ込まれている遺物から判断すると遺構640は２Ａ期に破棄された遺構である。建物２・３の工事に関わる遺構と考えることはできる。

建物３は建物４に切られている。建物１・２から出土している遺物（図9-6）は１期の遺物で、建物４の柱穴から出土している遺物は２Ｂ期頃の遺物である。

これらを総合すると建物１は１Ｃ期後半、建物２・３は２Ａ期から２Ｂ期の間に建設された遺構と考えることができる。

第3期

第３期は建物４が建設され、道路や築地の内側溝は掘り替えられているが機能している（図9-7下左）。

建物４は東西棟で二間×五間の母屋に西・南・北の廂が取り付けられている。東側は後世の遺構に切られて柱列が確認できないので、確認できる範囲を建物とした。本来は４面廂の建物である可能性がある。建物４の南側には柵列と思われる遺構や柱穴が多数存在し、建物２の柱穴を切る柱穴も存在する。建物が存在する可能性が高い。建物４の柱穴には焼土を含む柱穴があり、調査時には一瞬、貞観の淳和院の火災（八七四年）を思い浮かべたが、近くに焼土や鋳型の破片を含む土壙705があり（図9-7上左）、九世紀前半に金属加工が行われていたことを考慮すると焼土の存在を短絡的に貞観の火災に結びつけることはできないのである。しかし建物4の柱穴に含まれる遺物から判断すると2B期かそれ以降に建設された建物と推定できるので貞観の火災と結びつけることも可能である。貞観の火災の時にこの場所が火元であれば南西の風にあおられ淳和院の主要な建物が焼亡したと推定することはできる。しかし、この調査結果だけでは証明する根拠はない。建物8は遺構の方向から推定するとこの時期の遺構かもしれない。

第4期

建物5・6・7・8と溝584、井戸42等が存在する。築地の内側の東西溝はこの段階でも機能していた（図9-7下右）。建物5は小さな柱穴の小規模な建物で、道祖大路に面するように建てられている。建物5は東西約八メートル、南北二・二メートルの東西棟。建物5は近世の農作業小屋の可能性があるが一応ここに含めている。

建物6は南北八・二メートル、東西五・八メートルの南北棟。東柱のある建物で倉庫と思われる。建物6の東側には井戸42がある。建物8はやや強引に復元した建物で、第3期の遺構なのか第4期の遺構なのかは不明である。図には縮尺の関係で示していないが、東西方向や南北方向の柵も存在する。

建物7は東西六・三メートル、南北八・四メートルで、失われた柱が多くやや強引な復元である。東柱があるので倉庫と思われる。溝584を切る。北側の柱穴に黒色土器（図9-6）が含まれている。建物の軸線が真北より東へ振れている。溝584は建物6・8と井戸42を方形に囲むように掘られている。溝584は建物2や建物4の東端とよく似た場所に掘られているので、地割りと関係していると考えるべきなのかもしれない。溝584は建物7の柱穴に切られているので確実に古い遺構である。第4期とした遺構の一部には第3期に含まれるべきものがあり、明確に平安後期の遺構だけを第4期とすべきであるが、同じ場所に遺構が重複しているので、このような表示にしている（図9-7）。溝196の延長線上にある暗渠（溝650A）は古い溝の上に構築され4期の遺物が含まれている。

出土遺物から単純に判断すると４Ｂ期から４Ｃ期（十一世紀後半―十二世紀初頭）頃の遺構である。建物７に切られる溝584やそれに関わる遺構は十世紀か十一世紀前半頃の遺構であろう。

第三節　遺物

1　遺物の年代

ここで使用している時間を示す概念について少し触れる。遺物の年代表示は相対的年代を示す記号を使用している。現在京都で使用されている主な編年は二種類あり、平安時代から江戸時代までの土師器の年代観が示されている。小森俊寛氏が『京から出土する土器の編年的研究』[7]で提唱している編年観と平尾政幸氏が『平安京左京四条二坊十四町』[8]でさりげなく触れている遺物の年代観である。平尾政幸氏が一九九〇年に報告した右京三条三坊[9]の発掘調査報告で提示した九世紀から十一世紀の遺物の年代観（図9-8）は小森氏も踏襲しているので基本的には大きな隔たりはないが、平安時代後半から中世にかけては無視しがたい差違がある。緑釉陶器や灰釉陶器については尾野善裕氏の編年[10]があるが平尾編年とよく似た年代観である。平尾編年は平安京出土の百万片を超える破片数を長期に渡り観察した結果を土台に構築された編年案である。

年代が判明する資料は非常に少なく、小森編年・平尾編年共に同じ資料を基準にしているが細部に相違点があるのは、遺物の理解、あるいは解釈の違いに起因している。小森編年は古い様相・典型的な様相・新しい様相という変化の三段階を重視し、大区分としての期を三分割することを厳守しているため、各段階の時間幅が均等ではない。これ

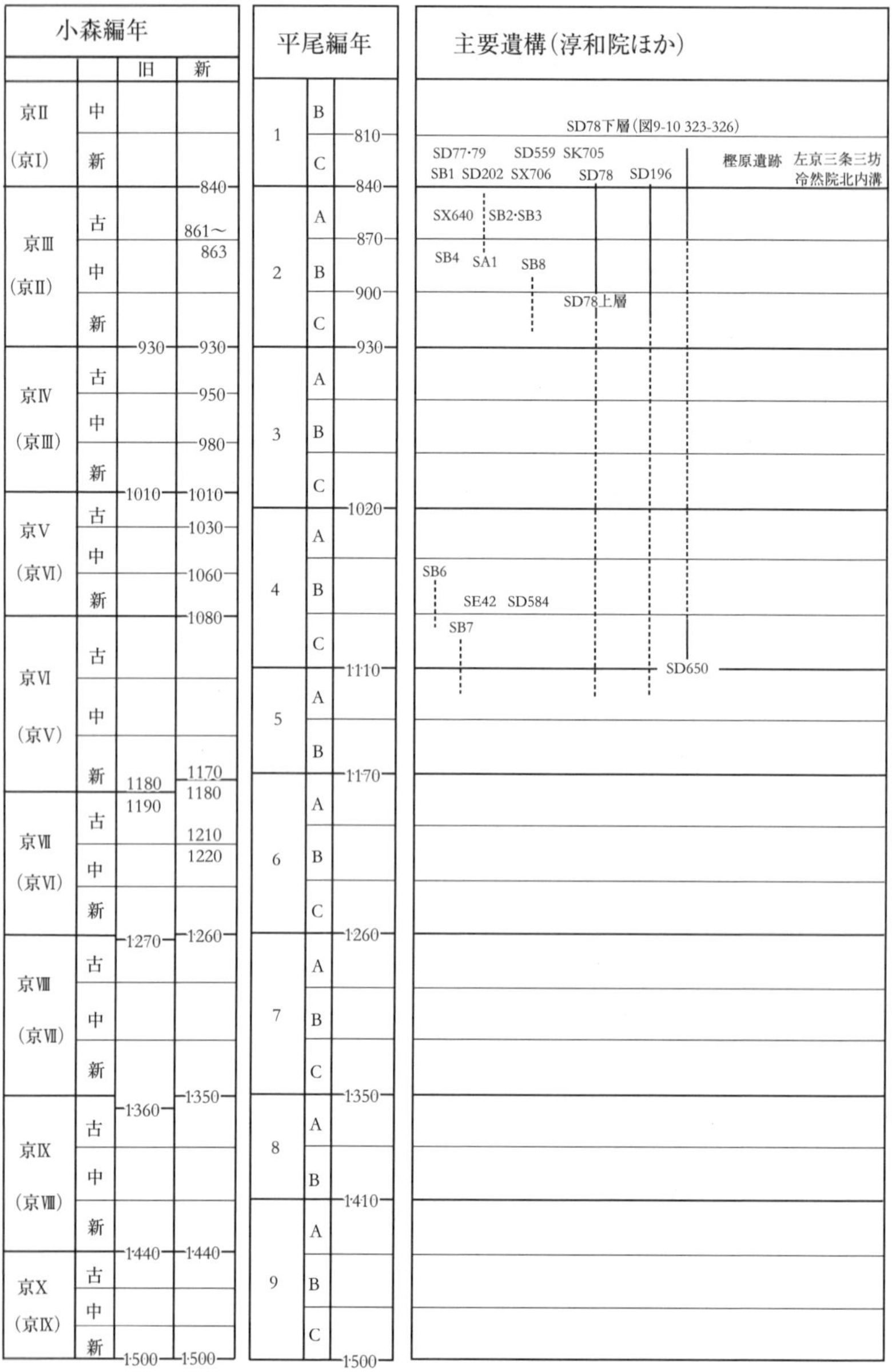

図 9–8　土師器の編年と淳和院跡ほかの遺構

に対し平尾編年は一段階を三〇年と均等にした場合、遺物はどのように変化しているのかという視点を重視している。単に土師器の型式変化だけを指標にしているのではなく、土師器以外の器種や土器群間の様相の変化を考慮している。遺物編年は本来、時間的に切れ目のない物質文化の変遷を人工的に区切り、変化を理解しやすくしたものであるため細部に見解の相違や曖昧さが残るのは当然のことである。編年表は不確実であるが、物の時間的変化を計る物差しである。遺物や遺構の年代表現は時間に揺らぎのある相対年代による表現のほうが適している。ここでは相対年代による時期区分を主として使用し、西暦は補足的に使用している。表記の容易な平尾編年を使用する。

2　主要な出土遺物

淳和院の調査で出土した遺物は土器・陶磁器類三二八五片、軒瓦一八九片で、年代は古墳時代から近世まで多岐にわたる。土器陶器類の主体は九世紀に所属し、全体の八〇％を占める。ここで使用している遺物の番号は全て報告書（註4に同じ）と同一である。遺物については数量が多いので、遺構の時期を決める手がかりになる遺構と、遺跡の性格を考える上で重要な遺物群を紹介する。

溝202の遺物（図9-9）

土師器（1─5・7・8・10・12・13）、緑釉陶器（18）が出土している。杯（4）は外面をヘラケズリしないナデ手法である。皿（7・8・10）と杯（5・12・13）はヘラケズリ手法である。緑釉陶器皿（18）はケズリ出しの平高台である。高台の底面中央を窪めるようにケズリ出している。口縁部は外側へ大きく反りかえる。白黄色の軟質の胎土で全面に明緑色の釉薬を薄く施釉する。山城産の緑釉陶器で釉薬が薄く地肌が透けて見える。1C期の遺物である。

緑釉陶器椀（352・353）は山城産の緑釉陶器で、削りだし高台で素地が透けて見えるほど薄い釉薬を全面に施釉し、

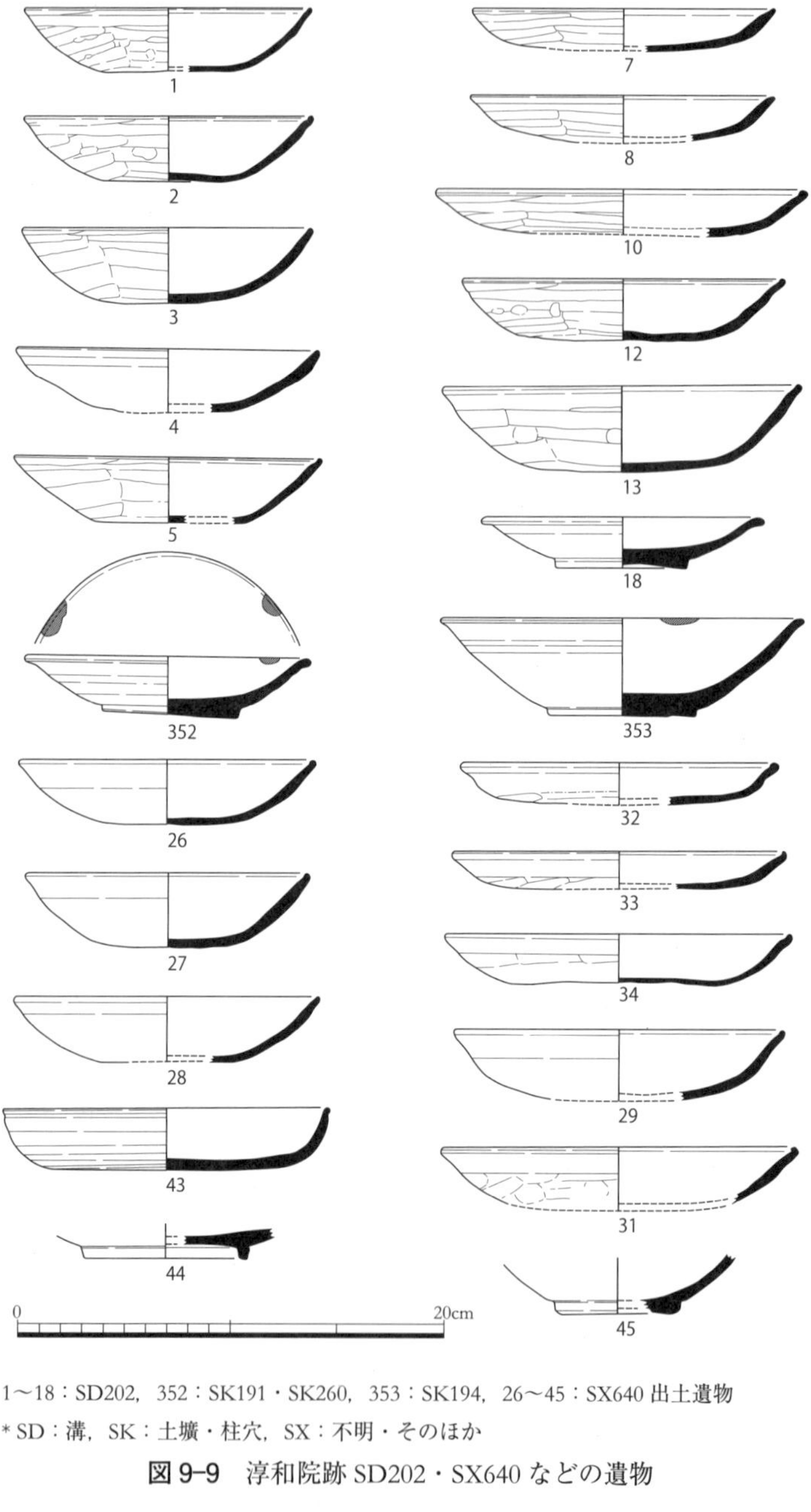

1〜18：SD202，352：SK191・SK260，353：SK194，26〜45：SX640 出土遺物
* SD：溝，SK：土壙・柱穴，SX：不明・そのほか

図 9–9　淳和院跡 SD202・SX640 などの遺物

口縁部に濃い緑釉で斑点を施す。緑釉緑彩陶器である。この二点の緑釉陶器は遺構706を切る柱穴から出土している。２Ａ期の遺物である。

椀・杯・皿類のヘラケズリ手法とナデ手法の比率は１Ｃ期から２Ａ期への変化の手がかりである。ヘラケズリ手法は厚い器壁をヘラで削って薄くする手法で、古くから存在する手法である。ナデ手法は器壁を薄く均一に押し延ばす手法で洗練された新しい手法である。この手法は２Ａ期で優勢になる。溝202出土の土師器の椀・杯・皿類のヘラケズリ手法とナデ手法の比率は65対31でヘラケズリ手法が優勢である。溝202の土器群は土師器の杯、皿等は１Ｃ期より新しい様相を示している。胎土の特徴は大和産の土師器と共通したものが多くあり、大和は古いヘラケズリ手法が遅くまで残る地域である。溝202の土器群は１Ｃ期の終わりから２Ａ期前半と考えられる。

遺構640の遺物（図９-９）

土師器（26—29・31—34）と東海地方産の緑釉陶器皿（43）、灰釉陶器（44）、中国製白磁椀（45）が出土している。緑釉陶器は東海地方産の釉薬が厚く施された高台のない皿（43）である。小片のため椀・皿の区別が不明な灰釉陶器底部破片（44）がある。貼り付け高台で、同時期の須恵器杯とよく似た形の高台を貼り付けている。緑釉陶器皿（43）と灰釉陶器（44）は黒笹14号窯の製品である。[11]

土師器杯（28・29）は胎土の色調が溝202出土の土師器より淡く、含まれている砂も溝202の土師器より少ない。皿（32—34）と杯（31）には外面にヘラ削り痕跡が残る。椀と杯（29）はナデ手法である。土師器は破片数が少ないので数量比は示さないが、溝202と比較するとナデ手法が目立つ。この遺構からは瓦（図９-12の27）や檜皮、杭などが出土している。遺構640の土器群は２Ａ期の遺物であるが、溝202との関係は土師器産地の違いに起因すると思われる差がある。遺構640の土器群は２Ａ期の典型的な特徴を有している。

溝78とその他の遺構出土遺物（図9－10・図9－11）

土師器（323－326）は外面ヘラケズリ手法で、溝78下層から出土している。この遺物は1B期に相当し八世紀末か九世紀初頭頃の遺物である。溝78の上層から出土した土師器（327・328）は2Bから2C期頃の遺物で九世紀後半。土師器（360・361）は井戸42から出土している。4C期頃の遺物で十一世紀後半から十二世紀前半の遺物である。溝78が掘られた年代を示す遺物（323－326）と溝78が埋まり始めた頃の遺物（327・328）があり、建物4は溝78が埋まり始めた頃に関わる遺構と考えている。溝78は最終的には4期に埋没している。

輸入陶磁器は青磁（409－411）、白磁（293・406・407）、褐釉貼花文壺（25）がある。青磁は越州青磁で、椀（408）と褐釉貼花文壺（25）は長沙銅官窯、白磁は定窯の製品と考えられる。中国で生産された時期は別にして2A期から2B期頃に破棄された遺物である。緑釉陶器（386・392）は黒笹14号窯の製品で全面に厚く釉薬が施され、輪花文がつけられている。灰釉陶器（400）は貼り付けの輪高台で、[12]黒笹14号窯の製品。灰釉陶器（401）は貼り付け、蛇の目高台椀で、2A期の遺物である。2A期の遺物が多いように見えるが、上層にはやや品質の劣る2A期から2B期の緑釉陶器が多い。

3　金属製品と関連遺物（図9－11）

金属製品は銅の鋳造に関わる遺物や銅製品を検出した。鋳型や炉壁の破片は遺構640、土壙705や溝78にも含まれているが、多くは溝196、溝650Bから出土している。溝202と遺構706は溝196の北側にある。

検出した釘は全て銅製である。笠の縁に型からはみ出した銅が残り、二個つながった飾釘の未製品（9）がある。笠の表面を削り整形した後、漆で下地をつくり金箔を施した釘（1・2、口絵11(d)の上右）が出土している。

木葉型の飾り金具は三個体（15・16・18、口絵11(d)の下）検出。表面に草花文を浮き彫りにしている。15は中央に円

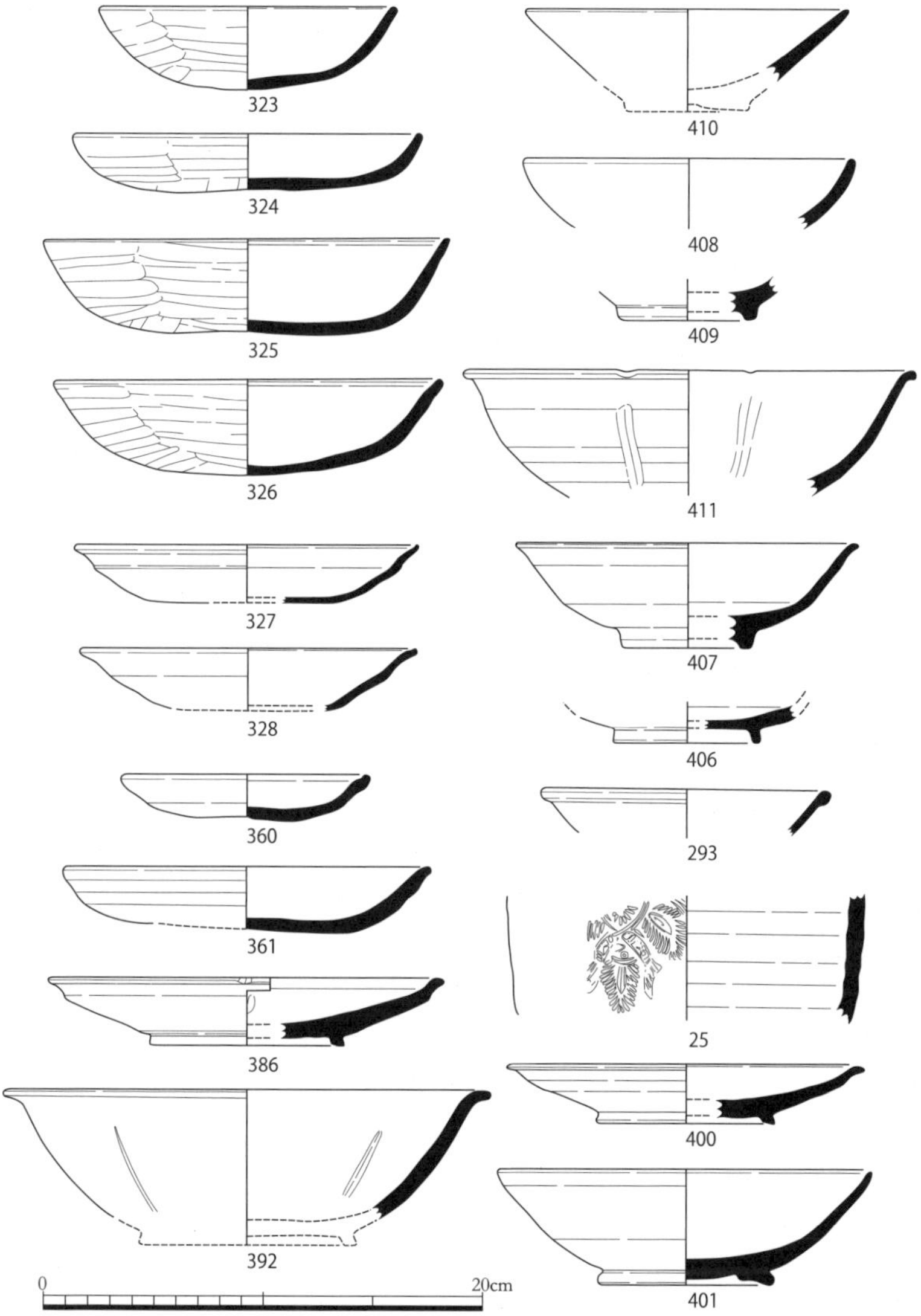

323〜326：SD78A 下層，327〜328：SD78A，360・361：SE42
386・392・408〜410：第3層，411：SK464・SD196B，406：第2層
293：SD196A，25：SD79，400：SD99，401：SK672
＊SD：溝，SK：土壙・柱穴，SE：井戸

図9-10　淳和院跡 SD78・その他の遺物

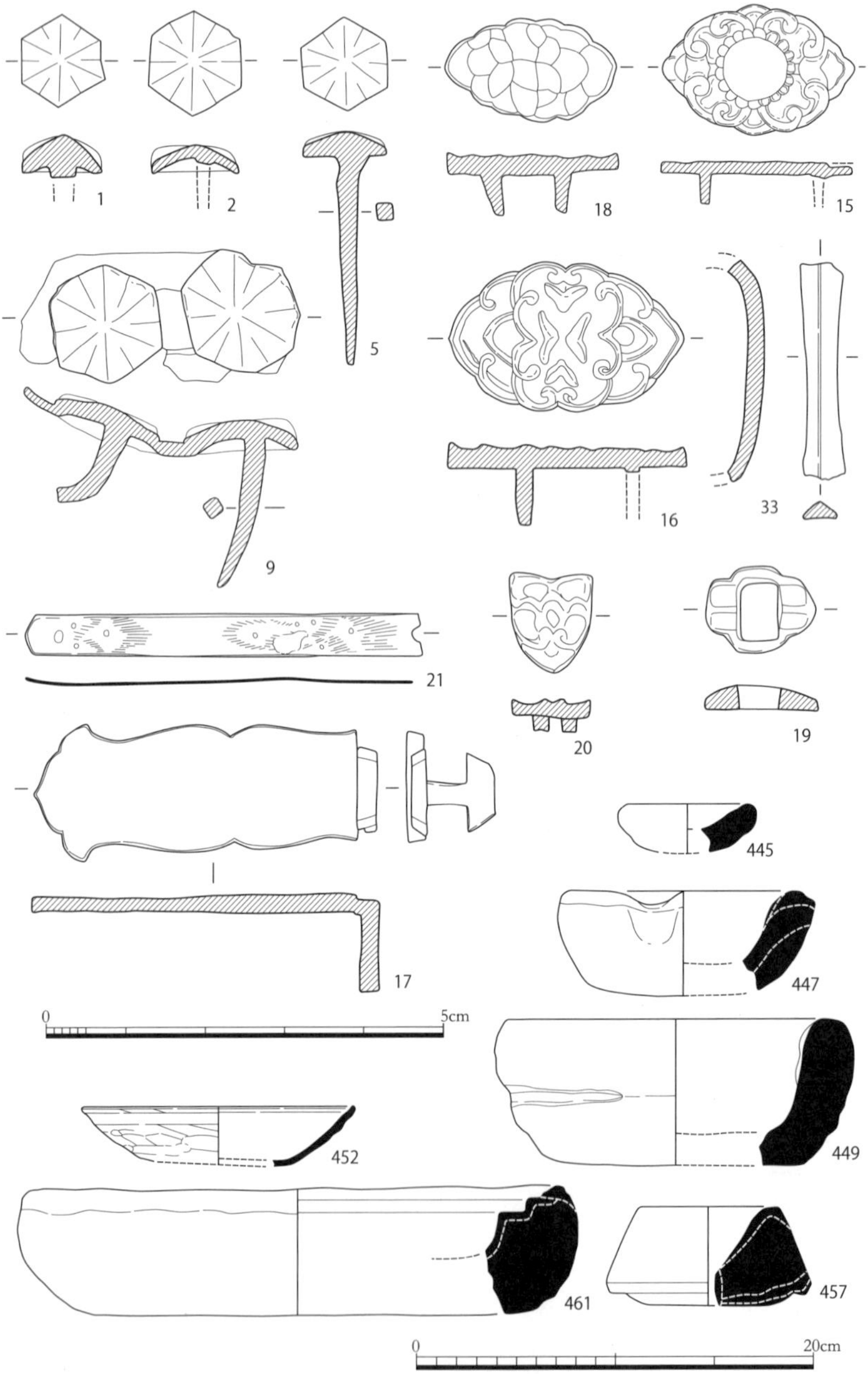

図 9–11　淳和院遺跡出土の金属製品と関連遺物

形の透かしがあり周囲を浮き彫りの草花文で飾る。21は表面に草花文を毛彫している。これらは家具の装飾品と考えられるが33は刀の装具であろう。17は海老錠の部品（鍵）である。海老錠は鋳型が出土しているので、この遺跡で製作されていた可能性が極めて高い。19・20（口絵11(d)の上左）は革製品に付属する金具と思われる。これらをここで製作していたか、スクラップとして集められた物かは不明である。銅のインゴット・銅滴（1―3ミリメートル程の粒）・銅滓が出土している。この場所で銅を加工していたことを示す資料である。鋳型（457・461）は、椀と蓋の鋳型である。坩堝（445・447・449）は本来の坩堝と、取り分けるための取鍋を区分するべきであるが、明確に区別できないのでここでは坩堝として一括して取り扱う。大きさに三種類あり小さい坩堝は七センチメートル前後、中型は一一センチメートル前後、大型は一六センチメートル前後である。452は土師器の皿を取鍋に転用したもので、二次的な焼成を受け、銅が付着している。土師器は1Cから2A期頃の遺物である。金属加工の時期を示す資料として重要である。淳和院では銅のインゴットや銅滴が出土していることから判断すると、銅製品加工の諸段階を実施しているが、銅の鉱石から銅を取り出す作業の痕跡を示す遺物はない。[13]

4　瓦類（図9―12）

瓦は軒丸瓦・軒平瓦、平瓦・丸瓦が出土している。搬入瓦は平城京、長岡京で使用された瓦が平安京内で再利用されたと考えられる。搬入経路は複雑であり、更に事態を複雑にしている軒丸瓦（7・8）がある。これは平城上皇時代に平城京を整備するため京都から平城京へ運ばれた瓦で、平城宮の型式では7297とよばれる芝本瓦窯[14]の製品である。軒丸瓦（7・8）は表面がかなり傷んでいるが、芝本瓦窯の軒平瓦（27）は出来たての瓦のように表面に光沢がある。芝本瓦窯の瓦は淳和院では三五点ほど出土し、出土している軒瓦の一八・五％が芝本瓦窯の瓦である。淳和院や

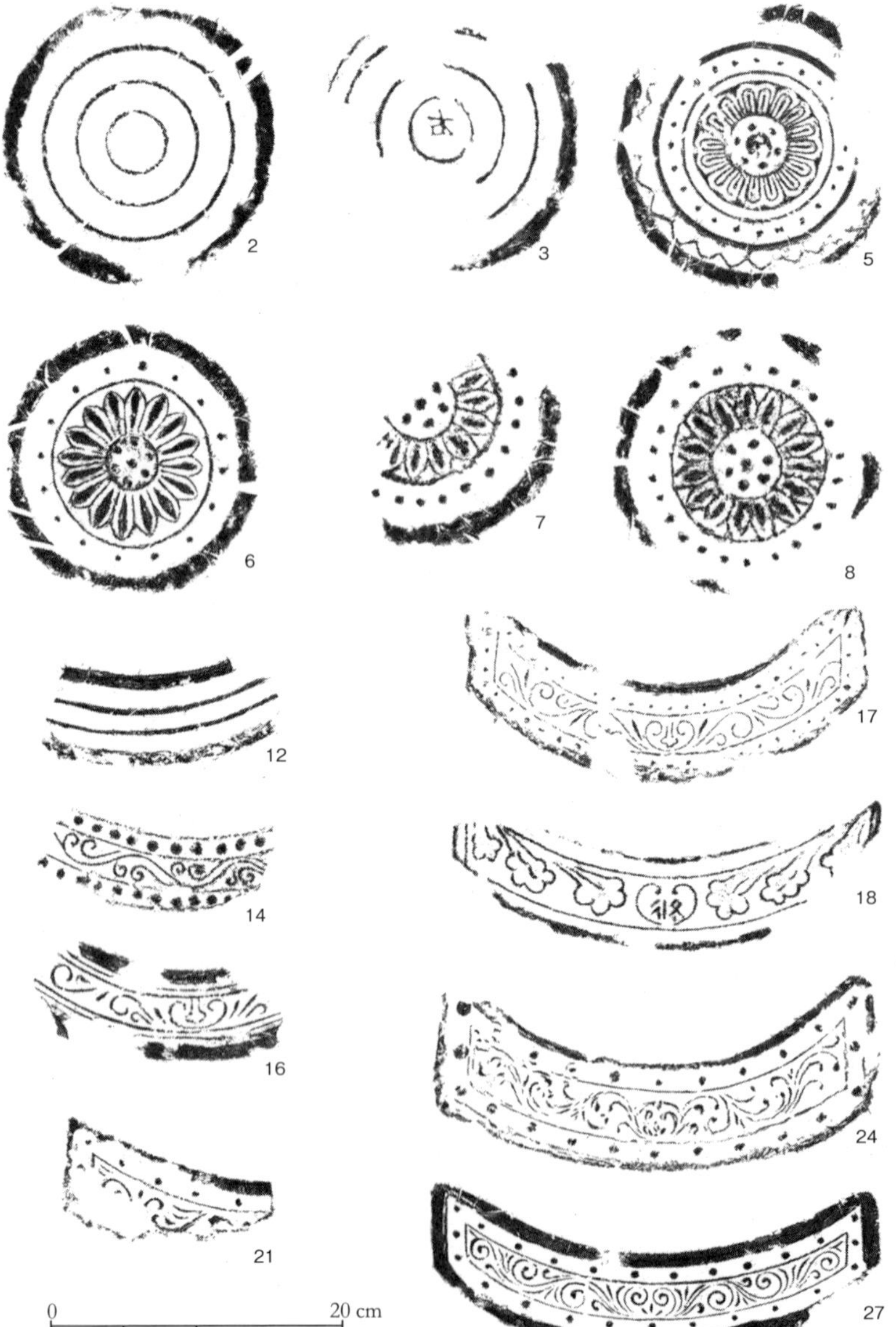

図 9-12　淳和院跡出土の軒瓦

平城上皇時代の平城宮などに使用されている芝本瓦窯の瓦は２Ａ期の土師器（遺構640出土）を伴っている。瓦の出土量が多くないので瓦葺きの建物が存在したとは考えにくい。軒平瓦の平瓦部を打ち欠いて、大棟に葺くための準備（平瓦部を割って長さを短くする）をした瓦も多く、大棟に瓦を葺いた檜皮葺きの建物（遺構640から檜皮の残骸が出土している）が存在したと考えられる。これに該当する建物は遺跡の区分で第２期とした建物２、建物３と推定している。採集した軒瓦のうち軒丸瓦七〇点、軒平瓦一一九点である。

第四節　緑釉陶器（図９-13・口絵10・口絵11）

九世紀前半の緑釉陶器は平安京に集中しているが、京内でも数量の少ない遺跡が多く、数量的にまとまって出土する遺跡は平安京の中でも、淳和院、冷然院(15)、右京三条三坊五町、西寺跡と平安京の南郊外の樫原《かたぎはら》遺跡(16)などである。これらの遺跡は嵯峨天皇と嵯峨天皇の近親者との関わりが深いと推定されている遺跡である。淳和院出土の九世紀の施釉陶器は緑釉陶器五八九片、灰釉陶器三八八片が出土している。時期別に破片を分けると緑釉陶器の破片数は１Ｃ・２Ａ期七三片、２Ｂ期六〇片、２Ｃ・３Ａ期三四片、３Ｂ・３Ｃ期九片で、灰釉陶器は１Ｃ・２Ａ期三〇片、２Ｂ期二七片、２Ｃ・３Ａ期九片、３Ｂ・３Ｃ期二一片である。時期判別不明の破片も多数存在する。１Ｃ・２Ａ期と２Ｂ期に集中していることがわかる。

緑釉陶器は品質の差が明瞭に認められる。緑釉陶器は釉薬の関係で経年変化や、還元、銀化することもあるが、これは化学変化であって、緑釉陶器の品質とは別の問題である。

素地が透けて見えるほど薄い釉薬を施した山城産緑釉陶器（口絵11(b)左側）と青磁に匹敵するような輝きを持つ東海

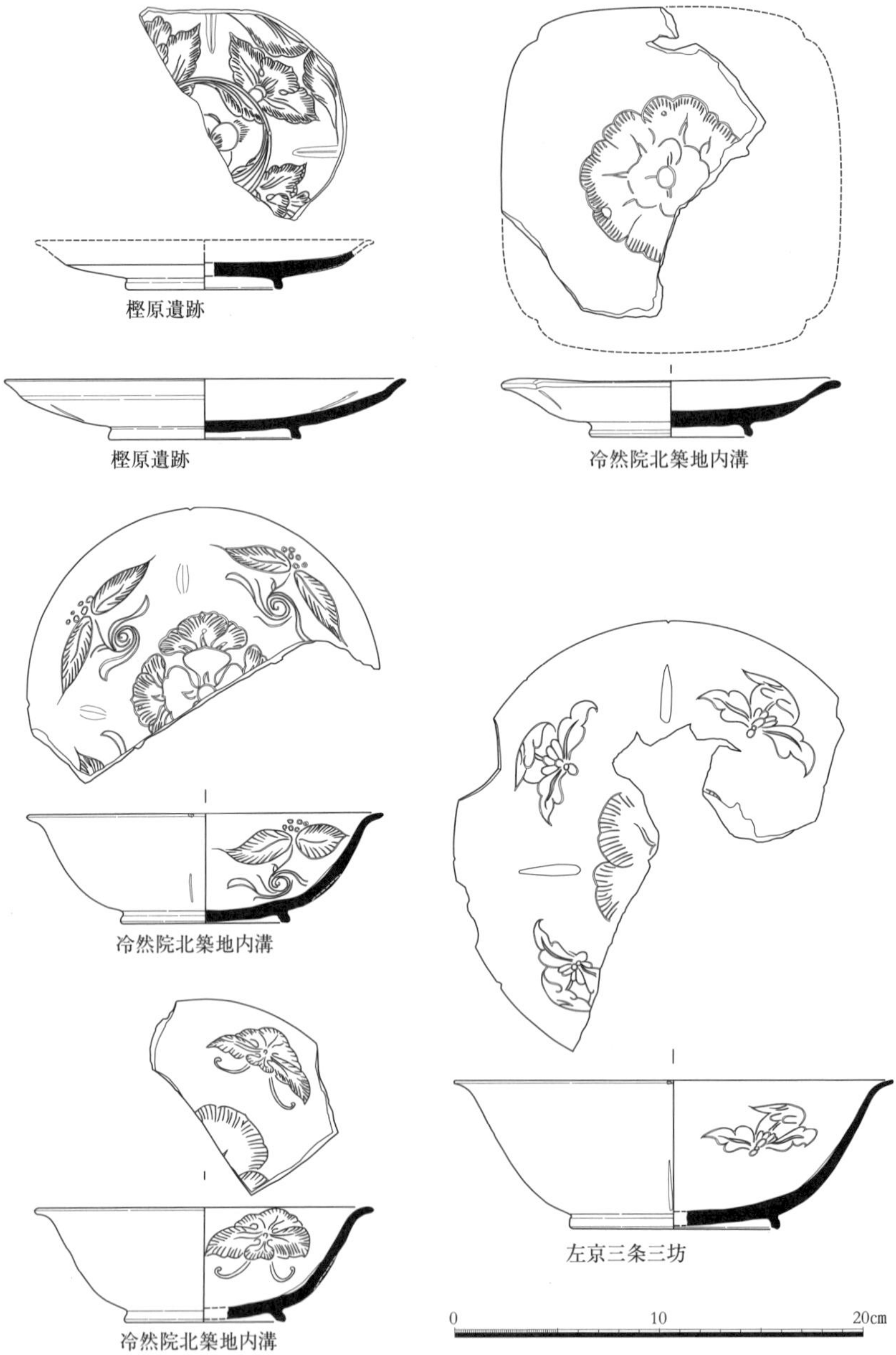

図 9-13　9 世紀前半の緑釉陶器（『平安京発掘資料選（二）』より）

地方産の緑釉陶器（口絵11(a)右側）との品質差は明解である。冷然院の緑釉陶器は少量の尾張産の高品質な緑釉陶器（口絵10・口絵11(a)の右）と大量の山城産（平安京北郊外）の高品質ではない緑釉陶器（口絵11(a)の左）が混在している。これらが一度に使用されたのか、数度に分けて使用されたのかは不明であるが資料の特徴からそれほどの時間幅はない。中国製の磁器を必要な数量入手できない状況の中で、釉薬の施された容器を入手することが重要であったと考えられる。灰釉陶器（口絵11(c)）は緑釉陶器と同型の器に灰釉を施した器であるが、初期の灰釉陶器は自然釉を利用している。皿の内面に重ね焼きの痕跡である三叉トチンの跡が存在しないので、積み重ねたときの一番上の皿であることが確認できる。このような灰釉陶器は人工的に施釉した器を灰釉陶器と定義すると灰釉陶器の範疇には含まれないが、時間的に後続する灰釉陶器との関連性からここでは灰釉陶器として扱っている。

冷然院の北築地内溝や淳和院の溝202や遺構640出土の緑釉陶器は１C期から２A期、溝78に含まれる緑釉陶器は２A期を中心に２B期、２C期の遺物である。生産量が多くはない１期の段階の緑釉陶器が淳和院から出土していることが問題であり、２期の緑釉陶器の数量が多いことも問題である。

おわりに

淳和院の敷地を四町とするか八町と推定するかは、問題ではあるが文献から証明することは難しく、発掘調査が実施された面積もわずかで淳和院の全体像を語るのは不可能というのが実情である。

淳和院の推定地は、洪水の被害を受けやすい場所で、雨が降ると水の引かない低湿地状の地形である。このような環境は池を中心とした苑池を造成するには恵まれた自然条件で、容易に広大な庭園が完成したと想像できる。築地にかなり接近した位置に建物を建てていることは建物を建てる場所の不足が原因かもしれない。

現存する自然地形では蛸薬師通（四条坊門小路）より北側はわずかに標高が高く南側より居住条件が良好に見える。天神川はいわゆる天井川で右京の洪水や地形に大きな影響を与えてきた。淳和院の東西を南北に走る道祖大路と西堀川小路は天神川の下流にあり、道祖川や西堀川は天神川の水を調整する機能があったと推定できる。平安京の街路や河川の補修が十分に行われなくなった段階で淳和院の北西部が天神川の影響で土砂に覆われ、地形が変化した可能性が高く、現在の地形が平安時代の地形を完全に反映しているとは考えにくいのである。

南池院の時代の遺物は少量あるが、遺構は確定できていない。第1期とした金属加工工房の時代は２A期で終わっている。２A期は西暦八四〇年から八七〇年頃に推定されている。２A期の年代を考えると遺物の相対年代を人名に結びつけることは安易にすぎるが、一つの可能性として調査結果の第1期を淳和上皇の時代、第2期と第3期を恒貞親王（恒寂）と正子皇太后の時代と推定することは可能である。第2期には淳和院に大きな変化があったことは遺跡の変化から窺い知ることができる。

淳和院の遺跡変遷で第2・3期とした時期は嵯峨院が淳和院に併合されて淳和院が強大な組織になった時代である。淳和院と緑釉陶器の関係を示す資料として「淳和院」銘のある匣鉢（さや）が栈敷窯[17]から出土している。論文では古く想定されているが、銘のある匣鉢と共に出土している遺物は２A期の遺物である。淳和院と関わりがあるとすれば、淳和上皇時代の淳和院ではなく恒貞親王や正子皇太后の時代の淳和院と考えるのが妥当であろう。

弘仁六年の記事[18]は尾張での緑釉陶器生産開始を意味していると解釈されている。尾張産の緑釉陶器は高品質な器が多く、量産化により相対的に品質が下がっても、尾張では高品質の緑釉陶器の生産が続けられている。

『延喜式』には緑釉陶器を収めるべき国[19]として長門、尾張は指定されているが最も生産量の多い山城は含まれていない。『延喜式』に記載されている内容がどの程度九世紀の実態を反映しているのかは不明であるが、産地や貢納すべき数量や種類など重要な内容を含んでいる。緑釉陶器が幡枝《はたえだ》（平安京北郊外）で生産されていたにもかかわらず、新たに工人を選び、尾張の地を選定したことが問題である。時代と状況から考えると嵯峨天皇の青磁を求める強い意志が存在し、入手しにくい青磁のかわりに、青磁とよく似た緑釉陶器生産を可能にする環境を尾張に求めたと考えるのが合理的であろう。九世紀前半の尾張産緑釉陶器は考古学的には尾野善裕氏が指摘[20]しているように、冷然院と深い関わりがある。九世紀前半の尾張産緑釉陶器は遺跡から出土した数量から判断すると嵯峨天皇が自ら使用した物と近親者あるいは近縁者に配布され、一部は下賜された物と思われる状況である。九世紀中頃には需要の増大に対応して、生産地の増加と生産量の増大が確認できる。冷然院の緑釉陶器とよく似た遺物が淳和院で出土しているのは嵯峨天皇と淳和天皇の関係を反映していると考えられる。緑釉陶器の生産量が増加した時点で京都で輸入陶磁器の出土量が増加している。高品質の緑釉陶器は輸入磁器にその座をゆずったように見える。

冷然院や源氏と緑釉陶器の関わりに関して平尾政幸氏と尾野善裕氏の論文[21]が存在し、現時点では最も詳細に語られている。緑釉陶器は嵯峨天皇が流行を作りだし、その生産と流通に冷然院を媒介として深く関わりを持っているという推定が出土遺物から可能である。淳和院と緑釉陶器生産については、栈敷窯出土の「淳和院」名の匣から、製品を納める先が複数あり、その一つが淳和院であることがわかる。嵯峨天皇の遺産は冷然院が仁明天皇と正子皇太后に受け継がれ、淳和院には正子皇太后を経由して嵯峨院が併合されたと考えられる。

冷然院や淳和院が緑釉陶器生産と流通に深く関与していること、荒地を勅旨田として収納し、巨大な組織に成長していること、その組織に嵯峨源氏が深く関与していることが九世紀の緑釉陶器を通して垣間見ることができる。後世に淳和院別当の称号が源氏の氏長者に引き継がれるようになることは九世紀の淳和院と嵯峨源氏の関わりに起源を求めることができよう。考古資料は万全ではないが、冷然院や淳和院の性格の一端を解明する貴重な手がかりである。

第九章　註

（1）淳和院の敷地については下記の書籍に説明がある。
西田直二郎、中村直勝、梅原末治『京都府史蹟勝地調査会報告書　第八冊』（京都府、一九二七年）。

西田直二郎「淳和院舊蹟」（『京都史蹟の研究』、吉川弘文館、一九六一年）。
（2）註1に同じ。
（3）森蘊『日本庭園史話』（日本放送出版協会、一九八一年）。
（4）吉川義彦『淳和院跡発掘調査報告　平安京右京四条二坊』（関西文化財調査会、一九九七年）。
（5）辻純一「条坊制とその復元」古代学協会・古代学研究所編集『平安京提要』（角川書店、一九九四年）。
（6）造物所という施設が武徳門の南にあると『大内裏図考証』に記載されている。
『大内裏図考証』第一と『大内裏図考証』第二に図がある。

裏松固禅『大内裏図考証』（新訂増補故実叢書、明治図書出版・吉川弘文館、一九五二年）。
（7）上村憲章・小森俊寛「京都の都市遺跡から出土する土器の編年的研究」（『研究紀要』第三号、京都市埋蔵文化財研究所、一九九七年）。
小森俊寛監修・著『京から出土する土器の編年的研究』（京都編集工房、二〇〇五年）。
（8）平尾政幸『平安京左京四条二坊十四町』（京都市埋蔵文化財研究所、二〇〇一年）。
（9）平尾政幸『平安京右京三条三坊』（京都市埋蔵文化財研究所調査報告第一〇冊、京都市埋蔵文化財研究所、一九九〇年）。
（10）尾野善裕「平安時代における緑釉陶器の生産・流通と消費」（『国立歴史民俗博物館研究報告』第九二集、二〇〇二年）。
緑釉陶器の生産・流通と消費に関することが網羅的に論証されている。
（11）黒笹14号窯　猿投山西南山麓古窯跡群は東山・岩崎・折戸・黒笹・鳴海の5地区に細分されている。黒笹地区は猿投山西南山麓古窯跡群の東南部にあり名古屋市の東方、三好町（みよし町）にある。楢崎彰一により昭和三〇年代に調査されて、内容が多くの文献に紹介されている。

（12）齊藤孝正『日本の美術第409号　越州窯青磁と緑釉・灰釉陶器』（至文堂、二〇〇〇年）。
黒笹14号窯の輪高台は角高台と指摘しているが、須恵器と同様の形態の高台を貼り付ける例もある。
（13）作業工程は内田俊秀教授（現京都造形芸術大学）からご教授いただいた。
（14）芝本瓦窯は京都市左京区松ヶ崎にあった平安時代の瓦窯。窯体が確認されていないので実態は不明。上原真人が資料を紹介している。
上原真人「前期の瓦」（『平安京提要』前掲註5）。
（15）京都市埋蔵文化財研究所編『平安京跡発掘資料選』（一九八〇年）。
京都市埋蔵文化財研究所編『平安京跡発掘資料選（二）』（一九八六年）。

遺跡の概略と出土資料が紹介されている。淳和院以外の写真と図はこの二冊の資料選から引用した。

冷然院は北築地内溝から大量の緑釉陶器が出土。冷然院は数度調査が実施されているが大部分が現在の史跡二条城と重なり、調査が難航している。
（16）樫原遺跡は西京区樫原釘貫町にあり、八角円堂のある樫原廃寺と樫原遺跡の間には小さい谷があり、樫原遺跡は谷の南にある。関係は不明であるが、樫原遺跡は八世紀末—十一世紀の遺物が出土。
『平安京跡発掘資料選』に資料が紹介されている。この遺跡出土の緑釉陶器は初期の緑釉陶器で、平安京内では出土例が少ない。
（17）板野和信「日本古代施釉陶器の再検討［1］」（『考古学雑誌』六五—二、一九七九年）。この論文に引用されている匣鉢は現在、所在不明。
（18）『日本後紀』巻二十四　弘仁六年（八一五）正月丁丑条。
造瓷器生に関わる記事がある。森田悌『日本後紀（中）』（講談社、二〇〇六年）。
（19）『延喜式』巻二十三　民部下　年料雑器。長門国と尾張国が納めるべき国として指定され、数量が規定されている。工人の年間作業量としては異常に少ない数量である。緑釉陶器が何時から年料雑器になったのかは不明であるが1C期（九世紀前半）に長門国で緑釉陶器が生産されていたことは確認されていないので少し後の状況が記載されているのであろう。
（20）註10の文献に同じ。

(21) 尾野善裕・平尾政幸『湘南新道関連遺跡群Ⅱ　大会原遺跡　六ノ域遺跡』(かながわ考古学財団調査報告　二四二、都市計画道路3・3・6号(湘南新道)建設に伴う発掘調査、かながわ考古学財団、二〇〇九年)。
尾野善裕氏の論文は数量が多くここには列挙しないが、現時点では最先端の施釉陶器研究である。

平尾政幸氏の緑釉陶器関連文章は非常に少なく左記の文章が代表的である。

平尾政幸「緑釉陶器の変質と波及」(『古代の土器研究　律令的土器様式の西・東3　施釉陶器』、古代の土器研究会、一九九四年)。

平尾政幸「緑釉陶器・灰釉陶器・白色土器」(『平安京提要』前掲註5)。

第十章　古代の貴族住宅と宗教

──居住空間における信仰と儀礼

上野勝之

はじめに

本章は、主に奈良時代から平安時代末までの貴族住宅について宗教との関係という視点から考察する。宗教が大きな社会的役割を果たし、宗教的儀礼が生活の中に深く根付いていたとされるこの時代には、住宅においても様々な側面で宗教との関わりが見られるはずである。そうした関わりとしては、宅内の宗教施設、宅内で行う宗教儀礼、建築時や住宅自体に関する儀礼、住宅に対する意識などが挙げられる。

既に建築史学では貴族住宅と寺院建築の共通性が指摘されて久しい。すなわち住宅建築の寺院への移設や宅内の持仏堂の存在、家主の追善などを目的とした住宅自体の寺院化、あるいは貴族の出家や子弟の入寺の増加に伴う住宅風の寺院建築の登場などである。[1] 本章ではこうした仏教施設をはじめ、敷地内の神社、住宅の建造に伴う種々の宗教的・呪的儀礼、宅内における仏像や経典などの信仰対象物の扱い、住宅と葬送の関係といった問題について、神祇、陰陽道、民俗信仰なども含めた宗教と居住空間の諸関係という視点から考察を行いたい。

なお、考古学においても縄文・弥生時代の集落と墓地の関係を始めとして弥生時代の大型建物の性格、古墳時代の豪族居館における祭祀関連施設や竪穴住居のカマド祭祀など、住宅と宗教に関連する議論がなされている。[2] また文献史料でも、『日本書紀』崇神六年条や『古語拾遺』に古代の大王は大殿内にてアマテラス、オオヤマト神を祀っていたが神の勢威を畏れたため伊勢、大和社に祀り直したとする同床共殿伝承があるものの、その事実関係を明らかにすることは困難である。本章は主として文献史学の方法論に基づき、七世紀頃を上限とする論及を行うものとする。

以下では行論の都合上、第一節を神祇信仰及び陰陽道関連、第二節を奈良時代までの住宅と仏教、第三節を平安時代の住宅と仏教その一、第四節を平安時代その二として論述を進める。

第一節　住宅と神祇信仰・陰陽道

住宅と神祇信仰については、神を祀る社を住宅内に設けるもの、社はないが宅内に存在する神を祀るもの、神社に奉幣・参詣するために宅内外で神事や斎戒を行うもの、その他の祓や祭祀に大別できよう。なお、斎宮や斎院に指名された場合には、その居宅の周囲に榊を立て、野宮内には神殿を設けるなど居住空間全体を祭祀空間とするが、これについては先行研究もあり割愛する。(3)

まず京域内における神社に触れておくと、(4)市には守護神といわれる市姫社、(5)平安京左京二条（『延喜式』四時祭式下）には大和から勧請されたと言われる占の神・太詔戸《ふとのりと》社が鎮座した。(6)また平安京内裏内では平安遷都以前から鎮座していた宮内省の薗・韓神のほか、神祇官西院に祀られた土地や門、殿舎の諸神、大膳職における安房神（御食津《みけつ》神社）など各官司の職務に関する職能神の奉祀が見られる（『延喜式』神名帳）。安房神は平城京段階でも確かめられ、(7)職能神の多くは奈良時代以来存在したと思われる。この他、平安京で新しく成立した都市的な社としては五条西洞院に所在した五条天神と道祖神社、左京五条三坊の繁昌社などがあり、(8)御霊会系の花園今宮社や祇園、松尾、稲荷の御旅所が各所に点在し、都市民の信仰を集めていた。(9)

奈良時代の住宅では、橘（県犬養）三千代が祭り始め、娘の光明子・牟漏女王が「洛隅内頭」に祀ったとされる神（後の梅宮神、『伊呂波字類抄』）、後に平野社祭神となる「今木大神」が田村後宮に祀られていたこと（『続日本紀』延暦元年（七八二）十一月丁酉条）が判明する。(10)「洛隅内頭」すなわち橘三千代旧宅は藤原不比等邸内とされ（『万葉集』四二三五）、後述のように不比等第の西南、後の法華寺浄土院の地に比定されている。三千代が邸内や近郊で時節毎に祭祀を行っていた神を、娘たちが旧宅内に奉斎したと理解しておきたい。また田村後宮は光仁の「田村旧宮」とされ、光仁妻の桓武母・高野新笠が奉斎したものと考えられている。当時の女性と氏神祭祀については、大伴郎女が神を祭る情景を和歌に詠んでいる（『万葉集』三八五）ほか、高市皇子の子孫である高階氏が皇子の母宗像氏の氏神である宗像神を勧請し氏神とした事例もある。上記二つの神が邸内に祀られた背景には、皇族や有力者不比等との婚姻による居住や行動の制約といった固有の事情が影響した可能性も考えられよう。

また住宅に関する一般的な神格としては宅神が挙げられる。宅神《やかつかみ》は『令集解』神祇令の月次祭条に「如庶人宅神祭」と「庶人」の祀る神とされ、祖先神や竈神、農耕祭祀などと考えられている。[11] 平城京二条大路木簡では、藤原麻呂の別宅とされる「岡本宅神祭料」と書かれた木簡が出土している。[12] さらに、長屋王家木簡では「縫殿神祭米」「柱立所祭」「宮内神祭」「大窪神」「打蒔・打散巫」などとあり、家政機関の職能神や建築・土地関係の神及び敷地内の神の祭祀、祓を行う宗教者の存在が知られる。[13] 宮中で六、十一、十二月に殿舎を鎮める大殿祭では御巫が米を撒き、また平安貴族の出産時には米を撒く散米を行っており、この「打蒔」も宅内の諸霊への供物や邪気を祓う目的のものと思われる。当時の上層貴族邸内の神祇祭祀が具体的に分かるものとして興味深い。この他、八幡神が上洛した際に「即於二宮南梨原宮一、造二新殿一以爲二神宮一」（『続日本紀』天平勝宝元年（七四九）十二月戊寅条）として、内裏の南に神のために殿舎を整備した記事がある。[14]

平安時代の邸内社としては、[15] 藤原良房の小一条第（東一条第、東京一条第）における宗像神が著名であろう。[16] この神は筑前の本社と同神とされ、「筑前国従二位勲八等田心姫神、湍津姫神、市杵嶋姫神並授二正二位一。太政大臣東京一条第従二位勲八等田心姫神、湍津姫神、市杵嶋姫神並授二正二位一。此六社居雖レ異、実是同神也」（『三代実録』貞観元年（八五九）二月三十日条）とあり、本社と同じ位階を授かっている。また「授二太政大臣東京第无位天石戸開神従三位」（『三代実録』貞観七年三月二十一日条）とあるように他神も存在した。[17] 宗像神については、藤原冬嗣が邸宅購入時に守護神として勧請したとの伝承が伝えられている（『土右記』延久元年（一〇六九）五月十八日条）。同じく摂関家の邸宅であった東三条第の西北隅の一画にはこれも神階を持つ隼・角振両社が祀られていた（『日本紀略』永延元年（九八七）十月十四日条など）。両社はしばしば祈祷の対象となり（『中外抄』上四十九など）、神楽が年中行事化する。[18] 藤原実資の小野宮第には「家中神」（『小右記』寛仁三年（一〇一九）十二月二十七日条）として筥山明神が祀られている。[19]

天皇の後院では、冷泉院に「冷泉院石上明神、被レ移二立神殿一了」（『百錬抄』永承五年（一〇五〇）七月三日条）、朱雀院に「石神明神」（『百錬抄』治承元年（一一七七）正月三十日条）とあり、ともに「石神」が祀られる。[20] 他に「後院隼神」（『三代実録』貞観二年六月十五日条）とある隼神社は左京四条一坊の四条後院に所在したとされ、[21] 神泉苑内には貴船社が座していた。また後三条天皇が産まれた源高房の大炊御門亭の角には住吉別宮があり（『富家語』一二八）、藤原実季の四条坊門亭には娘苡子が鳥羽天皇を出産した折に賀茂社の瑞祥があったとして賀茂社が勧請されている（『台記』康治元年（一一四二）五月十六日条）。後白河天皇の法住寺殿に今熊野社、新日吉社が勧請されたことは余りに有名である。源頼義が八幡宮を勧請したとされる六条若宮（左女牛八幡）[22]、厳島社を勧請した清盛第、左京八条一坊で源氏が邸内に祖先源経基を祀ったとされる六孫王社なども所有者の信仰による神社の創始である。[23] 邸内とは言い難いが藤原頼長の大炊御門高倉亭の北西垣外には火御子社があったという（『台記』天養元年（一一四四）正月二十六日条）。

このように、貴族の邸宅には有力神の勧請などによる社が座していた。全ての邸宅に神社があったわけではないであろうが、藤原定家の京極一条第にも社があったことが分かるほか、[24] 史料に現れない邸内社も存したものと思われる。

こうした社を持つ神々のほか、先述した宅神祭は平安時代にも四月、十一月の行事として行われている（『小右記』万寿二年（一〇二五）十一月二十一日条、長元元年（一〇二八）十一月二十五日条、『権記』寛弘元年（一〇〇四）四月二十九日条、『左経記』万寿二年四月二十六日条）。和歌にも詠まれており、女性が掌る祭祀であったとされる。[25] 他に、院政期の摂関家や院宮では正月、十二月の上午日に宮咩《みやのめ》祭の記事が散見する。藤原忠通は東三条第寝殿東面妻戸において祭っており（『殿暦』永久四年（一一一六）正月五日条）、忠実の北政所師子や忠通娘の中宮聖子も祭りを行っている（『執政所抄』正月上午日条、『知信記』長承元年（一一三二）十二月八日条）。藤原忠実時代の家政機関の記録『執政所抄』末尾『清実朝臣記』所収の祭文によれば、この祭祀は家の安泰・繁栄を祈るものであったと思われる。[26]中納言以上が祀るなど官位への言及が見られることからすれば（『猪熊関白記』正治元年（一一九九）正月二日条、『葉黄記』宝治元年（一二四七）正月四日条）、官位昇進に伴う家の成立とも関連する祭祀であろう。また『栄花物語』二に「守宮神・賢所」、『更級日記』に「すくう神」とある「守宮神」なる神がおり、その名称からは家に関する神の可能性が考えられる。[27]さらに一般的な神格としては竃神がある。天皇や皇后では竃神は神殿となる屋を作って祀り、移動に伴い神体の釜を移動させている。貴族層においても摂関期では藤原道長の竃神屋の浸水による竃神の祟りが取り沙汰されており（『御堂関白記』長和二年（一〇一四）六月八日条）、また院政期になると死亡時に廃棄する記事が見られるなど、貴族個人の身体と密接に関わる神でもある。[28]関白忠通の妻宗子が死去した際には、左右に並んだ夫婦の二つの神殿のうち右側の宗子の竃神を廃棄している（『兵範記』久寿二年（一一五五）九月二十一日条）。

次に、邸内で貴族自身が行う斎戒神事について見ておく。神祇令以来、公的な祭祀は斎戒期間により大・中・小祀に区別され、天皇以下それぞれ関係する官司・官人らが斎戒や廃務（政務を廃し斎戒に専心）することが規定されている。[29]平安後期に至ると天皇や摂関らは賀茂祭などの祭祀当月の一日から不浄を避ける斎戒（神事）を始める習慣も見られるようになる。[30]貴族たちは、公的祭祀の斎戒期間中や自らが祭や奉幣の使など所役を勤める場合、私的な奉幣、参詣の場合などに神事を行う。神事中には門外に僧尼や服者らの立ち入りを禁じる神事札を立て、肉食などの不浄を避ける。当人は普段の居住場所あるいは別棟、別宅に移り斎戒する。同居する尼や月水中の女性なども邸外あるいは別棟に遠ざけ接触を避ける。斎戒の内、貴族たちが特に慎まねばならないのが伊勢神宮の祭祀に関わる時であり、とりわけ仏教との接触には注意を払う。神宮文書を沙汰する上卿となった藤原兼実は、潔斎時や斎月などは身近に置く護りも棟別所に移すことなどを記している（『玉葉』承安二年（一一七二）九月十五、十六日条）[31]。長治二年公卿勅使となった源雅実は精進所であった二条京極の蔵人弁為隆亭で神事中、仏経を他所に移すべきとの夢を見たため探したところ長押上から仏経を見出し、驚きつつ沐浴・祓を行ったという[32]。

精進所の設置は、数日以上の精進を要する熊野や金峰山参詣の際にも見られる[33]。精進所には邸宅内の一画（『御堂関白記』寛弘八年（一〇一一）五月一日条）や他人の家を利用し、既存の建物の利用だけでなく仮屋を作る例もある（『小右記』万寿元年三月二日条）。

また、邸内外で行う祭祀行為としては祓がある。平城京二条大路側溝から大量の人形などが出土したように都城全体に対しては朱雀門外の大祓が行われるが、長岡、平安京では京域周辺部や京内の辻など諸所で祓具が出土している[34]。文献史料でも貴族たちは恒例、臨時の祓を頻繁に行っており、貴族自身が河原に出るもの、陰陽師らの使いを河原に派遣するもののほか、六月祓のように家中で行う場合もある（『玉葉』文治四年（一一八八）六月三十日条など。図10-1参照）。一般に平安中期頃までの神祇信仰では個人的祈祷はほぼ見られないとされるように[35]、貴族が日常で私的に行う祓の大部分は陰陽師の行為である。しかし、藤原実資が大原野社に参詣した際に家人が中臣祓を読む例があり（『小右記』寛仁三年二月十五日条）、あるいは平安前期までの住宅や街路での私的な祓には宗教者以外の貴族の使用人らが関わった可能性も考慮できよう。

次いで陰陽道に関して述べる。陰陽道は占、祓など神祇官の宮主と似た職掌を持つが、神祇信仰と異なり九世紀以後に個人的な祈祷を行う祭祀面を発達させ広く貴族社会に受け入れられていった[36]。住宅に即した活動としては、疫神の侵入を防ぐために門で行う鬼気祭がある。臨時の治病に行うものもあるが、恒例として四季に行う場合も見られ（『小右記』治安三年（一〇二三）十二月二日条など）、十世紀頃の東寺では陰陽師が四季疫神祭を行っていた（『平安遺文』

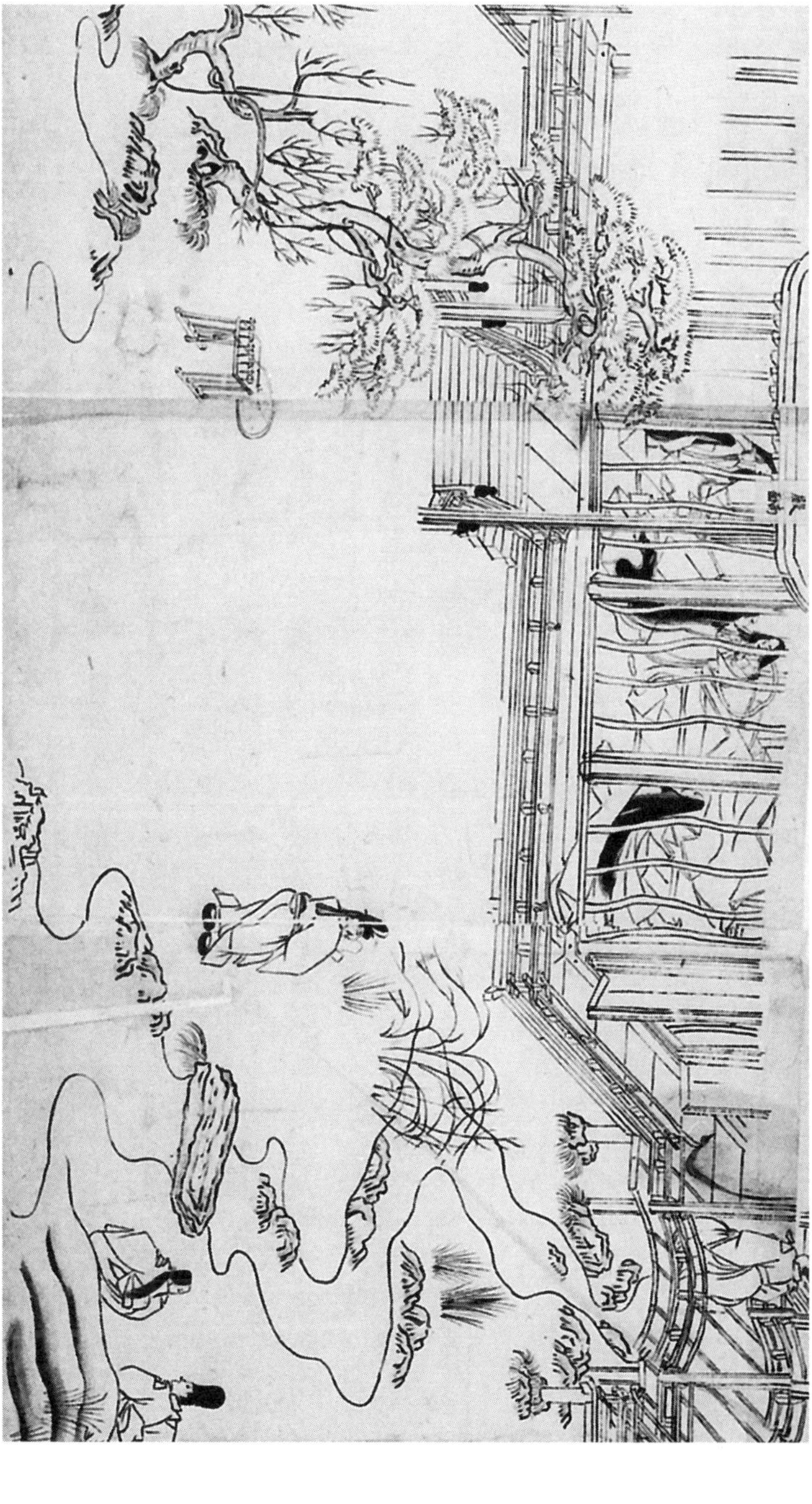

図10–1　『年中行事絵巻』巻十の貴族邸の六月晦日の六月祓。池の北辺に幣束を立てた案と円座を敷いた陰陽師の祓の座がある。陰陽師は遣り水に向かう束帯姿の人物。寝殿南面の簾中では幼児を抱いた女性が女房の差し出す菅貫の輪（茅の輪）をくぐっている。現在と異なり小型のものである。

四〇五)。また泰山府君祭などの祭も、陰陽師の家で行うほか、依頼主の邸の庭で行うこともある(『小右記』万寿元年二月二十七日条、万寿四年二月十一日条など)。さらに住宅と関連深いのは鎮宅である。地相を占い地を鎮め、時には西嶽真人鎮、七十二星符など護符や呪物を天井に安置し(『兵範記』仁平三年(一一五三)十一月十九日条、『古事談』六―八など)、新宅に移る際には基本的に陰陽師が反閉し、黄牛《あめうし》や水火の童女を列ねた五行の原理に則った移徙《わたまし》儀礼を行う。また、周知のように陰陽師が関与する方違えの習俗は貴族たちの居住形態に大きな影響を与えている。これには犯土、すなわち居宅から禁忌となる方角において地を掘る建築工事を行うためであることも多い。方違えに関係する神である大将軍神を単独で祭ることも見られる。祇園社に大将軍像が祀られ(『扶桑略記』延久二年(一〇七〇)十一月十八日条)、院政期には左京の五条四坊、七条東洞院、右京一条北に大将軍堂があり[37]、祟り神としても畏れられていた(口絵12参照[38])。方違えと同様に、出産時に母屋内に遊行神がいるとして庇に移る場合もあり、新生児の胞衣を壺に納めて吉方に埋め[39]、あるいは疾病時に在所が不吉であるとして別の邸に移るなど、陰陽師が関与する禁忌は貴族の住生活に深く関わっていた。

以上、住宅と神祇信仰・陰陽道の関係について述べてきた。両者は居住者の身体保全のほか、人間を含めた住宅の存在そのものを護るという性格が顕著であると言えよう。

第二節　奈良時代の住宅と仏教

奈良時代の住宅と仏教については、住宅の寺院化、宅内における仏教施設及び仏像経典などの安置、住宅内の仏事、僧尼の居住といった論点が考えられる。これらの論点全般、ことに住宅の寺院化や仏教施設、僧尼の居住については勝浦令子氏の論考に的確に纏められており[40]、本節では平安時代への展開の前提として写経関係の仏事、住宅の寺院化を中心に見ておく。

先に奈良時代以前について述べておくならば、仏教伝来後いち早く仏教を取り入れた蘇我氏の蘇我稲目が仏像を「小墾田家」に安置し[41]、向原家を寺とした（『日本書紀』欽明十三年条）。続いて敏達十三年には尼三人を出家させ、「仏殿於宅東方」に造り尼を住まわせ弥勒石像を安置、また石川宅に仏殿を造る。崇峻元年には「飛鳥衣縫造祖樹葉之家」を壊して法興寺とし、これが後の飛鳥寺となる。他には推古の豊浦宮を寺院化した豊浦寺（『元興寺縁起』、『三代実録』元慶六年（八八二）八月二十三日条）、石川麻呂の「山田之家」を元とした山田寺（『上宮聖徳法王帝説』）、岡本宮を寺とした上宮王家の法起寺（『聖徳太子伝私記』所引「法起寺塔露盤銘」）のほか、川原宮、田中宮を寺院化した川原寺、田中寺がある[42]。興福寺の維摩会の起源は、藤原鎌足と妻の鏡女王の山科陶原家の精舎に始まり、厩坂寺を経て不比等の藤原京城東第などに引き継がれたという（『藤氏家伝』鎌足伝、『扶桑略記』神護景雲三年（七〇六）十月条、『興福寺流記』「宝字記」）。このように、初期の寺院には住宅を元としたものや住宅の一部であったものも多い。七世紀後半には安鎮のための読経を始めとした内裏における法会開催（『日本書紀』白雉二年（六五一）十二月晦条など）、内裏内には仏殿（天智十年（六七一）十月庚辰条など）、宮中御窟院（朱鳥元年（六八六）七月丙寅条）といった仏教施設の存在が知られ、また天武・持統朝では「作二仏殿・経蔵一、行二月六斎一」（持統五年（六九一）二月壬寅条）と公卿に仏殿や経蔵の造営や仏事を勧める施策がとられていた[43]。

奈良時代の仏事としては、八世紀の内裏内で悔過、斎会、読経などの仏事を修していたことや貴族の家に僧尼が居住していたことが指摘されている[44]。しかし、貴族邸内の仏事について分かる例は後述の長屋王家や、勝浦氏が指摘した伯耆広国が安居僧を招いたもの（『正倉院文書』続々修二六ノ二裏、『大日本古文書』二四ノ五）など多くはない[45]。『日本霊異記』によると、京内では大安寺西里の楢磐島が金剛般若経読誦の僧を請う話があり（中二四）、地方では家の悔過

（中六）、追善法会（中一五）、安居《あんご》の講説（下一九）などの記事がある。治病については僧尼令に治病の陀羅尼呪使用が許可されており、道鏡ら看病禅師の活動や『日本霊異記』の粟田朝臣（上三一）、藤原永手の息家依（下三六）らが治病僧を招く記事があるものの、仏事の種類や開催場所などの詳細はやはり知りがたい。(46) ここでは、先行研究を参照しつつ貴族の写経と長屋王家の事例について触れておく。

まず公的写経としては聖武、称徳内裏や皇后宮職、造東大寺司などの一切経を始めとした写経が盛んに行われていた。(47) 私的写経には、光覚知識経など勧進僧が催し多数の人々が参加する知識経、家や個人で行う写経がある。家が行う写経の代表例としては長屋王家で大般若経を写した和銅経・神亀経が挙げられる。神亀経には官人組織の関与、和銅経には妻吉備内親王も関わっていたとされるが、こうした大規模な写経を行う能力を持つ長屋王家と仏教の関わりを具体的に示すのが木簡である。「仏造司」「斎会司」「書法所」といった家政機関の仏教部門と斎会の開催、「経師」「紙師」「書法模人」「秩師」「文校張内」などの写経者、「僧」「沙弥」「尼」「乞者」と僧尼らの存在や「仏聖僧四升」と仏像、聖僧像の安置と供養、「日風悔過」と日風寺での悔過開催を表すものが出土している。(48) また発掘調査によって邸内に長屋形式の建物や瓦葺建物の存在が指摘されており、僧房や仏教施設とも推定されている。(49) 長屋王家では先述の神祇祭祀とともに斎会の開催、仏像の安置・供養、僧尼の滞在・居住など仏教との深い関わりが確認できると言える。

長屋王家以外に正倉院文書や現存経典などから写経や経典の所有が判明する貴族やその家は少なくない。北大家（北夫人）、南藤原夫人、造宮輔宅、仲麻呂家、京職尹・久須麻呂家（仲麻呂息）、佐保宅（茨田宿祢枚麻呂）、岡本宅（藤原麻呂宅）、石川年足、穂積老、石上宅嗣《やかつぐ》、橘諸兄、文室浄三《ふんや》、藤原豊成（兵部卿）、水主内親王、西宅などが挙げられる。(50) うち北大家・南夫人は聖武夫人と見られ、房前娘である北大家は元興寺に施入された北宅一切経の所有者であった。藤原豊成も一切経を有し、後に内裏に献じ図書寮に置かれた。これらの経典は写経や購入などによって構成されたと推測されている。水主内親王の所有経典は渡来経典を多く含んでおり、新羅から船載された可能性が想定されている。また藤原仲麻呂も一切経写経を意図したと考えられており、仲麻呂の乱後その田村第からは三五八巻の経典が押収されている。[51] こうした大規模な写経は、ゆかりの寺が関わったことも考慮されるが、邸内にも写経や経典の置き場所が設けられていたと思われる。しかし、それらの場所の性格、仏教施設であったかどうかまでは知ることができない。

現存写経では、正倉院聖語蔵の天平勝宝二年（七五〇）年記の『維摩詰経』に穂積老、天平二年（七三〇）の『弥勒経』などに石川年足の名が見える。[52] また石山寺校倉聖教『如意輪陀羅尼経』、大谷大学博物館蔵『判比量論』断簡、京都大学附属図書館蔵『妙法蓮華経』には詳細な跋や奥書と「内家」印がある。そこからこの経典は「西宅之書」「西家書」と呼ばれ、「西宅大刀自」橘三千代から「内家」印の主・娘の光明子に渡ったものと考えられている。[53] また伝橘夫人念持仏とされる阿弥陀三尊像が法隆寺に現存し、[54] これらは後述の三千代宅の仏教施設の存在と合せて興味深い。

次に寺院化及び仏教施設について見ていく。邸宅や住宅の寺院化の例としては、右京三条三坊の舎宅を行基に寄進した寺史乙丸家→菅原寺、行基の生家→家原寺（『行基年譜』）、光明子の皇后宮職→法華寺、石上宅嗣家→阿閦《あしゅく》寺（芸亭《うんてい》）（『続日本紀』天応元年（七八一）六月辛亥条、『延暦僧録』）、藤原清河家→済恩院（『類聚国史』仏道七、延暦十一年（七九二）十一月十四日条）、舎人親王家→興仏寺（『帝王編年記』天平宝字三年（七五九）条）、藤原良継家→興法寺（『延暦僧録』）、大中臣清麻呂宅→大臣院（『中臣氏系図』百子条注記）が挙げられる。[55] うち本人自らの寺院化は阿閦寺、興法寺である。『霊異記』では右京殖槻寺辺の宅内に観音像を置く独立した仏殿（中三四）、読経の堂（上一八）、家に幡を立て寺とした（下五）例がある。阿閦寺の場合は寺内東南にさらに芸亭を設け山や池のある庭を営み、興法寺では七間講堂を造るなど、邸宅を改めた様子がある程度分かる。[56]

上記の諸寺中、法華寺は「造法華寺司」が担う国家的事業として他の例と一線を画し、加えて創建前後の性格も複雑である。法華寺は天平十七年（七四五）頃に皇后宮職を寺としたものであるが、遡ると不比等第であった。不比等第には隅寺＝海竜王寺があり、かつ不比等第内の橘三千代宅には「観無量寿堂」（『如意輪陀羅尼経』跋）が存在した。さらに正倉院文書によれば、この地には天平九年から天平宝字八年（七六四）にかけて写経や勘経などを行う嶋院、中嶋院、外嶋院、中嶋西堂といった名称の施設が所見する。また法華寺については金堂や西院・西堂、西花苑、東花苑、阿弥陀浄土院などの施設名称が見られる。これら相互の関係については、観無量寿堂→嶋院→浄土院説、嶋院と浄土院の並存説など複数の見解があり未だ一致を見ない。(57)よって、こうした前身仏教施設と法華寺の関係、それらを取り込んだのか造替したのかといった点は不明である。しかしながら邸宅全体の寺院化という視点からは、当初は邸宅宮殿をそのまま寺とし、「造法華寺司」が初見する天平宝字二年の前年頃から伽藍を整備したという栄原氏の説が参考になる。(58)発掘調査によっても掘立柱から礎石への変化が見られるといい、聖武と二親のために居宅を捨て伽藍を建てたという光明子の意図（建長五年（一二五三）本尊壇下出土の天平宝字三年十二月二十三日銘「金版」）に相応しいものであろう。

建築面での住宅と寺院の関連では、住宅を官営寺院へ施入する場合もある。石山寺造営文書の天平宝字六年閏十二月二十九日付「造石山寺所解」（『大日本古文書』一六ノ二〇六、『正倉院文書』続修三五裏、一六ノ二二七、続々修四五ノ六）などによると、筑紫師藤原殿（信楽板殿）の五丈殿二宇と法備国師奉入板殿（三丈殿）を紫香楽から石山寺に運び、部材を仏堂などに再利用している。この板殿は奈良時代貴族住宅の例として早くから注目され、関野克氏による復元模型も制作されている。(59)しかし、板殿部材の金物に着目した岡藤良敬氏は、石山寺仏堂に使用した金物七七個のうち鍵や雉楯など一八個が板殿からの転用であった点から（『大日本古文書』一六ノ二三八、『正倉院文書』続々修四五ノ六裏）、板殿は通常の住宅としては金物が多すぎ、倉庫ではないかとする。(60)従って、板殿については建築史方面からの再考が必要であろう。

また、法隆寺の伝法堂（東院講堂）は聖武夫人橘古那可智（三千代の孫）が住宅を奉納したものである（『法隆寺東院資財帳』）。解体修理の際の調査によると、桁行五間を七間に改修しており、もとは南北棟で前方二間が吹き放ち、後方三間に壁をめぐらす床が板張りの建物であったと復元されている[61]。これによれば奥の閉鎖空間、床、屋根材などの点で住宅と寺院は異なるが、逆に言えば基本的な空間としては大差がないことが分かる。

唐招提寺は、天平宝字三年に右京五条二坊の新田部親王の旧宅地と舎を鑑真に賜ったことに始まる（『続日本紀』天平宝字七年五月戊申条）。さらに造寺にあたっては平城京の東朝集殿、藤原仲麻呂家、藤原清河家を講堂、食堂、羂索堂・僧坊に転用したという（『延暦僧録』文室浄三伝、『戒律伝来記』、『招提寺建立縁起』）。造営官司がない唐招提寺は、これら故人や没官の邸宅を再利用し伽藍を漸次整備したのである[62]。

以上、奈良時代の住宅と仏教の関係を概観した。当時の貴族たちが仏教と身近に接していたことは間違いない。しかし、本章では史料の限界もあり日常の居住空間における仏事の具体相を明確にするには至らなかった。貴族の居住空間と仏教行事用の空間の関係については、僧尼の活動を規制する法令との関連を含めて更なる検討を行う必要がある。

第三節　平安時代の住宅と仏教・十一世紀前半まで

言うまでもないが、平安時代には密教の導入や浄土教の浸透によって自らの往生を願う仏事や様々な目的を持つ祈祷など日常における仏教儀礼が大幅に増加する。それは特別な行事として催すのみではなく、藤原師輔『九条殿御遺誡』が仏名の称名を毎日行うべきと教えるように、日々の生活の一部として仏教儀礼が組み込まれ、身の回りにも持仏や経典、御護などを置き、携行していた[63]。またそもそも建築時における仏教による地鎮、安鎮法では敷地内に所定の宝物などを埋め、寝殿天井には不動像などの本尊、経典を安置するなど、居住以前から仏教的信仰物が敷地内に配置されている(『阿娑縛抄』「安鎮法日記集」)[64]。居住段階の宅内においても複数の仏や経典があり、承暦四年(一〇八〇)の高倉殿火災記事によれば[65]、西対格子中から仏や屏風、寝殿からも仏一両を救い出したが白檀仏は燃えたという(『水左記』同年二月九日条)。住宅内では俗人も参列する法華八講などの講説法会、仏像や経典の供養などのほか、主に僧が行う不断読経や修法(俗人の聴聞もある)などの仏事が随時催されていた。こうした仏事は規模や種類・目的に応じて寝殿や対など中心部、あるいは廊などで行われるが、俗人参列タイプの仏事では基本的に母屋中央に仏を安置し住宅自体を一時的に宗教空間とする。住宅内に仏教施設が設けられることも多く、念誦堂、持仏堂、御堂のほか南堂、文殊堂など位置や本尊の種類などの名称で史料に出てくる。平安時代の住宅の寺院化や邸内施設については清水擴氏の研究に詳しいが[66]、本節では先行研究を参照しつつ寺院化、邸内施設、住宅の仏事の順に述べることとする。

まず大内裏には後七日御修法を行う真言院がある。清和朝には真言僧宗叡が「宮中修法院持念堂」に居たという(『三代実録』元慶八年(八八四)三月二十六日条、以下『三実』)。内裏では村上天皇が仁寿殿の念誦堂で観音供を行っていたことが分かる(『村上御記』応和二年(九六二)六月十八日条)。後朱雀天皇の持仏・薬師仏も念誦堂に安置したという(『春記』長久元年(一〇四〇)五月十九日条)。清和朝の「修法院持念堂」は真言院内の一画の可能性も考えられようが、延喜十八年(九一八)には醍醐天皇が観音供を行っていることから(『延喜天暦御記抄』十八日観音供事)[67]、少なくとも醍醐以降の仁寿殿には仏をおく場所が存在した可能性が高いと見做される。

住宅に眼を向けるならば、十一世紀前半までの住宅の寺院化としては①嵯峨院→大覚寺、②淳和院→道場、③常康親王の紫野院→雲林院、④源融の河原院、⑤清和院、⑥滋野貞主宅→慈恩寺、⑦清原夏野山荘→天安寺、⑧藤原氏宗山荘→円成寺、⑨藤原関雄別業→禅林寺(永観堂)、⑩藤原基経山荘→円覚寺、⑪仁明天皇の清涼殿→嘉祥寺、⑫南淵

年名山荘→赤山禅院、⑬宮道弥益《みやじのいやます》家→勧修寺、⑭源融山荘→棲霞寺、⑮藤原兼家の二条京極第→法興院（積善寺）、⑯藤原行成宅→世尊寺、⑰摂津守方隆宅（桃園宮）→実相寺、⑱故坂本亮直朝臣宅→妙覚寺、⑲藤原在衡別業・道兼山荘→東明寺などが挙げられる。(68)

①②嵯峨天皇（『三実』貞観十八年（八七六）二月二十五日条）、淳和天皇（『三実』元慶三年三月二十三日条）の離宮かつ終焉地、③恒康親王が出家時に師僧遍照に託したもの（『三実』元慶八年九月十日条）、④融から宇多に渡り、宇多が寺院化（『平安遺文』四二一）。⑤十二世紀には寺院化していた（『中右記』長承元年（一一三二）三月六日条、『菅家文草』十二）。⑥滋野貞主が西寺南の旧宅を施入（『続日本後紀』承和十一年（八四四）四月壬午条）。貞主は仁寿二年（八五二）に慈恩寺西書院で死去し（『文徳実録』仁寿二年（八五二）二月乙巳条）、文人的な隠棲状態であったと思われる（『本朝文粋』十）。⑦双丘にあり、近傍の文徳陵の追善仏事が行われた（『三実』天安二年（八五八）十月十七日条）。⑧氏宗終焉地であり、妻淑子が寺院化（『菅家文草』一二）。⑨僧真紹が買得し寺院化。西堂、東堂、食堂、仏殿、礼堂があった（『平安遺文』一五五）。⑩清和はこの山荘で出家し寺院化、この地で死去（『三実』元慶四年（八八〇）十二月四、五日条）。⑪仁明創建の寺に終焉地の清涼殿を移築（『文徳実録』仁寿元年（八五一）二月丙辰条）。⑫故年名の山荘を円仁が買得（『慈覚大師伝』）。⑬『今昔物語集』巻二十二―七。⑭源融の山荘「棲霞観」をその一周忌を機に寺院化（『菅家文草』十二）。⑮兼家が終焉地として京極第を法興院とした（『栄花物語』三、『門葉記』七十四）。⑯藤原行成の父祖の頃から堂施設は存したが、邸自体を寺院化し寝殿を本堂とする（『大日本史料』天延二年（九七四）九月十六日条所引『親信卿記』、『権記』長保三年（一〇〇一）二月二十九日条、『宇治拾遺物語』六）。⑰摂津守方隆宅を丈部保実が買取り寺院化（『権記』長保三年三月二十二日条）。⑱故坂本亮直朝臣宅を僧観修が伝領し竹田利成に与え堂を建てた（⑰に同じ）。⑲『拾芥抄』による。

羅列的に説明したが、寺院化の契機としては①②④⑧⑮が終焉地を関係者が寺院としたもので、①②は一定期間後の寺院化であり、⑮は本人が意図したものである。③⑩は出家が契機、⑪⑭は追善目的と考えられよう。⑰⑱は世尊寺に近いため史料に残されたもので、史料に残らない寺院も多数存在したことが推測できる。このほか、十世紀後半から十一世紀初頭には京内に六角堂、因幡堂、北辺に革堂（行願寺）などの寺院が建てられている。因幡堂は長保五年に橘行平宅に建立したと伝える（「因幡堂縁起」『諸寺縁起集』）。六角堂も十世紀後半には創建されていたと見做されており[69]、革堂は一条油小路北に行円が創建、貴賤の信仰を集めた（『権記』寛弘元年（一〇〇四）十二月十一日条など）[70]。

建築的には、⑭は当初は阿弥陀の一堂を建て、後に新堂院南院、滝殿、池、釈迦堂（『吏部王記』延長八年（九三〇）四月二十日条など）と整備されている。⑯世尊寺は供養記事に東対西庇・南庇、東廊などとあり、既存の建物に仏を安置したといった状況である。従って、寺号を名乗るための一定の建築的基準があったとは考え難い。

次に、邸内の仏教施設を見る。平安京の邸内仏堂、持仏堂（念誦堂）に関しては清水氏が一覧にまとめている[71]。ここでは、氏の論及から漏れたもの及び代表例について述べる。Ⓐ貞観元年に藤原良相が氏の貧困者のために私第内に建てた崇親院の小堂（『三実』貞観九年十月十日条）。Ⓑ前掲⑫の南淵年名の小野山荘は文人達が尚歯会を催した事で知られるが、内部には仏堂も存した（『菅家文草』十二）。Ⓒ藤原忠平の家堂（『貞信公記』天慶三年三月二十八日条）。Ⓓ藤原師輔の念誦堂（『九暦』天暦二年（九四八）正月一日条）。Ⓔ慶慈保胤の池亭には山や池を備えた庭の池西に阿弥陀の小堂、東に書閣、北に低屋が存した（『池亭記』）。Ⓕ東三条第で永観年中（九八三―九八四）に堂供養（『小記目録』十諸寺供養）。Ⓖ小野宮第の念誦堂、御堂。実資が庭の南山に廊、僧房などを備えた念誦堂を造営。造営中に古瓦が出土しており以前にも堂が存在したことを示す（『小右記』寛仁三年（一〇一九）十月二十一日条）。また実頼時代からと思われる東御堂が存在した（寛和元年（九八五）五月十日条）。Ⓗ平惟仲家の堂（『小右記』長徳三年（九九七）四月二十五日条）。Ⓘ道長の土御門第御堂。文殊堂[72]、念誦堂とも称され（『左経記』万寿二年（一〇二五）十月一日条、『小右記』長和元年（一〇一二）六月八日条）、僧房を備える（『御堂関白記』長和元年二月二十三日条、『権記』長保三年一月十七日条）。Ⓙ枇杷殿の御堂（『小右記』長和四年五月二日条）。Ⓚ頼通の高陽院の堂（『小右記』長元二年（一〇二九）八月九日条）。院政末・鎌倉初期の『宝秘記』には長元年間頃の「高陽院殿東対上御仏」の不動尊像に関する記述がある。[73] Ⓛ一条院巽角の御堂（『左経記』長元九年（一〇三六）四月二十二日条）。ただし仏を安置する前に後一条天皇が死去した。Ⓜ藤原資房の念誦堂（『春記』永承三年（一〇四七）六月二十七日条）。

平安京においては東・西寺以外の寺院が禁止され、あるいは邸内の仏堂などは黙認されていたとも言われるが、[74] 時代が下るとともに仏堂の所見が増える。史料的にはⒶが早く、Ⓕの小野宮の古堂跡は少なくとも実資の祖父実頼より以前、九世紀の惟喬親王時代に遡る可能性も想像できる。上記の邸内施設のほとんどが廊で主屋と繋がるか、または地を隔てた独立建築と思われるが、実際には廊や寝殿、対など建物内の一部に仏を安置する空間を設けたものも堂として存在したと考えられる。[75] また、先述のように邸内には複数の仏が存在していたと思われるが、特に尼などが居る場合には邸内の各人の居住場所それぞれに仏が奉安されていたと考えられよう。[76]

邸内仏堂の初見であるⒶ崇親院小堂は後世のために毎日礼拝させたというように今生で恵まれなかった者への宗教的救済の意味が込められていようが、初期の邸宅の寺院化及び邸内施設を考える時、園池の風流を愛でる意識の存在が無視できない。[77] 前記⑥の滋野貞主は書院で暮らしており、Ⓑ小野山荘の尚歯会やⒺ池亭の主である保胤の勧学会も著名である。また『慈覚大師伝』によると斉衡三年（八五六）に冷泉院書堂の南殿で文徳天皇以下基経らに受戒したとあり、[78] 奈良時代の芸亭を含め、この時期の風流と仏教の間には俗的現実と一線を画するという意味の文人的美意識が介在したのではないかと思われる。[79]

それに続くのが追善的な寺院化であり、旧宅や終焉地を寺院に改めている。これには本人生前の宗教的志向とともに後継者の意向が関わる。例えば①②はともに嵯峨の娘で淳和后である正子内親王の関与するところであるが、嵯峨、淳和本人らの葬送、追善儀礼は遺詔により薄葬とし仏教儀礼は限られている（『続日本後紀』承和七年（八四〇）五月辛巳条、同九年七月丁未条)。しかし、①で正子は嵯峨終焉の地を護るために院を修復、仏経を安置し寺院の体裁に至ったと述べており、正子の信仰的意図が寺院化の要因と言えよう[80]。

以上のように九世紀以降、邸宅と仏教の関わりは深まる一方、これに対応するように邸宅における仏事も増加すると考えられる。もちろん寺院で行う仏事も数多いが、例えば空海の『性霊集』巻六には天長四年(八二七)に良岑安世の華山宅で藤原冬嗣の一周忌を行った時の願文が収載されている。他に『六国史』記載以外の九世紀の邸宅仏事としては、円珍を例にするならば東七条の故左小弁藤原有蔭宅に滞在、東六条の保則朝臣宅で受戒、冷泉院や染殿北院での『大日経義釈』講読などがある[81]。追善的な寺院化も、後述するように住宅における追善仏事の開催と表裏する現象である。十世紀以後の史料における密教修法や講説読経などの邸内仏事の増加は言うまでもない。

従って、いわば当然のことながら、邸宅内の仏事や追善法会の増加、さらに自らが日常的に行う仏教的所作の浸透といった貴族層の信仰意識の変化が、宅内の仏教施設の増加や寺院化となって現れるということが出来る。

第四節　平安時代の住宅と仏教・十一世紀半ば以後

前節のような傾向は時代が下るにつれ著しくなる。十一世紀末に京内の堂舎建立に対して「事は朝憲に乖く」と禁制していることは(『本朝世紀』寛治元年(一〇八六)八月二十九日条)、その実情を十分に伺わせるものであろう。

十一世紀後半以降の住宅の寺院化として著名なものに、宇治別業を寺院化した藤原頼通の平等院を始め(『扶桑略記』永承七年(一〇五二)三月二十八日条など)、藤原俊家の大宮殿寝殿→堂→日野法界寺内の堂(『中右記』大治五年(一一三〇)六月二十四日条)、後冷泉后・教通娘歓子の小野山荘→常寿院(『百錬抄』嘉保二年(一〇九四)三月十四日条、

『拾遺往生伝』下)、藤原信長の九条第→城(常)興寺(『拾芥抄』、『為房記』寛治元年六月十七日条[82])、藤原実行の八条亭→生蓮華院(八条堂)(『山槐記』永暦元年(一一六〇)十二月四日条、『帝王編年記』永暦元年条)などが挙げられる[83]。

これら以外にも、この時期には邸内施設の記事のほか京内の堂舎供養記事が多出するが、それらは小規模なものと大規模なもの、また京内においても主要居宅的なものと別宅的なものがあると思われる。しかしながら、堂舎供養記事のみではそれが主要居宅であるのか別宅的存在であるのか、また堂としての独立性が強いのかなどは俄に判別しがたい。以下、前節と同様に清水氏の論考に漏れたものや主要な事例を中心に、まず主要居宅の邸内施設と思われるものを挙げ、次に独立的、別宅的な堂かと思われるものを例示しておく。

まず平等院の御堂には、その一画にさらに頼通の本尊を安置した持仏堂(念誦堂)が存在したことが指摘されている[84]。道長の子息藤原頼宗は邸内に念誦堂を構え往生を願ったという(『続本朝往生伝』)。嘉保二年(一〇九五)の宅地史料として有名な左京四条一坊二町の大江公仲宅では、寝殿や書倉のほか敷地内の西南四分の一が仏堂敷地と予定されていた(『平安遺文』一三三八)。源俊房の堀河第西南の御堂(『江都督納言願文集』三[85])。藤原師通の二条第にも西南角に二条殿堂があり(『中右記』承徳元年(一〇九七)九月二十三日条)、師通の日記には「念誦堂」とある(『後二条師通記』寛治七年十二月一日条)。源雅実の土御門第の巽角堂(『為房卿記』康和五年八月五日条)。藤原基頼の持仏堂・安楽光院(持明院)(『伊呂波字類抄』)。神祇伯の顕広王宅も持仏堂を備えていたと思われる(『顕広王記』長寛二年(一一六三)八月二十六日条)。また複数の施設としては藤原師実の京極殿の例がある。京極殿は北殿と南殿に分かれており、北殿で妻の麗子が御堂を供養(『中右記』嘉保二年六月十八日条)、その御堂の角に麗子養母である僐子内親王阿弥陀堂(『同』同年八月二十七日条)、さらに師実の巽角御堂(『同』永長元年(一〇九六)十二月二十六日条)が恐らく南殿に存した[86]。

このほか、平氏の六波羅第の常光院(正盛堂)、清盛の西八条第内に妻時子が供養した光明心院(二品堂)、後白河の法住寺殿の蓮華王院など著名な邸宅付属施設も少なくない。

次に京内・縁辺部の別宅や独立的堂と思われるものは、西院の邦恒丈六阿弥陀堂（『春記』天喜二年（一〇五四）五月三日条）、法成寺近辺と思われる源顕房の堂（『中右記』寛治二年八月十七日条、『殿暦』永久五年（一一一七）正月八日条）、藤原季仲の西院内一堂（『中右記』寛治六年十一月二十五日条）、藤原師通の八条水閣を後家が堂舎化した八条堂（『中右記』長治元年（一一〇四）正月二十二日条）、白河女御道子の一間四面桧皮葺の九条堂（『江都督納言願文集』一、『中右記』嘉承元年（一一〇六）六月二十二日条）、三条（教業坊）南の紀伊守藤原有佐の三間四面桧皮葺堂及びその東の父の仏閣（『江都督納言願文集』六皇后宮亮堂願文）[87]、藤原為房の九条堂及び同所の妻の精舎（『殿暦』天永元年四月二十九日条、『江都督納言願文集』五）[88]、源国信の四条（永昌坊）の釈迦堂（『江都督納言願文集』三）[89]、藤原為隆の六角南・坊城西の三間四面堂（『中右記』大治二年（一一二七）十月十七日条）、源雅俊の京極九体阿弥陀堂（『中右記』天永三年（一一一二）十二月七日条、『三外往生伝』、『顕広王記』長寛元年（一一六三）三月十一日条）など、枚挙に暇がない。

他にも、源頼義と関わるみのわ堂[90]や千手堂（『百錬抄』仁安三年（一一六八）二月十三日条）、普成仏院（『百錬抄』安元二年（一一七六）八月十三日条）、小野延貞が建立した香集《かつめ》堂（『伊呂波字類抄』）などの寺院が見られる。

別宅的堂の多くは阿弥陀堂であるが、ただ一堂を築くのみではなく邦恒堂には自らの居所や池があり、国信堂にも僧房や山、池を設け、藤原為隆堂も池、山を備え懺法堂、迎講堂、鐘堂、居所を設けるなど独立した寺院とも言うべき景観である。前節で、初期の住宅寺院に風流の意識があると述べたが、こちらはより明確に阿弥陀浄土を意識したものと想定されよう。また、配偶者による堂舎の加増など夫婦の堂といった性格が見られるものもある。建築面ではほぼ桧皮葺であり、清水氏が指摘するように意識的に瓦を避けていたと思われ、師実妻麗子の京極殿御堂が「洛中を憚るにより瓦を葺かず、鐘楼を立てず」（『百錬抄』嘉保二年六月十八日条）とあることに対応している。鐘楼についても藤原為隆堂に鐘堂とあるが「楼」ではなく、これも京中を憚ったものと思われる[91]。

当時の貴族の仏教信仰は基本的に現世と来世の二世信仰であるが、やはり死への意識の高まりがこれら京内堂舎の増加を促進していたというべきであろう。

それを具体的に示す事象が、前節でも触れた終焉地を寺院とするものである。院政期には、堀河天皇の終焉地である堀河院西対南三間に中宮篤子が九体阿弥陀像を安置（『長秋記』永久元年七月二十四日条）、白河皇女郁芳門院の六条院を白河が九体阿弥陀堂とする（『中右記』承徳元年十月十四日条）など、京内の主要居宅・在所をそのまま寺院化する例が見られる。こうした追善寺院化について、時代を遡り検討を加えておく。

追善儀礼は葬送儀礼と七日ごとの追善、周忌法事からなり、四九日まで親族が籠もり仏事を行う「喪家」としてゆかりの寺、本家や別宅、便宜の寺や家を借用する場合がある。ここで問題となるのは終焉地と追善の関係である。九世紀後半の追善願文を載せる『菅家文草』によれば「在室を装い、一七日から周忌まで」仏事を行うなど（巻十一「源能有先妣法会願文」）、死者生前の生活空間を法会の場とする例が見られる。[92]これは、生活空間が死者を追善するにふさわしい場と考えられていたことを意味する。終焉地の寺院化であった前節⑧小野山荘などもこうした法会のあり方と同じ方向性のものと考えられよう。

そうした時代の傾向を端的に示すのが天皇の終焉地である。詳細は略すが桓武以後、終焉地となった殿舎（清涼殿）の改修（桓武、村上、一条、後一条）、清涼殿の寺院への移築があり（仁明）、さらに後冷泉以後は阿弥陀堂への建替えが行われるようになる（後冷泉、堀河、白河、鳥羽）。天皇以外でも、高陽院泰子の白河御堂（福勝院）（『兵範記』保元元年（一一五六）四月二十日条）、皇嘉門院聖子御所の無動寺大乗院への移築（『門葉記』一三二）、藤原忠実妻師子の仁和寺無量寿院内「終焉御所跡」阿弥陀堂（『兵範記』久安五年（一一四九）十一月十二日条）、藤原師実終焉所の宇治の僧房中に阿弥陀を安置（『中右記』康和四年（一一〇二）正月二十六日条）など終焉地であることを前提とした追善寺院化が見られる。

これまで、こうした終焉地の扱い方にはケガレ意識の存在が指摘されていたが、先の周忌法事の例を踏まえるならば、故人と由縁ある空間という意味でのその属人的性格をも読み取るべきであろう。[93] 生前から往生の場を用意した藤原道隆の法興院や道長の法成寺、往生を祈願するために造られた京内各所の阿弥陀堂など、平安時代後期には出家の有無に関わらず往生への祈願が日常化する。それはすなわち居住空間である住宅と寺院が接近することである。住宅の追善寺院化は、その象徴的事例と考えられる。

おわりに

神祇信仰、陰陽道、仏教と住宅の関わりについて述べてきた。以下、本論で触れ得なかった点を補足しておく。

先に住宅の追善寺院化を述べたが、やはり終焉地が一種の禁忌的な空間であったことは否めない。史料では、時にある住宅や寺堂が誰某の終焉地であったことを注記することがあり、終焉地というものが関心を呼ぶ情報であったことが分かる。その端的な例が花山院で死去した白河皇子の敦文親王である。敦文は花山院の寝殿で疫病により夭折するが、藤原忠実はその終焉地である寝殿を作り替えていないことを「尤も禁忌あり」として、花山院が里内裏に選定されない理由としている（『富家語』一九四）[94]。

こうした意識は、京内各所に存したいわゆる悪所、鬼殿などとされる邸宅とも共通する。これらの邸宅は、怪異が頻発する、家主に不吉な運命があったといった出来事を契機として語り出されるようであるが、特に住人に病気や死人が続くと不吉と見做されやすい。例えば、春日東洞院内裏では安鎮法後間もなく火災が発生し、急遽西の石井に移転したがここでは女官や下人が急死したため他所に移ったとされる（『宝秘記』）。これは、特定の宗教のみには還元し難い当時の宗教的感覚といったものであろう。神社や寺院といった宗教施設のみに限らず、祭礼神輿の経路やあるいは葬送行列の道筋など広い意味での禁忌意識をも含めた平安京の宗教的な空間構造については、社会階層による相違などにも留意しながら考察を進めていく必要があろう。(95)

以上、雑然とした叙述に終始したが、本稿では扱えなかった問題は多い。仏教、陰陽道、神祇信仰相互の関わり方や奈良時代の貴族の写経と平安時代の貴族の写経の社会的位置付けの相違、また京中の宗教施設の網羅はもとより、個々の施設の性格についてもほとんど踏み込めなかった。特に、仏堂における儀礼の内容や主催者・参加者、あるいは仏堂の維持管理や子孫への相続の問題などはこれらの施設の性格を考える上で不可欠な問題である。(96) 国家の宗教政策と本稿で述べた宗教施設や宗教儀礼との関連性といった大きな課題も残されたままである。すべての課題は他日を期すこととしたい。

第十章　註

（1）代表的研究として、杉山信三『院家建築の研究』（吉川弘文館、一九八一年）。

（2）小杉康ほか編『縄文時代の考古学九　死と弔い・葬制』、同『十一　心と信仰』（同成社、二〇〇七年）、設楽博己『弥生再葬墓と社会』（塙書房、二〇〇八年）、石野博信ほか編『古墳時代の研究二　集落と豪族居館』（雄山閣出版、一九九〇年）など参照。

（3）榎村寛之『伊勢斎宮の祭祀と制度』（塙書房、二〇一〇年）、『延喜式研究』一九（二〇〇二年）、『平安京右京三条二坊十五・十六町――「斎宮」の邸宅跡――』（京都市埋蔵文化財研究所　二〇〇二年）など参照。

（4）榎村寛之「都城祭祀の考察」（『律令天皇制祭祀の研究』、塙書房、一九九六年）も参照。

（5）山路興造「集落と神社」（『平安京提要』、角川書店、一九九四年）。また藤原京の北部にあたる地に市杵島社が現存しており、藤原京や平城京の市にも同社が祭られていたとする説がある（木下正史『藤原京』、中公新書、一九九九年）。

(6)『古事談』六―六五によれば、春日南・室町西に所在したという。
(7)安房神については川尻秋生「古代安房国の特質 ―― 安房大神と膳神」(『古代東国史の基礎的研究』、塙書房、二〇〇三年)。
(8)五条天神については瀬田勝哉「五条天神と祇園社」(『増補 洛中洛外の群像』、平凡社、二〇〇九年)、繁昌社は村上紀夫「繁昌神社考」(東アジア恠異学会編『怪異学の技法』、臨川書店、二〇〇三年)。『古今著聞集』二六五によれば、冷泉東洞院には藤原忠実が狐を祀った福天神社があったという。これは密教のダキニ天法に関わるものとされている。また『新猿楽記』に第一の本妻が京周辺の狐の祠や五条道祖神に祈る姿が描かれ、『中右記』嘉承元年(一一〇六)十二月七日条の宗忠邸近辺の中御門富小路東に蛇や狐を祀る老女が居住していた記事、高山寺所蔵の院政期末とされるダキニ天の祭文にも京内や近郊の祠が列挙されている(『高山寺古典籍纂集』、東京大学出版会、一九八八年)など、民間の小祀が京内や周辺部に存在していた実態を示していよう。
(9)御旅所については岡田莊司「平安京中の祭礼・御旅所祭祀」(『平安時代の国家と祭祀』、続群書類従完成会、一九九四年)、五島邦治『京都町共同体成立史の研究』(岩田書院、二〇〇四年)。
(10)義江明子「氏と氏神」(『日本古代の氏の構造』、吉川弘文館、一九八六年)。
(11)古川淳一「祈年祭・月次祭の本質」(『ヒストリア』一三四、一九九二年)。後漢頃の中国の年中行事を記した『四民月令』によれば竃、門、井など邸内の五神を祀る習俗があったことが分かる(中村裕一『中国古代の年中行事一』、汲古書院、二〇〇九年)。神祇官で御巫らが祀る神々に井戸や門、土地の神があるなど(『延喜式』四時祭式)、屋敷内の神々を祀る習俗は日本でも奈良時代以前より存在していたと考えられる。また陰陽道との関連などについては水野正好「鎮井祭の周辺」(『陰陽道叢書四特論』、名著出版、一九九三年)、「屋敷と家屋の安寧に」(『奈良大学紀要』一二、一九八三年)も参照。
(12)西洋子「岡本宅小考」(『国史談話会雑誌』三八、一九九七年)。
(13)森公章「家政運営の諸相」(『長屋王家木簡の基礎的研究』、吉川弘文館、二〇〇〇年)。
(14)梨原宮は左京三条二坊との説もある(『特別史跡平城京左京三条二坊宮跡庭園復原整備報告』、奈良市教育委員会、一九八六年)。
(15)この項は太田静六『寝殿造の研究』(吉川弘文館、一九八六年)諸論文も参照した。
(16)岡田莊司「平安前期神社祭祀の公祭化・下」(岡田註9前掲書)。
(17)後述する『土右記』の記事によれば、基経は宗像の眷属として狐を祭ったともいう。

(18)『兵範記』仁安二年（一一六七）十一月十七日条に神楽の座が図示されている。『中外抄』上一七では藤原朝隆が両神を帝王の霊とする説があると問うたのに対し、藤原忠実は春日社の王子であると答えている。忠実の認識には、当時の春日社神官の主張の影響があると思われる。

(19)太田静六「右大臣藤原実資の邸宅・小野宮」（註15前掲書）では社を寝殿北東に推定するが、史料解釈に疑問がある。

(20)冷泉院の神は「中山明神」（『百錬抄』建保二年（一二一四）十一月二十一日条、『古事談』五―二一）とも言われ、この時に南池の中島に移動した。

(21)『訳注日本史料　延喜式上』（集英社、二〇〇〇年）巻九・神名帳上「京中坐神」補注参照。

(22)朧谷寿「源頼光の邸宅」（『平安京と邸第』、吉川弘文館、二〇〇〇年）は、源為義の六条堀川亭跡に勧請されたのが最初である可能性もあるとする。

(23)六孫王社は源経基死後に源満仲が邸内に廟として祀ったとの伝があるが（角田文衛『平安京散策』、京都新聞社、一九九一年）、信憑性には疑問があると思われる。

(24)『明月記』安貞元年（一二二七）三月二十四日条。持仏堂の後ろには、この土地の元の持ち主であった老嫗が作った小社跡もあったという。また、一条京極邸周辺には梅忠社などの小社も存在した。藤田盟児「藤原定家と周辺住民の居住形態」（『日本建築学会計画系論文報告集』四四八、一九九三年）、裏松固禅『院宮及私第図』所収復元図（藤田勝也編『裏松固禅「院宮及私第図」の研究』、中央公論美術出版、二〇〇七年）参照。

(25)古川淳一註11前掲論文参照。院政期以後の『明月記』正治元年（一一九九）四月三十日条や『顕広王記』仁安二年（一一六七）四月三十日条などでは「家神」と表記している（高橋昌明・樋口健太郎「国立歴史民俗博物館所蔵『顕広王記』応保三年長寛三年仁安二年巻」『国立歴史民俗博物館研究報告』一三九、二〇〇八年）。また鎌倉時代後期の陰陽道書『文肝抄』竃神祭に「宅神」の表記が見られる（村山修一『陰陽道基礎史料集成』、東京美術、一九八七年）。『類聚雑要抄』巻二の康平六年（一〇六三）七月の藤原師実花山院移徙勘文によれば、引越し後に竃や井、厠などの神を祀ったことが分かる（川本重雄・小泉和子編『類聚雑要抄指図巻』、中央公論美術出版、一九九八年）。

(26)『続群書類従』十。祭神は高御魂命、大宮津彦・姫、大御膳津命・姫の五神と「笠間大刀自」とある。『執政所抄』については渡辺滋「『執政所抄』の成立と伝来について」（田島公編『禁裏・公家文庫研究　第三輯』、思文閣出版、二〇〇九年）参照。また『拾芥抄』にも宮咩祭文が載るほか、『枕草子』「近くて遠きもの」「言葉なめげなるもの」段や『政事要略』巻二十八にも宮咩祭の記載があり、摂関期にも行われていたことが分かる。拙稿「古記録における宗教習俗の記載」（『日本研究』四四、二〇一一年）参照。

(27)『小右記』長元四年正月十六日条によれば、藤原頼通に嫌悪された藤原惟憲が、「守宮神入二関白心一」と守宮神が頼通の心を操ってそう思わせたのかと嘆いている。この文脈からするならば、身近でかつ比較的低位の神と考えられていたようである。

(28) 竈神祭祀の開始も一定の身分や年齢と関わると推測されるが、現時点では不明である。私見では、摂関期の宅神祭は院政期に竈神祭祀に変化すると考えている（註26前掲拙稿）。なお天皇では内膳司において三所の竈神が祀られ、陰陽寮が毎月癸日に庭火・平野神を祭り、神祇官の宮主は毎月一日に庭火・忌火神を祭った（松前健「古代宮廷竈神考」『著作集一二　古代信仰と民俗』、おうふう、一九九八年）。竈神の祟りの占断や祓は陰陽師が行っているが（山下克明「陰陽師再考」『平安時代の宗教文化と陰陽道』、岩田書院、一九九六年）、ここでは民間習俗系統の神として神祇信仰の叙述に含めた。

(29) 矢野建一「日本律令国家祭祀の等級について」（『史苑』四十六―一・二、一九七八年）。註21前掲『訳注日本史料　延喜式上』巻一・四時祭式上「大中小祀」補注も参照。

(30) 鳥羽重宏「摂政・関白の神斎について」（『古代文化』四十二―四、一九九〇年）。

(31) ただし諸説あったようで、兼実は必ずしも明確な基準がないとも記している。

(32)『雅実公記』長治二年（一一〇五）八月三日、十日条（『改訂史籍集覧』十二）。源雅定も伊勢精進中に仏を天井から発見している（『台記』久安元年（一一四五）三月七日条）。

(33) 他に白山参詣に精進所を用いる例もある（『永昌記』天永元年（一一一〇）六月二十七日条）。精進所では沐浴や塩湯などで潔斎を行う。院の熊野参詣には御所近辺の臣下の宿所を使用することも多い（『兵範記』仁平二年（一一五二）三月十三日条など）。なお後白河院は今熊野社内で精進を行い、精進屋の門外において政務の奏上を受けることもあったと指摘されている（朧谷寿「今熊野・新日吉社の創建と展開」註22前掲書所収）。

(34) 金子裕之「平城京と祭場」（『国立歴史民俗博物館研究報告』七、一九八五年）、山中章『長岡京研究叙説』（塙書房、二〇〇一年）。山田邦和氏は京の隅におけるこうした場を都市民がケガレを祓う「都市祭場」と捉えている（「前期平安京の復元」『京都都市史の研究』、吉川弘文館、二〇〇九年)。

(35) 岡田荘司「私祈祷の成立」(『神道宗教』一一八、一九八五年、『陰陽道叢書二　中世』、名著出版、一九九三年)、同「陰陽道祭祀の成立と展開」(註9前掲書)、松村和歌子「中世春日社の社司と祈祷」(『国立歴史民俗博物館研究報告』一四二、二〇〇八年)。

(36) 山下克明註28前掲書、村山修一ほか編『陰陽道叢書一　古代』(名著出版、一九九一年)など。

(37) 『殿暦』永久二年(一一一四)六月二十五日条、『中右記』同月二十四日条によれば、成信房に居た正子内親王が「南」にある大将軍堂の祟りにより不例となり、源雅実の土御門第に移っている。成信房は五条京極(『殿暦』天永三年(一一一二)九月二十九日条)、高辻(『殿暦』同年一月八日条)、万里小路(『殿暦』天仁二年(一一〇九)十二月二十六日条)、高辻高倉(『中右記』長治二年(一一〇五)正月二十五日条)とあり、五条四坊五町または十二・十三町と推定できる。大将軍堂はその南方となる。七条大将軍堂は『兵範記』仁安二年(一一六七)七月二十七日条、一条堂は『公業記』保延七年(一一四一)正月二十五日条(高橋康「三条公教と『公業記』」『和光大学表現学部紀要』九、二〇〇九年)に見える。なお『平安京提要』(角川書店、一九九四年)左京図では七条大将軍堂を六条東洞院に比定しているが、七条東洞院と思われる。また『拾芥抄』諸寺部には「一条北・西大宮西、高辻北・万里小路東、七条北・東洞院西」と上中下三所の大将軍堂があったとある。これによれば五条堂は四坊十一町となり、先の成信房の推定地より北となる。更に検討したい。

(38) 大将軍神像については丸山士郎「大将軍八神社神像群と神の表現」(『ミュージアム』五八二、二〇〇三年)、中野玄三「大将軍信仰とその造形」(『日本仏教美術史研究・続』、思文閣出版、二〇〇六年)。なお、堀河朝(一〇八六―一一〇七)頃の清水寺僧定深の著『東山往来』(『続群書類従』十三)には大将軍神像の開眼作法や大将軍神の祟りを占う巫女に関する記述があり、当時の大将軍信仰のあり方を具体的に記すものとして興味深い。『東山往来』については別稿で詳述する。

(39) 出産関係の儀礼については医師の関与も見られる。中島和歌子「院政期の出産・通過儀礼と八卦」(『風俗』三二―二、一九九三年)、勝浦令子「古代・中世前期出産儀礼における医書・医師の役割」(『国立歴史民俗博物館研究報告』一四一、二〇〇八年)。また正月に貴人に献上する薬を吉方に埋めておくことや(『兵範記』長承元年十二月二十一日条)、髪上後に切った髪を地に埋めた瓮に入れて焼く事例がある(『同』同年十二月二十日条)。

(40) 勝浦令子「古代の「家」と僧尼」(『日本古代の僧尼と社会』、吉川弘文館、二〇〇〇年)。

(41) 大脇潔氏によれば、小墾田家は小治田寺名の土器が出土した奥山廃寺にあたるという（大脇「蘇我氏の氏寺からみたその本拠」『堅田直先生古希記念論文集』、真陽社、一九九七年）。
(42) 小澤毅氏は川原宮・田中宮・豊浦宮といずれも仮宮を寺院に施入したと指摘している（小澤「小墾田宮・飛鳥宮・嶋宮」『日本古代宮都構造の研究』、青木書店、二〇〇三年）。
(43) 勝浦令子註40前掲論文、同「八世紀の内裏仏事と女性」（註40前掲書）。
(44) 勝浦令子註43前掲論文。紫微中台における「悔過」も指摘されている。
(45) 勝浦令子註40前掲論文。光明子の夫人時代の家の安居とされている。
(46) 京内に絞るならば、『霊異記』中二四は大安寺内での仏事の可能性が若干残る。粟田朝臣は広瀬郡の家に招いており、家依の話は延暦元年（七八二）頃と思われるが、年紀に混乱があり平城京ではない可能性がある。従って平城京の邸宅仏事の例はかなり限られる。なお宅ではないが、延暦四年に僧尼優婆塞らが山林・寺院で陀羅尼や壇法を行うことの禁令が出ている（『類従三代格』巻二・昌泰四年（九〇一）二月十四日官符所引延暦四年十月五日官符）。
(47) 栄原永遠男『奈良時代の写経と内裏』（塙書房、二〇〇〇年）、山下有美『正倉院文書と写経所の研究』（吉川弘文館、一九九九年）、宮﨑健司『日本古代の写経と社会』（塙書房、二〇〇六年）など参照。
(48) 森公章「長屋王家木簡と家政運営」（註13前掲書）、勝浦令子註40前掲論文。
(49) 勝浦令子註40前掲論文。
(50) 井上薫「写経所の経営」（『奈良時代仏教史の研究』、吉川弘文館、一九六六年）、栄原永遠男註47前掲書諸論文、同「佐保宅の性格とその写経」（西洋子・石上英一編『正倉院文書論集』、青史出版、二〇〇五年）、宮﨑健司「日本古代の写経」（註47前掲書）による。
(51) 須田春子「水主内親王とその所蔵経」（『律令制女性史研究』、千代田書房、一九七八年）、栄原永遠男註47前掲書諸論文による。
(52) 宮﨑健司「日本古代の写経」（註47前掲書）。米沢康「石川朝臣年足の生涯と仏教」「穂積朝臣老の境涯」（『日本古代の神話と歴史』、吉川弘文館、一九九二年）。
(53) 加藤優「『如意輪陀羅尼経』の跋語について」（『石山寺の研究　深密蔵聖教編下』、法藏館、一九九二年）、宮﨑健司「大谷大学博物館蔵『判比量論』断簡の性格」（註47前掲書）、渡辺晃宏「阿弥陀浄土院と光明子追善事業」（『奈良史学』一八、二〇〇〇年）、小倉慈司「五月一日経願文作成の背景」（笹山晴生編『日本律令制の展開』、吉川弘文館、二〇〇三年）。小倉氏は三千代宅の伝領を三千代―房前（牟漏女王夫）―光明子と想定した上で、『妙法蓮華経』は光明子が三千代追悼の念を込めて「西家書」に加えたと見做している。

(54) 東野治之「橘夫人厨子と橘三千代の浄土信仰」、岩佐光晴「伝橘夫人念持仏の造像背景」（いずれも『ミュージアム』五六五、二〇〇〇年）。

(55) 吉川敏子氏は、貴族邸宅の寺院化事例は後継となる男子がいない点が共通すると指摘する（「律令貴族の居宅の寺院化に関する一考察」『律令貴族成立史の研究』、塙書房、二〇〇六年）。

(56) 興法寺は「即於住宅、造二興法寺一。造二講堂七間、仏殿一宇、仏像一舗一。請下於二殿中一、鋳鐘一口、写経一蔵上。造二四天王像四体一」（『延暦僧録』）とあり、僧一〇人を度して安居講説したという。寺院化は邸宅全体ではなく、宅地の一画とも考えられる。史料解釈には、蔵中しのぶ『延暦僧録注釈』（大東文化大学東洋文化研究所、二〇〇八年）を参照した。

(57) 福山敏男「奈良時代における法華寺の造営」（『日本建築史の研究』桑名文星堂、一九四三年）、岸俊男「「嶋」雑考」（『日本古代文物の研究』、塙書房、一九八八年）、黒田洋子「正倉院文書の一研究」（『お茶の水史学』三六、一九九二年）、鷺森浩幸「八世紀の法華寺とそれをめぐる人々」（『正倉院文書研究』四、一九九六年）、渡辺晃宏註53前掲論文、山下有美「嶋院における勘経と写経」（『正倉院文書研究』七、二〇〇一年）、風間亜紀子「天平宝字年間における法華寺金堂の造営」（『正倉院文書研究』九、二〇〇三年）、奥村茂輝「法華寺阿弥陀浄土院の造営」（『仏教芸術』二七五、二〇〇四年）、宮崎健司「法華寺の三「嶋」院」（註47前掲書）など。

(58) 栄原永遠男「光明皇太后と法華寺」（註47前掲書）。

(59) 関野克「在信楽藤原豊成板殿復元考」（『建築学会論文集』三、一九三六年）、同「在信楽藤原豊成板殿考」（『宝雲』二〇、一九三七年）、福山敏男「奈良時代における石山寺の造営」（『日本建築史の研究』、綜芸舎、一九八〇年）。

(60) 岡藤良敬「藤原「豊成」板殿・考」（『正倉院文書研究』一〇、二〇〇五年）。氏は豊成ではなく藤原真楯と推測している。

(61) 浅野清『昭和修理を通して見た法隆寺建築の研究』（中央公論美術出版、一九八三年）。

(62)『唐招提寺の考古学』（『仏教芸術』二八一、二〇〇五年）。

(63)『中外抄』下四四に、賀茂社参詣時にも守り仏を車内に置き、神域内には入れないとある。
(64) 森郁夫『日本古代寺院造営の研究』(法政大学出版局、一九九八年)、上村和直「都城における埋納遺構」(『森郁夫先生還暦記念論文集　瓦衣千年』、同刊行会、一九九九年)、木下密運・兼保康明「地鎮めの祭り」(『柴田実先生古希記念　日本文化史論叢』、同刊行会、一九七六年)、木下密運「中世の地鎮・鎮壇」(『古代研究』二八・二九、一九八四年)。対や門などの上に本尊、経典を安置する場合もある(『兵範記』保元三年七月二十五日から八月一日条)。なお、陰陽道と仏教による安鎮・地鎮は併用される(『兵範記』仁平三年(一一五三)十一月九日、十九日条、『中右記』承徳二年(一〇九八)二月二十三日条)。
(65) この時は女性二人が居住していたらしいが、仏は四体以上あったことが分かる。
(66) 清水擴『平安時代仏教建築史の研究』(中央公論美術出版、一九九二年)のほか、山田邦和「左京全町の概要」「右京全町の概要」(『平安京提要』註37前掲)、朧谷寿「平安中・後期の平安京の沿革」(註22前掲書)を参照した。また佐藤巧「平安時代の貴族の邸宅内における堂について」(『日本建築学会研究報告』九、一九五〇年)は、史料典拠を省いているものの邸内施設に関する簡にして要を得た概観となっている。
(67) 所功編『三代御記逸文集成』(国書刊行会、一九八二年)。史料大成本『歴代宸記』には未収。
(68) 空海の綜芸種智院も藤原三守の九条宅であった(『性霊集』十)。これらの寺院の詳細については清水擴「平安時代前期貴族建立寺院の構成と性格」(註66前掲書)参照。
(69) 朧谷寿「文献から見た六角堂」(古代学協会編『平安京六角堂の発掘調査』、一九七七年)。また朧谷氏は、因幡堂の創建を寛弘四年以後と推定している。
(70) 右京北辺では、万寿四年に大峰聖人が右近馬場に大峰堂を立てている(『小右記』同年六月八日条)。堂のその後の消息は明らかではないが、右近馬場西側に祀られていた北野社との関連性の有無が興味深い。
(71) 清水擴「子院的建築と持仏堂」(註66前掲書)。以下、清水氏の見解は特に注記しない限りこれによる。
(72)『禅定寺文書』一八、二〇号には入宋僧奝然が将来した文殊菩薩像を摂関家の東三条第に安置し、後に平等院経蔵に移したという記述がある(藤本孝一「藤原伊周呪詛事件について」『中世史料学叢論』、思文閣出版、二〇〇九年、および古代学協会編『禅定寺文書』、吉川弘文館、一九七九年)。なお、奝然将来の一切経は奝然ゆかりの清涼寺(栖霞寺)から道長の二条第西廊(『御堂関白記』寛仁二年（一〇一八）正月十五日条）、土御門第を経て法成寺経蔵に納められている（『小右記』治安元年（一〇二一）八月一日条）。

(73) 園城寺文書編纂委員会編『園城寺文書七　教学・教義』（講談社、二〇〇四年）。あるいは、この仏像が天井の上に安置された安鎮本尊であった可能性も考えられようが、後考を俟つ。

(74) 禁制の対象は必ずしも明確ではない。延暦二年（七八三）に私人の道場建立が禁止され（『続日本紀』同年六月乙卯条）、滋野貞主が西寺に宅を施入した際にも「私立二道場一。是格之所レ禁」（『続日本後紀』承和十一年四月壬午条）と述べている。

(75) 清水擴註71前掲論文参照。

(76)『小右記』寛仁二年十二月二日条によれば、毘沙門像が実資姉の在所小野宮西殿から小野宮西対、資平宅を経て実資第に戻ってきたとあり、仏像の移動の様子が分かる。

(77) 清水擴氏は平安初期山岳寺院の影響を見出している。岸俊男氏は奈良時代の嶋院など嶋と写経施設の関係に着目し、これを寝殿造の系譜の中に位置づけている（岸註57前掲論文）。また中国においても捨宅は珍しくないが、五世紀末から六世紀前半の北魏の都洛陽を描いた『洛陽伽藍記』には、大邸宅の建物や庭園を利用した寺院化が記されており、日本の寺院化との共通性や相違点を考えることも必要であろう（王恵君「北魏洛陽を中心とした捨宅為寺に関する考察」、『日本建築学会計画系論文集』四七九、一九九六年、同「北魏洛陽と隋唐長安の都城仏寺」、『アジア古建築の諸相』、相模書房、二〇〇五年）。

(78)『続群書類従』八。佐伯有清『慈覚大師伝の研究』（吉川弘文館、一九八六年）参照。

(79) この問題に関連する論考は多いが、小原仁『文人貴族の系譜』（吉川弘文館、一九八七年）、平林盛得『慶滋保胤と浄土思想』（吉川弘文館、二〇〇一年）を挙げるに留めておく。

(80) 正子の信仰内容については大江篤「正子内親王と嵯峨野」（『日本古代の神と霊』、臨川書店、二〇〇七）。

(81)「批記集」（大日本仏教全書二八『智証大師全集』四）。『大日経義釈』の講読は弟子僧に対するものであるが、邸宅に滞在中であることは分かる。有蔭、保則は『三実』元慶八年十一月二十五日条、仁和三年五月二十日条に名前が見え、中級官人クラスの実例として貴重である。佐伯有清『智証大師伝の研究』（吉川弘文館、一九八九年）参照。

(82) ただし『朝野群載』巻三の供養願文によれば、「閑地」に堂を建立すると記し、邸宅を捨すといった表現ではない点が注意される。

(83) ここでは叙述の便宜上、まず寺号が見られるもの（大宮殿は寺院にて再利用）を挙げた。これらは本人の意思によるもの、故人の妻や子孫が関与したものなどその事情は様々であるが、城興寺が信長の「九条堂」を信長死後に後家が院の御願寺としたものであるように（『中右記』康和五年（一一〇三）三月十一日条）、後述する独立的堂と明確に異なるものではない。

(84) 杉山信三「平等院の院家」（註1前掲書）、清水擴「平等院の伽藍とその建築」（註66前掲書）。

(85) 九条家本『延喜式』左京図によれば三条北堀川東に「左大臣御堂」がある。また『後拾遺往生伝』によれば俊房は持仏堂で死去したとされる（土岐陽子「源俊房とその邸宅」、『史料編纂所研究紀要』一五、二〇〇五年）。

(86) 『執政所抄』によれば、それぞれの堂で偎子、麗子の忌日供養が行われている。また師通の忌日供養も京極堂で行うものの、師実の忌日は宇治で行うとある。

(87) 有佐亭は三条町尻にあり嘉承元年には前斎院令子内親王の御所となっていた（『中右記』同年三月二日条）。この堂がここに所在したとすれば主要居宅を寺院化した可能性がある。

(88) 『中右記』長治元年（一一〇四）四月二十七日条に為房九条亭とある。為房堂については高橋秀樹「平信範の祖先祭祀」（『日本中世の家と親族』、吉川弘文館、一九九六年）に詳しい。

(89) 国信亭は五条三坊の綾小路・東洞院（『中右記』嘉承二年閏十月一日条）及び四条坊門（『仁和寺古図』、『大日本史料』天永二年正月十日条所収）にある。堂は坊城堂と呼ばれていることから、四条一坊に比定される。また、この堂には歌人仲間である藤原仲実が住んでいたことがある（『散木奇歌集』春）。

(90) みのわ堂は源頼義が建立、または出家した堂といわれる。『古事談』五には六条坊門北・西洞院西とあるが、朧谷寿氏は源頼義との関係から『古事談』四、『発心集』三にある左女牛・西洞院とする（朧谷寿註22前掲論文）。

(91) 清水擴氏は鐘堂を楼とするが、ここでは堂と理解した。また塔に関しても同じことが指摘できる。源雅俊の京極堂で塔婆を建立供養したことを藤原忠実は稀な功徳と賞賛しているが（『中右記』天永三年十二月七日条）、堂の所在は押小路南・京極東と京外にあたる（『清獬眼抄』、『顕広王記』長寛元年三月十一日条）。治承三年（一一七九）に中山忠親が百塔巡礼をした際には、一条櫛笥辺りから法成寺、浄土寺など、次いで広隆寺、仁和寺、雲林院、皮堂、さらに東寺、法性寺、六波羅へとほぼ郊外を廻っている（『山槐記』同年二月二十三、二十四、二十五日条、同四年三月二十一、二十三日条）。京中や近傍にある塔としては皮堂、普成仏院、一条大宮に多宝塔や三重塔があったという（冨島義幸「京の百塔詣で」『朝日百科国宝と歴史の旅・下』、朝月新聞社、二〇〇一年）。中山忠親『貴嶺問答』(『群書類従』九)では、かつて源大納言の三条亭に二階屋を設けたことがあったが、『営繕令』の規定に従い楼閣は憚るべきであるとする。なお、前節で触れた小野宮出土の古瓦の位置づけが困難であるが、今後の課題にしたい。

(92) 管見では六三八、六三九、六四二、六四六、六四九、六五二、六六〇、六六四の願文が該当する。なお、周忌には主に家で行う私的性格が強い正日法事と、寺などで行い公的性格が濃い周忌法事の二種がある(佐藤健治「摂関家行事の成立」、『中世権門の成立と家政』、吉川弘文館、二〇〇〇年)。

(93) 伊藤瑞恵「住宅から仏堂へ」(『研究報告集Ⅱ、建築計画・都市計画・農村計画・建築経済・建築歴史・意匠』七二、二〇〇二年)。

(94) 康和五年(一一〇三)の宗仁親王(鳥羽天皇)立太子による東宮御所選定の際、忠実の高陽院と源雅実の土御門第を比較し、高陽院は西対が宗仁を出産後死亡した母茨子の御所であったことなど、土御門第は雅実母が死去した疑いがあることと堂舎が存することを難点として挙げている(『為房卿記』同年八月五日条)。

(95) 平安京における墓地については山田邦和「平安京・京都の葬送空間」(註34前掲書)。

(96) 夫婦の共同祭祀や祖先祭祀といった視点から論じたものに勝浦令子『女の信心』(平凡社、一九九五年)、高橋秀樹註88前掲書がある。

あとがき

本書『平安京と貴族の住まい』は前著『平安京の住まい』（京都大学学術出版会、二〇〇七年）に続く論集である。前著『平安京の住まい』は平安京右京七条二坊十二町の「町屋」、右京三条二坊十六町の「斎宮」の邸宅跡の発掘調査に強く刺激され、刊行された。とはいえ、前著では寝殿造とその成立は課題に残されることになり、本書はその寝殿造などの解明に挑んだ。前著は文字通り発掘成果の意義付けに取り組んだが、本書も発掘調査に導かれる側面が大きい。これは発掘調査以外の学問の怠慢を示すのではなく、寝殿造や町屋の成立の解明には発掘調査のウェイトが大きいからである。この分野では、文献史料や絵画史料は希少で、寝殿造や町屋の成立を具体的に跡付けるのは難しかった。発掘では成立期の生のデータが現れるため、その解明に大いに役立つのである。寝殿造では「斎宮」の邸宅跡や冷泉院・高陽院などの調査、町屋では平安京右京七条二坊十二町の成果は、想定を越える豊かな事実をもたらしている（前著参照）。

もう一つは発掘調査のスピードが日進月歩だからである。しかし、発掘調査の進展には喜んでばかりはいられない。発掘の殆どは開発の事前調査として、記録保存を目的に実施される。そのスピードは遺跡の保護や活用に比して、速すぎるといわざるをえない。寝殿造や町屋の解明は開発・発掘・保護・活用のジレンマの只中で遂行されているのである。発掘調査は日々その渦中にある。その進展の具合は序章「平安京と貴族の住まいの論点」の補註に表れている。《補註１・補註３》は藤原良相の西三条第、《補註２》は高陽院の生のデータである。これらは最新の情報であり、日毎のデータの更新が学問の進展を左右する。これは恐ろしいことでもある。

しかし、発掘以外の学問もただ手を拱いているわけではない。それぞれの学問には固有の歴史があり、その伝統の維持と革新のため奮闘されている。各々の学問こそが従前の知見と最新の情報を組み合わせ、新規の方法を開拓し、想定外の事実を解明するのである。究極のところ、新しいデータと旧知の学問を対照し、その両者を乗り越えることがもっとも重要である。本書の各章はその行為の積み重ねの結果である。そのさい、一つ一つの情報、個別の遺跡のデータを大切にすることが大事である。ある一つの発掘成果のほんの微細な事実が、学問の革新をもたらす。冷泉院・高陽院・西三条第・淳和院や平安京右京七条二坊十二町の町屋は、その代表例と言える。

というわけで、旧知の学問と対峙しながら、発掘現場の臨場感に浸ることになるわけである。寒暖の如何を問わず、調査員の方々は精確な発掘成果を提供されている。この場を借りてお礼を申し上げたい。

なお、本書は「平安京の〈居住と住宅〉研究会」の報告を増補・改訂の上、編集した。研究会の経過は左の通りである（報告者はあいうえお順、敬称・副題は省略）。

再開第1回研究会：二〇〇六年九月十日
　家原圭太「平城京宅地の構造と変遷」
　西山良平「平安貴族の〈居住と住宅〉の論点」
　前田義明「宇多院周辺の発掘調査」
再開第2回研究会：二〇〇七年三月十八日
　藤田勝也「裏松固禅『院宮及私第図』と寝殿造」
　山本一也「平安時代の〈婚姻居住規制〉をめぐって」

吉川義彦「京内の邸宅と出土遺物の性格」
再開第３回研究会：二〇〇七年九月十六日
鈴木久男「一九七三年発見の朱雀院跡掘立柱建物」
福田　誠「鎌倉の武家屋敷解明に向けて」
前田禎彦「検非違使庁の民事裁判」
再開第４回研究会：二〇〇八年三月二十三日
上野勝之「古代の貴族住宅と宗教施設」
鋤柄俊夫「鳥羽殿の邸宅と空間構造」
丸川義広「平安京の里内裏と庭園遺構」
再開第５回研究会：二〇〇八年十一月九日
寺前公基「文献史料からみた摂関・院政期の宇治」
中井勝治「平安京左京四条三坊四町の発掘の成果について」
浜中邦弘「十一・十二世紀宇治の時系列的様相」
飛田範夫「平泉と京都の庭園の類似性」
再開第６回研究会：二〇〇九年三月十五日
澤田裕子「小野宮第の伝領について」
西山良平「平安京と都城の転換」
藤田勝也「「寝殿造」を再考する」

最後に、本書の表紙デザインはクイックスの浅野勝典氏のご尽力による。また、本書の企画・編集には京都大学学術出版会の鈴木哲也・福島祐子両氏のお世話になった。時に丁寧・時に厳しい編集作業から本書は生まれた。感謝申し上げる次第である。

二〇一二年五月　（西山良平・藤田勝也）

図版所蔵者・転載一覧

本書に掲載した図表のうち、著者提供のもの以外を記します（加筆・改変したものを含む）。掲載をご許可くださった所蔵者・管理者に感謝します。許可なしに二次使用をすることはご遠慮下さい。

口絵1、2　京都市埋蔵文化財研究所所蔵
口絵3　京都市文化財保護課のご厚意による
口絵4　『院宮及私第図』巻三　五（一）、東京国立博物館所蔵　Image: TNM Image Archives Source: http://TnmArchives.jp/
口絵5　『住宅（御殿）指図』東京都立中央図書館特別文庫室所蔵
口絵6、7　京都市埋蔵文化財研究所所蔵
口絵8　中尊寺大長寿院所蔵
口絵9　中尊寺願成就院所蔵
口絵10　京都市埋蔵文化財研究所所蔵
口絵12　大将軍八神社所蔵（第三部扉も）
図序-1-1、2-1、3-1　『寝殿造の研究』（吉川弘文館、一九八七年）
図序-1-2　文化財講演会「源氏物語の風景 ― 寝殿造」資料（二〇〇八年十月四日　主催：京都市・京都市埋蔵文化財研究所）
図序-2-2　『平安時代庭園に関する研究2』（平成19年度古代庭園研究会報告書、奈良文化財研究所、二〇〇八年）
図序-3-2　『平安時代庭園の研究 ― 古代庭園研究Ⅱ』（奈良文化財研究所学報第八六冊、二〇一一年）
図序-4　「現地説明会資料」二〇一一年十二月十日
図序-5　『京都史蹟の研究』（吉川弘文館、一九六一年）
図序-7　『平安京右京三条二坊十五・十六町 ― 「斎宮」の邸宅跡』（京都市埋蔵文化財研究所、二〇〇二年）。

図序−8　『日本庭園史話』（ＮＨＫブックス、一九八一年）
図1−2　宮内庁書陵部所蔵
図1−3　人間文化研究機構　国文学研究資料館所蔵
図2−1　京都府京都文化博物館所蔵
図2−2　筑波大学附属図書館所蔵
図2−3、2−4　『裏松固禅「院宮及私第図」の研究』（中央公論美術出版、二〇〇七年）
図2−5　『詳説日本史』（山川出版社、一九六〇年）
図2−6　*Japanese Culture, 4th edition* (University of Hawai'i Press, 2000)
図2−7　『増補史料大成　第36巻』「勘仲記」（臨川書店）
図2−8　国立国会図書館所蔵
図3−1　『京都発掘三十年 ── 京都の遺跡』（京都市埋蔵文化財研究所、二〇〇六年）
図3−2　『平安京左京三条二坊十町（堀河院）跡』（京都市埋蔵文化財研究所発掘調査報告二〇〇七−一七、京都市埋蔵文化財研究所、二〇〇八年）
図3−3　「現地説明会資料」二〇〇七年十一月二十一日
図3−4、3−5、3−6　『古代庭園に関する研究会（平成19年度）資料集 ── 平安時代前期庭園の遺構と貴族邸宅』、奈良文化財研究所文化遺産部、二〇〇七年）
図3−7、3−8、3−9、3−10　『史跡旧二条離宮（二条城）』（京都市埋蔵文化財研究所発掘調査概報二〇〇一−一五、京都市埋蔵文化財研究所、二〇〇三年）
図3−11　『平成6年度京都市埋蔵文化財調査概要』（京都市埋蔵文化財研究所、一九九六年）
図3−12、3−13　『平安京左京六条四坊三町跡』（京都市埋蔵文化財研究所発掘調査報告二〇〇六−二九、京都市埋蔵文化財研究所、二〇〇七年）
図3−14、3−15、3−16　『平安京左京四条三坊四町・烏丸綾小路遺跡』（株式会社ニッセン・株式会社日開調査設計コンサルタント、二〇〇七年）

図3−17、3−18、3−19　『平安京左京三条三坊十五町 ―― ニチコン株式会社本社新築に伴う調査』（古代文化調査会、二〇〇四年）
図3−20、3−21　『研究紀要』第二号（京都市埋蔵文化財研究所、一九九六年）
図3−22　『昭和59年度京都市埋蔵文化財調査概要』（京都市埋蔵文化財研究所、一九八七年）
図3−23　『平安京右京六条一坊 ―― 平安時代前期邸宅跡の調査』（京都市埋蔵文化財研究所、一九九二年）
図3−24、3−25　『平安京右京一条三坊三町跡』（京都市埋蔵文化財研究所発掘調査報告二〇〇六―一一、京都市埋蔵文化財研究所、二〇〇七年）
図3−26、3−27、3−28、3−29　『昭和60年度京都市埋蔵文化財調査概要』（京都市埋蔵文化財研究所、一九八八年）
図3−30、3−31　『平安京右京五条三坊三町跡』（京都市埋蔵文化財研究所発掘調査報告二〇〇五―一一、京都市埋蔵文化財研究所、二〇〇五年）
図3−32、3−33　「現地説明会資料」二〇〇九年二月十四日
図3−34、3−35　『平安京右京六条三坊 ―― ローム株式会社社屋新築に伴う調査』（古代文化調査会、一九九八年）
表3−4　『史跡旧二条離宮（二条城）』（京都市埋蔵文化財研究所発掘調査概報二〇〇一―一五、京都市埋蔵文化財研究所、二〇〇三年）
図4−2　1、2　『平城京左京二条二坊・三条二坊発掘調査報告 ―― 長屋王邸・藤原麻呂邸の調査』（奈良国立文化財研究所、一九九五年）
3　『奈良市埋蔵文化財調査概要報告書　平成13年度』（奈良市教育委員会、二〇〇四年）
4　『奈良市埋蔵文化財調査概要報告書　平成5年度』（奈良市教育委員会、一九九四年）
図4−3　『平城京左京二条二坊十二坪発掘調査概要』（奈良市教育委員会、一九九七年）
図4−4　『平城京左京三条二坊 ―― 奈良市庁舎建設地調査報告』（奈良国立文化財研究所、一九七五年）
図4−5　『平城京左京三条四坊十二坪発掘調査報告　奈良県文化財調査報告書　第52集』（奈良県立橿原考古学研究所、一九八七年）、『平城京左京三条四坊十二坪　平成18年度発掘調査報告書』（元興寺文化財研究所、二〇〇七年）
図4−6　『奈良市埋蔵文化財調査概要報告書　昭和59年度』（奈良市教育委員会、一九八五年）
図4−7　『平城京左京九条三坊十坪発掘調査報告』（奈良国立文化財研究所、一九八六年）
図4−11　奈良国立文化財研究所編『平城京展図録』一九八九年。古代都城制研究集会第3回報告集『古代都市の構造と展開』一九九八年

図5－1　『京都の歴史　2　中世の明暗』（學藝書林、一九七一年）。京都市歴史資料館のご厚意による
図5－2　『平安京提要』（角川書店、一九九四年）
図5－4　『増補改編　鳥羽離宮跡　1984』（京都市埋蔵文化財研究所、一九八四年）
図5－5　京都市埋蔵文化財研究所所蔵
図5－6　『平安京提要』（角川書店、一九九四年）
図5－9、5－10　京都市埋蔵文化財研究所所蔵
図5－11　『研究紀要』第九号（京都市埋蔵文化財研究所、二〇〇四年）
図5－12　『発掘ものがたり宇治』（宇治市歴史資料館、一九九六年）
図5－13　「現地説明会資料」二〇一〇年四月十七日
図5－14　京都市埋蔵文化財研究所所蔵
図6－1　『中尊寺 ── 発掘調査の記録』（中尊寺、一九八三年）
図6－2　中尊寺大長寿院所蔵
図6－3　（上）『平泉　毛越寺と観自在王院の研究』（東京大学出版会、一九六一年）
（下）『新訂建築学大系4－I　日本建築史』（彰国社、一九六八年）
図6－4　（右横）『観自在王院跡整備報告書』（平泉町、一九七九年）
（上）『名勝浄瑠璃寺庭園　環境整備事業報告書』（浄瑠璃寺、一九七七年）
（下）『平安時代仏教建築史の研究』（中央公論美術出版、一九九二年）
図6－5　（上）『平泉建築文化研究』（吉川弘文館、一九九五年）
（下）『史跡及び名勝平等院庭園保存整備報告書』（平等院、二〇〇三年）
図6－6　『平泉文化研究年報（6）』（岩手県教育委員会、二〇〇六年）
図7－3　『鎌倉市埋蔵文化財緊急調査報告書9』（鎌倉市教育委員会、一九九三年）
図7－4　『杉本寺周辺遺跡 ── 二階堂字杉本912番1ほか地点発掘調査報告』（鎌倉市教育委員会、二〇〇二年）
図7－5　『鎌倉市二階堂国指定史跡永福寺跡 ── 国指定史跡永福寺跡環境整備事業に係る発掘調査報告書（遺物編・考察編）』（鎌倉市

教育委員会、二〇〇二年）
図7-6『若宮大路周辺遺跡群発掘調査報告書 —— 鎌倉市御成町868番10地点』（鎌倉市教育委員会、一九九三年）
図7-7『今小路西遺跡（御成小学校内）第五次発掘調査概報』（鎌倉市教育委員会、一九九三年）
図8-1、8-2『平安京研究』一（平安京調査会、一九七四年）
図9-5『大内裏図考証』（京都府立総合資料館所蔵）より作図
図9-13『平安京跡発掘資料選（二）』（京都市埋蔵文化財研究所、一九八六年）
図10-1　田中家所蔵、中央公論新社提供

美福門院（藤原得子　なりこ）　197, 208
藤原顕親　208
藤原家明　208
藤原家成　197, 208
藤原家保　206
藤原賢頼　208
藤原兼家　220
藤原清衡　231–232, 237
藤原邦宗　207
藤原実資　86
藤原信西　217–218
藤原季綱　195, 198
藤原忠実　25, 197, 208, 226
藤原忠隆　208
藤原忠平　221
藤原忠通　220
藤原為光　217
藤原経隆　208
藤原時平　195
藤原長実　197, 207, 227
藤原順子（のぶこ）　32, 41
藤原信頼　218
藤原秀衡　225, 231, 249, 253–254
藤原寛子（四条宮）　222
藤原冬嗣　220
藤原道長　25, 83, 86, 221–222, 246, 257
藤原（中御門）宗忠　89
藤原基隆　207
藤原基経　220
藤原基衡　25, 231, 237, 242, 253
藤原師氏　220
藤原師実　口絵 1, 25, 222, 226
藤原師信　206
藤原良相（よしみ）　13–14, 21, 23, 32, 41–42
藤原頼通　口絵 2, 25, 83, 240, 249, 257
平城上皇　317, 319
北条時政　264
北条時宗　271
北条泰時　270
某姓ム甲　183
堀河天皇　206

正子内親王（皇太后）　322–323
松岡辰方　92
源顕房　205
源実朝　263, 266
源重信　221
源融　220
源博雅　38
源師時　208
源義家　263–264
源義朝　265
源義盛　266
源頼朝　233, 264–268
源頼義　263–264
宗岡高助　63

媞子（やすこ）内親王　131
陽成天皇　220
柔子（よしこ）内親王　21

頼命（僧）　65

［平泉］
円隆寺　238, 241
嘉祥寺（嘉勝寺）　238, 241
加羅御所　254, 257–258
観自在王院　口絵 9, 242–248, 256
金鶏山　252
衣の関道遺跡　254
中尊寺　口絵 8, 口絵 9, 231
　大池　口絵 8, 235
　金色堂　232
　三重池　口絵 8, 235
　大長寿院　232
平泉　25, 225, 231
平泉館　254
無量光院　口絵 9, 231, 249–250, 254, 256, 258
毛越寺（もうつうじ）　口絵 9, 231, 237–239, 241, 256
柳之御所（跡）　252, 253, 255

［鎌倉］
甘縄（あまなわ）　272
今小路　270
今小路西遺跡　25, 263, 271
宇津宮辻子（うつのみやずし）　269
荏柄（えがら）天神　266
大倉　265–266, 272
大倉御所　269
置石・置路（おきいし・おきみち）　264
鎌倉　25, 263–264, 267, 272
鎌倉郡衙　263
北側武家屋敷　271
小町大路　270
勝長寿院　266
大慈寺　266
段葛（だんかずら）　264
鶴岡八幡宮　264, 266, 268, 272
二階堂　268
二階堂大路　267
南側武家屋敷　271
源義朝の盾　265
六浦路　267
永福寺（跡）　233, 263, 266–268
　阿弥陀堂　268
　薬師堂　268
若宮（元八幡）　264
若宮大路　264, 269–270, 272

人　名

県犬養橘三千代　330–331, 339–340
顕広王（顕広王記）　347–348
足利義教　100–101
足利義満　101
一条天皇　86
一遍　271
宇多天皇　21
裏松固禅　口絵 4, 92, 94, 102
恵信（一乗院門跡）　244
大神景光　42
大神基政　42
大伴親王（淳和天皇）　16, 21

賀陽親王　13, 21, 23
九條尚実　95
九條尚経　93
建春門院（平滋子）　218, 251
光格天皇　95
後白河院（上皇）　86, 217–218
近衛天皇　208
崔勝　60–61
嵯峨天皇　26, 279, 319, 323
貞保親王　38
沢田名垂　口絵 4, 90, 92, 98
重頼（阿知山大夫）　244
淳和天皇（上皇）　16, 19–21, 23, 297, 306, 322–323
小納言法眼　244
白河天皇（上皇・法皇）　口絵 1, 25, 236, 238
住吉如慶　92

待賢門院（藤原璋子　たまこ）　236
平清盛　225
高階泰仲　198
鷹司兼忠　99
鷹司輔平　102
恒貞親王（恒寂）　322
鳥羽上皇　25, 251

仁明天皇　19–20, 323

三条烏丸第　121
三条京極殿　121
三条第　121
三条殿　122
三条堀河殿　120
四条後院　120
四条第　120, 133, 139
四条殿　122
四条宮　口絵 3, 10, 12, 30
仕丁町　57–58, 61
淳和院　口絵 11, 16, 18–21, 23, 25, 32, 38, 297, 299, 306, 308, 311, 317, 319, 321–323, 325
神泉苑　37
朱雀院　4–5, 25, 279
大将軍堂　336
大将軍八神社　口絵 12
高倉地　64–65, 70–71
高倉殿　121
高松殿　122
造物所（つくもどころ）　324
土御門烏丸殿　87, 121
土御門殿　86, 120–121
土御門東洞院殿　122
南池院　16, 18–21, 23, 35, 37–38, 42, 322
西三条第　13–14, 21, 23, 32 →西京三条第
二條（条）家屋敷（今出川邸）　口絵 5, 102
二条第　120
西市　57, 61
西宮（殿）　16, 18, 32
八条殿　122
東三条第　120, 332–333, 344
東三条殿　84, 87, 91, 98, 103
枇杷殿　120
平安宮内裏　113–114
平安京　56, 60–61, 71, 83, 95, 168, 319
　左京四条三坊四町　口絵 3, 10
　右京一条三坊三町　142
　右京一条三坊九町　168
　右京二条三坊一町　142
　右京二条三坊十五町　142
　右京三条一坊六町　14, 41
　右京三条三坊五町　25, 319
　右京四条二坊十三町　297, 299
　右京六条一坊五町　24, 140
　右京六条三坊四町　149
　右京八条二坊二町　53, 76
　右京玖（九）条家地　63–64
法金剛院　236
法住寺殿　86, 217–218, 225, 251
法成寺　222, 243, 246–248
法勝寺　220, 222, 237–241, 246
　金堂　口絵 1
　塔　口絵 1
堀河院　口絵 6, 5–6, 9, 12, 29, 119–120, 137
万寿禅寺　131
冷泉院（冷然院）　口絵 7, 口絵 10, 口絵 11, 5–7, 9, 12, 23, 25, 120, 128, 319, 321, 323, 325, 345–346
蓮華蔵院　246
六条院　121, 131
六条烏丸殿　122
六条殿　122
六条東洞院殿　122
六条御堂　131
六勝寺　240

［平安京周辺］
秋の山　200
安楽寿院　200, 203, 208
石清水八幡宮　198, 264
宇治　25, 220
巨椋池　198, 222
樫原遺跡　25, 319, 325
北向不動（院）　208, 214
久我荘　205
近衛天皇陵　203
金剛心院（跡）　203–205, 208, 215–216
芝本瓦窯　317, 319, 325
勝光明院　203, 207
証金剛院　200, 206
城南宮 / 城南寺　199, 206
成菩提院　207
浄瑠璃寺　242–245, 247–248
白河泉殿　236
白河天皇陵　200
白河殿　口絵 1
田中殿　199, 208
塔の壇　口絵 1
鳥羽天皇陵　203
鳥羽殿　25, 195
鳥羽離宮跡　139
幡枝　323
平等院　208, 222–224, 226, 234, 249–251
富家殿　224
室町殿　100–101

西隆寺　182
下ツ道　186
下三橋遺跡　178
朱雀大路　159
大安寺　181
大極殿　182
中央区朝堂院　178
東院　178
東大寺　186
中ツ道　186
長屋王邸　165, 175, 187
東市　168
藤原仲麻呂邸　173
藤原麻呂邸　165
平城宮　317, 319
平城京　24, 54, 71, 86
　左京二条二坊五坪　165, 168
　左京二条二坊十一坪　170
　左京二条二坊十二坪　161, 168, 170–171
　左京二条二坊十三坪　171
　左京二条四坊一・二坪　174
　左京三条一坊十四坪　171
　左京三条一坊十五坪　171
　左京三条二坊一・二・七・八坪　163, 165, 169, 175
　左京三条二坊六坪　161, 170
　左京三条二坊十五坪　163, 170, 172
　左京三条四坊七坪　173
　左京三条四坊十二坪　172–173
　左京四条二坊　173
　左京四条二坊十五・十六坪　173
　左京五条一坊一・八坪　173–174
　左京五条二坊十四坪　161, 168, 173
　左京五条二坊十五坪　171
　左京五条二坊十六坪　170
　左京五条四坊十六坪　165
　左京七条一坊十六坪　166, 173, 181, 187
　左京八条一坊三坪　171
　左京八条一坊六坪　171
　左京八条三坊十一坪　168
　左京九条三坊三坪　170, 187
　左京九条三坊十坪　174–175, 181
　右京二条二坊十六坪　173, 181
　右京二条三坊二坪　171, 181
　右京二条三坊三坪　173, 181
　右京二条三坊四坪　165–166
　右京二条三坊十一坪　174
　右京三条三坊一坪　166
　右京三条三坊三坪　173
　右京三条三坊八坪　175
　右京五条四坊三坪　181
　右京八条一坊十三坪　187
　右京八条一坊十三・十四坪　174
　右京八条三坊九坪　174
　右京八条三坊十坪　174
北辺坊　177, 182
法華寺　331, 339
薬師寺　181
羅城門　168

［長岡京］
長岡京　55, 59, 71, 168
　左京二条二坊十町　288
　右京二条四坊一町　168

［平安京］
飯の山　16, 19–20
一条院　86, 120
一条経通邸　101
宇多院　4–5, 12, 27, 32
采女町　58, 61
大炊殿　121
大炊御門第（大炊御門富小路第 / 藤原経宗第）122
大炊御門殿（大炊御門高倉殿）122
押小路殿　122, 133
小野宮（第）30, 86, 332, 344
高陽院　口絵 2, 4–8, 12–13, 21, 23, 27–31, 120, 125, 137, 251
河原院　131
閑院　95, 120
木辻畠　63–64
九條（条）家屋敷　93
穀倉院　56–58, 61
五条殿　122
近衛殿　99–100, 122
小六条殿　121
西院　16, 18, 32, 297
道祖大路　299, 303, 306, 308, 322
西京三条第　32 →西三条第
「斎宮」の邸宅跡　5, 21, 23
西寺跡　319
最勝光院　218
嵯峨院　323
散位寮　56–58, 61, 76
三条烏丸御所　207

掘り込み地業　口絵 1
本槐門新槐門図　93
本槐門図　93–94
本公験　63–64, 72
本券　54, 58–59, 65, 68–70, 72, 77

孫庇　85–86
町屋　85
丸瓦　317
丸柱　87
路　102
御堂関白記　86
民家　85
棟門　167–168
室町殿御亭大饗指図（永享 4 年 7 月 25 日）　99, 101
蒙古襲来絵詞　271
木簡　263
母屋 / 身舎　25, 86, 102, 271, 285
門　102–103, 161–162, 165–168, 188–189

宅神（やかつかみ）　331–332
薬医門　168
薬研堀　268–269
屋躰抜写　92
八脚門　167–168
夜半楽　37
山茶碗　214–215

有職故実　103
輸入陶磁器　314
様式　88, 99, 105
翼廊　268
四脚（足）門　103, 167–168, 188

離宮　161, 168, 170–171
律令国家　159–160, 177, 181, 187, 189
龍笛譜　42
龍鳴抄　38
龍鳴抄中不審儀　38
両中門図　口絵 4, 92
竜頭鷁首（りょうとうげきす）　234
緑釉陶器　口絵 10, 口絵 11, 25, 214, 309, 311, 313–314, 319, 321–323, 325
　尾張産緑釉陶器　口絵 11, 321–323
　東海産緑釉陶器　口絵 10, 313, 319
　平安京北郊産緑釉陶器　口絵 11
　山城産緑釉陶器　311, 319, 321
坩堝　317
簾中抄　27
廊　84, 140, 146, 151
六条令解　48, 55
ロクロ土師器　215
ロマネスク　99

渡殿　84
和様　106

地　名

＊地名は、難波京、藤原京、平城京、長岡京、平安京、平安京周辺、平泉、鎌倉、およびその他（一般）に分類して記した。ただし、この場合の平安京とは、平安時代の条坊およびごく近郊を指すものとする。

[一般]
恭仁京（くにきょう）　181–182, 188
黒笹 14 号窯　313–314, 324–325
桟敷窯　322–323
猿投山西南山麓古窯跡群　324
紫香楽宮　181–182
天王寺　224
福原　225

[難波京]
難波京　160, 181–182

[藤原京]
藤原京　160, 168, 186–187
　右京一条一坊西南坪　178
　右京七条一坊西南坪　168

[平城京]
阿閦寺（芸亭）　339
芸亭　345
元興寺　181, 188
外京　177, 186, 188
皇后宮　165, 175
興福寺　186, 188
西大寺　182

地業　124, 126, 131, 137
註大神龍笛要録譜　42
柱穴列　269
中国製白磁椀　313
柱根　281
中心部　105
中尊寺一山絵図　口絵 8, 235–236
中尊寺落慶供養願文　233, 235
中門　85, 89, 95, 100, 102–103
中門廊　85, 95, 100, 102
中右記　89–90
町　24, 49–51, 53, 59–61, 71–73
鳥向楽　37
朝野群載　69, 79
直廬　211
鎮宅　336
築地塀　85
築地門　167–168
追善　329, 343, 345, 349–350
坪内道路　167–168
妻戸　87
釣殿　14, 268
庭園　113, 231
邸内施設　342, 345, 347 →仏教施設
邸内社　331–332
典型像　89
殿上　95, 103
伝領　169, 177
東西棟　84, 98
都市化　85
都市住宅　85
宿直小屋　268
土間　85

「長岡京型」条坊制　47
ナデ手法　311, 313
南庭　85, 89
南都所伝宮城図残欠　57
南北棟　84, 96, 98
西対　103
二條（条）家　102
二中歴　52, 74
日本紀略　86, 195
二本柱の門　167–168
如法一町家（にょほういっちょうや）　89–90
如法家　89
任大臣大饗　99
塗籠　85
念誦堂　342, 344–345, 347
年中行事絵巻　84, 86, 335
軒平瓦　317, 319
軒丸瓦　317, 319

博雅三位譜　37
白磁　314
土師器　309, 311, 313–314, 317, 319
土師器皿　213
法堂　106
祓　331, 334
ハレ　140, 142, 149
搬入瓦　317
東・西対　84
東対　103
庇　85–86, 102
人の家　21
平泉古図　口絵 9
平尾編年　306, 309–311
平瓦　317
広庭　102
弘庇　86
檜皮葺　86
吹き放ち　85
複廊　268
扶桑略記　195
二棟廊　100
仏教施設　329, 336–340, 342, 344, 346 →邸内施設
復古　口絵 5, 102
仏殿　106
船楽　29
分割型 / 分割地割　47, 162
文机談　38
塀　102
平安京研究（第一号）　280
平安京条坊復元モデル　306
平安京調査会　279
戸主　24, 49, 52–54, 56, 62, 65, 68–73, 79
戸主半　78
ヘラケズリ手法　311, 313–314
坊　48, 54, 71
方丈　106
宝秘記（ほうひき）　345, 350
慕帰絵詞　271
掘立柱　86
掘立柱建物　269, 271, 279
SB26500（長岡京左京二条二坊十町）　288

古図　95
古図　両中門　口絵 4, 92-93
古代大臣家図　95
近衛家　99
コの字型（建物配置）　95, 166, 172-173
小森編年　309-310

嵯峨源氏　323
柵列　102
座敷飾り　105
貞保親王御譜　37
里内裏　口絵 6, 24, 113
侍所　265
侍廊　100, 102-103
左右対称性 / 左右対称的　88-89, 91, 97
三条流　103
四至　75-76
寺院化　329, 336-337, 339-340, 342-343, 345-346, 349-350
四行八門制　167, 177
七間門　167-168
七条令解　58, 62
自邸　21
蔀　87
持仏堂　271, 329, 342, 344, 347
旨（旨）銘軒平瓦　284
終焉地　343, 345-346, 349-350
拾芥抄　74
集積型 / 集積地割　47, 162
住宅観　90
住宅史　83, 88, 104-105
住宅様式　83, 104
秋風楽　37
周辺部　105
縮芥抄　27
宿館　265, 269
宿所　269
宿廬　269
淳和院の火災　307-308
書院造　87-88, 104-105
小規模宅地　48, 54, 60-62, 64-65, 71-72
障子　87
障子上　103
丈尺　270
精進所　334
詳説日本史　96
掌中歴　51-52, 74
上部構造　86
条坊制　159, 161
小右記　86
初期都城　47
庶民住宅　3
新槐門　93
神祇　26
新撰楽譜　37
寝殿　84, 89, 100, 102, 142, 265, 333, 342-343, 346-347, 350
寝殿前庭　95, 100
寝殿南庭　85
寝殿造　3, 24-25, 83, 97, 104-105, 140, 151, 256-257, 268
寝殿造鳥瞰図　89-90, 92, 96
寝殿造庭園　257
寝殿造の研究　97
随身所　100, 103
青磁　314, 319, 323
正門　7-8, 12, 20, 29, 85
摂家　104
前栽合　211
禅宗寺院　106
禅宗様　106
前池　20, 23, 30, 34
前庭　271
造京式　53
続教訓抄　16, 20, 35-37
側池　23, 30, 34
礎石　86
礎石建て / 礎石建物　86, 271
礎板　281

対　89, 103
大将軍神　口絵 12, 336
大将軍神像群　口絵 12
大臣家　103
大内裏　95
大内裏図考証　95
対代　90
対代廊　90
対屋　93, 95, 103
内裏　85, 90, 92, 95
内裏火災　114
鷹司家　102
宅　269
宅地班給　164, 166, 177, 181, 187
塔頭　106
建物遺構　267

索　　引（事項 / 地名 / 人名）

事　項

上中門　103
足利将軍御所　100, 105
アプローチ　103
海人藻芥（あまのもくず）　103
阿弥陀（堂）　344, 348–350
安鎮　341, 350
家 / 宅　269
鋳型　317
イカダ目（筏穴）　284
池の遺構　136
囲繞性　91
板殿　340
板葺　86
板床張り　85
一戸主半　64–65, 70–72, 78
一般京戸　177, 181
一遍聖絵　271
伊呂波字類抄　330, 347–348
院宮及私第図　92, 94–95
院政期　91, 105
内　65, 68–70, 72, 79
延喜式　165, 330
園池（遺構）　5, 12–14, 21, 23, 85, 87 →池の遺構
縁束　86
奥座敷　271
陰陽道　26

会所　105
海青楽　16, 35, 37
懐中譜　42
灰釉陶器　口絵 11, 214, 309, 313–314, 319, 321
家屋雑考　口絵 4, 89–90, 92, 96, 98
瓦器碗　213–214
家作故実　101
褐釉貼花文壺　314
甕据付穴　166
亀腹基壇　86
萱葺　87
官衙　159, 168, 170–171, 173
菅家文草　343–344, 349
寛政度の内裏　101
勘仲記　99–100, 102
木子文庫　口絵 5
貴族住宅　3
北殿　142
北対　84, 103
規範性　85, 88, 99, 103
宮室図　95
教訓抄　38
京戸　160–161, 177
京内官衙　161–162
行門　24, 49–51, 53, 59, 62, 64, 70–73
居館　267
金属加工　303, 317
金属加工工房（作業所）　306, 322
金属製品　314
金属製品を加工する作業場　303 →金属加工工房
空間的序列　102
区画溝　267
公卿座　102–103
草葺　87
九條（条）家　93, 102
九体阿弥陀堂　245, 247
口遊　50–52, 71, 74
車宿　100, 103
蔵人所　103
ケ　140, 146, 149
源氏物語　83
建築史　88
後院　196, 214
後期都城　47
後池　30
江都督納言願文集　348
工房跡　303
後林　19–20, 23
国史大辞典　88, 91
五間門　167
故実家　95
ゴシック　99

飛田　範夫（ひだ　のりお）
長岡造形大学造形学部教授　日本庭園史
主要著作
『日本庭園の植栽史』京都大学学術出版会、2002年。
『庭園の中世史』吉川弘文館、2006年。
『江戸の庭園』京都大学学術出版会、2009年。

福田　誠（ふくだ　まこと）
鎌倉市教育委員会文化財部文化財課　中世考古学
主要著作
国指定史跡『永福寺跡』（共著）鎌倉市教育委員会、2001年（遺構編）、2002年（遺物・考察編）。
『鎌倉大仏周辺発掘調査報告書』（編著）鎌倉市教育委員会、2001、2002年。
「鎌倉大仏造立の痕跡を探る」『鎌倉』第94号、鎌倉文化研究会、2002年。
『北条義時法華堂跡確認調査報告書』（共著）、鎌倉市教育委員会、2005年。

藤田　勝也（ふじた　まさや）*
関西大学環境都市工学部教授　建築史・住文化史
主要著作
『日本古代中世住宅史論』中央公論美術出版、2002年。
『裏松固禅「院宮及私第図」の研究』（編著）中央公論美術出版、2007年。
『平安京の住まい』（共編著）京都大学学術出版会、2007年。

丸川　義広（まるかわ　よしひろ）
財団法人京都市埋蔵文化財研究所統括主任　日本考古学
主要著作
「山城の渡来人」『ヤマト王権と渡来人』サンライズ出版、2005年。
「京都盆地における古墳群の動向」『田辺昭三先生古稀記念献呈論文集』田辺昭三先生古稀記念の会、2002年。

吉川　義彦（よしかわ　よしひこ）
関西文化財調査会代表　日本考古学
主要著作
『平安京跡発掘調査報告　左京八条四坊一町』（共編著）、関西文化財調査会、2004年。
『本能寺跡発掘調査報告　平安京左京四条二坊十五町』（共編著）、関西文化財調査会、2008年。

【著者紹介】　五十音順　＊は編者

家原　圭太（いえはら　けいた）
京都市文化財保護課技師　日本考古学
主要著作
「初期宮都中枢施設の性格」天理大学考古学・民俗学研究室『古事』第9冊、2005年。
「京内貴族邸宅の構造 ── 平城京を中心に」『古代豪族居宅の構造と機能』奈良文化財研究所、2007年。
「平城宮・京の建物規模と構造」『古代官衙の造営技術に関する考古学的研究　平成15年度〜18年度科学研究費補助金（基盤研究（B））研究成果報告書、研究代表者　山中敏史』奈良文化財研究所、2007年。
「古代都城における曹司の変遷」『考古学研究』第58巻第2号、2011年。

上野　勝之（うえの　かつゆき）
国際日本文化研究センター共同研究員　日本古代・中世文化史
主要著作
「夢の諸相 ── 平安時代を中心として」『日本文化・環境論講座紀要』第3号、2001年。
「日本古代･中世における疾病認識の変容 ── 瘧病史点描」『京都大学総合人間学部紀要』第9巻、2002年。
「摂関期の王権と邪気・モノノケ観念 ── 藤原道長を例として」『古代文化』第59巻第4号、2008年。

鋤柄　俊夫（すきがら　としお）
同志社大学文化情報学部教授　日本考古学・文化史学
主要著書
『中世京都の軌跡 ── 道長と義満をつなぐ首都のかたち』雄山閣、2008年。
『日本中世都市遺跡の見方･歩き方 ──「市」と「館」を手がかりに』昭和堂、2010年。

鈴木　久男（すずき　ひさお）
京都産業大学文化学部教授　歴史考古学
主要著作
『恒久の都 平安京』（共編著）吉川弘文館、2010年。
『鹿苑寺境内不動堂石室調査報告書』鹿苑寺境内不動堂石室調査委員会、2011年。

西山　良平（にしやま　りょうへい）*
京都大学大学院人間・環境学研究科教授　日本古代・中世の社会史・文化史
主要著作
『都市平安京』京都大学学術出版会、2004年。
『平安京の住まい』（共編著）京都大学学術出版会、2007年。
『恒久の都 平安京』（共編著）吉川弘文館、2010年。

平安京と貴族の住まい

2012年6月30日　初版第一刷発行

編著者　西　山　良　平
　　　　藤　田　勝　也
発行人　檜　山　爲　次　郎
発行所　京都大学学術出版会
京都市左京区吉田近衛町69番地
京都大学吉田南構内（〒606-8315）
電　話（075）761-6182
FAX（075）761-6190
Home page http://www.kyoto-up.or.jp
振　替　01000-8-64677

ISBN 978-4-87698-571-5
Printed in Japan

印刷・製本　㈱クイックス
定価はカバーに表示してあります